일제강점기의 한국불교 연구

일제강점기의
한국불교 연구

오경후 지음

동국대학교출판부

서문

일제강점기 한국불교는 전통과 근대라는 긴 터널을 지나고 있었다. 한국의 오랜 역사와 문화가 만든 유전인자가 바뀔 정도의 오랜 탄압과 소외, 그 끝에서 시작된 개항과 일본불교 유입은 전래 이후 형성된 한국불교의 고유한 정체성을 변형시키기에 충분했다. 한국불교는 일본의 지배가 시작되면서 전통과 근대의 갈등도 있었다. 이 미미한 충돌은 일본의 한국 지배가 본격화되면서 근대의 격랑에 휩쓸렸다. 그동안 한국불교의 정체성으로 내세울 만한 변변한 것조차 남아있지 않았던 것을 보면 격동기를 버텨낼 지푸라기조차 없었던 것이 사실이다.

일본은 한국을 지배하기 전부터 그 문화가 지닌 가치에 주목하였다. 조선총독부와 일본 학자들은 유구한 역사를 지닌 절과 불상·불서·고승 등을 한국인과 전통문화를 지배하고 왜곡하는 기초로 삼았다. 사원전과 산림의 소유권이 총독부와 지배층에게 넘어갔으며, 제자리를 지키고 있던 문화재가 순식간에 사라지기도 했다. 한국불교의 역사와 문화에 대한 관심과 연구는 여기에서부터 시작되었다. 이능화·권상로·박한영·박봉석 등 당시 불교계의 지성들은 어느 누구도 눈길을 주지 않았던 비문의 흙먼지를 털었고, 고대와 고려시대 불서의 찢어진 종잇장을 찾았다. 최소 10년 이상의 수집과 조사의 노력은 한국불교 역사를 집대성하는 귀중한 자료가 되었다. 절의 역사를 더듬을 수 있는 사지가 되었고, 우리나라 승가와 불교사상, 그리고 신앙의 시작과 전개를 체계적으로 살필 수 있는 한국불교사가 태어난 것이다.

    1895년 승려의 도성 출입이 허용되었지만, 그것뿐이었다. 불교 역사와 문화를 보존하고 있지도 않았고, 자신을 고귀하게 여기지도 않았다. 무속신앙과 다를 것이 없는 미개한 것 그 자체였다.

    이 책은 일제강점기 한국불교의 정체성과 가치를 찾고자 했던 노력을 더듬었다. 오늘날 한국불교 연구의 원류를 찾는 작업이기도 하다. 당시 우리 불교계가 안고 있었던 암울한 상황과 함께 한국불교에 대한 인식과 이해 수준, 그리고 연구와 체계화를 위한 지속적인 노력들을 살필 것이다.

2025년 4월
오경후

차례

서문 • 5

1부 일제강점기 불교계 지성의 한국불교 연구 9

1장 석전 박한영의 한국불교 연구 10

1. 석전 박한영의 한국불교 연구 • 10
2. 『정주사산비명(精註四山碑銘)』의 주해 배경 • 15
3. 『정주사산비명』의 구성과 내용 • 25
4. 『정주사산비명』의 가치 • 33

2장 이능화의 생애와 『조선불교통사』 37

1. 역정과 한국학 연구 • 37
2. 『조선불교통사』의 찬술과 불교사 인식 • 59

3장 권상로의 생애와 한국불교사 자료 정리 140

1. 권상로의 생애 • 140
2. 한국불교사 자료 수집 • 148

4장 박봉석의 생애와 한국불서 조사 158

1. 박봉석의 생애와 불교 • 158
2. 한국 불서 조사와 분류 • 164

2부 일제강점기 불교계의 한국불교사 연구 …………………… 191

1장 한국불교사 연구와 그 인식 ……………………………… 192

　　　1. 불교사 연구의 배경 • 192
　　　2. 불교사 연구의 경향과 성격 • 199
　　　3. 불교사 인식의 가치와 의미 • 256

3부 일제강점기 사찰의 실태와 사지(寺誌) 편찬 ……………… 269

1장 일제강점기 사찰의 실태 양상 …………………………… 270

　　　1. 학교 설립과 사원전 수탈 • 273
　　　2. 원당(願堂)의 산림(山林) 환수와 침탈 • 280
　　　3. 지배층의 사원재산 수탈 • 290

2장 『봉선본말사지(奉先本末寺誌)』 찬술의 성격과 의미 ……… 297

　　　1. 찬술 배경 • 297
　　　2. 구성과 내용 • 305
　　　3. 찬술의 가치 • 321

3장 『조계산송광사사고(曹溪山松廣寺史庫)』 찬술의 의미와
　　　가치 ………………………………………………………… 326

　　　1. 찬술 배경 • 326
　　　2. 주요 편찬자 • 337
　　　3. 『조계산송광사사고』의 성격과 불교사적 가치 • 346

■ 참고문헌 ………………………………………………………… 362

■ 부록
　　일제강점기 불교사 연구 목록 • 370

제1부

일제강점기 불교계 지성의
한국불교 연구

1장

석전 박한영의 한국불교 연구

1. 석전 박한영의 한국불교 연구

　박한영은 법명이 정호(鼎鎬)이고, 호는 영호(映湖) 혹은 석전(石顚)이다. 그는 1870년(고종 7) 9월 14일 박성용(朴聖容)과 진양(晉陽) 강씨(姜氏) 사이에서 장남으로 태어났다. 출가 이전인 1878년 3월부터 1885년 3월까지는 통사(通史)와 사서삼경을 수학하면서 한문과 학문적인 기초를 닦았다. 1887년 19세에 전주 위봉사(威鳳寺)의 암자였던 태조암의 금산(錦山)화상 문하로 출가하여 1889년 2월부터 1896년 3월까지는 내전(內典)을 수학하였다. 또한 백양사의 환응 탄영(幻應坦泳, 1847~1929) 문하에서 수학하였으며, 당대 최고의 강백이자 대표적 승려였던 순천 선암사 경운 원기(擎雲元奇)로부터 『화엄경』과 『선문염송』·『전등록』 등을 배웠다. 1893년에는 건봉사와 명주사에서 여러 경전들을 연찬하기도 하였다. 26세에는 순창 구암사의 설유 처명(雪乳處明, 1858~1904) 문하에서 수학하였다. 이후 설유에게 법을 이어받고, 염송·율장·화엄을 수학하고 후학을 가르쳤다. 이때 받은 '석전'이라는 호는 추사 김정희가 백파(白坡)에게 "훗날 제자 가운데 도리를 깨친 자가 있으면 이로써 호를 삼으라."고 당부한 것에서 비롯되었다.

석전은 구암사와 대원사에서 강석을 펴는 동안 많은 학인들이 운집했을 정도로 학식과 덕행이 탁월하였다. 장성 백양사, 해남 대흥사, 합천 해인사, 보은 법주사, 구례 화엄사, 안변 석왕사, 동래 범어사 등에서 대법회를 열어 사부대중의 돈독한 불심을 심어주었다. 석전은 당대 최고의 강백들로부터 교학을 연찬하면서 선(禪) 수행을 위해서 1892년 4월 15일 안변 석왕사를 시작으로 1906년까지 열 다섯 번의 하안거를 지냈다. 안거 기간에는 수선(修禪)을 하고 산철에는 전국의 유명한 강사 스님을 찾아다니며 수학하였다.

한편 석전은 일제강점기에 접어들자 1908년에는 경성으로 올라와 만해 한용운(韓龍雲, 1879~1944) 등과 불교유신운동에 참여하였다. 1910년 원종(圓宗) 종무원 종정 이회광이 일본 조동종(曹洞宗)과 연합 협약을 체결하여 일본 조동종에 한국불교를 합종시키고자 했을 때는 진진응(陳震應)·한용운·김종래(金種來)·오성월(吳惺月) 등과 함께 임제종 정통론을 내걸고 저지하기도 하였다. 석전은 또한 명진학교(明進學校)의 후신인 중앙불교전문학원의 교장에 취임하였으며, 『해동불보(海東佛報)』 등 불교계 잡지를 통해 불교유신운동을 역설하며 불교인의 자각을 촉구하였다.

우리나라 역사학의 계통에 밝지 못한 것이 우리 민족의 일대 부끄러운 모습이다. 우리나라의 역사가 유구하지만 그것을 아는 자는 거의 없고, 김부식의 『삼국사기』와 일연의 『삼국유사』가 있지만 다른 나라의 문명사와 비교하고자 한다면 아주 사소하다.‥‥우리나라의 불교도는 士大夫의 습속을 따라 중국의 風敎를 답습하여 중국의 經史·詩文·人物·事實만을 읽고 기록할 뿐이다. 심지어 城邑·山川·樓觀·草樹의 이름조차도 중국을 모방하니 중국인이 우리나라를 小中華라고 한 것이다. 이것이 우리나라의 불교 역사가 분명치 않은 이유이다.[1]

한편 석전은 한국불교학과 불교사에도 깊은 관심을 지니고 있었다. 인용문은 석전이 한국불교사에 대한 자료를 수집하고 연구해야 하는 당위성을 피력한 글이다. 그가 사산비명(四山碑銘)을 주해한 근본적인 이유이기도 하다. 석전은 우리나라 불교사가 유구한 역사적 경험만큼이나 문명과 문화의 진전에 기여한 바가 크지만, 그 독자성이나 우월성을 아는 이는 적다고 지적하였다. 더욱이 집안의 보배를 두고 유자(儒者)들의 습속을 맹목적으로 답습하여 내전과 수행보다는 중국의 경사(經史)에 심취하여 중국인조차도 우리나라를 소중화(小中華)라고 일컫는다고 하였다. 때문에 우리나라의 역사뿐만 아니라 불교사 역시도 그 전후시말(前後始末)을 알지 못하고 있다고 비판하였다. 사실 이와 같은 지적은 박한영뿐만 아니라 불교계의 개혁을 주장했던 동시대 불교계 지성들 역시 같은 입장을 취하고 있었으며, 우리나라 불교사 자료수집과 연구의 배경으로 대두되었다.

〈표〉는 박한영이 발견하고 소개하여 현재까지 전하고 있는 불교사

---

[1] 朴漢永, 「朝鮮佛敎와 史蹟 尋究」, 『해동불보』 8호, 1914, 3쪽.

●● 석전 박한영의 한국불교사 자료수집

제목	전거
大東禪敎攷	『海東佛寶』 1~6호
朝鮮敎史遺稿	『海東佛寶』 6·8호
精註四山碑銘	慧南소장(1931)
白月葆光之塔碑銘幷序	『海東佛寶』 4~8호
智異山實相寺重興事蹟詩序	『海東佛報』 1호
娑婆敎主釋迦如來靈骨舍利浮圖碑幷序	『海東佛報』 2호
松廣寺嗣院事蹟碑	『海東佛報』 3호
大覺國師墓誌銘	『海東佛報』 5호
雪破大師碑銘幷序	『海東佛報』 1호
喚醒堂大禪師碑銘幷序	『海東佛報』 2호
鞭羊堂大禪師碑銘幷序	『海東佛報』 3호
楓潭堂大禪師碑銘幷序」	『海東佛報』 1호
華嚴宗主函溟堂大禪師碑銘幷序	『海東佛報』 6호

자료목록이다. 『해동불보』에 소개한 「조선교사유고(朝鮮敎史遺稿)」는 「혁십이종치양종(革十二宗置兩宗)」·「선교과연혁(禪敎科沿革)」·「경행법전고(經行法典攷)」와 「선종교종(禪宗敎宗)의 연혁」 등은 대체로 불교행정제도에 관한 내용으로 조선시대 유교가 국가이념으로 성립된 이후 불교계의 변화를 검토할 수 있는 자료들이다. 또한 『국조보감(國朝寶鑑)』 제22권의 승과 부활과 그 명맥이 단절된 이유를 설명하기도 하였다. 석전은 조선시대 흥천사(興天寺)와 흥덕사를 선종과 교종의 수사찰(首寺刹)로 지정한 경위를 소개하기도 하였다. 예컨대 『신증동국여지승람』과 조선 태조 이래 고종까지의 조선왕조 편년사(編年史)로 영국인 헐버트(Hulbert, H.B.)가 한국인에게 위촉하여 저작한 『대동기년(大東紀年)』, 그리고 『양촌집(陽村集)』 등을 살피고 발췌하여 조선시대

선종교종의 연혁을 소개하였다. 그리고 한계희(韓繼禧)가 찬한 「흥천사신주종명(興天寺新鑄鐘銘)」이나 권근이 찬한 「덕안전기(德安殿記)」역시 부록으로 첨부하여 그 신뢰성을 높이기도 하였다.

석전의 저술은 『석전문초(石顚文鈔)』, 『석전시초(石顚詩鈔)』 등의 문집과 『정선치문집설(精選緇門集說)』, 『계학약전(戒學約詮)』, 『정선염송급설화(精選拈頌及說話)』, 『염송신편(拈頌新編)』, 『대승백법(大乘百法)·팔식규구(八識規矩)』, 『인명입정리론회석(因明入正理論會釋)』, 『정주사산비명(精註四山碑銘)』, 『불교사람요(佛敎史攬要)』 등 9책의 단행본과 각종 신문과 잡지에 발표한 100여 건이 넘는 논설과 수필이 남아있다. 그의 저술을 정리하면 대체로 ① 불교교학서의 재편과 역술 ② 한국불교의 역사 자료 정리 저술 ③ 불교계의 각성과 개혁을 촉구하는 시사 논설문 ④ 『석림문초』, 『석림시초』 등에 보이는 수필과 한시 등으로 분류할 수 있다. 이와 같은 광범위한 석전의 저술은 일제강점기를 중심으로 한 한국 근대기의 불교계가 맞이하고 있던 현주소와 미래불교를 위한 과제에 대한 깊은 고민이 담겨 있었다.

요컨대 박한영의 한국불교 전통을 지키고자 했던 보종운동(保宗運動)과 개혁운동, 그리고 민족운동의 근간에는 그의 불교사상과 불교사를 중심으로 한 역사의식이 자리 잡고 있었다. 더욱이 그가 살다간 시기는 불교 전통의 명맥이라도 남아있었던 조선시대보다 더욱 암울한 시기였다. 한국의 역사성이나 정체성까지도 소멸되어 갔고, 그 근간을 지키고 있었던 불교문화 역시 그 전통성을 잃어갔다. 때문에 석전의 입장에서 불교사에 대한 관심은 단순히 학문적인 것이거나 정체성 회복에 머물지 않았다. 『정주사산비명(精註四山碑銘)』은 이와 같은 박한영의 불교사 인식에서 비롯되었다.

2. 『정주사산비명(精註四山碑銘)』의 주해 배경

최치원(崔致遠, 857~908?)의 사산비명은 신라 불교의 걸출한 세 인물인 지증비(智證碑, 924)·진감비(眞鑑碑, 887)·낭혜비(朗慧碑, 890)와 화엄종 계통의 절이었던 숭복사비(崇福寺碑, 896)를 말한다. 사산비명은 최치원이 당에서 귀국 후 왕명으로 찬술한 것으로, 신라불교사를 비롯하여 한문학사·사상사 등 문사철(文史哲) 분야에서 자료적 가치가 높은 문헌이다. 비에 담긴 최치원의 자주성이 일제강점기 불교계의 정체성 확립에도 기여한 바가 크다. 비문들은 '중국 역대 금석문의 법식(法式)이 풍부하게 활용되었지만, 지나치게 기교에 흐르거나 나열식의 기술로 꾸며진 것이 아니고, 매우 입체적이고 생동감 있게 서술되었다. 또한 문의(文意)가 창달, 원만하고 음조(音調)가 잘 맞으며, 전고(典故)의 사용이 적절할 뿐 아니라, 화려함이 많지만 부박(浮薄)하지 않다'는 평을 받고 있다. 또한 조선 후기의 대표적인 학승(學僧)이자 선사였던 연담 유일(蓮潭有一)도 사산비명의 서문에서 "한 구절도 그 내역(來歷)이 없는 것이 없다."고 했을 만큼 유불도 삼교(三敎)를 비롯한 제자백가서와 중국과 우리나라의 각종 역사서에서 나온 수많은 전거(典據)를 능수능란하게 구사하였다.

사산비명은 병려문에 활용된 용전(用典)과 수식(修飾), 유불도 삼교에 대한 풍부한 지식을 살필 수 있는 자료적 가치로 인해 대대로 불교인들 사이에서는 과외독본(課外讀本)으로 널리 읽혀져 왔다. 특히 조선 선조·광해군 때 청허 휴정의 관심과 그 문중의 중관 해안(中觀海眼; 鐵面老人)이 처음으로 『고운집(孤雲集)』에서 네 비문을 뽑아 책으로 엮고 주석을 붙인 이래, 몽암(蒙庵)[2]·홍경모(洪景謨)[3] 등의 주해가 이어졌으며, 근세까지 각안(覺岸)[4], 석옹(石翁)[5]의 주해본 등 십 수종의 주해본이 나왔다.

『정주사산비명(精註四山碑銘)』은 석전 박한영이 1931년 찬술한 사산비명 주해본(註解本)이다. 이 책은 조선후기부터 불교계에서 진행된 사산비명 주해본의 완결판이라고 할 정도로 그 수준이 매우 높다. 최남선이 『조선상식문답(朝鮮常識問答)』에서 "석전스님의 '정주사산비명'은 그 문의(文意)가 알기 쉽다"고 할 정도로[6] 많은 인용서목을 전거 혹은 보충자료로 제시했음에도 불구하고 이전의 주해본과는 달리 쉽고 간결한 문체를 지니고 있어 그 주해 수준을 짐작할 수 있다. 사산비명에 대한 연구는 문사철에서 다양하게 이루어졌지만[7] 주해본 연구는 이

2　몽암 기영, 『해운비명주』, 1783, 동국대소장본
3　김문기는 홍경모의 주석본을 규장각본 『文昌集』으로 추정했지만, 확실치 않다.(「최치원의 사산비명연구」, 『퇴계학과유교문화』15, 경북대퇴계학연구소, 1987, 144쪽)
4　범해 각안, 『각안주사산비명』, 1892.(金知見, 「精註四山碑銘發掘記」, 『四山碑銘集註를 위한 硏究』, 한국정신문화연구원, 1994, 3~125쪽에 영인본으로 수록되었다)
5　석옹, 『桂苑遺香』, 최완수소장본. 책 표지에는 '서울대 文理大國史硏究室 韓國史資料選叢 十'으로 표기되어 있어 한국사자료집으로 간행하였다.
6　최남선, 『조선상식문답』 속편, 『육당최남선전집』 제3권 현암사, 1974, 135쪽.
7　본 연구와 관련있는 연구성를 정리하면 다음과 같다.
　　유영봉, 「四山碑銘연구서설:碑銘을 통해 본 崔致遠의 新羅觀과 當時의 文

루어지지 않았다. 김지견의 검토가 있었지만, 당시에는 주해본이 공개되지도 않았고 해제에 지나지 않아[8] 자세한 사정을 알 수 없었다. 그

風」,『한국한문학연구』14, 한국한문학회, 1991; 최경애,「유학자로서의 崔致遠의 위상과 면모-『조선왕조실록』과 '四山碑銘'을 중심으로」,『동서철학연구』101, 한국동서철학회, 2021; 황의열,「四山碑名의 文學性에 대한 一考察: 글 갈래적 특성에 주안하여」,『태동고전연구』10, 한림대학교 태동고전연구소, 1993; 권인환,「古代 韓國漢字音의 硏究(Ⅲ) -崔致遠의 四山碑銘 夾註 및 碑銘詩 押韻 분석을 중심으로-」,『구결연구』44, 구결학회, 2020; 김시황,「四山碑銘에 나타난 孤雲…선생의 동방사상」,『고문연구』10, 한국고문연구회, 1997; 김문기,「崔致遠의 四山碑銘 硏究-實態調査와 內容 및 文體分析을 中心으로-」,『퇴계학과 유교문화』15, 경북대학교 퇴계학연구소, 1987; 곽승훈,「崔致遠의 中國史 探究와 그의 思想 動向:四山碑銘에 인용된 中國歷史事例의 내용을 중심으로」,『한국사상사학』17, 한국사상사학회, 2001; 황의열,「崔致遠의〈眞監禪師碑銘〉小攷」,『논문집』31, 경상대학교, 1992; 장일규,「崔致遠의 儒佛認識과 그 의미」,『한국사상사학』19, 2002: 정연수,「유교와 불교에 관한 최치원의 인식 변화」,『유학연구』53, 충남대 유학연구소, 2020; 최영성,「崔致遠 연구의 史的 계통과 호남지방」,『한국철학논집』18, 한국철학사연구회, 2006; 김복순,「최치원의「지증대사적조탑비문」비교연구」,『신라문화』35, 동국대학교신라문화연구소, 2010:이구의,「崔致遠의 '鳳巖寺智證大師碑文' 攷」,『한민족어문학』42, 한민족어문학회, 2003; 남동신,「校勘 鳳巖寺智證大師寂照塔碑文」,『한국사론』63, 서울대학교 국사학과, 2017; 유영봉,「西山大師가 조선 중기의 불교계에 불러일으킨 "崔致遠바람"」,『한문학보』12, 우리한문학회, 2005: 노용필,「韓國古代의『文選』受容과 그 歷史的 意義」,『역사학연구』58, 호남사학회, 2015.

[8] 김지견,「精註四山碑銘發掘記」,『四山碑銘集註를 위한 硏究』, 한국정신문화연구원, 1994. 최영성은 사산비명에 관한 지속적인 연구는 불교계 주해본에 대한 소개(『교주 사산비명』, 이른아침, 2014)와 논문(「崔致遠 연구의 史的 계통과 호남지방」,『한국철학논집』18, 한국철학사연구회, 2006.)이 있다. 유영봉 역시 조선 후기 사산비명에 대한 불교계의 관심이 시작된 청허 휴정의 최치원 평가(「西山大師가 조선 중기의 불교계에 불러일으킨 "崔致遠 바람"」,『한문학보』12, 우리한문학회, 2005)에 대해 검토하였다.

러다가 2009년 석전의 후학 혜남(慧南)이 책을 공개하면서 그 내용을 살필 수 있었지만[9] 책이 지닌 가치를 살필 만큼 충분치 않다.

임진왜란 이후부터 불교계에서 지속적인 관심과 연구가 진행된 사산비명 주해를 살피는 일은 한국불교사 연구에서 중요한 의미를 지닌다. 석전의 주해본이 나오기까지 조선과 근대 불교계는 중관 해안 → 몽암 기영 → 홍경모 → 석옹(경운 원기)이 사산비명을 주해하였다. 『정주사산비명』의 주해자 박한영은 일제강점기 한국불교가 지닌 우수성과 정체성 확립의 차원에서 사산비명을 주해하였다. 때문에 석전의 『정주사산비명』은 일제강점기 불교사적 의미를 지니고 있다. 이 글은 몽암(蒙庵)의 『해운비명주(海雲碑銘註)』와 석옹(石翁)의 『계원유향(桂苑遺香)』과 함께 『정주사산비명』의 주해 배경과 내용 분석을 검토하여 조선시대부터 진행된 사산비명 주해의 질적 향상을 살피고, 궁극적으로 불교계에 미친 의미와 영향을 규명하고자 한다.

『정주사산비명』은 석전 박한영이 스승인 석옹(경운 원기)이 주해한 『계원유향』을 기초로 이전 홍경모(1774~1851)의 사산비명 주해본을 개정하고 증보한 필사본이다. 그동안 대체적인 내용만 구전되다가 2009년 혜남(慧南)이 『불교신문』에 소개하면서 그 내용을 살필 수 있는 계기가 되었다.[10] 혜남은 1963년 경남 창녕 관룡사에서 출가

---

9 石顚 鼎鎬, 『精註四山碑銘』, 1931(혜남 소장).
10 최영성은 사산비명의 역주서에서 불교계의 사산비명 주해본과 관련된 여러 글을 수록하였고(최영성, 『校註四山碑銘』, 이른아침, 2014.), 김상일은 慧南이 『정주사산비명』을 공개하자 『불교신문』에 해제를 정리하기도 하였다.(김상일, 「석전스님의 '정주사산비명' 첫공개」, 『불교신문』 2550호, 2009.8.15.)

했으며, 1977년 대흥사 강원에서 전강사(傳講師) 운기 성원(雲起性元, 1898~1982)으로부터 전강(傳講)을 받았다. 운기는 석전 박한영의 제자이다. 이 주해본은 석전이 홍경모 집주본의 오류와 누락을 바로잡고, 자기 의견을 두주(頭註)로[11] 추가하였다. 석전은 이 책을 제자 운기에게 전했고, 운기는 석전의 두주를 보완하여 제자 혜남에게 전강기념으로 전했다고[12] 한다.

> 문제의 사산비명은 선생께서 신라에 금의환향한 뒤 왕명을 받들어 찬술하였다. 그러나 고려에서 조선으로 넘어오면서 國敎가 달라짐에 따라 지식인들은 載道文字 읽기를 게을리하게 되었으니 실로 사회의 분위기가 그렇게 만든 것일 뿐이다. 한편 쌍계사의 진감선사비와 성주사의 무염국사비와 봉암사의 지증대사는 지금까지도 원석이 온전한 상태로 내려온다. 유독 저 초월산 숭복사비는 비가 인멸되어 자취를 제대로 찾기 어렵던 터에 무슨 행운이었던지 금년 여름에 옛것을 좋아하는 이가 비로소 殘字의 비편을 찾아냄으로써 경주 동면에 있었음을 알게 되었다.[13]

인용문은 석전이 사산비명을 주해한 배경 가운데 일부분이다. 사산비명은 신라 말 국제적인 필독서인 『문선(文選)』에 기초한 바가 많았으며, 불가(佛家)의 게송(偈頌)에도 영향을 받기도 하였다. 또한 최치원

---

11 두주 표기는 석옹의 『계원유향』도 동일하다. 『계원유향』과 『정주사산비명』은 주해자가 사제지간으로 긴밀한 관련성을 지니고 있다.
12 혜남, 「『정주사산비명』영인본을 발행함에 즈음하여」, 『정주사산비명』(동국대소장본), 2009.
13 石顚 鼎鎬, 「四山碑銘註解緣起」, 1931(혜남소장).

이 재당 시절 문장을 수련하는 과정에서 중국의 유명한 문인·학자들이 찬한 금석문자 등을 다수 섭렵한 흔적이 많다. 때문에 연담 유일은 "내전(內典)과 외서(外書)를 뒤섞어 문장을 이루었다. 짝을 맞추어 지은 것이 몹시 묘하고 인용한 것이 매우 넓다. 한 글자도 내력 없는 것이 없어, 그 남아있는 기름과 향기가 후인을 적셔 줌이 많을 것이다. 불문(佛門)의 승도(僧徒)가 간직해야 마땅할 준영(雋永)이다."라고[14] 극찬하였다. 연담 유일은 "오직 공의 이름이 전대(前代)에 빛나서 후세에 견줄 만한 사람이 없다. 사람들의 입에 오르내려, 나무꾼이나 부엌에서 일하는 아낙네들까지도 공의 성명을 외우고 공의 문장을 칭송할 줄 아니 그 한 몸에 명예를 얻은 까닭은 반드시 뭐라고 말할 수 없을 것"이라고 하여 최치원의 명성이 고금(古今)을 뛰어넘고 있다고 하였다.

살피건대 이 사산비명은 명나라의 萬曆년간(1573~1620)에 鐵面老人으로 불렸던 이가 『고운집』 중에서 가려내어 編寫하므로써 마침내 看經餘暇의 필독서로 삼았던 것이다. 그러나 문체는 아름답게 騈儷로 짝을 이루고 뜻은 자못 오묘함에 난삽하여 걸핏하면 수많은 전적을 끌어옴으로써 一語一句마다 典據가 문제되지 않은 것이 없다. 독서량이 많은 식자가 아니고서는 좀처럼 깃들인 뜻을 領會할 수가 없었기 때문에 새로 배우는 무리는 콧잔등을 찡그리고 매우 싫어하였다. 우리 철면노인은 비록 노파심이 간절하기는 했어도 의혹을 풀기에만 급급한 나머지 그중 수십 구절을 略解했을 따름이고 南岳의 蒙菴 穎公이 諸家에 자문하여 해석이 훨씬 확실하게 되었기는 하나 나아가 의

---

[14] 蓮潭 有一, 「四山碑銘序」, 『蓮潭大師林下錄』권3(『한불전』 10, 동국대출판부, 1994, 260a-c)

문되는 곳을 제쳐놓은 곳이 태반인 것을 고려하면 아직 揚雄의 제자 侯芭만 하다고 할 만큼은 못되었다. 그런데 가까이 순조·헌종 대 무렵 한성의 처사 洪敬謨가 사정이 있어 남으로 楚山에 이주하여 그곳에서 여생을 지내게 되었다. 처사는 雅稱이니 널리 전적을 섭렵하고 內學의 조예가 깊었던 까닭에 일찍이 龍門精舍를 찾아가 白坡 亘璇과 더불어 佛門의 道友관계를 맺었다고 한다. 여가를 보낼 적에 줄곧 이 사산비명을 좋아하다가 드디어 붓을 들어 출처를 析明하고 段節을 안배함으로써 독자로 하여금 어려워 막힐 염려 없이 마치 칼날이 살을 뼈에서 도려내듯이 환히 저자의 진상을 보게 하였으니 이 또한 남을 위한 보시라고 하지 않을 것인가. 단지 유감스러운 것은 손에 이어 전사해 오면서 字義가 많이 어긋난데다가 異論이 분분하여 더욱 심하게 갈피를 잡지 못하게 되었다는 것이다. 나 鼎鎬는 감히 두려움을 품지 않고 7월의 初秋를 맞아 안개가 서린 듯 침침한 눈을 씻어가며 그 틀린 곳을 들어내고 쓸데없는 곳을 잘라내어 1본을 집필하였으니 뜻을 같이하는 이가 이를 간행하여 멀리 유포하기를 기다리고 있기에 그 주해한 연유를 상세하게 서술하는 것이다. 설사 나를 탐탁지 않게 여기는 無風起浪의 쓸모없는 짓을 하였다는 비난이 있다 하여도 그 꾸짖음에 구애 않으리라.¹⁵

석전이 사산비명에 주해를 덧붙인 배경을 제시하고 있다. 뿐만 아니라 그의 주해가 있기까지 조선 불교계에서 주해를 시도한 내력을 정리해 놓았다. 우선 조선의 첫 주해는 중관 해안에 의해서 시도되었다는 것이다. 중관 해안은 조선불교의 중흥조인 청허 휴정의 제자이다.

---

15 석전 정호, 「四山碑銘註解緣起」, 『精註四山碑銘』, 1931(혜남소장).

그는 스승 휴정(休靜)의 법맥이 중국 석옥 청공(石屋清珙)으로부터 고려 말 보우(普愚)에게로 이어졌고, 보우로부터 다시 혼수(混修)—각운(覺雲)—정심(正心)—지엄(智嚴)—영관(靈觀)—휴정 등으로 연결되었다는 법통설(法統說)을 주장하는 등 청허 휴정의 조선불교 재조(再造)에 기여했던 인물이다. 병자호란 당시에는 금산사·대흥사·화엄사의 사적기를 찬술하여 조선불교의 정체성을 확립하고자 했던 인물이기도 하다.

청허 휴정 역시 최치원을 존숭했던 인물이기도 하다.[16] 그는 「제최고운석(題崔孤雲石)」이라는 시에서 "누가 알았으랴 팔척의 신라 나그네가/중국 땅에 명성을 떨칠 줄을"이라고[17] 읊었으며, 최치원이 쓴 진감선사비명을 집자(集字)하고는 시를[18] 읊기도 했다. 더욱이 「쌍계사중수기(雙谿寺重修記)」에서는 "孤雲은 儒者요, 眞鑑은 佛者이다. 진감이 절을 세워 처음으로 人天의 눈을 열고, 고운이 비를 세워 널리 儒釋의 骨髓에서 크게 나왔다. 아아! 두 사람의 마음은 일종의 줄이 없는 거문고로서, 그 곡조는 봄바람에 제비가 춤추는 것 같고, 그 가락은 푸른 버들에 꾀꼬리가 노래하는 것 같아 한 사람이 날이면 한 사람은 씨요, 한 사람이 겉이면 한 사람은 속으로 도왔다."고[19] 하였다. 유교와 불교가

---

16 청허휴정의 최치원에 대한 관심은 다음의 논고를 참고하였다. 유영봉, 「西山大師가 朝鮮 中期의 佛敎界에 불러일으킨 '崔致遠 바람'」, 『한문학보』 12, 우리한문학회, 2005.

17 청허 휴정, 「題崔孤雲石」, 『청허집』 권3(『韓佛全』 7, 동국대출판부, 1994, 694a)

18 청허 휴정, 「集孤雲字」, 『청허집』 권2(『韓佛全』 7, 동국대출판부, 1994, 681b)

19 청허 휴정, 「智異山雙谿寺重創記」, 『淸虛集』 권5(『韓佛全』 7 동국대출판부, 1994, 705c)

둘이 아니며 교유와 조화로까지 승화될 수 있음을 강조한 것이다. 불교계 내부의 선교일치(禪敎一致)라는 사상과 수행뿐만 아니라 이념의 통일을 의미하는 것이다. 이와 같은 청허 휴정의 최치원 인식은 제자인 중관 해안에게 영향을 미쳤을 것이고, 청허의 선교통합과 법통, 그리고 사적기를 새로 정리하는 작업과 함께 중관의 사산비명 주해는 단순히 과외독본(課外讀本)의 의미를 넘어선 것이었다.

    鐵面老人이 만력 연간에 『孤雲集』 10권 중에서 네 비문을 抄出하여 가장 어렵다고 생각되는 부분을 중심으로 주석을 달아 後生들에게 誦習토록 하였다. 그러나 한 비문에서 註解한 것이 열 군데 정도에 지나지 않았고, 지나온 세월이 이미 오래되다 보니 傳手하는 과정에서 글자가 변하고 잘못됨이 많은 것이 보통이었다. 내가 임인년(1782) 겨울에 호남의 화엄사에 있었는데, 여러 사람들의 굳은 요청을 받아 講餘에 철면노인의 주를 讎校하고, 그 잘못된 곳을 바로잡았다. 그리고 다시금 이전 사람들의 칼날이 닿지 않은 곳에 손을 대 이끌어 풀이하고, 그 사이에 한 자라도 臆解가 없도록 하였다. 그러나 재주가 자라지 못한지라 본래 개인적으로 상자에 넣어 보관할 생각이었지 감히 세상에 公刊하려 한 것은 아니었다. 여러 군자들에게 바란다. 다른 눈으로 엿보고는 나를 당돌하다고 허물하는 일이 없도록 조심할 지어다.[20]

인용문은 몽암 기영(蒙庵箕潁)이 중관의 주해본을[21] 살피고 다시 주해한 뒤 쓴 그 서문의 내용이다. 몽암은 중관이 후생들의 송습(誦習)을

---

20 蒙庵 箕潁, 「海雲碑銘註序」, 『海雲碑銘註』, 1782(동국대도서관소장본).
21 중관 해안의 주해본은 현재 전하지 않는다.

위해 어렵다고 생각되는 부분에 주해를 했다고 했다. 또한 중관의 주해본이 오랜 시기동안 전수(傳手)되는 과정에서 많은 오류가 있었다고 지적하였다. 중관과 몽암의 주해본이 적어도 150여 년의 시간적 차이가 나고, 그 기간 동안 전해져 오는 과정에서 적지 않은 오류가 나타났을 것임은 어렵지 않게 짐작할 수 있다. 때문에 몽암은 오류를 바로잡고 주석을 보충하였다고 한다.

석전은 몽암이 중관의 주해가 일어일구(一語一句)의 전거가 불확실하고, 수십 구절만을 약해(略解)한 것을 제가(諸家)에 자문하여 해석이 훨씬 확실해졌지만, 의문나는 곳은 여전히 제쳐놓았다고 하였다. 또한 순조·헌종대의 홍경모 역시 출처를 명확하게 밝히고 단절(段節)을 안배하여 읽는 이들로 하여금 어려워 막힐 염려가 없게 하였다고 한다. 그러나 "(오랜 시기동안) 전사(傳寫)해 오면서 자의(字義)가 많이 어긋난데다가 이론(異論)이 분분하여 더욱 심하게 갈피를 잡지 못하게 되었다."는 것이다. 몽암의 주해본이 나온지 149년 만에 석전의 주해가 이루어졌으니 자의(字義)와 이론(異論)이 불분명해졌을 것이라는 것이라고 짐작할 수 있다.[22] 실제로 『해운비명주』와 『정주사산비명』은 인용서목뿐만 아니라 그 내용의 보충이 현저한 차이를 보이고 있다. 석전은 이 때문에 "틀린 곳을 들어내고 쓸데없는 곳을 잘라내어 1본을 집필했다."라고 했다.

이와 같은 조선시대 사산비명 주해의 과정을 살핀다면 석전 박한영이 일제강점기 한국불교 연구의 취지와 함께 사산비명의 가치를 인식했던 중관 해안의 주해 이래 오류와 보충을 거듭하여 거의 완벽한 주

---

22 몽암과 석전의 주해본 사이에 覺眼本이나 石翁本 등이 나타나기도 했다.

해본(精註)을 만들어 냈던 것이다. 거듭된 주해의 오류와 한계를 극복하여 사산비명의 가치와 의미를 회복시킨 것이다.

3. 『정주사산비명』의 구성과 내용

『정주사산비명』의 차서(次序)는 「지리산쌍계사진감선사비명(智異山雙溪寺眞鑑禪師碑銘)」(河東)·「만덕산성주사대낭혜국사비명(萬德山聖住寺大朗慧國師碑銘)」(藍浦)·「희양산봉암사지증대사비명(曦陽山鳳岩寺智證大師碑銘)」(聞慶)·「초월산숭복사비명(初月山崇福寺碑銘)」(慶州) 순으로 되어 있다. 책의 크기가 29cm×20cm이고, 표지에는 "정주사산비명(精註四山碑銘) 전(全) 지지산방(止止山房) 장(藏)"이라 표기돼 있다. '지지산방'은 석전의 서재 이름이었다. 주해본의 분량은 전체 82장이고 1면이 10행, 주는 쌍행(雙行) 23~24자로 짜여있다. 원문에는 이두토(吏頭吐)가 있으나 주해에는 토가 없다. 그 체재는 앞부분에 아정(雅亭) 李德懋(이덕무)가 찬술한 「용주사주련(龍珠寺柱聯)」과 『청장관전서(靑莊館全書)』 권20 아정유고(雅亭遺稿) 12에 수록된 「대낭혜화상전(大朗慧和尙傳)」, 「지증전(智證傳)」, 「혜소전(慧昭傳)」을 필사(筆寫)했고, 이어서 청나라 유연정(劉燕庭)의 『해동금석원(海東金石苑)』(1832)에 수록된 '사산비명' 편목이 적혀 있다.[23] 다음에 「사산비명주해연기(四山碑銘註解緣起)」라는 서문이 있고, 그 끝에 "佛紀 2958年 辛未梧月 日 石顚鼎鎬謹識"라 적혀 있어, 주해 작업이 1931년 5월 이전에 완료된 것임을 알 수

---

23 석전 정호, 『精註四山碑銘』, 1~7쪽.

있다. 이어서 석전의 보주(補註)가 두주(頭註)로 표기되어 있다.

분량은 진감선사비명이 19면이고, 19면이 끝난 다음에 1면에는 부록으로 『해동금석원』의 최치원의 약력을 적었다.[24] 낭혜화상비명은 분량이 41면이다. 부록으로 『해동금석원』에서 밝힌 비의 소재지와 최치원이 찬한 종제(從弟) 최인원(崔仁滾)의 글을 밝히고, 회창폐불(會昌廢佛) 사태로 귀국하는 내력 등이 양면으로 기록되어 있다. 이어서 한림제자(翰林弟子) 박옹(朴邕)이 왕명을 받아 지었다는 「헌강대왕송귀집인(獻康大王送歸集引)」을 수록하였다. 다음 지증대사비는 40면의 분량이다. 별도의 부록은 없고 '최치원찬 석혜강서(崔致遠撰 釋慧江書)'와 비의 소재지만을 밝히고 있다. 마지막의 숭복사비는 15면 분량이다. 원래 비의 소재지를 알지 못했는데, 1931년 석전은 "고학(古學)을 좋아하는 자가 비편(碑片)을 발견했고, 경주군 외동면 말방리 밭고랑 사이에 있었다."고 밝히고 있다. 그리고 각 편의 앞뒤에 필요하다고 생각되는 정보를 다른 참고문헌에 의해 덧붙인 것을 볼 수 있다. 끝부분은 매천(梅泉) 황현(黃玹)의 한시 2제와 『삼국사기』의 '최문창본전(崔文昌本傳)', 그리고 '지증비문중매금주정정(智證碑文中寐錦註訂正)', '사산비교낙열성지도(四山碑交絡列聖之圖)' 등이 덧붙어 마무리되어 있다. 주해본의 이해를 돕기 위해 최치원이나 비문과 관련된 자료를 첨부한 것으로 이해된다. 그러나 『정주사산비명』의 저본이 된 홍경모의 주해본은 현재 별본(別本)이 없는 것으로 알려졌었다. 이 책은 석전의 제자인 운기(雲起)가 전강(傳講) 기념으로 혜남(慧南)에게 준다는 내용과 게송이 기록되어 있다.

---

24 석전 정호, 앞의 책, 10쪽.

●● 계원유향 인용서목

三教論	春秋	佛祖通載	事文類聚	班史	莊子	南史	老子	風傳
三國遺事	西域記	高僧傳	中庸	周禮	論語	孟子	弘明集	左傳
眞鑑碑	禮記	晋書	戰國策	周易	齊史	淮南子	杜詩	世說新書
三國史記	桂苑筆耕	爾雅	魯史	法華靈驗	一切經音義	三國誌	宗鏡錄	書經
法華經注	唐三藏傳	金剛經	玉篇	楊子	續博物志	洪範九疇	孝經	晋書
魏書佛老誌	漢書	烈子	拾遺記	唐書	法顯傳	西域記	錦囊經	梁高僧傳
山海經	魏志	法華經	事文類聚	管子	列子	說文解字	列仙傳	文選
攷事新語	維摩經	孔子家語	管子	東坡詩	杜詩	治水經	大學	法苑珠林
馬史	范史	東史	桂苑筆耕	貨殖傳	史記	東齋記	道德經	東坡詩
長壽經	泥洹經	戰國策	春秋	智度論	班史	學記	說文解字	列女傳
說苑	事文類聚	博雅	高士傳	筍子	中庸	韻府群玉		

●● 정주사산비명 인용서목

三國史	春秋	東漢記	西京記	晋書	佛祖通載	漢書	佛國記	魏志
風傳	說文	魏書佛老志	禮記	西域紀	高僧傳	中庸	論衡	詩經
范史	事文類聚	世說	孝經	高僧傳	瑞應經	弘明集	涅槃經	古詩
論語	戰國策	列子	韓非子	後漢書	周易	齊史	洪範九疇	綱目
三國史記	晋書	魯史	法華靈驗記	傳燈錄	淮南子	三國志	法華經	後漢書
書	范史	傳燈錄	曇無竭傳	般若燈論	博物志	楊子	博物志	證道歌
莊子	陶詩	左傳	史記	溫公詩話	南史	老子	孝經	佛本經
周禮	高僧傳	後漢書	孟子	杜詩	拾遺記	道經	堯典	南史
梁高僧傳	書經	淨名經	列仙傳	杜詩	楚辭	一切經音義	韓子	列子

范史	黃庭經	桂苑筆耕	淮南子	貨殖傳	東齋記	金剛刊定記	西域記	世說新語
班史	十洲記	家語	文選	管子	弘明集	李白詩	十洲記	齊書
寶雨經	曲禮	李白詩	法苑珠林	道德經	東坡詩	長壽經	泥洹經	韻府群玉
南史	周禮	涅槃經義	大阿彌陀經	大學	馬史	華嚴經		

〈표〉는 석옹의 『계원유향』의 인용서목과 석전이 『계원유향』을 기초로 홍경모 집주본을 보완하면서 인용한 경사자집의 총 115책의 서목(書目)이다. 이전의 『해운비명주』보다는 압도적으로 많은 수를 차지하고, 석전의 주해본보다 시기적으로 앞선 『계원유향』의 인용서목 또한 97책으로 『정주사산비명』이 많다. 인용서목은 〈표〉와 같이 유가서뿐만 아니라 『장자』와 『노자』를 중심으로 한 도교서와 중국과 한국의 역사서 역시 인용하였으며, 『법화경』이나 『금강경』을 중심으로 한 불경(佛經)과 인물 전기인 고승전류, 어록 등을 광범위하게 인용한 것을 볼 수 있다.

『계원유향』은 한국 근대 불교계의 대표적인 스승인 경운 원기(擎雲元奇, 1852~1936)의 사산비명 주해본(註解本)이다. 그는 조선 후기 불교계의 선승(禪僧)이자 화엄학을 비롯한 선교학(禪敎學)의 권위자인 백파 긍선(白坡亘璇, 1767~1852)의 후학이기도 하다. 경운은 사산비명을 필사(筆寫)하면서 주석을 붙였는데, 비문(碑文) 4편을 분리하지 않고 1권으로 통합해서 책을 묶었다. 주해본의 구성이나 내용상으로 미루어 보았을 때 1931년 석전 박한영이 주해한 『정주사산비명』과 거의 유사하다. 박한영이 경운 원기의 『계원유향』을 저본(底本)으로 삼아 홍경모의 주해본이 지닌 한계와 문제점을 보완했을 것으로 추측할 수 있다. 조선 후기인 1783년에 몽암이 『해운비명주』를 찬술한 바 있지만, 오자와 탈자가 많아 경운 원기가 이전의 문제와 한계를 해결한 것이다. 그러므로 사산비명의 주해는 백파 긍선→경운 원기→석전 박한영→운기 성원→혜남(慧南)으로 이어지는 선암사와 근대 불교계의 선교학과 강맥(講脈)을 관통하고 있는 것이다.

● ●『해운비명주』 진감선사비명 인용서목

周禮	西域記	治水經	說文	大學	孟子	東史	音義	馬祖傍傳
通載	左傳	淮南子	法苑珠林	莊子	家語	書	晉書	黃庭經
杜註								

● ●『계원유향』 진감선사비명 인용서목

莊子	治水經	大學	孟子	馬史	論語	淨名經	東史	禮記
左傳	淮南子	法苑珠林	列仙傳	老子	漢書	范史	杜詩註	唐書
通載								

● ●『정주사산비명』 진감선사비명 인용서목

史記	易	莊子	治水經	禮記	大學	楚辭	韓子
通載	華嚴經	馬史	論語	淨名經	東史	一切經音義	老子
淮南子	法苑珠林	法華經	大阿彌陁經	列仙傳	老子	莊子	列子
論語	史記	涅槃經義	淮南子	杜詩	禮記	左傳	黃庭經
孟子	范史						

위의 〈표〉는 사산비명 주해본 3책에 수록된 진감선사비명의 주해에 이용된 인용서목을 정리한 것이다. 『해운비명주』와 『계원유향』의 인용서목이 19책으로 동일한 반면 『정주사산비명』은 38책이나 인용되

었다. 진감비명 뿐만 아니라 다른 비명 역시 사정은 다르지 않다. 인용서목이 중복되었다고 하더라도 석전의 지적대로 비명의 용어와 내용의 이해를 돕기 위해 이전 주해본 보다도 많은 참고문헌을 활용한 것을 살필 수 있다.

우선 석전은 주해본의 서두에 "右次序依海東金石苑編目"이라고 하여 『해동금석원』 편목에 따른 것이라고 하였으며, "해동금석원보1행(海東金石苑補一行)"이라고 하여 홍경모 집주본에서 누락된 지증대사 비문의 "入朝賀正兼延奉皇華等使朝請大夫前守兵部侍郎元瑞書院學士賜紫金袋臣崔致遠奉敎撰"을 "『해동금석원』에 의거하여 1행을 보완했다."고 하였다. 『해동금석원』은 석전의 주해 과정에서 이전 주해본과 대교와 교감, 저본의 역할을 했을 것이다. 이것은 낭혜화상의 비명에서도 동일하다. 아울러 사산비명을 상호비교 검토하여 "견상무염주(見上無染註)"로 표기하여 번다한 반복을 피한 것을 살필 수 있다. 또한 석전이 첨부한 보주(補註)의 두주(頭註)는 진감비명이 9곳, 낭혜비명이 14곳, 지증대사비명이 17곳, 숭복사비명이 9곳이다. 서목(書目)과 보주를 통해 전거를 밝혔고, 오류를 지적한 것이다. 석옹의 『계원유향』 역시 두주를 갖추고 있어 홍경모·석옹·석전의 주해본이 상호 밀접한 관련을 지니고 있는 것으로 추정할 수 있다.

한편 『정주사산비명』은 사산비명 외에 홍석주(洪奭周)의 『교인계원필경집서(校印桂苑筆耕集序)』와 서유거(徐有榘)의 원서(原序)를 전재하고 있다. 그리고 최문창후본전(崔文昌候本傳)·『삼국사기』·지증비중매금주증정(智證碑中寐錦註證正)·사산비교락열성도(四山碑交絡列聖圖)·대낭혜전(大朗慧傳)·지증전(智證傳)·혜소전(慧昭傳) 등의 전기를 재록

(載錄)하였다. 이것은 비문에 대한 광범위한 이해를 위한 것이기도 하다. 이 가운데 사산비교락열성도(四山碑交絡列聖圖)는 정덕왕(定德王)부터 진성왕(眞聖王)까지의 지증·진감·낭혜화상의 생몰과 행적, 비명의 건립, 그리고 숭복사의 창건과 중창에 대한 사정을 도표로 정리하여 비명의 내용을 이해하기 쉽게 보완하기도 하였다.

海雲碑銘註	隋師征遼多沒驪貊。東史云。煬帝。征遼。爲乙支德所敗。軍一百十萬。太半死入薩水。穢貊。見上註也。有降志而爲遐眠者。爰及聖唐。囊括囊。包也。括。會也。東史云。唐高宗。遣蘇定方。與羅合攻。百濟滅之。又遣李勣等。與羅合攻。高麗滅之。置安東都護府。以薛仁貴。爲總官四郡。今爲全洲金馬今益山郡。前屬全州人也。父曰。昌元。
桂苑遺香	有降志而爲遐氓者。爰及聖唐。囊括 囊括者。通註云。結囊。言包有也。東史云。唐高宗。遣蘇定方。與羅合攻。百濟滅之。又遣李勣等。與羅。合攻。高麗滅之。置安東都護府。以薛仁貴。爲総官 四郡。今爲全州金馬今益山郡。前屬全州 人也。父曰昌元。在家。有出家之行。母顧氏。嘗晝假寐不脫衣冠而 眠曰。假寐也。
精註四山碑銘	隋師征遼。多沒驪貊。東史云。隋煬帝。征遼東。爲高句麗將。乙支文德。所敗。軍一百十萬。太半入薩水死。○驪貊。亦云蕆貊。古國名。今奉天。鳳城縣。東朝鮮國之江原道。皆其地。又說二國名。蕆。今江陵。貊。今春川云。有降志而爲遐氓者。爰及聖唐。囊括言包有也四郡。今爲全州。金馬人也。東史云。唐高宗。遣蘇定方。與羅合。攻百濟滅之。又遣李勣。與羅合。攻高麗滅之。置安東都護府。以薛仁貴。爲總管也。(補註)四郡者。外史云。漢武帝。滅朝鮮。置樂浪。玄菟。眞蕃。臨屯。四郡。樂浪。今朝鮮之平安。黃海。京畿諸道。及忠淸道之北境。昭帝時。以臨屯郡併入。兼有江原道。後漢末。割京畿道以南。爲帶方郡。西晋之末。遂爲高句驪所併。玄菟。今朝鮮。咸鏡道。及吉林南境。本沃沮之地也。治沃沮城。昭帝時。徙治眞蕃郡之高句驪。後漢中葉。又徙治今奉天之瀋陽附近。眞蕃。今鴨綠佟佳兩江。及興京附近之地。昭帝時。併入玄菟郡。臨屯。今朝鮮。江原道。本濊貊之地。昭帝時。併入樂浪郡。今益山郡。前屬全州。父曰昌元。

몽암과 석옹, 그리고 석전이 진감선사비명을 주해한 부분이다. 비 본문의 진감선사가 전주 김마인이 된 내력을 주해하였는데, 세 주해본이 동사를 전거로 하여 '사군' 설치의 경위와 위치를 소개하고 있지만, 석전은 보주를 통해 '사군(四郡)'을 한사군 설치 직후뿐만 아니라 일제강점기의 지정학적 위치까지도 제시하고 있어 앞의 두 주해본보다도 더욱 구체적이고 상세한 것을 살필 수 있다. 또한 석전은 『계원유향』의 결락된 부분을 보충하였다. 지증대사비명의 앞부분인 "入朝賀正兼延奉皇華等使朝請大夫前守兵部侍郞元瑞書院學士賜紫金袋 臣 崔致遠奉敎撰"은 『계원유향』에서 결락되었는데[25], 석전 박한영의 『정주사산비명』은 "依海東金石苑補一行"이라고[26] 하여 "해동금석원에 의거하여 1행을 보완했다."고 하였다. 석전이 이미 찬술된 스승 경운 원기의 주해본을 살피고 대교하여 『해동금석원』을 저본으로 그 비문을 증보한 것으로 보인다.

이와 같이 석전의 『정주사산비명』은 중관 해안 → 몽암 기영 → 홍경모 → 경운 원기 등의 주해본을 살피고 『삼국사기』와 『삼국유사』, 그리고 최치원의 『계원필경』 등을 망라하여 주해본에 첨부하였다.

---

25 『계원유향』의 지증대사 비문 앞부분 "有唐新羅國故曦陽山鳳巖寺敎諡智證大師寂照之塔碑銘幷序入朝賀正兼延奉皇華等使朝請大夫前守兵部侍郞元瑞書院學士賜紫金魚袋 臣 崔致遠 奉敎撰 序曰"은 누락되어 있고 볼펜으로 필사하였다.(석옹, 『계원유향』, 4쪽)
26 석전 정호, 「有唐新羅國故曦陽山鳳巖寺敎諡智證大師寂照之塔碑銘幷序」, 『정주사산비명』, 44쪽.

4. 『정주사산비명』의 가치

『정주사산비명』은 첫째, 일제강점기에 찬술된 주해본이라는 점에서 주목할 만한 가치를 지니고 있다. 석전은 이 비명의 주해본을 통해 일본의 침략과 간섭하에서 한국 역사와 그 문화의 우수성을 재확인하고 계몽하는 국학진흥운동의 의미를 지니고 있는 것이다. 조선과 일제강점기의 암울한 불교계의 상황을 극복하고자 한 것이다. 요컨대 『정주사산비명』은 단순히 학술적 의미를 초월하여 석전의 한국역사와 문화의 정체성을 천명하고자 한 주체성과 유구한 불교문화의 우수성을 선양하고, 불교대중화의 의도가 담겨있는 것이다.

둘째, 『정주사산비명』은 이전 사산비명 주해본의 완결이라고 할 수 있다. 사산비명은 그 가치에도 불구하고 조선불교의 탄압과 소외로 왜란과 호란이 끝난 이후인 조선 후기에 와서야 비로소 불교계로부터 주목받았다. 불교 경전뿐만 아니라 외전인 제자백가에 관한 지식의 갈증 때문이었다. 당시 불교계의 왕성한 지적 욕구를 이해할 수 있다. 『정주사산비명』은 중관 해안의 주해본과 그것을 보완한 몽암의 『해운비명』, 그리고 석옹이라는 아호를 지니고 있었던 경운 원기의 『계원유향』, 홍경모의 주해본, 범해 각안의 주해본 등 불교계에서 찬술되었던 이전의 주해본이 지닌 오류와 한계를 극복했다. 석전은 사산비명의 주해 과정에서 『계원유향』을 저본으로 삼아 홍경모의 주해본뿐만 아니라 이들 이전의 주해본을 살폈고, 그 문제점을 보완하고자 한 것이다.

셋째, 『정주사산비명』은 이전 어떤 주해본보다도 간명하다는 점이다. 석전은 홍경모의 주해가 작자의 뜻을 환히 밝히고 있다고 긍정적으로 평가하였다. 그러나 전사(轉寫)되어 온 과정에서 글자의 뜻이 어그러지고 다른 주장이 분분한 까닭에 잘못된 곳을 바로잡고 불필요한 부분은 잘라냈다고 했다. 많은 인용서목을 통해 난해한 부분을 쉽게 하였고, 애매한 부분은 훤히 밝힌 것이다. 더욱이 번다한 주해로 본문의 뜻을 흐리지 않았다고 하는 것이 후대의 평가인 것이다. 인용서목이 이전 주해본보다 많지만, 그 뜻은 간결하고 선명히 하고자 하였다. 『정주사산비명』은 이후 많은 학자들이 사산비명을 연구하거나 주해의 과정에서 빼놓을 수 없는 필독서로서의 가치를 굳건히 지키고 있다.

넷째, 조선시대의 승가는 내전뿐만 아니라 외전에 대한 이해를 통해 삼교의 조화를 강조하였다. 최치원은 유학지식인이면서 불교에 대한 이해 역시 깊었다.[27] 한국도교사에서도 우리나라 도맥(道脈)의 중추적인 인물로도 자리잡고 있다. 이와 같은 경향은 최치원의 유불도 삼교의 사상적 융합을 후대에 수용할 정도로 긍정적 영향을 미친 것이 사실이다. 청허 휴정 역시 최치원이 삼교일치나 통합의 사상을 칭송했으며, 연담 유일을 비롯한 조선 후기 승가(僧伽) 역시 그의 문체뿐만 아니라 사상의 수용을 위해서도 사산비명을 공부한 것이다. 『정주사산비명』은 승가가 삼교의 본질을 이해하기 위해 사산비명을 연구한 구체적이고 수준 높은 사례라고 평가할 수 있다.

다섯째, 백파 긍선을 중심으로 한 백파 문중과 해남 대흥사의 사산비명에 대한 지속적인 관심의 결과였다. 일찍이 청허 휴정의 최치원에 대한 관심이 있고 난 것을 계기로 그의 충실한 제자인 중관 해안이나, 화엄사에 주석하며 주해본을 바로잡고 후학들에게 사산비명을 습

---

27 장일규, 앞의 글, 2002.

송(誦)하게 했던 몽암 기영, 홍경모와 석전 박한영은 과외독본으로 사산비명에 대한 연구로 주해를 게을리하지 않았다. 또한 석전의 스승이기도 한 경운 원기 역시 석전의 주해 직전에 『계원유향』을 주해하여 『정주사산비명』에 많은 영향을 주기도 하였다. 그리고 대흥사의 연담 유일은 「사산비명서(四山碑銘序)」를 썼으며, 범해 각안은 주해본을 찬술하기도 했다. 이와 같이 사산비명주해본이 지속적으로 찬술된 선암사와 대흥사를 중심으로 한 호남의 불교계는 임진왜란 이후부터 불교학의 중심지로 불릴 만큼 선교학(禪敎學)이 전성했다. 사산비명은 당시 불교계에서 불교경전뿐만 아니라 외전의 탐독을 통해 학문의 외연을 높이고자 한 것으로 이해 할 수 있다.

최치원의 사산비명은 문사철의 학술적 가치뿐만 아니라 삼교일치와 조화, 그리고 불교를 중심으로 한 한국 전통문화의 자주성과 우수성을 상징하는 문헌이다. 때문에 조선 후기 불교계에서는 청허 휴정이 최치원을 긍정적으로 평가한 이래 승가의 과외독본으로 정착될 만큼 중요한 위치를 차지했던 문헌이기도 하다. 중관 해안의 주해본이 나온 이래 몽암 기영이 그것을 바로잡았고, 몽암의 『해운비명주』를 후대의 경운 원기와 홍경모가 오자와 탈자를 바로잡고 인용서목을 증보하였다. 석전의 『정주사산비명』은 몽암의 주해본 뿐만 아니라 홍경모의 주해본이 지닌 오류와 한계를 바로잡아 현재까지의 사산비명 주해본 가운데 가장 완성도가 높다고 평가받고 있다.

우선 석전의 『정주사산비명』은 단순한 주해의 수준을 넘어선 것이었다. 그는 한국불교 연구와 자료수집에 적극적이었다. 학문적 측면과 함께 일제강점기의 암울한 상황을 한국불교 역사와 문화의 계몽과

국학진흥을 위한 것이었다.『정주사산비명』역시 한국불교의 정체성 확립을 위한 의도에서 비롯되었다. 석전은 우선 수행의 여가에 200여 년전부터 찬술된 여러 종의 사산비명 주해본을 살폈다. 그는 주해본들의 오류와 한계를 살펴 오자와 탈자를 바로잡고 이전 주해본에서 밝히지 못한 용어와 내용을 인용서목을 전거로 제시하며 어렵고 모호한 부분을 선명히 하였다. 때문에『정주사산비명』은 오랜 시기를 거듭하여 과제로 남아있던 사산비명을 쉽게 풀이하여 후학들이 삼교에 대한 이해를 쉽도록 해주었다. 요컨대『정주사산비명』은 학술적 의미뿐만 아니라 국학의 독자성과 우수성, 그리고 한국불교가 전통문화로서 지닌 가치를 구현해 낸 것이다.

2장

이능화의 생애와 『조선불교통사』[28]

1. 역정과 한국학 연구

　상현거사(尙玄居士) 이능화(李能和, 1869~1943)는 대한제국기와 일제강점기를 살다 간 한국의 근대 지성이었다. 그는 한국의 역사와 종교를 연구하여 전통문화를 소개하였다. 특히 황무지였던 한국불교를 오랜 기간 조사했고, 그 정체성과 체계화를 모색하여 우리 불교의 독자

---

28 이능화의 생애는 다음의 기록을 기초로 재구성하였다. 이능화, 「成佛道僧渡李無能」『朝鮮佛教通史』下, 新文館, 1918; 양은용, 「李能和의 韓國佛敎研究」, 『宗教研究』9, 한국종교학회, 1993; 이재헌, 『이능화와 근대불교학』, 지식산업사, 2007; 대통령 소속 친일반민족행위진상규명위원회, 『親日反民族行爲眞相糾明報告書』Ⅳ-12: 친일반민족행위자 결정이유서, 2009; 이기동, 「이능화」, 『한국사민강좌』 45, 일조각, 2009; 조선불교통사역주편찬위원회, 「해제『조선불교통사』의 개요와 특징」, 역주『조선불교통사』, 동국대학교출판부, 2010; 이정남·마즈타니 사야카, 「이능화의 '친일 반민족 상세 행적'에 관한 연구 -『조선해어화사』를 통한 기생 역사왜곡의 확립자』 이능화의 구체적 친일 행적 - 」, 『역사와융합』 9, 바른역사학술원, 2022.

성과 우수성을 알리고자 한 것이 그의 대표적인 공헌이었다. 그의 삶이 비록 친일행각의 짙은 그늘에서 벗어날 수 없는 것이 사실이지만, 식민지 한국에서 기대조차 할 수 없었던 불교를 중심으로 한 우리 문화를 연구하여 소개한 일은 시도조차 할 수 없었던 일이었다. 이능화의 한국불교사를 체계화시키기 위한 자료수집과 조사, 그리고 편찬은 그의 친일 행적을 덮고도 남을 정도로 가치 있는 일이었다.

역정(歷程)

이능화는 1869년 1월 19일 충청도 괴산군 이도면 수진리에서 출생했다. 본관은 전주(全州), 자는 자현(子賢)이다. 호는 간정(侃亭)·무무(無無)·상현(尙玄居士)·무능거사(無能居士)·일소거사(逸素居士)·괴옹도인(槐翁道人) 등을 썼다. 아버지는 이원긍(李源兢)이다. 본래 조선 제2대 왕 정종(定宗)의 후예로 11대 할아버지 이양원(李陽元)은 우의정에 올랐다가 임진왜란 때 선조가 몽진할 때 유도(留都)대장으로 임명되었다가 영의정에 올랐고, 얼마 뒤 국왕이 돌아갔다는 헛된 소문을 듣고 자진(自盡)한 비운의 주인공이었다. 그후 이능화의 집안은 기울었고, 노론(老論) 일당전제가 장기화됨에 따라 남인(南人)에 속했던 그의 집안은 벼슬길이 막히고 말았다. 부친 이원긍은 고종이 즉위하여 종친우대책과 함께 개항으로 천주교 신앙의 자유마저 누리게 되자 뒤늦게나마 벼슬길에 올라 대외문제를 담당하는 외부아문(外部衙門) 주사를 거쳐 판관으로 승진했다.[29] 그후 이원긍은 청일전쟁이 일어나 영의정 김홍집을 총재로 하는 군국기무처(軍國機務處)가 신설되자 17명의 정계 유

---

29 이기동, 앞의 글, 199-200쪽.

력자로 구성된 이 기구의 회의원이 되었다.

이능화는 어려서부터 과거시험을 목표로 전통적인 한문을 수학하였고, 15세 이후에는 사서(四書)를 읽기도 하였다. 이 무렵 성불사의 쌍장선사(雙杖禪師)를 만나 불교와 인연을 맺기도 했다.[30] 그후 19세 때 부친을 따라 서울에 와서 비로소 새로운 시대의 조류와 문물을 접하게 되었다. 1887년 영어학당, 1892년 한어(漢語)학교, 1895 프랑스어 학교인 관립한성법어 학교를 차례로 입학하여 졸업하였다. 이때의 인연으로 그는 1897년 11월 한성법어학교 교관으로 프랑스어를 가르쳤으며, 1907년 같은 학교 교장을 지내기도 했다. 1894년 이능화는 사상의학(四象醫學)으로 유명한 이제마와 1년 동안 자신의 집에서 교유했는데, 전 생에 걸쳐 깊은 영향을 끼쳤다. 그는 이능화가 평소 눈병으로 고생하는 것을 보고 소양인(少陽人)이라 진단한 뒤 석고와 활석을 조제하여 눈병을 낫게 해주었다고 한다. 나아가 그는 이능화에게 희노애락을 함부로 하지 말도록 충고해준 결과 어려서 병이 많던 이능화는 30세 이후부터 자못 건강을 유지하게 되었다고 한다.[31] 그는 이제마에게서 병고로 신음하는 창생(蒼生)을 구제하려는 자비심 같은 것을 느꼈다.

이능화는 1895년 11월 농상공부 주사(主事)가 되었지만, 1896년 관직에서 물러났다.

釋尊의 머리를 깎고 塵煙을 끊었지만 나는 머리를 깎고 紅塵에 매

---

30 이능화, 「成佛道僧渡李無能」, 『조선불교통사』 하, 신문관, 1918, 1242-1243쪽.
31 이능화, 「이제마」, 『조선명인전』 제2권, 조선일보사출판부, 1939, 343~344쪽.(이기동, 앞의 글, 201쪽에서 재인용)

인 몸이 되었습니다. 슬픈 일입니다. 그리고 묵묵히 속에 나의 前程을 생각해 보니 머리를 버힌 것만으로써 만족할 수가 없었습니다. 그리하여 어시호(於是乎) 벼슬을 버리고 학업에 종사할 결심을 하였습니다. 이제 학도로 한 세상을 다 보내게 되었거니와 단발 후 40星霜이 꿈 같을 뿐입니다. 가소롭다. 단발 입속의 괴로운 중생이여.[32]

그가 관직에 오른 지 얼마 뒤 명성왕후가 일본인들에게 시해를 당하여 민심이 흉흉한 가운데 의병이 일어났다. 1895년 11월 16일(음력) 그가 야간 당직하던 날에 김홍집 내각은 태양력의 사용과 개원(改元) 그리고 단발에 대한 조칙을 반포했다. 이 법령은 바로 다음 날인 건양(建陽) 원년인 1896년 1월 1일부터 시행될 예정이었는데, 상투에 대한 애착심이 강한 국민에게 단발령은 청천벽력같은 조치였다. 이능화 역시 단발을 하여 머리칼을 난로에 던져버렸으나 솟구치는 감개를 억제할 수 없었다. 인용문은 당시의 심정을 40년이 지난 뒤 "벼슬을 버리고 학업에 종사할 결심을 하게 되었다."고 회고했다. 결국 조선의 암울한 시세(時勢)를 비탄스럽게 생각한 것이다. 그가 어려서부터 꿈꾸었던 입신양명(立身揚名)을 위한 득의(得意)는 물거품이 되었다고 생각한 것이다.

탱자나무와 가시나무 수풀은 난새와 봉황이 깃들 곳이 아니다. 대장부가 어찌 구구한 名利에 묶여 있을 수 있겠는가? 세계를 주유하여 풍속을 관찰하며 학술을 연구하는 것이야말로 어찌 남아의 일이 아니겠는가?'[33]

---

32 이능화, 「단발」, 『朝光』 제2호, 1935, 212-213쪽.
33 이능화, 「成佛道僧渡李無能」, 『조선불교통사』 하, 신문관, 1918, 1243쪽.

이능화는 이와 같이 관직에서 물러나면서 주유천하와 학문 연구에 뜻을 두었고, 영어·중국어·일본어·프랑스어를 전공하였다. 관직에서 물러나 외국어 공부로 돌아선 동기는 시세가 큰 원인이었지만, 한편으로는 새로운 기회를 모색하는 계기도 되었다. 첫째, 유교의 엄격한 생활문화와 주자학의 독선적인 태도에 대한 비판의식이 강했다. 예컨대 그는 "머리 바깥쪽은 주천자(朱天子, 명 태조 주원장)의 망건이 속박하고, 머릿속은 주부자(朱夫子, 朱子)의 망건(주자가 주석한 『大學』)이 속박하는구나. 이처럼 안팎에서 속박하면 사람이 살아갈 수가 없습니다."라고[34] 술회한 적이 있다. 둘째, 격동하는 세계 정세 아래에서 과거 공부보다는 선진문물 수입을 위한 외국어 연마가 더 필요한 일임을 자각했다. 1876년 일본과의 병자수호조약 체결 이후 이·영·독·프 등 서구열강과 맺은 국교는 서구문화와 문명의 유입을 예상할 수 있었고, 입신양명을 위한 과거 공부는 무의미함을 판단했던 것이다. 더욱이 신학문 도입을 역설했던 부친의 영향 역시 이능화의 마음을 움직였을 것이다.[35] 결국 서양의 근대문명 습득과 심오한 학문 연구를 위해서는 외국어 습득이 필요하다는 생각을 가질 수 있었다.

이능화는 종로구 수송동에 위치한 프랑스어 학교에 입학했고, 1897년에는 한국인 최초로 강사직을 맡았으며, 얼마 뒤 졸업하자 부교관으로 정식 발령을 받았다. 1900년 32세 되던 해에는 프랑스인 통역 겸 고용인 감독으로 중국에 가 있던 동창생 임운(任運)이 북경 유리창(琉璃廠)에서 당판(唐板) 『원각경(圓覺經)』 1부와 『지월록(指月錄)』 1부를

---

34 이능화, 앞의 책, 1242쪽.
35 이재헌, 『이능화와 근대불교학』, 지식산업사, 2007, 105쪽.

구해 와 그에게 주었다. 그는 『원각경』을 읽고는 불법의 광대함을 알게 되었고, 『지월록』을 보고는 지난날 쌍장선사가 읊은 「목우가(牧牛歌)」³⁶를 연상하고는 이때부터 불어 등을 배우는 것을 한쪽에 던져두고 불심(佛心)을 연구하는 일에 매달리거나 산수를 방랑하여 노래를 읊고, 시정(市井)을 노닐며 한가로이 담소하였다.

그는 1902년에는 칭경예식(稱慶禮式)사무소 위원과 1903년 2월 해서사핵(海西査覈) 위원으로 위촉되었으며, 1906년 6월에는 국문일정법(國文一定法) 의견서를 학부에 제출하였고, 10월 한성법어학교 교장으로 승진했다. 한국통감부가 설치된 이해에 그는 사립일어학교 야간부에 입학하여 일본어를 공부하기도 했다. 그가 외국어에 능통하여 통감부 시절 외국어학교의 요직에 등용될 수 있는 발판이 만들어진 것이다. 1907년 2월에는 일본에 농상무성 사무를 시찰하기 위해 파견되었으며, 7월 국문연구소 위원으로 위촉되었다. 이것은 종두법 소개자로 유명한 지석영(池錫永)이 1905년 '국문개량'에 대한 6개조의 상소문을 올린 것이 계기가 되었다. 그의 상소는 2년 동안 보류된 끝에 연구소가 설치되었고, 학부의 고위직에 있던 어윤적(魚允迪)을 비롯하여 젊은 한글학자 주시경(周時經) 등 여러 사람이 위원으로 참여하였다. 비록 이능화는 한글을 전문적으로 연구한 적이 없었지만, 외국어에 대한 소양을 갖추고 있었고 마침 학부 산하 교육기관에서 다년간 종사하고 있었으므로, 이에 위원으로 참여하여 1908년 9월부터 언문(諺文)의 연원 및

---

36 「목우가」는 다음과 같다. 소를 먹인다네, 명덕산 기슭에서/하얀 돌은 빛나고 흐르는 물은 맑구나./소여! 소여! 기름진 풀을 먹어라./소여! 소여! 곡식일랑 먹지 말아라./소여! 콧구멍은 본래 하늘(향해) 치켜들고 있거니/어찌하여 콧구멍은 도리어 뚫려 있는가?

자체와 발음의 연혁 등에 대해 1년 남짓 연구 활동에 몰두했다. 이능화는 주시경·어윤적과 함께 가장 열성적으로 연구 활동에 종사했다는 평를 듣기도 했다. 그는 한글의 기원과 관련하여 범자(梵字) 모방설 대신 몽골 파스파문자 모방설을 지지했다. 그는 10년 후 간행한 『조선불교통사』 하편에서 이와 같은 견해를 상세히 밝히기도 했다.[37] 그러나 1909년 한글에 전혀 이해가 없는 이용직(李容稙)이 학부대신으로 취임하자 국문연구소 활동은 위축되었고, 이해 12월 하순 보고서를 제출하고 활동을 끝내버렸다.[38]

이능화는 1908년 1월에는 통감부의 학제 개편에 따라 프랑스·영어·일어학교가 통합, 단일화되어 만들어진 관립 한성외국어학교 학감으로 취임해 일한병합 후 1911년 학교가 폐쇄될 때까지 학감으로 재임했다. 1912년에는 사립 능인보통학교 교장으로 취임하여 3년 동안 교장으로 재직하기도 하였다. 그는 또한 일한병합 직후부터 시작된 불교계의 계몽운동에 직접 참여하였고, 불교변증의 입장에서 여러 종교를 비교 연구한 『백교회통(百敎會通)』을 간행하기도 하였다. 실제로 그는 외국어학교에 재직하던 기간에도 한국의 고유신앙인 무속(巫俗, 샤머니즘)에 대한 문헌을 틈틈이 구해 읽었고, 성경이나 민간의 도가서(道家書) 그리고 불경도 즐겨 읽었다. 그는 종교야말로 인간이 만들어낸 가장 위대한 사상체계로 인식하여 유교·도교·기독교·이슬람교·천도교·대종교 등 여러 종교의 강령 가운데서 비슷한 것을 뽑아 서로 비교해 보는 일에 큰 흥미를 느꼈다. 하기야 독실한 불교신자였던 그

---

37 이능화,「諺文字法源出梵天」,『조선불교통사』하, 신문과, 1918, 573-640쪽.
38 이기동, 앞의 글, 205쪽.

로서는 이들 각 종교의 강령을 불교와 대조해 봄으로써 불성론(佛性論)·연기설·보살사상·대승기신론 등 불교 이론의 정수를 인식하는데 그 궁극적인 목적이 있었겠으나, 어쨌든 이 같은 시도의 성과가 미완성 고본(稿本)에 그친『백교회통(百敎會通)』(1914)이었다. 그는 1912년 8월에는 한국병합기념장을 받았는데 그것은 1912년 3월 28일에 제정된 칙령 제56호 '한국병합기념장(韓國倂合記念章) 제정의 건(件)'에 의거하여 ① 한국병합의 사업에 직접 관여했던 자 및 한국병합의 사업에 동반하여 요무(要務)에 관여했던 자 ② 한국병합 당시 조선에 재근(在勤)했던 관리 및 관리대우자 및 한국병합 당시 한국정부의 관리 및 관리대우자 ③ 종전 일한관계(日韓關係)에 공적이 있는 자가 수여 대상자로 정해졌다. 1915년에는 1910년대 한국불교계의 대표 친일단체인 불교진흥회 간사와 이사에 위촉되었고, 1916년『불교진흥회월보』를 개칭한『조선불교계』편집인 겸 발행인, 1917년 3월에는『조선불교총보』편집인 겸 발행인, 같은 해 10월 불교옹호회 이사를 맡았다. 이능화는 당시 지면을 통해 100여 편의 불교관계 논설을 남기기도 하였다. 그리고 1918년에는 그의 대표적인 역작『조선불교통사(朝鮮佛敎通史)』를 출판했다.

한국사연구와 편찬

한편 이능화는 1918년 2월부터 10월까지 조선총독부 임시토지조사위원회 촉탁에 위촉되어 일제의 토지조사사업에 협력했다. 같은 해 12월부터 중추원 조사과 촉탁, 1920년 7월부터 1923년 12월까지 중추원 편집과 촉탁으로 재직하면서 조선의 옛 관습 및 제도를 조사했다.

1920년 12월 조선불교회 상무이사를 맡았고, 1921년 11월 조선총독부 학무국 편수관에 임명되었다. 1922년 11월 조선총독부 교과서 조사위원으로 위촉되었고, 12월 식민사관(植民史觀)에 입각해 『조선사』를 편찬하는 조선사편찬위원회 위원에 임명되었다. 조선사편찬위원회는 1925년 6월 정식법제화되어 중추원 내에 정무총감 직속기관인 조선사편수회로 확대 개편되었다. 조선사편수회는 사료 수집과 편수 작업을 목표로 편년체의 방대한 『조선사』 발간을 목표로 하였다. 이능화는 1923년 조선사편찬위원회 석상에서 "한국사 속에 발해사를 포함시키고 건국신화를 실어야 한다."고 주장한 바 있다. 당시 단군신화와 발해사 처리 문제는 최남선과 이능화가 이마니시 류[今西龍]와 협의하기도 했다.[39] 1925년 7월 조선사편수회 위원이 되어 1943년 사망할 때까지 종사하였는데, 『조선사』 편찬을 비롯하여 한국 민족문화와 관련한 각 자료를 정리·연구한 책들을 집필하였다. 예컨대 『조선사』 제4편(광해군~경종)과 제6편(영조~갑오경장)의 집필을 맡았다. 이 공로로 1940년 4월 천황이 은배를 주었다. 당시 그는 실학사상에 깊이 심취하기도 했다. 신문관(新文館)을 운영하면서 『조선불교통사』를 교열하고 간행한 최남선(崔南善) 역시 편수회에 함께 참여하여 활동하였다.

그는 약 15년 동안 희귀한 자료를 손쉽게 구할 수 있는 유리한 위치를 이용하여 종교를 비롯한 한국학 전 분야에 걸쳐서 수집한 자료를 연구, 정리하여 정력적인 집필로 한국학 발전에 거의 독보적인 위치를 차지하였다. 그의 노력 역시 주목할 만하다. 조선사편수회에서 수사관보(修史官補)로 참여한 이병도(李丙燾)는 이능화를 잘 아는 사람이었

---

39 이기동, 앞의 글, 213쪽.

는데, "그는 책을 모아놓고 연구한 것이 아니라 직장에서 책을 보면서 귀중한 내용을 베껴 자료로 수집했다."고[40] 했으며, 조선사편수회에서 오랜 기간 이능화와 함께 일한 홍희(洪憙) 역시 이능화가 "하루 종일 사료를 조사했고, 그 쌓아놓은 자료는 언덕과 같았다."고 이야기했다.[41] 이후 이능화는 1927년 신설된 경성제국대학 법문학부 교수들이 주체가 되어 결성한 경성독사회(京城讀史會)에 가입하여 활동했고, 1928년 6월에는 조선총독부 임시교과서조사위원회 위원, 1929년 8월 조선박람회 사무위원, 1930년 8월 청구학회 평의원으로 활동했다. 1928년 11월 쇼와[昭和] 천황 즉위기념 대례기념장, 1929년 1월 훈6등 서보장을 받았다. 이밖에 1930년 한국학 연구를 위해 한국에 와 있던 일본인 학자를 중심으로 한 청구학회(靑丘學會)가 발족되었을 때는 평의원(評議員)으로 추대되어 1939년 청구학회가 해산될 때까지 활동하였으며, 1931년 박승빈(朴勝彬)·오세창(吳世昌) 등과 더불어 계명구락부(啓明俱樂部) 설립에 참여했다. 1932년 5월 이왕직 실록편찬사료 수집위원, 1933년 12월 조선총독부 보물고적명승천연기념물보존회 위원 겸 제2부원, 1934년 고적조사위원회 위원, 1935년 2월 임시 역사교과용 도서조사위원회 위원을 역임했다. 1936년 1월 심전(心田)개발위원회에 참석했고, 12월 조선총독부 학무국장이 사회교화 진흥공작을 도모하는 간담회에 출석했다.

　1939년에는 조선총독부의 보물고적보존회(寶物古蹟保存會) 위원으

40　이병도, 「유교사, 도교사를 통하여 본 이능화선생」, 『동대시보』 제189호, 1962년 4월 19일자(이기동, 같은 글, 215쪽에서 재인용).
41　이기동, 앞의 글, 215쪽.

로도 있었으며, 이 해에는 일본 기원 2600년을 기념하는 한시 「황화만년지곡(皇化萬年之曲)」을 지었고, 이 시에 김기수(金琪洙)가 곡을 붙여 아악창작곡 공모전에 출품해 당선되었다. 이 곡은 1940년 11월 부민관에서 열린 일본 기원 2600년 기념 봉축연주회에서 연주되었다. 언론에 「숭검출사(崇儉黜奢) 존본취리(存本取利)」[42]와 「이조초의 권농윤음(勸農綸音)」과[43] 같이 친일협력을 독려하는 글을 발표했다. 1941년 1월 국민총력조선연맹 산하 문화부 문화위원, 4월 국민연극연구소 일본사 강사, 10월 조선임전보국단 발기인으로 활동했다. 1943년 4월 12일 운니동(雲泥洞) 자택에서 74세를 일기로 사망했다.

이능화의 이상과 같은 활동은 「일제강점하 반민족행위 진상규명에 관한 특별법」 제2조 제19·20호에 해당하는 친일반민족행위로 규정되어 친일 관련 행적이[44] 상세하게 채록되기도 하였다.[45]

---

42 『매일신보』1940. 12. 15.
43 『매일신보』1941. 9. 26.
44 대통령 소속 친일반민족행위진상규명위원회, 『親日反民族行爲眞相糾明報告書』 Ⅳ-12: 친일반민족행위자 결정이유서, 2009, 257~295쪽.
45 이능화의 친일 행적을 구체적으로 추적한 이정남과 마즈다니 사야카[水谷淸佳]는 "이능화는 일제강점기에 일제의 조선 식민통치에 현저히 협력하여 일본제국으로부터 고위 관직과 다양한 포상 및 훈장들을 받았을 뿐만 아니라 조선사편수회, 친일 불교단체, 친일 학회, 친일 조직들에 적극적으로 가담하여 '朝鮮史 왜곡'과 '植民史觀 전파'에 앞장섰으며, 심지어는 일본의 초대 천황인 神武天皇을 시작으로, 조선의 강제 일본 식민지화의 원흉이었던 明治天皇, 大正天皇, 昭和天皇 등 일본 천황들을 찬양하는 漢詩인 「皇化萬年之曲」을 지어 바치며 일제의 조선 식민지 지배를 正當化시키기까지 하였다. 즉 이능화는 '단순히 왜곡된 『조선사』 편찬에 참여한 정도'가 아니라 다방면에서 다양한 루트를 통해 매우 실제적이고 구체적인 친일활동을 전개해 간 대한제국기 및 일제강점기의 대표적인 '친일 반민족 행위자'이자 우

한국불교 연구와 불교사 찬술

통감부가 설치된 1906년부터 불교근대화운동이 시작되었다. 불교연구회가 조직되었고, 1906년 4월 서울 동대문 밖에 있었던 원흥사(元興寺)에 최초의 불교 교육기관인 명진학교(明進學校)가 설립되어 5월에 개교하였다. 이능화는 1906년 12월 2일 이 학교 2대 교장으로 취임하여[46] 어학과 종교사를 강의하면서 관립 법어학교 교관직을 겸직하였다. 1910년대는 한국불교 역사에서는 의욕에 찬 일대진흥운동기였음에 틀림없다.[47] 1911년 9월 사찰령의 시행으로 전법·포교 등 불교활동이 법적으로 공인되었다. 비록 일본불교가 식민정책에 편승하여 꾸준히 침투하고 있었으나 오히려 그 때문에 불교계의 각성도 저절로 깊어질 수밖에 없었다. 1912년에는 전등사 주지였던 권상로가 불교중흥을 목표로 『조선불교월보(朝鮮佛敎月報)』를 창간하여 1913년 12월 『해동불교(海東佛敎)』로 개제(改題)한 뒤 1914년 6월 폐간될 때까지 불교사상을 일반에 널리 알리는데 기여했다. 이해 11월에는 본산 주지 29명이 불교진흥회를 설립하여 본부를 수송동에 있는 각황사(覺皇寺)에 두었고, 1915년 『불교진흥회월보(佛敎振興會月報)』를 발간하기 시작했다. 이능화는 당시 불교진흥회 간사로 편집의 책임을 맡으면서 1910년대 불교계의 중심인물로 화려하게 등장했다. 『불교진흥회월보』는 1915

    리나라 근대 사학계의 대표적인 '친일 어용학자'였다"고 하였다.(이정남·마즈타니 사야카, 「이능화의 '친일 반민족 상세 행적'에 관한 연구 – 「『조선해어화사』를 통한 기생 역사왜곡의 확립자」이능화의 구체적 친일 행적 – 」, 『역사와융합』 9, 바른역사학술원, 2022, 243-273쪽.
46 『萬歲報』 1906. 12. 4.
47 이기동, 앞의 글, 208쪽.

년 12월 제9호를 낸 뒤 더 이상 나오지 못했고, 그 뒤 1916년 4월부터 『조선불교계(朝鮮佛敎界)』라는 이름으로 3호를 발간하고는 폐간되었다. 3·1운동 이후 불교계가 본산 주지들로 구성된 교무원과, 자주적이고 개혁적인 성향의 젊은 승려들로 구성된 총무원 사이에 대립 갈등을 겪다가 재단법인 조선불교 중앙교무원으로 통합되면서 월간잡지 『불교』가 1924년 7월 창간되자 「이조불교사(李朝佛敎史)」를 20회에 걸쳐 연재하기도 했다. 30본산연합사무소에서 『조선불교총보(朝鮮佛敎叢報)』를 발간하게 되어 이능화는 1917년 3월부터 그 편집에 종사했다. 이 잡지는 1921년 1월까지 22호를 발행했다.

"답답한 유가의 성리학보다 광대원통한 불교의 心性說을 매우 좋아했으나, 불경·禪書를 볼 기회를 얻지 못하다가 … 원흥사의 불법연구회에 참석하게 되었다. 그 자리에서 조선불교의 연혁에 대하여 물어보았지만, 확실하게 아는 사람이 거의 없었다. … 1500년 역사가 없으니 어찌 한심하지 않으리오. 나는 이에 『조선불교통사』를 저술하여 불충분하지만, 세상에 내어 불교에 뜻을 둔 이들에게 참고자료가 되었으면 하였다.···그때(1907년경 자료수집에 착수한 때)부터 나는 일본·중국 등지에서 불서와 기타 참고서적을 구한 뒤 (외국어학교 교사와 교장 소임의) 낮 근무를 마치면 心力을 다하여 불교를 연구하였다. 또 고승의 비문과 행장, 사찰의 기록, 종파와 산문의 풍습 등을 막론하고 모두 모았다. 그리하여 시중에 보이는 것은 모두 불서요, 책상 위에 쌓이는 것도 불서요, 촛불 아래에서 抄錄하는 것도 불서요, 누워서 꿈을 꾸는 것도 불서였다. 오로지 밤낮으로 불서에만 매달렸다. 그래서 아내에게 '10년 공부 나무아미타불'이라며 비웃는 말까지 들었

다."⁴⁸

한일합방 후 불교계몽 및 연구에 뛰어든 1918년, 자비로 출판한 이능화의 『조선불교통사』는 그 가치가 가장 두드러진다. 방대한 자료수집과 조사는 어렸을 때부터 익혔던 한학 실력, 특히 정통 유학 수련의 과정은 학문 연구와 집필의 기초를 제공했으며, 한국학 저술에 발휘되었다. 또한 조선사편수회를 통한 한국역사 연구와 편찬의 기회는 한국역사와 종교에 대한 광범위한 조사와 수집의 기회를 마련해 주었다. 그는 1923~24년에 조선사학회에서 간행한 『조선사 강좌 특별강의』 중 「조선불교사」를 집필하기도 하였다.

그런데 한편으로 외국어 습득을 통해 근대문화 수용에 적극적이었던 그가 불교와 민속 등 전통문화 속에서 민족 근대화의 가능성을 찾은 점은 의문이다. 그것은 이능화가 외래 문화를 접촉하는 과정에서 체득한 비교문화적 시각이 우리 전통문화에 대한 주체적 자부심을 고양하는 계기가 되었을 것으로 생각한다. 예컨대 1900년대 초 사회진화론의 유행과 그에 영향받아 민족정신 선양과 실력배양으로 민족의 생존을 보전하자는 신민사상(新民思想)과 애국계몽운동, 그리고 민족이 처해있는 역경을 타개해 보려는 민족사관의 영향을 받았던 것으로 보인다. 그러므로 불교와 한국불교는 당시 불교계의 대표적인 지식인이었던 이능화에게 비교할 수 없는 자긍심을 심어주기도 했다.⁴⁹ 민족문화의 핵심을 이루고 있었던 한국의 종교문화와 역사는 상류층 지식

---

48 〈매일신보〉, 1907. 07. 15.
49 이재헌, 앞의 책, 105~107쪽.

인들의 철학적 사변적 종교 사상에 대한 연구에 머무르지 않았던, 특히 일반 민중들의 생활·습속·신앙에 깊은 관심은 종교사와 사회사에 대한 갈증을 해소하기에 충분했다.

그는 한성외국어학교에 재직하던 기간에도 한국의 고유신앙인 무속에 대한 문헌을 구해 읽었고 성경이나 민간의 도가서(道家書) 그리고 불교 경전도 즐겨 읽었다. 그는 종교야말로 인간이 만들어낸 가장 위대한 사상체계로 인식하여 유교·도교·기독교·이슬람교·천도교·대종교 등 여러 종교의 강령 가운데서 비슷한 것을 뽑아 서로 비교해 보는 일에 큰 흥미를 느꼈다. 이러한 그의 종교학적 안목은 사회사가 종교사 연구의 보충 작업으로 전개되었다. 그는 불교의 심성설에 관심이 컸지만, 그의 갈증을 해소할 수 없어 당시 원흥사 불법연구회에 참석하여 한국불교의 연혁을 알고자 하였다. 그러나 우리 불교사에 대한 이해는 그 흔적조차 찾아볼 수 없었고, 편린조차 알고 있는 사람을 찾기 어려웠다. 그의 관심사가 단편적인 불교 신성설에 국한되지 않았음을 알 수 있는 부분이다. 궁극적으로 한국문화가 지닌 독자성이나 그 우수성을 한국불교사 연구를 통해 체계화시키고자 한 것이다. 그는 1907년부터 약 10여 년 동안 국내뿐만 아니라 일본과 중국 등에서 우리 불서와 자료를 찾고, 한국불교와 관련된 것이라면 무엇이든지 찾아 수집하였다. 그가 오로지 밤낮으로 불서에만 매달렸다는 것은 『조선불교통사』를 통해서도 어렵지 않게 살필 수 있다.[50]

---

50 이기동은 이능화에 대해 "본디 세간의 일에 비교적 담담한 태도를 보이며 어디까지나 신앙인으로서 인생의 목표를 자아의 실현, 인격의 완성에 둔 그에게 저술은 어떤 신념을 표명한다거나 세속적인 명성을 얻기 위한 야심적인 행위가 아니었던 듯 생각된다."고 평가하였다.(이기동, 앞의 글, 199쪽)

그는 50세가 되던 해인 1918년 3월 모두 2,300여 쪽에 달하는 방대한 분량의 『조선불교통사』 2책을 최남선이 경영하는 신문관에서 발간하였다. 일한병합 직후인 1910년 가을부터 10년 동안 적공(積功)의 결과였다. 사실 일본의 식민통치 초창기부터 일본인 관리들은 종무행정의 차원에서 한국불교사를 정리해 보려는 시도가 있었다. 총독부 내무부 지방국 촉탁인 와타나베 아키라가 업무상 한국불교의 변천을 파악하기 위해 일한병합 직후부터 1911년 3월까지 반년 동안 관련 사료를 수집하여 1,000여 쪽에 달하는 『조선사찰사료(朝鮮寺刹史料)』를 발간했던 것이다. 그 책은 전라북도와 함경북도를 제외한 전국 11개 도의 모든 사찰에서 지방국에 보고한 것과 지방국에서 절을 찾아가 치밀하게 조사한 것을 바탕으로 한 것이었다. 그만큼 총독부의 위세는 한국에서 대단한 것이었다. 이능화의 『조선불교통사』 역시 이에 영향받은 바가 컸을 것이다.

『조선불교통사』는 상·중·하 3편으로 구성되었다. 상편은 「불화시처(佛化時處)」라는 제목으로 고구려 불교 수용부터 1916년경까지의 한국불교를 통사적으로 다루었다. 불교 교화가 한국이라는 시처(時處)에 미친 바를 연대적으로 정리하여 역사서의 '기(紀)'에 해당하는 내용을 왕조별로 시대를 구분하고 고구려·백제·신라·고려·조선·조선총독부의 여섯으로 나누었다. 삼국이 정립되어 있던 시기는 왕조별로 구분하였지만, 발해의 역사에 대해서는 생략했다. 중편은 「삼보원류(三寶源流)」라는 제목 아래 인도에서의 불교 성립과 삼장결집(三藏結集), 중국의 한역(漢譯) 및 한국 역대의 불교 종파를 기술하여 1책 1,052쪽으로 묶었다. 특히 한국불교의 원류를 찾았다는 점에서 의미가 큰데, 역사서의 '지(志)'와 전(傳)'을 합한 형태의 석가모니부터 인도-중국-한국으로 사자상승(師資相承)된 전등(傳燈)의 역사를 조선의 청허와 부휴까지 정리하고 있다. 또한 제종(諸宗) 가운데 임제종(臨濟宗)을 불교의 정맥(正脈)으로 하고 있다. 이것은 동시대 한국불교의 정통성을 임제종으로 선언하고 임제종운동을 전개했던 것과 긴밀한 연관성을 지니고 있는 것이기도 했다.

한편 「이백품제(二百品題)」는 한국불교사의 전법, 교화, 융성, 쇠퇴 등 다양한 주제 200개를 기술하여 2책 1,250쪽으로 묶었다. 그는 불교 관계 역사서와 경전 주석서, 문집, 사적기, 중수기, 고승 행장, 비문 등 방대한 분량의 문헌 자료와 금석문 자료를 발췌하여 빠짐없이 수록했다. 이 책의 특징은 어느 한 시대에 치우치지 않고 삼국시대와 통일신라시대, 고려시대, 조선시대에 걸쳐 적절한 균형을 이룬 것이 특징이다. 특히 불교의 일대 침체기인 조선시대 자료들을 빠짐없이 수록하는 노력을 보여주었고, 조선 후기 선(禪)을 둘러싼 백파 긍선으로부터 축원 진하(竺源震河)까지의 100여 년간 지속된 논쟁을 불교사상의 심화를 초래한 중요한 사건으로 파악한 것 등은 매우 돋보이는 점이라고 할 수 있다. 그러나 고려불교의 종파를 분류하면서 오류를 범하기도 하였다. 예컨대 5교양종에 대한 양종은 선교종과 조계종인 듯하다고 하면서 천태종을 5교 속에 넣은 것이 대표적인 오류다. 오늘날 학계의 정설은 천태종을 선종으로 보아 조계종과 함께 양종으로 파악하고 있다. 또한 「미륵불광사사적(彌勒佛光寺事蹟)」에 의거하여 백제 승려 겸익이 성왕 때 인도에 유학 가서 율부(律部)를 깊이 연구한 다음 귀국하여 국왕의 전적인 비호 아래 역경사업에 종사했다고 했지만, 이 사적기에 대해서는 의문의 여지가 있다. 일본 불교사학자 고다마 다이엔[小玉大圓]은 이 불광사 사적기가 현재로서는 '환(幻)의 문헌'이기는 하지만, 그래도 믿을 수밖에 없다는 입장이다. 그러나 미국의 백제 미술 및 역사 연구자인 베스트(Jonathan W. Best)는 사적기의 내용을 면밀히 검토한 끝에 이 기록은 18세기 말 이후의 어느 시기에 불교사에 대해 이상하리만큼 큰 관심을 갖고 있던 한국의 누군가에 의해 주로 『일본서기(日本書紀)』에서 얻은 지식을 갖고 날조한 것이 아닐까 하는 견해를 제시한 바 있다. 다만 그는 이능화에게는 그 날조의 책임이 없다고 하였다.[51]

『조선불교통사』는 이와 같은 결점이나 오류에도 불구하고 한국불교 연구의 지침서로 굳건한 위치를 차지하고 있다. 다카하시 토오루[高橋亨]의 『이조불교(李朝佛敎)』(1929), 누카리야 카이텐[忽滑谷快天]의 『조선선교사(朝鮮禪敎史)』(1930) 등이 나왔고, 이능화 자신도 『조선불교통사』의 방대한 내용을 압축하여 뒷날 조선사학회에서 간행한 『조선사강좌』 분류사에 「조선불교사」를 발표했다. 특히 그는 한국불교 관계 저술을 집대성할 목적 아래 정황진(鄭晃震)과 함께 조선불서간행회를 조직하여 '총서(總書)' 간행을 계획하기도 했다. 이것은 당시 일본에서 편찬하고 있던 『대정신수대장경(大正新修大藏經)』을 편찬하고 있는 것에 자극받은 결과였다. 이능화는 불전을 10부문으로 분류하고

---

51 고다마 다이엔, 「구법승겸익과 그 주변」 상, 『마한백제문화』 8, 원광대학교, 1985, 23-32쪽.; Jonathan W. Best, Tales of Three Paekche Monks who Traveled Afar in SEARCH OF THE lAW, *Harvard Journal of Asiatic Studies*, vol.51, No.1, 1991, 152-178쪽 참조(이기동, 앞의 글, 211쪽, 각주 10)에서 재인용).

자료수집에 들어갔지만, 1925년 목록만을 간행한 채 중단되고 말아 끝내 실현되지 못했다.

저술의 가치

이능화의 한국학 저술은 선구적이고 학술적으로 가치가 뛰어나다. 그의 학문적 노정은 41세(1910)까지가 학문 수학기였다면, 그 이후 74세로 죽기 전까지는 연구·저술기에 해당된다. 그의 주요 저서는 전통성과 근대성을 동시에 지니고 있다. 예컨대 『조선신교원류고(朝鮮神敎源流考)』, 『조선상제예속사(朝鮮喪祭禮俗史)』, 『조선유교지양명학(朝鮮儒敎之陽明學)』, 『이조시대경성시제(李朝時代京城市制)』, 『조선여속고(朝鮮女俗考)』, 『조선해어화사(朝鮮解語花史)』, 『조선무속고(朝鮮巫俗考)』, 『조선기독교급외교사(朝鮮基督敎及外交史)』, 『조선도교사(朝鮮道敎史)』 등이 있다. 그의 저술은 조선의 사상과 종교뿐만이 아니다. 『조선해어화사』는 기생을 주제로 하여 그들의 생활 모습과 주변에 관한 자료를 집대성한 것이고, 『조선여속고』는 통혼·가족·수과(守寡)·복장·교육·연중행사 등을 중심으로 정리하였다. 이 책은 우리나라 여성사의 최초라 할 수 있는 저서로 『조선불교통사』와 함께 1968년에 재판 영인되기도 하였다.

『조선도교사』는 단군신화가 첫머리를 장식했다. 그는 단군신화에 신시(神市)를 베푼 장소로 기재된 태백(太白)을 삼신산으로 보고, 삼신산이 해동에 있다는 속설을 여러 문헌에서 찾아 논증했다. 그런 다음 진시황이 보냈다는 서복(徐福) 등 방사(方士)가 한반도에 온 흔적을 살폈다. 그는 삼국시대 말기 고구려에 도교가 정식으로 수용되기 전에 전진(前秦)의 방사가 왔을 것으로 추리하고, 이어 백제·신라에서의 도가적 문화 현상을 개관했다. 고려시대에는 도교 계통의 신을 제사하는 초제(醮祭)를 비롯하여 갖가지 도교적 행사를 찾아볼 수 있는데, 그는 조선시대의 풍부한 전적(典籍)을 갖고 도교에 대한 전면적인 검토의 필요성을 절감했다. 그는 이마니시의 권유로「조선신교원류고(朝鮮神敎源流考)」라는 제목의 논문을 교토제국대학(京都帝國大學) 문학부 역사·지리잡지인『사림(史林)』(제7권, 3~4호, 1922와 제8권, 1~4호, 1923)에 발표했다. 이마니시는 연구의 핵심인「단군전설고」에서 단군신화를 신화학의 입장이 아닌 문헌고증학적 방법으로 검토하여 고려 후기에 날조된 것이라고 주장했다. 이처럼 단군신화를 철저히 부정한 그는 자신의 견해에 대한 한국인 연구자의 반응을 떠보려는 의도에서 이능화에게 논문 집필을 부탁한 듯하다. 이능화는 '단군(檀君)신교'와 '역대(歷代)신교'의 두 편으로 된 이 논문을 한문으로 썼고, 어디까지나 한국인 독자를 표준으로 했다고 약례(略例)에서 밝혔다. 그는 주로 언어학적 연구법을 원용하여『삼국유사』첫머리에 실려 있는 단군왕검에 대한 모든 기록이 결코 위찬(僞撰)에서 나온 것이 아님을 변증했다. 그는 또한 논문 후반부의 '역대신교'에서 예맥·삼한·부여·고구려·가락(가야)·백제·신라 및 고려의 토착신앙과 민속에 관한 사회사적 자료들을 역시 언어학적 연구법으로 추구했다. 이를 통해서 볼 때 그가 논문 제목에서 사용한 '신교'란 다름 아닌 샤머니즘을 중심으로 한 무속 일반을 가리키는 개념임을 알 수가 있다. 당시 민족주의자들이 단군왕검에 대한 신앙을 대종교라는 이름으로 신봉하고 있었던 만큼 무속이라는 표현 대신 '신교'라는 다소 모호한 용어를 사용한 듯

하다.⁵²

1928년 10월 출간한 『조선기독교급외교사』는 능통한 프랑스어를 바탕으로 달레(Claude Charles Dallet)의 『조선교회사』를 이해한 뒤 조선시대 문헌을 통해 기독교사의 체계를 정리한 이 분야 최초의 저작이다. 조선사편수회 동료였던 홍희는 책의 서문에서 선친을 추모하는 마음에서 그가 몸담았던 기독교(천주교)의 역사를 정리한 것이라고 했다. 즉 이능화는 스스로 말하기를 "나는 불자(佛者)로 본디 기독교에 관여한 바 없다. 그러나 기독교는 바로 내 선군(先君)의 종사한 바로, 이 책을 엮어서 추모의 정성으로 삼았다"고 했다는 것이다. 그는 상편에서 조선 중종 때인 1520년 명의 수도 북경에 다녀온 통사(通事) 이석(李碩)의 주보(奏報)로 서양 사정이 전래된 뒤부터 헌종 때까지의 천주교 박해와 순교, 붕당과 천주교와의 관계를 기술했고, 하편에서는 동학의 등장에서부터 1880년대 구미 열강과의 수호조약 체결로 전교(傳敎)의 자유를 얻을 때까지의 박해와 병인양요·신미양요 등의 대외관계를 논했다. 프랑스어에 능통한 그는 달레가 지은 『한국교회사』(1874)를 이용했고, 그 밖에 『조선정감(朝鮮政鑑)』 등을 참고했다.

이 책에 대해 문일평은 "가볍게 단안(斷案)을 내리는 이보다 신중한 태도를 가지고 사실대로 전해주는 것이 차라리 좋은 것으로, 이런 의미에서 선생의 기술이 미쁘고도 값이 간다 하겠다"고⁵³ 평했다. 한편 홍이섭(洪以燮)은 그가 기독교사를 종교사의 한 부분으로 기술하는 데 그치지 않았으나, 그 참뜻은 근대 한국의 낙후(落後)와 관련지어 보려

---

52 이기동, 앞의 글, 216-217쪽.
53 문일평, 「서세동점의 선구」, 『湖岩全集』 권1, 조선일보사출판부, 1939, 245쪽.

했기 때문이라고 주장한 바 있다. 즉 한국 근대화의 정신적 기반을 기독교에서 찾으려 했다는 것인데,[54] 이 견해의 옳고 그름에 대해서는 좀 더 숙고할 필요가 있을 것이다.

또한 『춘향전』을 한시(漢詩)로 풀이한 『춘몽록(春夢錄)』을 비롯하여 『조선유학급유학사상사(朝鮮儒學及儒學思想史)』, 『조선신화고(朝鮮神話考)』, 『조선십난록(朝鮮十亂錄)』, 『조선의약발달사(朝鮮醫藥發達史)』, 『조선사회사(朝鮮社會史)』 등도 저술하였다. 이들 유고는 1959년 동국대학교에서 영인·간행한 바 있는 『조선도교사』를 제외하고 모두 한국전쟁으로 산일(散逸)되었다. 1927년 간행한 『조선유학급유학사상사(朝鮮儒學及儒學思想史)』에서 그는 고려시대 고급 관료이자 교육자로서 유학의 발전에 큰 업적을 남긴 해주 출신의 최충(984~1068)이 조선시대에 들어와 여러 차례 문묘에 배향되는 것이 거부된 사실이야말로 한국유학계의 큰 결함이었다고 통탄해 마지않았다.

이와 같이 이능화는 1960년대까지는 불교사와 도교사 분야를 제외한 한국학 분야에서 거의 잊혀진 존재였다. 그러나 1970년대에 들어와 한국학에 대한 일반의 관심이 크게 고조되면서 한문으로 쓰여진 그의 거의 모든 저작이 영인본(影印本)이나 신판으로 다시금 간행되었고, 특히 민속 관련 저술은 빠짐없이 국문으로 번역, 출간되기 시작했다. 이능화는 현재 한국종교사와 민속학 연구의 개척자로 높은 평가를 받고 있다.

---

54 홍이섭, 「이능화선생의 『조선기독교급외교사』 서평」, 『圖書』 6호, 1963 ; 『한국사의 방법』, 탐구당, 1968, 446쪽.

2. 『조선불교통사』의 찬술과 불교사 인식

일제강점기 한국불교사 자료수집과 집성은 한국불교사 연구를 본격화시키는 계기가 되었다. 또한 한국불교의 과거 이해를 통해 한국불교의 본질과 특색을 살피고, 정체성을 회복하고자 하였다. 당시 불교사 연구와 찬술은 한편으로 한국불교의 현재와 미래를 준비하기 위한 것이기도 하였다. 예컨대 일제강점기 현실 불교의 당면 과제를 해결하기 위한 기초로 작용하였다. 일본에게 국권을 강탈당한 후 불교계는 〈사찰령(寺刹令)〉의 억압과 구속하에 있었지만, 자주적인 종단 건설, 전통 불교에 대한 회의와 부정에 기초한 불교혁신, 전통의 회복, 종명과 종조에 대한 개념 확립 등 불교의 중흥과 발전을 위해 일련의 노력들을 기울였다. 결국 이와 같은 당시 불교계의 총체적인 변화의 기초에는 지나간 불교사가 자리 잡고 있었다.

일제강점기 이능화의 한국불교 자료수집과 연구, 그리고 『조선불교통사』 찬술은 이와 같이 한국불교사 연구와 같은 학문적 측면뿐만 아니라 한국 근대 불교의 당면 과제를 해소하기 위한 것이기도 하였다.

찬술 배경

이능화가 『조선불교통사』를 찬술한 배경은 그의 '자서(自序)'에서 밝혔다.

서역의 無爲之法이 우리 동방의 인연이 있는 땅에 들어왔다. 金剛의 名山은 이때부터 法起菩薩이 사는 곳이 되었고, 해인사의 대장경 또한 세계의 法寶가 되었다. 도를 얻은 禪僧과 法侶들이 삼대같이 많았고, 불법을 지키는 국왕과 대신들이 숲처럼 빽빽했다. 12종파의 연혁과 9백 사찰의 由緖가 조각조각 난 채 파묻혀 있고, 먼지 더미 속에 버려져 있었으므로, 귀가 있어도 들을 수 없고 눈이 있어도 볼 수 없었다. 재주 없는 내가 이를 염려하여 어리석음을 무릅쓰고 일을 시작하였다. 글을 쓰는 데 쉴 틈이 전혀 없었고 많은 세월을 보냈다. 많은 서책을 고증하고 대가들에게 묻고 배웠다. 이렇게 하여 『通史』는 세 편의 책이 되었는데, 종교의 一覽表가 될 것이다. 책명은 비록 역사의 체를 빌렸으나, 실은 포교의 용도를 겸하여 붙인 것이다. 뭇 귀머거리에게 천둥소리라. 걸리는 곳에 담장도 벽도 없이 허공까지 트였다. 뭇 소경에게 해와 달이라. 도랑과 구덩이에서 나와 大道에 오를 것이다. 사람들이 스스로 선택하기를 나는 바란다. ····[55]

이능화는 조선에 불교가 수용된 이후 이 땅이 불연(佛緣)이 깊고, 대장경(大藏經) 조성과 같은 세계적 업적을 달성했으며, 고승(高僧)이 삼대같이 많았고, 호법(護法)의 국왕과 대신이 숲처럼 빽빽했다고 하였다. 『조선불교통사』의 서문을 쓴 조선총독부 내무부장관 우사미 가쓰오 역시 "조선에 불교가 있은 지 오래되었다. 신라, 고려 때 나라를 보호하고 백성을 편안하게 했던 방편(方便)이 대략 여기에서 나왔으니, 그것이 사람들 마음속 깊이 젖어 들었다는 것을 알 수 있다."고[56] 하여

---

55 이능화, 「自序」, 『조선불교통사』 상, 신문관, 1918, 1-2쪽. 이하 『통사』로 약칭한다.
56 宇佐美勝夫, 「서」(조선불교통사역주편찬위원회, 「해제 『조선불교통사』의 개요와 특징」, 역주 『조선불교통사』 1, 동국대학교출판부, 2010, 47쪽.)

한국불교의 가치를 밝힌 바 있다. 『조선불교통사』에 서문을 쓴 예운산인 혜근(猊雲山人 惠勤) 역시 한국불교의 가치를 "아! 대교(大敎, 불교)가 한반도에 동점(東漸)한 이래, 현철(賢哲)이 잇달아 나왔을 뿐 아니라 종승(宗乘)이 크게 번창했다. 오대산(五臺山)의 불골(佛骨), 쌍계사(雙磎寺)의 육조정상(六祖頂相), 해인사(海印寺)의 대장경(大藏經), 원효(元曉)의 각승(角乘), 나옹(懶翁)과 태고(太古)의 심인(心印), 무의(無衣, 眞覺國師 慧諶)와 각운(覺雲)의 선송(禪頌) 또한 세계에서 스스로 자부할 만하니, 동서 불씨(佛氏)의 종계(宗系)를 이었다고 해도 지나친 말이 아닐 것이다."라고 하였다. 불교가 동점 이후 호국과 안민(安民)에 기여했을 뿐만 아니라 문화와 문명의 창달에 끼친 영향을 지대한 것이라고 하였다. 이능화 역시 삼보(三寶)가 이 땅 전역에 퍼져 있었다고 하였다. 그러나 고려 이후 세월이 흐르면서 불교 탄압이 심화되었고, 12종파와 같은 불교 종파와 9백의 유서 깊은 사찰이 조각난 채 파묻혀 있고, 먼지 더미 속에 버려져 있어 귀가 있어도 들을 수 없고 눈이 있어도 볼 수 없을 정도로 우리 불교의 발자취를 알 수 있는 흔적들을 찾아보기 어렵다고 했다. 더욱이 불교 전래와 유통의 사정을 기록한 책 한 권 없는 것을 다음과 같이 한탄하기도 했다.

사실을 기록한 책은 지금까지 천 년 동안 저술한 것이 거의 없었다. 그렇기에 천지에 우뚝한 佛門의 일들이 거울에 비친 구름 그림자 비치듯 눈앞에 스쳐갔으니 어찌 개탄스럽고 애석하지 않겠는가? 더구나 오늘날 佛運이 다시 돌아왔으니 빨리 서둘러 옛날에 이루었던 일을 상고하고 앞의 사적을 살펴서 慈悲를 닦아 밝히며, 聖化를 도와 민족의 정수를 배양하고 찬란한 문화를 촉진해야 한다. 그러나 그 일이 아주 복잡하고 심오했으며, 史料가 있다 해도 옛 관례대로 책을 만들 수 없었다. 즉 여러 조각이 난 옛 서적[古籍]과 아주 작고 보잘것 없는 재료를 찾고 구하는 것도 결코 쉽지 않은 일이었기 때문이다.[57]

예운산인은 "사실을 기록한 책은 지금까지 천 년 동안 저술한 것이 거의 없어 천지에 우뚝한 佛門의 일들이 거울에 비친 구름 그림자 비치듯 눈앞에 스쳐갔다."고 개탄하고 애석하게 여겼다. 10여 년 동안 고승의 전기를 수집하여 『청구승전보람(靑丘僧傳寶覽)』을 찬술했던 박봉석(朴奉石) 역시 불법(佛法)이 우리나라 문화에 공헌한 것이 지대했음에도 불구하고 그 신이(神異)한 기록이 남아있지 않음을 한탄했다.[58] 유교이념을 기초로 한 조선의 건국 이후 불교는 사원과 사원전(寺院田)이 국가로 환수되고 출가가 제한되었으며, 종단이 축소되었다가 급기야 해체되는 지경에 이르렀다. 승려는 혹독한 수탈과 착취로 흩어진 탓에 선교학의 수학(修學)은 융성했던 전대(前代)와는 비교할 수 없었다. 이와 같은 불교계의 암울한 상황 속에서 사찰은 잡초가 무성했고, 우리 불교의 사정을 알 수 있는 다양한 전적류(典籍類)는 아궁이 속으로 들어가고, 바람을 막는 문풍지나 벽을 바르는 용도로 전락한 쓸모없는 종이에 지나지 않았다. 이것이 일제강점기 불교계 지식인들이 불교사를 연구한 시발점이다. 그들은 산일된 채 겨우 남아있는 불교사의 편린들을 10여 년 이상 산천을 헤매며 수집하고 정리하였다. 흩어진 퍼

---

57 예운산인, 「서」, 『조선불교통사』 상, 신문관, 1918, 1-2쪽.
58 朴奉石, 「靑丘僧傳寶覽序」, 『佛敎』(新) 21, 불교사, 韶和 5년(1930), 1-2쪽.

즐을 조합하여 불교사를 복원하고 체계화시키고자 한 것이다.

절이 구백년이나 되어 짧지 않지만 절의 역사가 여기저기 흩어지고 어지러워 작은 것도 살피기 어렵다. 佛徒가 아니라도 本寺의 사정을 심히 부끄러울 뿐이다. 소백산의 震湖上人이 본사 方丈의 청으로 (강사로) 부임하여 수십 년 敎徒를 가르쳤다. 진호 스님이 (본사와 말사를) 끊임없이 살피고 조사하여 본사와 말사지를 편찬하여 그 영고성쇠를 헤아렸다.[59]

일제강점기 불교계의 대표적 지성이기도 한 석전 박한영은 1927년 간행한 『봉선사지(奉先寺誌)』 서문에서 봉선사가 고려 광종 대 창건된 이후 절의 기록이 흩어지고 없어진 채 일제강점기까지 그 역사를 알 수 없었다는 것이다. 권상로 역시 "여기저기 흩어지고 보지 못한 단편적인 기록을 수습하여 지금 이루어진 것이 다행스러운 일이다. 이후 사찰의 흥망성쇠를 알고자 하면 그 근거가 될 것이다."라고[60] 하여 사지 찬술의 가치를 높이 평가하였다.

재주가 없는 내가 이를 염려하여 어리석음을 무릅쓰고 일을 시작하였다. 글을 쓰는 데 쉴 틈이 전혀 없었고 많은 세월을 보냈다. 많은 서책을 고증하고 대가들에게 묻고 배웠다. 이렇게 하여 『通史』는 세 편의 책이 되었는데, 종교의 一覽表가 될 것이다. 책명은 비록 역사의

59　石顚沙門 鼎鎬, 「奉先寺誌編纂弁言」, 『奉先本末寺誌』, 봉선사, 1927, 1쪽.(동국대중앙도서관 소장본)
60　四佛山人退耕相老, 「序」, 『봉선본말사지』, 봉선사, 1927, 2쪽.

體를 빌렸으나, 실은 포교의 용도를 겸하여 붙인 것이다.[61]

이능화는 일제강점기 불교계에 한국불교사의 흔적을 알 수 있는 자료가 아무것도 남아있지 않은 상황에서 약 10여 년의 조사와 수집의 과정을 거쳐 상·중·하 세 편의 책을 간행하였다. "고승의 비문과 행장, 사찰의 기록, 종파와 산문의 풍습 등을 막론하고 모두 모았다. 그리하여 시중에 보이는 것은 모두 불서요, 책상 위에 쌓이는 것도 불서요, 촛불 아래에서 초록(抄錄)하는 것도 불서요, 누워서 꿈을 꾸는 것도 불서였다. 오로지 밤낮으로 불서에만 매달렸다."는 그의 술회에서도 노고를 짐작할 수 있다. 조선총독부 내무부장관과 학무국장과 같은 관료조차 이능화가 "조선의 정사·야승(野乘)과 금석문은 물론이요, 널리 중국의 사적을 통람하고 신문잡지 관보류에 이르기까지 섭렵하여 빼놓은 것이 없고, 과거의 사실을 상세하게 했을 뿐만 아니라 현대까지 분명히 하였으니 실로 완전한 일대 불교사로 일찍이 조선에는 그 유례가 없는 저작"이라고 극찬하고 특히 "하편의 「이백품제(二百品題)」는 그 고증의 정밀함과 식견이 탁월함은 경탄할 만하다."고[62] 하였다.

能和가 佛法에 信入한 動機를 좀 陳述코자한다. 上述과 가치 能和는 鄕村의 出生이다. 幼年時代의 事가 至今에도 依俙히 記憶되는바 槐山郡 成佛山(一名松明山) 道德庵 重創化主 雙杖僧이 募緣勸善文을 가지고 我家에 來하얏다. 我의 父兄은 多少錢財를 布施하고 我의 長壽를 祝

---

61 이능화, 「自序」, 『조선불교통사』상, 신문관, 1918, 1-2쪽.
62 宇佐美騰夫·關屋貞三郎, 「李能和殿」, 『朝鮮佛敎叢報』10, 30본산연합사무소, 1918, 65-67쪽.

키 爲하야 我의 名字를 雙杖僧에게 팔앗다. 그때 我는 心中에 佛은 무슨 道理가 잇는 것이며 僧은 무엇을 하는 것인가 하얏다. 나히 十餘歲에 미처 文字를 自讀할만한 程度에 家中藏書를 閱覽하다가 事文類聚 釋道卷에 至하야 黃梅 五祖弘忍大師가 六祖 慧能大師에게 衣鉢傳法하든「神秀偈 身似菩提樹·心如明鏡臺·時時勤拂拭·勿使惹塵埃·慧能改 菩提本無樹·明鏡亦非臺·本來無一物 何處惹塵埃」의 機緣語句를 보고 心中에 奇特想을 내여「大抵佛法이란 것은 異常하다」라고 하얏다. 그러나 그 以外의 佛書라든지 或은 僧師를 만나 佛法을 들어보는 機會를 得지 못하얏다. 그리고 京城에 留學한 以來는 學課의 工夫에 專心하고 또는 仕途에 進取를 有意하얏다. 統言하면 塵勞에 汨沒하야 宗敎란 것은 念頭에도 업섯다.

그런데 去庚戌年 秋間에 偶然히 塼洞(今壽松洞) 覺皇寺의 佛法說敎를 듯게 되얏다. 其時의 布敎堂의 主務(院主)는 姜大蓮和尙이오 布敎師는 李晦光和尙이엿섯다. 本來 心中에 不忘하든 佛法을 인저야 만낫고나 하고 每日 曜日說敎에 參聽을 不怠히 하얏다. 그래서 覺皇寺를 我의 發心地로 삼엇다. 거긔서 三十本山住持 宋曼庵, 金九河, 李雪月, 池石潭, 白翠雲, 諸和尙과 徐震河, 李雲坡, 金慧翁, 金東宣, 金萬愚, 李萬愚, 金擎雲, 金石翁, 陳震應, 朴漢永, 李愚隱, 洪莆龍, 權相老 諸 講師와 白龍城, 金南泉, 康道峯, 宋晩空, 吳惺月 諸 禪師等의 薰陶 感化를 受하야 我의 佛法에 對한 信念은 益益堅固하여젓다. 그래서 能和도 布敎上에 勞力을 不辭한 일도 좀잇다. 그때부터 文字로써 佛敎를 宣傳할 意圖를 가지고 最初에 百敎會通을 著述하야써 諸宗을 統合하야 佛敎에 會通하얏다. 其次에는 朝鮮佛敎通史를 著述하야 千五百年以來의 半島의 惟一한 宗敎卽佛敎의 來歷을 陳說하얏다. 現今에는 官界에 投身하

야 餘暇를 得지 못하나 本心에는 佛法을 爲하야 宣傳하랴는 目的을 持續하는바 朝鮮佛敎會에서 計劃하는 佛書(新羅以來諸師撰述)刊行이다. 鄭晙震和尙이 專擔하야 熱心奔走하는 바 畢竟은 目的을 達할날이 잇슬줄도 確信한다. 余는 또 朝鮮佛敎分類史를 著할 計劃을 세웟다. 佛弟子가 되야서 普賢菩薩十大願의 萬分之一이라도 行치 안흐면 아니될 줄로 생각한다[63]

한편 이와 같은 이능화의 『조선불교통사』 찬술은 개인적인 불교와의 인연에서도 이해할 수 있다. 유년에는 부친이 절에 재물을 보시하고 이능화의 장수를 기원했으며, 10여 세에는 혜능과 신수가 홍인의 의발을 얻기 위해 읊은 게송을 보고 감화를 받았다. 그 후에는 한동안 불법과 인연이 닿지 않았지만, 32세 때인 1900년에는 친구 임운(任運)이 중국에서 돌아오면서 가져다준 『원각경』· 『지월록』을 보고 불교에 귀의하였다. 그리고 1908년 당시 원종종무원이었던 각황사에서 고승대덕과 불교에 대한 식견을 확인하고 점검 받았으며, 1910년 가을부터는 "우리 조선의 종교 방면과 사회 사정을 좀 연구하야 보기로 심산(心算)을 정하여 10의 적공(積功)을 들이여 무가치하나마 『조선불교통사』를 저술하고 연구를 계속하였다."고[64] 술회하였다. 이후 관계(官界)에 투신해서는 불교와 인연이 닿지 않았지만, "조선불교회에서 정황

---

63 이능화, 「萬事萬理를自心自性에서求하기爲하야」, 『佛敎』五十, 불교사, 1928, 60-61쪽.
64 이능화, 「불교와 조선문화」, 『불교』 신42, 1942. 11; 『이능화전집』 속, 영신아카데미한국학연구소, 1978, 587쪽(양은용, 「李能和의 韓國佛敎硏究」, 『宗敎硏究』 9, 한국종교학회, 1993, 51쪽에서 재인용).

진(鄭晥震)화상이 전담 계획하는 신라 이래 제사(諸師)가 찬술(撰述)한 불서(佛書) 간행사업에 참여했으며", 독자적으로 조선불교분류사를 저술할 계획을 세우기도 했다. 그는 "불제자(佛弟子)가 되야서 보현보살 십대원(普賢菩薩十大願)의 만분지일이라도 행치 안흐면 아니될 줄로 생각한다."[65]고 하였다. 그에게 불법과 한국불교는 단순히 학문적인 차원의 일만은 아니었음을 알 수 있다.

요컨대 이능화의 『조선불교통사』 찬술은 불교에 대한 개인적인 친연성에서 비롯되었으며, 유학과 신교·도교 등 제 종교에 대한 관심도 한몫하였다. 더욱이 변혁과 암울한 시세를 극복하기 위한 역사의식 역시 찬술에 크게 작용하였다. 한국불교의 역사와 문화 속에서 한국역사의 독자성과 우수성을 발견하고자 한 것이다.

체제와 구성

이능화는 『조선불교통사』 범례에서 책의 체제와 구성을 다음과 같이 밝혔다.

- 一. 이 책은 3편으로 되어 있는데, 상편은 編年體로 서술한 「佛化時處」이고, 중편은 종파를 다룬 「三寶源流」이며, 하편은 (불교와 연관된) 여러 사항들을 다룬 「二百品題」이다.
- 一. 이 책은 綱目法을 사용하여 편찬하였는데 연도에 따라 사실을 기록하였다. 그 요점을 가려서 綱으로 하고, 旁系인 '비고'와

---

65 이능화, 「萬事萬理를自心自性에서求하기爲하야」, 『佛敎』 五十, 불교사, 1928, 60-61쪽.

'참고'를 目으로 하였다. 비고는 綱文을 증명하기 위하여 인용 출처를 밝힌 것이다. 참고는 강문과 비교할 만한 내용의 증거문을 열거한 것이다.[66]

책의 서문을 쓴 예운산인 혜근 역시 이 책의 체제를 구체적으로 언급했다.

> (상편은) 綱目과 編年의 書法을 쓰기도 하고, (중편은) 傳記와 敍志의 서법을 쓰기도 하며, (하편은) 演義와 稗官의 서법을 썼다. 뜻 가는 대로 보태기도 하고 자르기도 하면서 서로 잇대어 글을 구성했다. 이 중에 갑자기 근거 없이 지은 것이 없고 근원을 철저히 추구하는 법만 있었으니, 참으로 깨달음의 길[覺路]에 들어서는 금줄이며, 迷惑의 강을 건너는 보배로운 뗏목이다.[67]

이능화는 『통사』가 "역사의 체(體)를 빌렸으나 포교의 용도를 겸하여 붙였다."고 하였다. 우선 상편 「불화시처」는 편년체로 서술하였으며, 전권(全卷)은 강목법, 즉 기전체로 찬술하였다. 기전체는 다양한 역사적 사건을 객관적으로 전개하기보다는 저자의 사관(史觀)에 따라 역사상 중요하다고 생각하는 사건들을 선정하여 큰 글씨로 쓰고, 그 아래에 내용을 설명하는 방식이다. 이때 큰 글씨로 쓴 부분을 '강(綱)'이라고 하고, 아래에 요점을 설명하는 부분을 '목(目)'이라고 한다. 대개 강목의 세부사항은 주(注)로 설명하며, 강목의 선정 원칙과 표기법

---

66 이능화, 「凡例」, 『조선불교통사』 상, 신문관, 1918, 1쪽.
67 예운산인, 「序」, 『조선불교통사』 상, 신문관, 1918, 1-2쪽.

은 범례로 처리한다. 『통사』 역시 그 요점을 가려 강(綱)으로 하고, '비고(備考)'와 '참고(參考)'를 목(目)으로 하였는데, 목은 강문(綱)의 전거이기도 한 '비고'와 강문과 비교할 만한 내용의 증거문인 '참고'를 열거하였다. 예컨대 『통사』 상편의 첫 부분인 372년 고구려의 불교 수용은 『삼국사기(三國史記)』를 근거로 강으로 삼고, 『해동고승전(海東高僧傳)』·『동국이상국집(東國李相國集)』·『최자보한집(崔滋補閑集)』을 '참고'로 제시했으며, 374년 아도의 고구려 입국을 강문으로 제시한 부분에서는 『해동고승전』·고득상 시사(高得相 詩史), 박인량(朴寅亮)의 『수이전(殊異傳)』 등을 근거로 아도(阿道)를 증명하는 '비고(備考)'로 제시하기도 하였다.[68] 기록은 연·월·일순으로 정리하는 편년체를 따르고 있는데, 편년체는 편찬이 용이하다는 점과 역사 기록을 분산시키지 않는다는 장점을 지니고 있다. 그는 한국불교 홍포를 위한 포교 용도로 『통사』를 찬술했다고 했지만, 한편으로는 찬란한 불교역사와 문화를 지닌 나라가 불교사서 한 권 없는 암울한 상황을 통탄하여 수집과 조사를 거쳐 내놓은 역작이었다.

한편 이능화는 상편에서 "의문으로 남겨두었거나 마음에 남아있는 의문"인 '존의(存疑)' 2항을 제시했다. 「유점사월지금상(楡岾寺月氏金像)」과 「금관성파사석탑(金官城婆娑石塔)」이다.[69] 민지(閔漬)가 찬한 「금강산유점사사적기(金剛山楡岾寺事蹟記)」와 『동국통감(東國通鑑)』·『삼국유사』「가락국기(駕洛國記)」, 「어산불영(魚山佛影)」을 전거로 하였다. 이 기록은 불교가 신라 남해왕과 가락국 수로왕 때 인도에서 전래되었

---

68 이능화, 「佛化時處」, 『조선불교통사』 상, 신문관, 1918,

69 이능화, 「佛化時處」, 『조선불교통사』 상, 신문관, 1918, 191-196쪽.

음을 뒷받침하고 있다. 육로전래설이나 북방전래설과 같은 불교 전래의 통설과는 달리 해로전래설과 남방전래설을 강조하고 있는 것이다. 이능화가 '존의'로 표현한 것은 『통사』의 범주로 포함시키기에는 역사적 사실상 무리가 있다는 것이다. 그러나 우리 불교사의 다양한 면을 소개하기 위한 의도와 자료수집의 열정을 엿볼 수 있는 대목이다. 526년 백제 성왕 때 겸익(謙益)이 인도에서 율부를 전공하고 범본 율부 72권을 번역한 사실을 기록할 때 「미륵불광사사적」을 인용한 사실 역시 주목할 만하다.

彌勒佛光寺事蹟에 이른다. "백제 성왕 4년(526) 병오년, 사문 謙益은 마음에 맹세하고 계율을 구하고자 바다를 건너 중인도의 常伽那大律寺에 이르렀다. 5년 동안 범문을 배우고 천축의 말에 환히 통하였으며, 율부를 깊이 전공하여 戒體를 장엄하였다. 그리하여 인도 승 배달다 삼장과 함께 범본 阿毘曇藏과 5부 율문을 가지고 귀국하였다. 백제 왕은 羽葆(의식용 해 가리개)와 鼓吹(풍악)로써 교외에서 맞이하여 興輪寺에 머물게 하였다. 국내의 명승 28인을 모아 겸익 법사와 같이 율부 72권을 번역하게 하였으니, 이것이 백제 율종의 鼻祖이다. 이에 담욱·혜인 두 법사가 율부의 疏 36권을 저술하여 왕에게 바쳤다. 왕은 毘曇과 新律의 서문을 지어 台耀殿에 받들어 간직하였다. 왕은 장차 새겨서 널리 펴고자 하였으나 얼마 안 있어 崩御하였다."[70]

이 기록은 『통사』만이 수록하고 있는 유일한 자료로 백제불교의 계

---

70 이능화, 「佛化時處」, 『조선불교통사』 상, 신문관, 1918, 33-34쪽.

율과 그 국제적 위상을 밝히는데 중요한 자료라는 평가를 받고있다.[71] 그러나 일본과 미국의 학자들은 이 기록이 '환(幻)의 문헌'이나 '날조'된 기록으로 비판하기도 했다.[72] 이능화 또한 범례에서 "신라 남해왕(南解王) 때의 월지금인(月氏金人)과 가락국 수로왕 때의 아유왕후(阿踰王后)는 인도의 불교를 직수입한 증거라 할 수 있다. 그렇다 해도 연대가 너무 멀어 확신하기 어렵고, 설혹 사실이라고 하더라도 소문만 있을 뿐 교화는 없었다. 그러므로 특별히 '존의(存疑)'라는 말을 붙여 두었고, 또한 그 단락은 한 자 내려써서 정사(正史)가 아니라는 것을 표시했다."고[73] 하였다.

예운산인 혜근은 중편을 '전기(傳記)와 서지(敍志)의 서법(書法)'을 썼다고 하였다. 전기는 인간의 행위를 구체적으로 기술하여 역사 찬술의 술이부작(述而不作)의 태도를 보충한 것이다. 서지(敍志) 또한 사실을 서술하고 대상을 기록한 글로 이른바 역사책에서 파생된 부류이다. 이능화가 철저하게 역사 편찬의 체제에 근거하여 『통사』를 찬술한 것을 알 수 있다. 그는 범례의 세 조항을 통해 중편를 구성하고 있는 삼보(三寶)의 체제를 요약했다. 우선 「석가여래응화기실(釋迦如來應化記實)」은 석가모니불의 일대기를 서술하고 있는데, 범례에 의하면 유경종(劉敬鍾)이 찬술했다고 한다.

---

71 조선불교통사역주편찬위원회, 「해제『조선불교통사』의 개요와 특징」, 역주 『조선불교통사』 1, 동국대학교출판부, 2010, 22쪽; 양은용, 「李能和의 韓國佛敎硏究」, 『宗敎硏究』 9, 한국종교학회, 1993, 57쪽.
72 이기동, 「이능화」, 『한국사민강좌』 45, 일조각, 2009, 211쪽, 각주 10) 참조.
73 이능화, 「凡例」, 『조선불교통사』 상, 신문관, 1918, 2쪽.

一. 教主의 사적은 신도로서 먼저 연구해야 할 과제이다. 조선의 백성들이 불교를 신봉하여 동네에 비록 한글로 된 『八相錄』 등의 책이 있었으나, 너무 천박하여 訓詁의 용도로 쓸 수가 없었다. 만약 부처님의 正傳을 유통하려고 해도 『普曜經』·『本生經』·『處胎經』·『瑞應經』·『因果經』·『佛本行集經』 등 수백 권이나 되는데, 경전이 수레와 집을 가득 채울 만큼 많다. 독자들에게 막막하다는 탄식을 자아내게 하고, 사람마다 주장이 각양각색이라 그 요점을 파악하기가 어렵다. 내가 劉伊齋(劉敬鍾) 거사에게 간청하여 '釋迦如來應化記實'을 찬술하게 하였다. 그가 이미 여우겨드랑이 털[狐腋]로 옷을 지어 놓았는데, 굳이 내가 쇠가죽[牛皮紙]을 뚫고 경전을 볼 필요가 있는가? 이제 「삼보원류」의 앞머리에 우선 이 글을 인용하여 『佛本行經』 한 부 읽는 것과 맞먹게 하였으므로, 책을 읽는 데 반나절을 들이지 않아도 불타가 출세한 사적을 알 수 있을 것이다. 또 '석가여래응화기실'의 석가는 경전의 교리를 전하는 주인공을 나타낸 것이고, '特書臨濟宗之源流'의 석가는 교외별전의 禪을 나타낸 것이다.[74]

유경종은 1910~20년대 연사(蓮社)와 조선불교회(朝鮮佛敎會)에서 김병룡(金秉龍) 등과 불서를 간행한 인물이다. 그는 김대현(金大鉉)이 저술한 『선학입문(禪學入門)』을 교정하기도 했다. 특히 그는 서울·경기 지역에 소재한 정원사와 감로사(甘露社)에서 불서를 간행했던 사촌 유성종(劉聖鍾)이 소장했던 많은 불서들을 최남선이 운영하던 신문관에

---

74 이능화, 「凡例」, 『조선불교통사』 상, 신문관, 1918, 2-3쪽.

서 출판하기도 했다.[75] 이능화는 당시 석가의 일대기를 수록한 『팔상록』이 천박하여 훈고의 용도로 쓸 수 없으며, 각 경전 또한 수백 권이나 되고 주장 역시 각양각색이어서 그 요점을 파악하기 어렵다고 하였다. 그러므로 유경종에게 간청하여 '여우 겨드랑이털[狐腋]'처럼 최상의 재료로 완성도를 높인 석가의 일대기를 수록한 것이다. 또한 '특서 임제종지원류(特書臨濟宗之源流)'는 과거 칠불부터 석가모니불에 이르고, 뒤이어 1조 마하 가섭에서 28조 보리 달마대사로 이어지는 사법관계를 밝히고 있다. 이것은 궁극적으로 '조선선종임제적파(朝鮮禪宗臨濟嫡派)' 제시를 목적으로 한 것이었다. 이능화는 조선 임제종의 정통을 태고 보우부터 청허 휴정과 부휴 선수까지를 정리하였다. 선종이 한국불교의 중심을 차지하고 있으며, 임제종이 한국 선종 정통 계보를 형성하고 있음을 천명한 것이다. 이것은 역사적 사실과 함께 승려의 도성출입금지가 해제된 이후 한국불교의 근간을 수립하는 일련의 문제와도 밀접한 관련을 지니고 있어 이능화가 강조한 것으로 보인다. 예컨대 한국불교의 독자성을 수립하는 종명(宗名)과 종파(宗派)의 수립은 일본불교의 침투와 지속적인 예속화 시도를 차단하는 노력의 결과인 것이다. 이능화는 『통사』의 「범례」에서 이것을 적시(摘示)했다.

> 一. 조선 선종은 가섭·아난에서 시작하여 少林·曹溪를 거쳐 清虚, 浮休에 이르렀고, 그 종파가 실로 臨濟宗으로 이어진 것이다.

---

[75] 유성종이 소장했던 중국의 가흥장본과 명·청대본 佛書는 정원사와 감로사 불서 편찬에 직접 인용서로 활용된 만큼, 19세기 후반 국내 불서 편찬을 확인할 수 있는 책이다.(서수정, 「특별서평」, 『성철스님의 책』, 『고경』 100호, 성철사상연구원, 2021. 8, 99-100쪽)

그러므로 특별히 원류를 서술하였는데, 청허와 부휴 두 선사 이하는 종파를 추적하여 모두 기록하기가 어려웠지만, 비문과 행장이 있으면 편년체로 서술하여「佛化時處」에 실었다.[76]

한편 이능화는 "조선불교의 종파는 비록 임제종에 속하지만, 조선시대 이래 지금은 선교 양종의 명칭만 있을 뿐이다. 현대의 종지는 옛 관례를 따른다. 30본사는 모두 각각의 사법(寺法)을 시행하여 마침내 조선불교의 전체적인 종헌이 되었다. 소속 사찰, 법맥을 잇는 통규(通規) 및 본사 주지의 교체 등을 자세히 기록하였으므로 한 번 읽으면 쉽게 시종(始終)을 알 수 있게 하였다."고[77] 하였다. 이른바 1911년 6월 3일 사찰령이 반포되었고, 1912년부터 구역이 30개로 나누어진 30본사의 주지가 제정한 각 본말사법(本末寺法)이 조선 총독의 승인을 받아 시행되었다. 당시의 종지(宗旨)는 사법 승인과 동시에 공식적으로 절 이름 위에 붙이는 칭호였다. 예컨대 '선종갑찰대본산봉은사(禪宗甲刹大本山奉恩寺)'라든가, '교종갑찰대본산봉선사(敎宗甲刹大本山奉先寺)', '선교양종대본산용주사(禪敎兩宗大本山龍珠寺)'는 각 사찰이 닌 역사적 전통성을 상징한 것이었다.

> 一. 이 책 하편에 실린「이백품제」에 관해서는 하나하나 그 연유를 설명할 수가 없다. 그러나 갖가지 사항에 대해 고증과 논변을 가한 일 그리고 종교가 消長盛衰하는 사실들이 모두 여기에 실려 있으니, 독자들은 자세히 살피도록 하라.

---

76 이능화,「凡例」,『조선불교통사』상, 신문관, 1918, 3쪽.
77 이능화,「凡例」,『조선불교통사』상, 신문관, 1918, 3쪽.

一.「이백품제」는 여덟 글자로 打開하여 두 글귀를 짝이 되게 하였
는데, 이는 우리 독자들이 쉽게 기억하도록 한 것이다. 아래에
붙인 숫자는 품제가 실린 본문의 해당 쪽수를 표시한 것이다.[78]

고려의 一然선사가 일찍이 『삼국유사』를 지을 때, 部와 類로 분별
하여 각기 제목을 세우고 사실을 체계적으로 서술하였다. 지금 내가
불교의 역사를 纂輯할 때도 『삼국유사』의 사례를 본받고 또한 대장경
一覽의 체재를 본떠서, 특별히 요점을 가려 2백개의 제목을 세웠다.
그리고 중요한 줄거리(提綱)와 설명·주석(評唱) 두 가지를 덧붙여, 이
글을 읽는 사람들이 제목을 보고 내용을 알게 하였다.[79]

이능화는 「범례」에서 『통사』의 하편 찬술을 우선 시대순으로 전개
했지만, "하나하나 그 연유를 설명할 수 없다."고 하고는 개인적인 관
심사에 따라 품제를 자유롭게 선정하여 찬술하였다고 하였다. 「입동
방이백구품제(入東方二百句品題)」에서는 그 체제 역시 『삼국유사』와 대
장경 일람(一覽)의 체재를 모범으로 삼았다고 하였다. 그러나 불교와
한국불교사가 지닌 본질을 놓치지 않고자 했고, 잊어서는 앉될 불교사
적 사실을 정리하였다. 주제 중심이었지만, 역사적 맥락을 소홀히 하
지 않았던 것이다. 즉 고증과 논변을 통해 한국불교의 영고성쇠를 정
리한 것이다. 그는 이러한 사실을 하권의 「삼국려선국사고거(三國麗鮮
國史考據)」에서 구체적으로 서술하기도 하였다.

---

78 이능화, 「凡例」, 『조선불교통사』 상, 신문관, 1918, 3쪽.
79 이능화, 「入東方二百句品題」, 『조선불교통사』 하, 신문관, 1918, 4-5쪽.

옛날 일을 살펴보면, 해동의 불법은 매우 번성했다고 할 수 있으나 참고할 만한 불교사(佛敎史)가 없었다. 이는 보물을 캄캄한 집 안에다 감추어둔 것과 같았으므로, 나는 그것이 안타까웠다. 이에 마음을 일으켜 불교사를 집술(輯述)하였다. 삼국에 대해서는 『삼국사기(三國史記)』와 『삼국유사(三國遺事)』를 근거로 하여 참고하였고, 고려에 대해서는 『고려사(高麗史)』, 『동국통감(東國通鑑)』, 『여사제강(麗史提綱)』을, 조선에 대해서는 『국조보감(國朝寶鑑)』, 『대동야승(大東野乘)』 등의 서적을 참조하였으며, 史紀의 編年體를 본떠 저술하였다. 또 옛사람들의 문집과 고승들의 비문과 行狀 등을 얻어 잘못된 것은 가려내고 틀린 것은 바로잡아 한 권의 책으로 모아 엮어서 『조선불교통사(朝鮮佛敎通史)』라 하였다. 이 책은 체재에 얽매이지 않고 유통하는 데 뜻을 두었다. 마치 하나의 등불이 천년의 어둠을 깨뜨릴 수 있듯이, 칠흑같이 어두운 방 안에 쌓인 보배를 환히 비추어 볼 수 있다면 만족할 것이다. 세상에서 이 책을 읽는 사람들은 나의 고충을 헤아려주기 바란다.[80]

이능화는 하권의 체재와 「이백품제」 선정의 사정을 소개하고 이어서 불교 전래 시기부터 일제강점기까지의 한국불교사를 대개 다섯 시기로 구분하여 정리하기도 하였다. 이른바 '경교창흥시대-선종울흥시대-선교병용시대-선교통일시대-선교보수시대'로 구분한 것이다. 우선 '경교가 일어난 시대'는 고구려·백제·신라의 불교 전래부터 통일신라의 5백 년간을 경교(經敎)가 일어난 시대로 정의하였다. '선종이 번창하게 일어난 시대'는 선종이 번창한 200년간으로, 선승의 귀국과

---

80 이능화, 「三國麗鮮國史考據」, 『조선불교통사』 하, 신문관, 1918, 1-2쪽.

선의 융성이 일어났던 일대전기(一大轉機)가 있었던 시기로 인식하였다. 이후 '선과 교가 함께 융성한 시대'는 고려의 전 시기로 4백 년 동안 선과 교가 융성한 시대라고 정의하였다. 이능화는 이 시기는 불교가 치국(治國)의 기초로 확립되어 역대 모든 왕이 이를 준수하여 번성하였다고 하였다. 특히 이 시기는 불교 종파의 구별이 있어 양종 오교(兩宗五敎)의 시기로 규정하였다. '선교가 통일된 시기'는 조선시대이다. 그는 조선 초 150년을 선교쇠미시대, 그후 350년을 선교통일시대로 선종과 교종이 병합되었고, 이후 청허 휴정이 선과 교를 통일한 시기로 보았다. 이능화는 마지막으로 일제강점기를 '선교가 세를 유지하기만 한 시대'로 정의하였다. 그는 이 시기는 1911년 사찰령이 반포되고, 구역을 구분하여 30본사를 두고 각기 사법(寺法)을 제정하고 연합기관을 설치하여 행정을 관장했던 시기라고 하였다. 요컨대 역사적 종지(宗旨)를 지켜 보존하고 다른 한편으로 시의(時宜)에 따르는 교육을 시행했던 선교보수시대(禪敎保守時代)로 삼았다.

구성과 내용

1) 구성

『조선불교통사』는 범례에서 제시한 바와 같이 "상편은 「불화시처(佛化時處)」이고, 중편은 「삼보원류」이며, 하편은 한국불교사의 시대별 여러 사항들을 다룬 「이백품제」이다. 「불화시처」는 고구려의 불교 수용부터 1916년까지의 한국불교사 전반을 편년체로 서술하였다. 시대별 분포는 상편 전체 674쪽 가운데 고구려 31쪽, 백제 16쪽, 신라 165쪽, 고려 128쪽, 조선 284쪽이다. 조선이 42.1%를 차지할 만큼 많은 비중을 차지하고 있다. 그가 1922년부터 조선사편찬위원회에서 『조선사』를 편찬할 때 5편 조선 중기와 6편 조선 후기사를 담당한 것은 조선불교사 연구와 찬술의 영향을 받은 것으로 해석할 수 있다. 그는 조선시대 불교사가 불교가 융성했던 고대나 고려와는 달리 혹독하게 탄압 받았던 탓에 정사(正史)와 관찬(官撰) 기록을 비롯한 각종 기록이 일천하여 연구의 필요성을 느꼈기 때문일 것이다. 때문에 이능화는 조선시대 불교사에 대한 광범위한 자료조사와 수집을 통해 불교사 연구의 시대적 불균형을 『조선불교통사』를 통해 해소하고자 했을 것이다. 그의 자료조사와 수집은 기록유산의 보존을 위한 목적도 역시 소홀히 할 수 없다.

> 삼국과 고려 및 조선의 역사를 기록한 서적들은 모두 중국 역대의 紀年을 먼저 쓰고, 우리나라의 기년을 그다음에 썼다. 이제 이 책에서는 그 예를 바꿔 그 나라의 역사 기년을 첫머리에 쓰고, 그 나머지 나라의 기년은 차례대로 夾書하여 主客과 遠近을 밝혔다. 이 책에서 새롭게 추가한 註는 대부분 괄호로 묶어 原註와 구별하였다.[81]

인용문은 이능화의 찬술 태도를 살필 수 있는 부분이다. 이능화는 기존의 역사서 찬술 방식과 달리 불기(佛紀)를 가장 앞에 쓰고, 우리나라 기년(紀年)과 중국의 기년(紀年)을 글줄과 글줄 사이에 작은 글자로 넣었다. 불교 기록이 지닌 정체성과 함께 우리나라의 불교사 기록이 중심인 만큼 우리나라 역사 기년을 중국 기년보다 먼저 기술하였다. 또한 "순 한문을 써서 본래 내용과 의미를 보존하였지만, '사찰령'과

---

81 이능화, 「凡例」, 역주 『조선불교통사』 1, 동국대학교출판부, 2010, 57쪽.

'30본사 본말사법' 및 기타 법령 규칙 등 동시대의 기록은 한글과 한문을 섞어 써서 법률을 존중하는 뜻을 보이는 동시에 독자들이 해석할 수고를 덜게 하였다."[82] 광범위한 사료를 기초로 전문적인 식견을 두루 갖춘 불교역사서로 찬술한 것은 사실이지만, 읽는 사람 역시 배려하여 우리 불교사에 대한 이해를 고려했음을 알 수 있다. 당시 이능화에게 한국불교사는 전통문화 이상의 의미를 지니고 있었다.

> 신라 南解王 때의 月氏金人과 가락국 수로왕 때의 阿蹄王后는 인도의 불교를 직수입한 증거라 할 수 있다. 그렇다 해도 연대가 너무 멀어 확신하기 어렵고, 설혹 사실이라고 하더라도 소문만 있을 뿐 교화는 없었다. 그러므로 특별히 '存疑'라는 말을 붙여 두었고, 또한 그 단락은 한 자 내려써서 정사가 아니라는 것을 표시했다.[83]

인용문은 『조선불교통사』의 내용이 객관성을 입증하는 대목이다. '유점사 월지 금상'[84]과 '금관성 파사석탑'[85]에 대한 내용을 수록하여 신라 남해왕과 가락국 수로왕 때 인도에서 불교가 바로 수입된 증거를 제시하였다. 이른바 해로전래설과 남방전래설의 가능성을 제시한 것이다. 그러나 그 신빙성이 미약하여 의문이 남는다는 '존의'를 표기하여 정사와 구분하였다. 이밖에 이능화는 "삼국에 불교가 처음 들어온 시대의 이야기들은 거의 모두 신이하고 허무맹랑하지만 번쇄하다고

---

82 이능화, 「凡例」, 역주 『조선불교통사』 1, 동국대학교출판부, 2010, 58쪽.
83 이능화, 「凡例」, 역주 『조선불교통사』 1, 동국대학교출판부, 2010, 58쪽.
84 이능화, 「유점사월지금상」, 『조선불교통사』 상, 신문관, 1918, 191-196쪽.
85 이능화, 「금관성파사석탑」, 『조선불교통사』 상, 신문관, 1918, 196-205쪽.

피하지 않고 한데 묶어 종교의 진화 정도와 신앙 사상의 유래를 알 수 있게 하였다."[86] 정사뿐만 아니라 저자거리의 입에서 입으로 전해진 야사까지도 수집하여 구분하였다.

한편 이능화는 중편을 「삼보원류」라 하여 불교의 인물과 종파의 역사를 구성하였다. 그가 "교주(教主)의 사적은 신도로서 먼저 연구해야 할 과제"라고 한 만큼 중요하게 생각한 항목이다. 「삼보원류」는 한국불교가 지닌 정통성과 그 계승을 천명하기 위해서도 중요한 항목이다. 중편의 구성은 「석가여래응화기실」·「삼장결집제론분피(三藏結集諸論紛披)」·「전역경론찬술장소(傳譯經論撰述章疏)」·「인도·중국을 연원으로 하는 신라와 고려의 여러 종파들(印支淵源羅麗流派)」·「임제종의 원류를 특별히 씀(特書臨濟宗之源流)」·「조선선종임제적파(朝鮮禪宗臨濟嫡派)」로 이루어졌다. 「석가여래응화기실」은 사촌 유경종에게 청하여 찬술하게 했다. 그 내용은 과거 연등불과 가섭불 등 석가모니불의 본연을 밝히고, 현세에 출세하는 상황 등을 팔상성도의 순서대로 서술하였다. 또한 시대 제자와의 인연 등을 찬술하였다. 이능화는 "「삼보원류」의 앞머리에 우선 이 글을 인용하여 『불본행경』 한 부 읽는 것과 맞먹게 하였으므로, 책을 읽는데 반나절을 들이지 않아도 불타가 출세한 사적을 알 수 있을 것이다."라고 하였다. 그는 범례에서 "석가여래가 탄생한 시기는 이미 수십 종의 이설이 있어 고증하기 어렵다. 이 책에서는 우리나라의 관례대로 주(周) 소왕(昭王) 26년 갑인년(기원전 1027)을 부처님 탄생 기원으로 단정"하기도[87] 하였다. 「삼장결집제론분피」

---

86 이능화, 「凡例」, 역주『조선불교통사』1, 동국대학교출판부, 2010, 58쪽.
87 이능화, 「凡例」, 역주『조선불교통사』1, 동국대학교출판부, 2010, 57쪽.

는 석가모니 입멸 후 인도에서 진행된 경·율·논 삼장(三藏)에 대한 4차에 걸친 결집, 각 부파의 성립, 그리고 용수와 마명·무착을 비롯한 여러 논사(論師)들의 활동과 그들에 의해 20여 개의 부파로 분파된 상황을 개설하기도 하였다. 「전역경론찬술장소」는 중국 역경사(譯經史)라고 할 정도로 한·동진·십육국시대·남북조와 수·당·송·원·명에 이르는 각 시대에 찬술한 논소(論疏)를 소개하였다. 중국 전 시대를 망라한 광범위한 참고문헌을 기초로 역경과 논소를 소개한 것이다.

「인도·중국을 연원으로 하는 신라와 고려의 여러 종파」에 관한 항목은 구사종·성실종·삼론종·섭론종·열반종·천태종·법상종·지론종·진언종·정토종·율종·화엄종·선종을 소개하였다. 이능화는 13개 종파에 대해서 인도에서 연원 사정과 중국 유통, 그리고 한국과 일본의 사정을 소개하였는데 우리나라의 종파에 대해서는 그 연원과 전래 등을 상세히 적었다. 예컨대 한국의 구사종에 대해서는 최치원이 찬한 「문경봉암사지증국사적조탑비(聞慶鳳巖寺智證國師寂照塔碑)」의 "비바사(毘婆沙)가 먼저 이르자 사군(四郡)에 사제(四諦)의 법륜이 내달렸고, 마하연(摩訶衍, 대승)은 후에 와서 온 나라에 일승(一乘)의 거울이 빛났다. 그러나 의룡(義龍, 불교)이 구름 위로 뛰어오르고, 율호(律虎)가 바람을 타고 오르며, 교학의 바다에 파도가 세차게 몰아치고, 계림(戒林)의 잎과 가지가 울창하게 뻗어 가네."라고 한 부분을 제시하여[88] 구사종의 전래를 추정하였다. 특히 율종·화엄종·선종에 대해서는 처음부터 융성한 탓에 비교적 상세하다. 선사들을 중심으로 신라와 고려 이

---

88 이능화, 「印支淵源羅麗流派(俱舍宗)」, 역주 『조선불교통사』 3, 동국대학교 출판부, 2010, 161-162쪽.

래 2파 5종이 차례로 전해졌음을 상세히 찬술했다.[89] 그가 "원컨대 모든 세상 사람들이 이 표를 살피고 점검하여 이름 있는 종조 아래 반드시 친히 제자로서 법을 얻을 수 있기를 바라며, 우리 해동을 부처님 인연 터로 삼아 정법안장 또한 더욱 번성할 것이다."라고[90] 한 것으로 보아 선종을 한국불교의 대표 종파로 인식하였다. 이능화는 고려 말 이후 한국 선종의 법통을 다음과 같이 정립하였다.

> 고려 말 선에는 두 파가 있었는데 하나는 조계파이고 다른 하나는 임제파였다. 이때에 이르러 임제의 宗은 조계라는 이름에 의탁하였고, 조계의 實은 임제파를 비호하였다. 즉 임제의 적자 후예인 石屋 淸珙 아래의 太古 普愚 및 平山 處林 아래의 懶翁 慧勤이 이들이다. 혜근은 妙嚴 無學을 얻고 무학은 涵虛 得通을 얻었으나 마침내 여기서 그치고 더 전해지지 않았다. 보우는 幻庵 混修를 얻고, 혼수는 龜谷 覺雲을 얻고, 각운은 碧溪 正心을 얻고, 정심은 碧松 智儼을 얻고, 지엄은 芙蓉 靈觀을 얻고, 영관은 淸虛 休靜과 浮休 善修를 얻으니, 조계 6조 아래 남악 회양과 청원 행사 두 사람의 경우와 비슷하였다.[91]

「임제종의 원류를 특별히 씀(特書臨濟宗之源流)」 항목은 과거 칠불(七佛)부터 석가모니불을 시작으로 제1조 마하 가섭부터 제28조(동토 제

---

89 이능화, 「印支淵源羅麗流派(禪宗)」, 역주 『조선불교통사』 3, 동국대학교출판부, 2010, 230쪽.
90 이능화, 「印支淵源羅麗流派(禪宗)」, 역주 『조선불교통사』 3, 동국대학교출판부, 2010, 230쪽.
91 이능화, 「印支淵源羅麗流派(禪宗)」, 역주 『조선불교통사』 3, 동국대학교출판부, 2010, 233쪽.

1조) 보리 달마(菩提達磨)대사, 그리고 제33조(동토 제6조) 혜능(慧能)대사로 이어지는 육조의 사법관계를 정리하고, 육조 아래 제1세 남악 회양(南嶽懷讓)선사부터 임제 아래 제18세 항주 정자 평산 처림(平山處林)선사를 정리했다. 그리고「조선선종임제적파」항목은 이능화가 궁극적으로 강조한 부분이다. 그는 태고 보우와 나옹 혜근을 임제 아래 제19세로 정립하였다. 두 인물의 생애 이후에는『태고어록(太古語錄)』과『나옹화상어록(懶翁和尙語錄)』을 수록하였다. 그리고 묘엄 무학(나옹1세)→구곡 각운(태고2세)→함허 득통(나옹2세)→벽계 정심(태고3세)→천봉 만우(태고3세)→벽송 지엄(태고4세)→부용 영관(태고5세)→경성 일선(태고5세)→서산대사(태고6세)→부휴선사(태고6세)까지의 법맥을 정리하였다. 이와 같이 이능화는 중편「삼보원류」에서 불교의 근본적 요소인 삼보(三寶)를 찬술하였지만, 임제종의 기원과 전개, 그리고 한국 선종의 정통성을 임제적파(臨濟嫡派)에 두고 선종 법계를 중심으로 찬술했다.

한편 하편「삼보원류」는 한국불교의 사와 문화 등 여러 사항을 다룬 이백품제를 찬술하였다.

> 이 책 하편에 실린「이백품제」에 관해서는 하나하나 그 연유를 설명할 수가 없다. 그러나 갖가지 사항에 대해 고증과 논변을 가한 일 그리고 종교가 消長盛衰하는 사실들이 모두 여기에 실려 있으니, 독자들은 자세히 살피도록 하라.[92]

---

[92] 이능화,「凡例」, 역주『조선불교통사』1, 동국대학교출판부, 2010, 59쪽.

이능화는 「이백품제」를 선정한 이유에 대해 자세하게 설명할 수 없다고 하였다. 장구한 한국 역사와 함께 전개된 불교사에서 선정의 기준을 구체적으로 설명하기 어렵다는 의미였을 것이다. 그가 "옛날 일을 살펴보면 해동의 불법은 매우 번성했다고 할 수 있으나 참고할 만한 불교사가 없었다. 이는 보물을 캄캄한 집 안에다 감추어 둔 것과 같았으므로 나는 그것이 안타까웠다. 이에 마음을 일으켜 불교사를 집술(輯述)하였다."고[93] 한 것으로 보면 한국불교가 인도·중국불교와 비교될 수 있는 특징이나 우수성, 그리고 독창성과 정체성을 드러낼 수 있는 불교사를 소개하여 식민지 하의 한국인에게 그 자긍심을 일깨워 주고자 했던 것이다. 그는 「이백품제」의 '입동방이백구품제' 항목에서 「이백품제」에 대해 더욱 구체적으로 설명하였다.

> 고려의 일연(一然)선사가 일찍이 『삼국유사』를 지을때, 부(部)와 유(類)로 분별하여 각기 제목을 세우고 사실을 체계적으로 서술하였다. 지금 내가 불교의 역사를 찬집(纂輯)할 때도 『삼국유사』의 사례를 본받고 또한 대장경일람(大藏經一覽)의 체재를 본떠서, 특별히 요점을 가려 2백개의 제목을 세웠다. 그리고 중요한 줄거리(提綱)와 설명·주석(評唱) 두 가지를 덧붙여 이 글을 읽는 사람들이 제목을 보고 내용을 알게 하였다.[94]

---

93 이능화, 「三國麗鮮國史考據」, 역주 『조선불교통사』 4, 동국대학교출판부, 2010, 10쪽.
94 이능화, 「入東方二百句品題」, 역주 『조선불교통사』 4, 동국대학교출판부, 2010, 19쪽.

인용문은 이능화가 「이백품제」를 찬집할 때 『삼국유사』의 사례를 본받고 『대장경일람』의 체재를 표본으로 삼았음을 밝힌 것이다. 『대장일람집』은 고려 중기 13세기 중엽에 간행한 것으로, 중국 송나라 진실(陳實)이 불교 경전인 『대장경』에서 중요한 내용을 뽑아 엮은 경전이다. 이능화는 이 두 책을 기초로 한국불교사의 요점을 가려 2백개의 제목을 세우고 중요한 골자나 줄거리만을 추려서 제시하고 고증과 논변을 통해 제창[評唱]을 덧붙인 것이다. 요컨대 이능화는 "불법이 인도로부터 중국에 들어오고, 중국으로부터 다시 우리나라에 들어와 1천 5백여 년간 제왕과 재상들이 존숭했고 모든 백성들은 믿고 따라서 유일 종교가 되었다. 이에 나는 불교 유래의 역사를 연구하지 않을 수 없다."라고 하였다.

第一經敎創興時代 - 第二禪宗蔚興時代 - 第三禪敎並隆時代 - 第四禪敎統一時代 - 第五禪敎保守時代 [95]

이능화는 「이백품제」의 앞부분에서 한국불교의 각 시대를 그 경향과 성격을 기준으로 구분하여 제시하였다. 제1 「경교창흥(經敎創興)」 시대는 고구려·백제·신라 삼국의 중세이후 5백 년간을 경교가 일어난 시대, 제2 「선종울흥(禪宗蔚興)」(禪宗蔚興)시대는 신라 헌덕왕 이후 고려 초에 이르기까지 대략 2백 년간 선종이 번창한 시대, 제3 「선교병융(禪敎幷融)」시대는 고려 초기부터 말엽까지 대략 4백 년간 선과 교가

---

95 이능화, 「入東方二百句品題」, 역주 『조선불교통사』 4, 동국대학교출판부, 2010, 20-24쪽.

함께 융성한 시대, 제4 「선교통일(禪敎統一)」시대는 조선 초 150년을 「선교쇠미(禪敎衰微)」시대, 그 후 350년을 선·교 통일시대로 구분하여 규정하였다. 그리고 제5 「선교보수」시대는 조선불교 이후의 시대[96]로 규정하였다. 이와 같은 불교사 시대 구분은 일제강점기 불교지성들의 공통된 관심사이기도 했다.

2) 내용

「이백품제」는 그 내용의 성격상 대체로 14가지 유형으로 분류할 수 있다.

주제(내용)	항목	시대
개관	三國麗鮮國史考據	
	出西域三千年歷史	
	入東方二百句品題	
	禪源流派皆自曹溪	
	敎林結果遁於雜花	

개관은 이능화의 불교 인연, 인도의 불교 시작과 중국 전래, 그리고 『조선불교통사』 찬술에 인용했던 책을 소개하였다. 3천 년의 불교사가 서역에서 시작한 것과 관련해서는 시마지 모쿠[島地嘿雷]와 오다 도쿠노[織田得能]가 1890년 찬한 『삼국불교약사(三國佛敎略史)』의 범례를 소개하여 다양한 부처의 출세와 입멸의 역사를 정리하기도 하였

---

96 이능화, 「入東方二百句品題」, 역주 『조선불교통사』 4, 동국대학교출판부, 2010, 23쪽.

다.[97] 또한 그는 우리나라 삼국에 대해서는 『삼국사기』와 『삼국유사』를 근거로 하여 참고하였고, 고려에 대해서는 『고려사(高麗史)』, 『동국통감(東國通鑑)』, 『여사제강(麗史提綱)』을, 조선에 대해서는 『국조보감(國朝寶鑑)』, 『대동야승(大東野乘)』 등의 서적을 참조하였으며, 옛사람들의 문집과 고승들의 비문과 행장 등을 얻어 잘못된 것은 가려내고 틀린 것은 바로잡아 한 권의 책으로 모아 엮어서 『조선불교통사(朝鮮佛敎通史)』라고 하였다."[98] 그의 불교사 찬술은 관찬과 사찬문헌을 망라하였으며, 불가의 문집과 비문 등을 폭넓게 인용하여 우리나라 불교사의 지평을 확장시킨 것이다.

해동 선종의 연원과 유파에 관한 항목은 "선종의 연원은 처음 석가모니께서 가섭에게 부촉하고 심인(心印)을 은밀히 전함으로써, 정법안장(正法眼藏)이 차례로 전수되어 조계 육조(六祖慧能)에 이르렀다. 육조 이후로는 다시 5가 7종(五家七宗)을 말한 2파 5종으로 나뉘었다. 해동 선종의 근원 역시 모두 조계로부터 나왔다."고[99] 천명하였다. 신라와 고려의 해동 승려, 그들 가운데 중국으로 유학가서 귀국하지 않은 승려 등 수많은 승려의 행적을 다양한 자료를 기초로 소개하였으며, 보조 지눌에서 마침표를 찍었다. 「교림결과내어잡화(教林結果洒於雜花)」 항목은 "불교의 13종파는 모두 경론(經論)을 의지하여 종파를 세웠으

---

97 이능화, 「出西域三千年歷史」, 역주 『조선불교통사』 4, 동국대학교출판부, 2010, 14-17쪽.
98 이능화, 「三國麗鮮國史考據」, 역주 『조선불교통사』 4, 동국대학교출판부, 2010, 10쪽.
99 이능화, 「禪源流派皆自曹溪」, 역주 『조선불교통사』 4, 동국대학교출판부, 2010, 25쪽.

니, 중국에서부터 비롯되어 모두 우리나라에 전해졌다. 오직 선종의 한 종파만이 여기에서 벗어나니, 무법(無法)의 법이다. 우리나라 불교 아래의 모든 종파 가운데 오직 화엄종만이 처음부터 끝까지 빛을 발하고 크게 뜻을 떨쳤다."고[100] 하여 우리나라 『화엄경』과 화엄종의 인물과 문헌 등 그 대강을 정리한 것이다.

주제(내용)	항목	시대
불교사상	謙益齎梵本之律文	삼국
	台宗法融禀宗荊溪	
	金剛戒壇律宗威儀	
	敎林結果洒於雜花	
	元曉義相華嚴初祖	
	惠通印訣眞眞言宗	
	大賢學記唯唯識師	
	雪山眞歸是佛祖師	
	大覺求法始興台敎	고려
	高麗初多傳法眼派	
	普照後始設曹溪宗	
	碧溪心印分傳兩人	
	參禪狗子無佛性話	
	梵魚一方臨濟宗旨	
	天竺老胡昔傳祖印	
	高麗末世儒風始起	
	四象學說人禀性情	
	朝鮮古代神敎已行	

---

100 이능화, 「敎林結果洒於雜花」, 역주 『조선불교통사』 4, 동국대학교출판부, 2010, 109쪽.

불교사상 항목은 우리나라 불교의 선을 중심으로 계율·천태·화엄의 연원과 사상, 그리고 종파를 소개하였다. 「금강계단율종위의」에서 통도사 금강계단은 해동 율종(律宗)의 근원지로서 위의를 갖추었다고 했다. 또한 이능화는 대각국사 의천이 해동 화엄종의 연원을 연기조사(緣起祖師)로 인식한 반면 원효와 의상을 초조로 규정하였다. 이능화는 "해동화엄종의 연원은 고려 대각국사가 쓴 시사(詩史)로 보건대, 지리산 화엄사를 개창한 연기조사(緣起祖師)를 최초의 조사로 삼고 있다."고 하였지만, "마땅히 원효와 의상 두 대사를 화엄의 초조(初祖)로 추대하지 않을 수 없다."고[101] 하였다. 그는 "원효의 학문은 거의 스스로 얻었다고 하겠다. 그가 지은 경소(經疏)가 일찍이 당나라에까지 널리 퍼졌는데 모두 화엄종주라 칭하였다. 『탐현기(探玄記)』에 이르기를, "원효법사가 이 경소를 짓고 사교 등을 세웠다."고 했고, 『현담(懸談)』에 이르기를, "당나라 초에 해동법사가 또한 사교를 세웠다. 첫째는 삼승교(三乘敎)인데 『사제연기경』 등과 같다. 둘째가 삼승통교(三乘通敎)인데 『반야경』, 『해심밀경』 등과 같다. 셋째가 일승분교(一乘分敎)인데 『범망경』 등과 같다. 넷째가 일승만교(一乘滿敎)인데 『화엄경』 등과 같다."라고 했다. 『탐현기(探玄記)』는 당나라 현수(賢首)가 저술한 『화엄경탐현기(華嚴經探玄記)』 20권을 말하는데, 동진(東晉)의 불타발타라(佛陀跋陀羅)가 번역한 60권 『화엄경』의 주석본이다. 의상 역시 『회현기(會懸記)』에 이르기를 의상은 해동화엄의 초조이다."라고 한 것을 인용하였으며, 박인량(朴寅亮)이 찬한 「해동화엄시조부석존자찬(海東華

---

[101] 이능화, 「元曉義相華嚴初祖」, 역주 『조선불교통사』 4, 동국대학교출판부, 2010, 251쪽.

嚴始祖浮石尊者讚)」, 최치원이 찬한 「해동부석존자의상휘일지문(海東浮石尊者義湘諱日之文)」과 「고종남산화엄대종주엄화상사회문(故終南山華嚴大宗主儼和尙社會文)」, 「해동화엄초조기신원문(海東華嚴初祖忌晨願文)」 등을 통해 자신의 주장을 뒷받침했다. 「설산진귀시불조사(雪山眞歸是佛祖師)」 항목은 선과 교가 다른 까닭은 부처가 설산의 진귀조사를 찾아가 조인을 전수 받았기 때문이라는 것을 소개한 것인데, 해동불교의 특징이자 우수성을 지적한 것이다. 이능화는 한국불교의 핵심은 선(禪)과 선종(禪宗)에 있음을 강조하였다.

조선의 선종이 숭봉한 것은 祖師禪이다. 조사선을 지극한 법칙으로 삼았기 때문에 전해서 간직함과 깨달아 얻음은 조사선이 우월하고 佛이 열등하다. 선종은 불교라기보다는 차라리 조사의 가르침[祖敎]이라고 할 수 있다. 조사선은 부처가 성불한 후에 설산의 眞歸祖師를 찾아가 뵙고, 祖印을 전수 받아 간직하고 祖宗의 취지를 얻었기 때문에 조사선이라 한다.[102]

그는 고려의 천책(天頙)이 『선문보장록(禪門寶藏錄)』 「해동칠대록(海東七代綠)」을 인용하여, 이른바 신라의 범일(梵日)국사가 진성왕이 선과 교의 두 가지 뜻을 물은 것에 대하여 『달마밀록(達磨密錄)』을 원용하여 증명한 것이 그 근원이 되었으며, 조선의 설두 유형(雪竇有炯) 역시 이 학설에 근거하여 『선원소류(禪源溯流)』를 지었고 분석하여 인증했다고 하였다. 이능화는 이로부터 우리나라에서는 선을 닦는 승려들이

---

102 이능화, 「雪山眞歸是佛祖師」, 역주 『조선불교통사』 4, 동국대학교출판부, 2010, 484쪽.

금과옥조로 여겨 신봉하고 다시는 이의(異議)가 없다고 하였다. 「고려초다전법안파(高麗初多傳法眼派)」는 선종 전래 이후 고려 초에는 법안파의 전래가 많았음을 소개하였다. 이능화는 신라 말엽에 선종이 처음 전래되었고, 선파(禪派)가 다른 종파를 압도하여 해동 불법의 종지(宗旨)가 변한 일대 사건이었다고 하였다. 특히 나말여초에는 법안종을 전한 자들이 강한 많았는데, 이것은 려말선초의 임제종을 전했을 때와 같았다고 하였다. 『전등록』, 「나옹행장」, 「청허집서」, 『불조통재』를 인용하여 법안종과 도봉 영소국사를 소개하였으며, 도봉 영소국사는 도봉 혜거국사로 해석하였다.[103]

한편 「보조후시설조계종(普照後始設曹溪宗)」은 보조 지눌은 배움에 전승받은 바 없이 스스로 선종을 창립하였다고 단언하였다. 이능화는 "지눌이 송광사 길상사로 옮겨 정혜결사를 맺고 크게 선풍을 드날렸다. 희종은 즉위하자 조계산 수선사로 고칠 것을 명하였다."고 하였다. 그는 조계의 설종(設宗)이 처음 여기에서 나타났다고 하였다. 그는 "산 이름이 조계인데, 틀림없이 지눌스님의 법을 얻은 근원을 따랐을 것이다. 옛날 중국 조산 본적선사(曹山本寂禪師)는 조계를 사모하여 그가 거처하는 곳을 조산이라 하였으니 그 하나의 예이다."라고 하여 종명(宗名)의 연원을 부연하였다. 「벽계심인분전양인(碧溪心印分傳兩人)」 항목은 벽계 정심이 벽송과 정련(淨蓮) 두 사람에게 선교의 심인을 나누어 전한 일을 기록하였다.

「범어일방임제종지(梵魚一方臨濟宗旨)」는 일제강점기 친일 성향의

---

103 이능화, 「高麗初多傳法眼派」, 역주 『조선불교통사』 4, 동국대학교출판부, 2010, 682-686쪽.

원종에 반대하여 한용운 등이 범어사에서 임제종의 종지를 세운 사실에 대해 찬술하였다. 그는 " 이른바 원종이란 송나라 영명사 연수(延壽)의 『종경록(宗鏡錄)』에서 나오는데, 원종을 선교겸수의 종문(宗門)이라고 한 것이니, 수년 전부터 조선의 스님들이 스스로 종의 이름으로 삼은 것이다. 그러나 범어사의 한용운(韓龍雲), 백양사의 박한영(朴漢永) 등을 필두로 경상남도와 전라남도에서 반대운동을 일으키고 스스로 임제종이라고 일컬었다. 이는 조선에 비록 선교 양종이 있지만 반드시 선종과 교종의 법계가 본래 임제종의 정통으로 전해져 나왔기 때문이다."라는 다카하시 토오루의 「조선불교종파체감사론(朝鮮佛敎宗派遞減史論)」을 얻어서 열람하고, 대략적인 뜻을 풀이하였다. 이 항목은 유학과 「사상학설인품성정(四象學說人稟性情)」 항목과 같이 이제마의 사상학설 역시 소개하였다. 「조선고대신교이행(朝鮮古代神敎已行)」 항목은 고조선의 단군신교를 정리하였다. 1906년 나철과 오혁 등이 단군신교를 창설하여 대종교라고 개칭한 것을 언급하였다. 그는 "지금 조선인 10명 가운데 8, 9명이 비결(祕訣)을 즐겨 말하며 또한 추수(追數), 현무발서(玄武發書), 태을통정(太乙通精), 기문둔갑(奇門遁甲), 술수의 책을 믿어 애호하니, 처음부터 이들이 남긴 풍습 아닌 것이 없다."고 하였다. 이능화는 이밖에 불교 이외의 전통 종교를 소개하였다.

주제(내용)	항목	시대
사찰	水渡七僧誘敗隋軍	삼국
	義信駄竺經於法寺	
	五臺佛宮山中明堂	
	雙溪祖塔海東福田	
	普陀洛山大士聖窟	

사찰	耽沒羅州尊者道場	삼국
	華嚴壁經敎家事業	
	得牛眠地建美黃寺	
	創寺金山甄萱信佛	
	檜巖寶鳳指空來遊	고려
	給田福泉香火供資	
	製文覺寺菩提結誓	
	輿地勝覽寺社事蹟	조선

이능화는 「의신태축경어법사(義信馱竺經於法寺)」 항목에서 "대법주사본말사법(大法住寺本末寺法)에 이르기를, "사찰은 처음 신라 23세 진흥왕 14년 계유년(553)에 창건되었으며, 지금까지 1,360여 년이나 흘렀다. 처음 창건된 해에 의신화상(義信和尙)이 천축으로 법을 구하러 갔다가 노새에 불경을 싣고 돌아왔기 때문에 법주사라고 부른다."라고 하였다. 그는 법주사의 사적을 기록하고, 「보은군법주사판하완문절목(報恩郡法住寺判下完文節目) 등 공문서를 수록하여 절의 위상을 수록하였다.

"「法住記」에 이르되 "16아라한이 각기 거처하는 곳이다."라고 하였다. (六 跋陀羅尊者)梵語 跋陀羅는 중국말로 好賢이다. 이 존자는 9백 아라한과 함께 대부분 耽沒羅州에 머물러 있다. 전해 오기를 탐몰라주는 耽羅를 말하는데, 지금의 제주도이다. 제주도 가운데 산이 있으니, 이름이 한라산이다."[104]

---

104 이능화, 「耽沒羅州尊者道場」, 역주 『조선불교통사』 4, 동국대학교출판부, 2010, 310쪽.

이능화는 「탐몰라주존자도량(耽沒羅州尊者道場)」에서 인용문과 같이 제주도가 발타라존자와 9백아라한의 도량이라고 하였다. 그는 여섯 번째 발타라존자가 9백아라한과 함께 탐몰라주에 머물렀다고 했는데, 탐몰라주는 탐라이고 탐라는 제주도라는 의미라고 했다. 요컨대 "『여지승람』의 제주 존자암이 발타라존자의 이름을 딴 것"이라고 하였고, 5백 장군석 역시 500나한석의 잘못된 칭호가 아닌가 의심된다."고 하여 제주도 발타라존자의 상주처로 제시한 것이다.

주제(내용)	항목	시대
불교신앙	聖燈寶幢戟嚴穰鎭	고려
	道場媚神失之太多	
	殿庭飯僧數盈萬人	
	寺門行香親率百官	
	山寺燃燈迺爲年例	
	閭巷呼旗便成國俗	
	百寮齋米抽斂有差	
	萬佛香徒聚集無賴	
	藏經道場春十秋十	
	連聲法席晝三夜三	
	五敎兩宗祈禱平賊	
	恭王迷信朱帝賜書	
	薦福道場建水陸社	조선
	法華佛事追福太后	
	般若經行走汗老郞	
	金剛山禮法起眞身	
	月精寺見文殊童子	
	光陵厭世意欲斷髮	
	法席施布七日食齋	

불교신앙	乾鳳萬日彌陀法會	조선
	擧揚宗旨導報四恩	
	檀徒信徒外護俗衆	
	巫女賽神扇舞三佛	

「도량미신실지태다(道場媚神失之太多)」는 고려불교가 시기가 흐를수록 도량에서 많은 신들을 받들어 손실이 많다는 것이다.

고려 일대에 불도를 숭배하여 믿었고 재앙을 없애고 복을 기원하여 반드시 법회를 설치하였다. 여러 佛菩薩과 諸經道場은 곧 마땅히 행할 바라고 이르지 않을 수 없다. 지극히 말하기를 神衆道場이요, 文豆婁道場이요, 摩利支天道場이요, 止風道場이요, 禳星道場이요, 功德天道場이다. 이와 같은 이름은 가히 셀 수가 없다. 처음에는 신이 없다가 점차 나아가 수많은 신이 등장하기에 이르렀다. 이것은 末流의 폐단이다.[105]

이능화는 고려불교가 "무격저주(巫覡詛呪)의 술수를 숭배하여 믿지 않음이 없었으며, 귀호정령(鬼狐精靈)의 괴이함을 경배하여 그치지 않았다. 무릇 유교는 수많은 신을 섬기고, 경교(景敎)는 하나의 신을 섬긴다. 불교에 이르러서는 가장 뛰어난 교법으로 무신론(無神論)을 궁극적인 뜻이라고 여겼다."하여 고려불교가 수많은 신들이 등장하여 마지막에는 무속과 귀신과 정령들까지 숭배하여 불법(佛法)이 지닌 본령을 잃어버렸다고 비판하였다. 그는 세계 종교의 원류를 고찰하여 다신

---

[105] 이능화, 「道場媚神失之太多」, 역주 『조선불교통사』 5, 동국대학교출판부, 2010, 24쪽.

교·일신교, 불교를 정의하였다. 불교는 무신교이면서 다신교와 일신교를 겸하였다고 하였다. 요컨대 그는 고려불교의 수많은 경전에 근거한 불교의식과 신앙 관련 도량을 소개하면서 동시에 세계종교의 정의와 그 추세까지도 해석하였다.

한편「여항호기편성국속(閭巷呼旗便成國俗)」은 고려 때부터 시작된 석가탄신일의 민간행사를 소개하였다. 예컨대 장대에 채색 천을 두르고 등을 달아 노는 민간의 호기(呼旗) 풍속을 소개하였다. 그는 『고려사』를 기초로 "수십일 전부터 아이들은 종이를 잘라 장대에 꿰매 깃발로 삼고 성중의 거리를 두루 돌며 쌀과 비단을 구하여 경비로 삼았다. 이것을 호기(呼旗)라고 불렀다."라고 하였다. 그는 이 호기 풍속이 1860년대까지도 한성에서 성행하였다고 하였다. 이밖에 백종(百種)은 "7월 15일, 경성에서는 곧 부녀들이 절에 나아가 짐짓 영패(靈牌)를 설치하고 향을 피우고 공양함으로써 부모에게 제사 지냈다. 제사가 끝나면 영패를 태우고 우는 사람이 많았다."고 하여 불가의 해제일에 부모를 천도하고자 부처님께 공양하고 배고픈 자에게 보시하였다."고 하였다.

「공왕미신주제사서(恭王迷信朱帝賜書)」항목은 공민왕이 불교를 신봉하는 것에 대해 지적하였다고 하였다. 명태조 주원장은 "왕도(王道)를 숭상하지 않고 불도를 숭상하는 것은 중심을 잃은 일이다. 짐도 어려서 승려가 된 적이 있었으며 참선도 해 보았다. 그러나 부처가 있다는 것을 들었을 뿐이고 생사를 초월한 실례는 아직 보지 못하였다."고 한 것이다. 이능화는 "임금의 도리는 교화를 닦아 밝히는 것에 있지 반드시 부처를 믿는 것에 있지는 않습니다. 만일 국가를 잘 다스리지 못한다면 비록 부처에게 정성을 드린다 할지라도 무슨 공덕이 있겠습니까. 부득이하다면 태조께서 세운 사사(寺社)만을 수리할 것이요, 새로이 절을 짓지 마십시오."라고 하여 보우가 공민왕에게 답변한 것을 덧붙였다. 불교신앙과 관련한 항목은 이밖에 수륙재를 갈양사 등 여러 사찰에 수륙사를 건설한 사실이나 조선 초부터 『법화경』 불사로 태후의 명복을 빌었던 사례를 소개하기도 하였다.

「법석시포칠일식재(法席施布七日食齋)」 항목은 유교의 선비도 사랑방에서 법석을 열고 절에서 칠일재를 지냈다고 한다. 이능화는 성현의 『용재총화』를 인용하여 "신라와 고려는 불교를 숭상하였다. 우리 조선에 이르러서도 유풍(遺風)이 끊어지지 아니하여 사대부가 그 친속(親屬)을 위해 모두 재(齋)를 설치하고 또 빈당(殯堂)에 법연(法筵)을 베풀었다. 기제(忌祭)를 지낼 때 반드시 스님을 맞이해 대접하였다."고 했으며, "본조(本朝)에 이르러 태종께서 비록 사사(寺社)의 노비까지 개혁하였지만 그 풍습만은 아직도 남아 있어 공경대부와 선비의 집안에서도 빈당에 스님을 불러 경전을 설하는 것을 예사로 하는데, 이를 '법석(法席)'이라고 한다"하였다. 또한 식재와 승재를 소개하였다. 산사(山寺)에서 칠일재(七日齋)를 베푸는데, 부잣집에서는 다투어 사치스럽게 꾸미는 데에 힘쓰고, 가난한 사람 역시 예에 따르려고 구차하게 마련하니, 그 소요되는 재물과 곡식이 매우 심하고 친척과 친구들이 모두 포물(布物)을 가져와 시주하는데, 이를 '식재(食齋)'라고 한다. 또 기일(忌日)에는 스님을 맞이하여 먼저 대접한 연후에 혼령을 불러 제사를 베풀었는데, 이를 승재(僧齋)라고 한다. 이능화는 『성호사설』을 인용하여 "지금 속담에 아버지를 일컬어 고불(古佛)이라 한다. 이것은 대개 고려의 남은 풍속이다. 고려 때 부처를 섬기면서 부모의 기일(忌日)이 되면 스님을 불러 불경을 외우니, 그것을 승재(僧齋)라고 이른다. 이에 아버지를 고불(古佛)이라 하니, 역시 존대하는 말이다."라고 하여 고려·조선 유자들의 불교신행 양상을 소개하였다.

「건봉만일미타법회(乾鳳萬日彌陀法會)」 항목은 고대 불교에서부터 시작된 염불신앙에 대해 설명하였다. 건봉사가 만일염불법회의 유서가 깊은 동방 미타도량의 대본산임을 강조하였다. 이능화는 "『화엄경』의 마지막 부분에 「보현보살행원품普賢菩薩行願品」이 나오는데, 정토에 왕생하여 중생을 위해 회향하는 법문이다. 조선의 교종은 화엄을 으뜸으로 삼았으며, 대부분은 아미타염불로 회향법회를 가졌다. 그러한 사례가 여기 있지 않은가. 지금 여러 절 가운데 이 절에서도 화엄산림(華嚴山林)으로 결제를 하고 저 절에서도 화엄산림으로 결제를 한다. 그렇다면 미타종지는 화엄에 포함되어 행해졌다고 볼 수 있다. 그러나 저 건봉사 만일염불회에 와서는 그것을 별도로 취급해 논의해야 한다. 발징(發徵)화상이 처음 시작했고, 용허(聳虛) 화상이 이를 이어받았다. 최근에는 벽오(碧梧) 화상이 이어받았는데, 벽오화상의 제자인 전 법흥사(法興寺) 주지 정만화(鄭萬化)화상이 이를 계승했는데, 모두들 잘 성취하였다"고 하였다. 그는 건봉사가 동방 미타도량의 대본산이 되었다고 하였다.

「거양종지도보사은(擧揚宗旨導報四恩)」은 종지를 드날려 부모와 군왕, 그리고 중생과 삼보의 은혜에 보답하는 것이 포교의 목적임을 소개한 것이다. 이능화는 「단도신도외호속중(檀徒信徒外護俗衆)」에서는 "각 본말사법 제12장 섭중(攝衆)을 살펴보면, 사찰을 외호하는 구성원으로서 두 가지 요건을 구비한 자를 단도(檀徒)라고 한다. (1) 신심이 견고하고 재시(財施)를 베풀 수 있어야 한다. (2) 일가(一家)의 장례·제사와 명복을 비는 것을 위탁하여야 한다. 사찰의 외호원으로서 신심이 견고하고 재시를 하는 사람을 신도(信徒)라고 한다."라고 하였다.

주제(내용)	항목	시대
신이·영험·설화	浮雪功熟水懸空中	삼국
	月師作歌怪日卽滅	
	龍王獻舞迷雲盡散	
	僧遺魚及變化金蛙	
	仙飛花泊長生枯樹	
	平州僧遁爲金國祖	고려
	江上油餠龍吐瑞氣	
	塔下陶瓦龜書怪語	
	甘露舍利僧言見性	
	旭日庭燄人謂放光	
	獻草爲芝文士譏王	
	謂木結穀妖僧誣民	
	盲聾示聽日嚴誑人	
	陰陽吉凶山甫惑衆	
	妙淸衒術欺君謀逆	
	辛旽협夢封侯弄權	
	愚公密告紅賊應記	
	栗峯禪師杖嚇羅漢	
	蓮社法呂筆降觀音	
	盲者逐鬼鼓誦千手	
	觀音聖像感禹性海	

이 항목은 한국불교의 신이·영험, 그리고 설화 등 혹세무민의 사례를 중심으로 소개하였다. 「승유어급변화금와(僧遺魚及變化金蛙)」 항목은 포항 오어사 창건 설화와 통도사 자장암의 금와설화를 소개하였다. 이능화는 이밖에 조계산 송광사의 지눌이 도적을 물리치고자 물고기를 삼킨 스님이 다시 쏟아내자 힘차게 움직인 것을 보고 도적이 옮겨갔다는 신이함과 그와 유사한 진묵조사 설화도 소개하였다. 「평주승둔위금국조(平州僧遁爲金國祖)」은 "우리나라 평주(平州)의 승려 금준(今俊)이 여진으로 도망가 아지고촌(阿之古村)에 살았는데, 이 사람이 금(金)의 선조가 되었다고도 한다"하여 고려 불교가 금나라 왕가의 선조가 되었다는 설화를 소개하였다. 이능화는 『고려사』 뿐만 아니라 『석감계고략속집(釋鑑稽古略續集)』 등을 인용하여 여진의 왕가가 본래 신라인으로 대요(大遼)를 200년간 복속시켰고, 절도사를 세습하여 감복(龕福) 이하 4대까지 이르렀다고 하였다. 이와같이 이능화는 "고려에서 비롯된 것은 금나라의 선조뿐만이 아니다. 발해와 요의 선조 역시 모두 고구려에서 비롯되었다."고[106] 하여 고려와 여진 관계뿐만 아니라 혈통까지 언급하였다. 「연사법려필강관음(蓮社法呂筆降觀音)」 항목은 1872년 겨울 한성의 여러 거사들이 법화경 결사(妙蓮社)를 맺고 염불정진을 하였다. 그때 홀연히 관세음보살이 응현하여 글(筆端)을 내려 주고 설법을 하여 책을 이루었는데, 그것을 『제중감로(濟衆甘露)』라고 하였다. 이능화는 「관세음보살묘응시현제중감로연기(觀世音菩薩妙應示現濟衆甘露緣起)」를 중심으로 설명하였다. 그는 "화엄경 결사의 법우들

---

106 이능화, 「平州僧遁爲金國祖」, 역주 『조선불교통사』 5, 동국대학교출판부, 2010, 68쪽.

은 훗날 결국에는 화복이나 감응에 관한 글을 짓는 데 종사하였다. 그들이 인쇄하여 유포시킨 책들은 『중향집(衆香集)』, 『남궁계적계궁지(南宮桂籍桂宮志)』, 『각세진경(覺世眞經)』, 『삼성보전(三聖寶典)』 그리고 『과화존신(過化存神)』 등이었다. 염불을 하는 무리들이 신선되는 공부를 하는 도류道流로 변질된 것이다."라고 지적하였다.

주제(내용)	항목	시대
제도	並立三敎寵臣進策	삼국
	世俗五戒光師隨機	
	兩街僧錄左右其司	
	特垂十訓麗祖護法	고려
	高麗選佛初設僧科	
	悲院施衆惜乎不廣	
	一家三子制許度僧	
	兩宗禪敎宗趣和會	
	賢臣盛朝讀書上寺	조선
	經國大典僧尼條例	
	明宗復禪科明心宗	
	兩宗判事宗務分擔	
	八道摠攝道德重望	
	南漢山寺守城緇營	
	京內僧跡佐野書請	
	冠俗服俗僧侶外風	
	理判事判寺刹內情	
	寺刹階級本末關係	
	住持資格老少履歷	
	薦僧報府迺依前例	
	禁妻住寺是守淸規	

제도	財産保管提出目錄	조선
	僧尼分限給付度牒	
	行解履歷學設兩科	
	受白羯磨始入禪堂	
	被紅袈裟最上法階	
	監務法務分掌職司	
	褒賞善行三職評定	
	糾明非爲七目懲戒	
	分衛托鉢公證携帶	
	和請鼓舞新式廢止	
	刹令頒布果蒙外護	
	寺法施行倘望中興	
	布敎規則認定三敎	
	關籍通牒分析兩籍	
	聯合宗院迺覺皇寺	
	中央學林是選佛場	

    제도 항목은 한국불교와 국가의 관계를 살필 수 있다. 특히 일제강점기인 1911년 조선총독부가 시행한 사찰령 반포와 본말사법에 대한 해석과 지적을 담고 있어 이능화의 불교사 인식과도 관련이 있다. 「양가승록좌우기사(兩街僧錄左右其司)」 항목은 좌우양가승록사가 신라 이래 고려와 조선을 거쳐 1424년(세종 6) 승록사가 폐지될 때까지 승가를 통섭하고 불사(佛事)를 주관하는 관직으로 불교행정을 소개하였다. 또한 「고려선불초설승과(高麗選佛初設僧科)」는 고려부터 시작된 승과를 소개하였다. 예컨대 이능화는 법인국사 탄문의 비문에 수록된 "921년(태조 4) 해회(海會)를 설치하니 치도(緇徒)를 선발하는 제도이다."를 한

국불교에서 실시한 승과의 효시로 규정하였다.[107] 「비원시중석호불광(悲院施衆惜乎不廣)」은 1168년 고려 의종때 백성을 구휼하기 위한 동서대비원 및 제위보를 소개한 항목이다. 왕이 불교를 돈독히 믿고 공덕을 베풀고자 설치하였다. 그러나 도성에서만 시행되었을 뿐이고 전국에 보급하지 못했다고 했다. 이능화는 이후 조선에서도 시행한 불가에 관계된 구휼기관과 사례를 소개하기도 하였다.

승과제도가 폐지된 이후 선종과 교종 두 종파가 비로소 합쳐졌다고 할 수 있다. 12종을 혁파하여 7종으로 나뉘었고, 7종이 다시 양종으로 줄어들었다. 「남한산사수성치영(南漢山寺守城緇營)」 항목은 조선의 승군제도의 시작을 소개하였다. 이능화는 "임진왜란 때 승역(僧役)으로 승군이 공을 세운 이후, 조정에서 승도에 대해 유용한 인재라는 시각은 가지면서도 버리지 않을 물건 정도로만 인식하게 되었다. 그리하여 승도를 두는 장소와 부리는 방도만 생각하였다. 승도들에게 남한산성을 축성하도록 명령한 것이 그 하나의 사례이다. 그리고 승려들에 관한 병제(兵制)를 만들어서 승군 제도가 등장하였다."고 하였다. 갑오경장 때 남북한 총섭이 모두 폐지될 때까지의 상황을 소개하였다. 「경내승적좌야서청(京內僧跡佐野書請)」은 일본 승려 사노[佐野]가 총리대신 김홍집에게 승려의 입성 금지 해제를 서신으로 청한 내용을 소개하였다. "조선 이태왕 32년(1895) 을미년(1895) 여름 4월, 승려의 입성 금지를 해제하였다. 이에 앞서 일본 일련종(日蓮宗) 승려 사노 젠레이[佐野前勵]가 우리나라에 와서 총리대신 김홍집(金弘集)에게 서신을 올려 승

---

[107] 이능화, 「高麗選佛初設僧科」, 역주 『조선불교통사』 4, 동국대학교출판부, 2010, 604쪽.

려의 입성 금지 해제를 청하였고, 김홍집이 임금께 아뢰어 이러한 명(命)이 있었던 것이다."라고 하였다.

「사찰계급본말관계(寺刹階級本末關係)」는 일제강점기에 새롭게 제정된 본말사법에 따라 성립된 관계를 소개하였다. 이능화는 "각 본산의 본·말사법 제2장[사격寺格]에 이르기를 "사격은 본사와 말사 두 종류로 나뉘며, 본사는 단지 ○○사 한 사찰에 한한다. 말사 또한 산내 말사와 산외 말사의 두 종류로 나뉘는데, 산외 말사는 또 2종류로 나누어 ○○군 ○○사를 수반지(首班地)로 하고 △△군 ○○사를 방등지(方等地)로 하는 것 등이 이것이다. 말사 또한 그 창립의 유서와 법맥 관계에 따라 ① 본사에 직속한 것을 일컫는 직말사(直末寺) ② 직말사에 직속된 것을 일컫는 손말사(孫末寺) ③ 손말사에 직속된 것을 일컫는 증손말사(曾孫末寺)의 세 종류로 구분된다."고 하였다. 이능화는 항목의 말미에 "조선의 사찰을 살펴보면, 본래 계급이 없었고 세력을 살펴보아 경중을 가렸을 뿐이다. 곧 각 능(陵)의 재사(齋社)들은 경성에서 아주 가까운 곳에 있었다. 선종의 수사찰인 봉은사는 정릉(靖陵)의 세력에 기댔고, 교종의 수사찰인 봉선사는 광릉(光陵)의 세력에 기댔으니, 이들은 이른바 모두 조포(造泡) 사찰이라고 한다. 남한산성과 북한산성의 사찰은 치영(緇營)의 세력에 기댔고, 강화 전등사는 사고(史庫)의 세력에 기댔으니, 이들은 모두 이른바 군포(軍砲) 사찰로서 그 세력을 가지고 각 사찰에 큰소리를 칠 수 있었던 것이다. 또한 각궁의 원당(願堂) 사찰이 있는데, 겨우 잡역의 침탈을 면제 받는 정도였다. 그 밖에 일체의 사찰은 내수사 및 예조에 예속되고 아무런 세력도 없어서 사람들의 침학(侵虐)에 내맡겨져 있었다. 오늘날의 30본산은 일단 정해진

법에 따라 계급과 등분이 시행되고 행정적인 조례가 있어, 설사 천만의 파순(波旬)이 있다고 해도 마음대로 할 수 없게 되었다. 이것이 불교의 운세가 다시 돌아오는 것이 아니겠는가?"[108]하였다.

「주지자격노소이력(住持資格老少履歷)」은 일제강점기 불교계의 주지 자격을 논한 것이다. 즉 각 본산 본·말사법 제3장〔주지住持〕에 이르기를, "본사 주지의 자격은 네 가지를 꼭 갖추어야만 한다. ① 나이가 만 40세 이상 되어야 할 것 ② 비구계를 구족하고 다시 보살계를 수지할 것 ③ 법랍 10년 이상이 될 것 ④ 수학은 대교과(大敎科) 졸업 이상이 되어야 할 것"이라고 하였다. "말사 주지의 자격 또한 네 가지를 갖추어야만 한다. ① 나이가 만 25세 이상이어야 할 것 ② 비구계를 구족하고 다시 보살계를 수지할 것 ③ 법랍 5년 이상이 될 것 ④ 수학은 사교과(四敎科) 졸업 이상이 되어야 할 것"이라고 하였다. 그러나 "주지 자격에 연령제한을 두는 것은 원래 사리에 맞지 않는 일이다. 그러나 연대가 점차 내려올수록 불법은 점차 말세가 되니, 어떻게 태고·나옹·청허·송운을 얻어서 주지로 삼을 수 있단 말인가? 그러한즉 부득불 세속 법률에 의거하여, 그가 공부한 이력을 따르고 인망(人望)의 노련(老鍊)을 좇아 주지로 선임하는 것도 계책을 얻는 일이 아니겠는가? 오늘날의 조선 승려들은 나이가 많고 적음에 따라 사상이 각기 다르니, 이에 그것을 4단계로 나눈다."라고 하였다. 그는 보수(保守) 개진(改進) 조화(調和) 혼속(混俗) 사상가로 구분하였다. 「천승보부내의전예(薦僧報府迺依前例)」는 일제강점기 승려들이 공천하여 주지를 선정하

---

[108] 이능화, 「寺刹階級本末關係」, 역주 『조선불교통사』 6, 동국대학교출판부, 2010, 360쪽.

고 총독부의 인가를 받는 일은 전례를 따른 것이라고 하였다. 예컨대 "현재 시행되는 법령에 사찰 주지의 임기는 3년이다. 승려들이 공천(公薦)하여 주지를 선정하고, 직책 취임을 신청하여 인가를 받은 후에야 비로소 시행할 수 있다.(본사 주지직의 취임은 조선총독부의 인가를 받아야 하고, 말사 주지의 취임은 지방장관의 인가를 받아야 한다.) 이는 전조(前朝)의 옛 관례에 따라 그렇게 한 것이다."라고 하였다.

「재산보관제출목록(財産保管提出目錄)」은 "사찰령시행규칙으로 사찰재산의 보관 목록을 만들어 조선총독에게 제출하도록 한 것"을 말했다. 이능화는 "전조(前朝, 조선) 말기에 불교가 더욱 쇠퇴하여 절의 재산이 사람들에게 침탈된 것"을 고발하였다. 이능화는 조선의 사찰들이 소유한 토지를 네 종류로 구분하였다. 불향답(佛香畓), 영답(影畓), 제위답(祭位畓), 법답(法畓)이 그것이다. 「감무법무분장직사(監務法務分掌職司)는 "각 본말사법 제4장〔직사職司〕를 살펴보면, 본사 직원으로 감무監務 1인, 감사監事 1인, 사무와 법요를 관장한다."고 하였다. 「화청고무신식폐지(和請鼓舞新式廢止)」는 법회의식의 방법은 종래에 거행하던 청규를 따르지만, 고무(鼓舞) · 바라무(鑼舞) · 작법무(作法舞) 등은 일체 폐지한다. "무릇 법회 의식이 있을 때에는 장구를 치고 징을 울리며 작법무를 추면서 빙빙 돌고 또한 범가(梵歌)를 유유히 맑고 고른 소리로 부드럽게 부른다. 이것이 이른바 화청 · 고무 · 바라무 · 작법무라는 것이다. 대개 이 법식을 행하는 것은 시주자들을 기쁘게 하기 위해서였으니, 서울 근처 산중뿐만 아니라 조선 사찰에서는 모두 이를 행하였는데, 범패를 잘 하는 이로는 서울 근처 산중의 승려를 으뜸으로 친다. 그러나 사법이 시행된 이후로는 일체 폐지되었다. 화청 · 고무는 전혀 우아하게 보이지 않으므로 꼭 금지하는 것이 마땅하지만, 어산조(魚山調)도 그것을 따라서「광릉산(廣陵散)」으로 하는 것은 애석한 일이다. 광릉산은 거문고 연주곡이다. 중국 위(魏)의 시인이자 철학자였던 혜강(223 ~ 263)이 우연히 화양정(華陽亭)에 투숙하였다가 광릉산을 전수받았다."

「찰령반포과몽외호(刹令頒布果蒙外護)」는 1911년 법률 제30호 제1조와 제2조에 따라 왕의 결재를 받아 이에 공포한 사찰령을 소개하였다. 「포교규칙인정삼교(布敎規則認定三敎)」는 총독부령 포교 규칙으로 신도(神道), 불도(佛道), 기독교 삼교를 인정한 사실을 소개하였다. 「중앙학림시선불장(中央學林是選佛場)」은 사립불교중앙학림을 조선교육령에 의거하여 인가받아 승려교육의 도량을 만든 것을 소개하였다.

주제(내용)	항목	시대
척불	鄭習因被隣使拒絶	고려
	廟堂籌餉田奴屬公	조선
	黃儼來迎濟州銅佛	
	金漸奏留興天舍利	
	燕山汰僧命如懸絲	
	李驪闢佛焚像免罪	
	訓導對策拿問竄配	
	狂儒取經責諭放送	
	義庫納蠟兩司啓諫	
	仁祖元年禁僧入城	
	因疏撤院首相秦對	
	見經送寺英祖勅敎	

척불	破龜頭石壓俗離山	조선
	湖南佛汗老峯理解	
	弔三武帝沙汰之厄	
	辨兩文公排斥其論	

　이능화는 조선시대의 불교 억압과 배척의 사례를 소개하기도 하였다. 「정습인피린사거절(鄭習因被隣使拒絶)」 항목은 불교를 배척한 정습인을 일본에 선린 사절로 보내고자 했지만, 일본 사신으로부터 거절당했다고 한다. 이능화는 고려말 불법(佛法)과 관련한 일본인과의 활발한 공사(公私) 교류를 소개하였다. 「묘당주향전노속공(廟堂籌餉田奴屬公)」은 태종이 사찰의 토지와 노비를 관아에 귀속시켜 불교가 쇠퇴하였다는 내용이다. 이능화는 "고려 말 이래로 유교가 흥성하여 불법을 적대시하였다. 또한 승려의 행실이 비열(鄙劣)했는데, 그 기회를 틈타 공격하니, 말이 올바르고 사리에 어긋나지 않았다. 전지의 결이 정해지고 승려의 숫자가 제한되고 거기에 점차 보태어져 사찰은 줄어들고 종단은 감소했으며, 관직과 과거가 폐지되었다. 조선 5백 년 동안 불교가 쇠퇴한 진상이 이와 같다."라고[109] 하였다. 또한 「황엄내영제주동불(黃儼來迎濟州銅佛)」은 명나라 영락제가 사신으로 보낸 황엄이 제주도에서 동불상을 모셔왔지만, 이때 태종은 불상에 절하지 않은 것을, 「금점주유흥천사리(金漸奏留興天舍利)」 역시 김점이 흥천사에 소장된 사리를 남겨둘 것을 세종에게 주청했지만, 천자가 사리를 구하므로 보낸 것을 소개하였다.

---

109 이능화, 「廟堂籌餉田奴屬公」, 역주 『조선불교통사』 5, 동국대학교출판부, 2010, 320쪽.

「이벽벽불분상면죄(李蘗闢佛焚像免罪)」 항목은 유생 이벽 등이 불교를 배척하고 정업원 불상에 불을 질렀으나 성종이 이를 면죄하였다. 이와 같은 사례는 황해도 신천군 구월산의 폐사 흥림사에서도 있었다. 이 절에 있던 철불상을 가져다 녹인 것이다. 이능화는 동시대 예수교도가 사찰에 이르러 부처를 가르키며 마귀의 우상이라 하여 마침내 배척하고 모독하는 자들이 있었다고 하였다. 그러나 절의 승려들은 힘이 없어서 그 행위를 방임하고 감히 어떻게 할 줄 몰랐다고 하였다. 또한 「관속복속승려외풍(冠俗服俗僧侶外風)」은 외풍에 휩쓸려 속인의 복장을 하고 갓을 쓰는 승려들의 세태를 염려한 글이다. 「변양문공배척기론(辨兩文公排斥其論)」은 유학자들이 배불의 변론을 전개한 것을 소개한 것이다. "유학자로서 불교를 배척한 이로는 당나라의 한문공(韓文公, 한유)과 송나라의 주문공(朱文公, 주희)만이 아니다. 한문공의 의견에 동조한 자로는 문충공(文忠公) 구양수(歐陽修)가 있고, 주문공과 생각을 같이한 이로는 정명도(程明道)·정이천(程伊川)·장횡거(張橫渠) 등이 있다. 지금 두 문공을 이야기하는 것은 하나를 들어서 모든 예를 보이려고 하는 것이다." 이능화는 이 항목을 통해 조선의 배불을 구체적으로 소개하였다.

주제(내용)	항목	시대
불교 전래 (불상·불탑·경전· 인물)	月氏金人乘來鐵鍾	삼국
	露王玉后石塔載到	
	順道阿道傳經創寺	
	梁傳曇始宣敎句驪	
	胡僧難陀度僧漢山	

불교 전래 (불상·불탑·경전· 인물)	吳音法明誦經對馬	삼국
	扶桑佛敎始自百濟	
	蔥嶺毒龍無漏去度	
	越王求書以復台敎	

불교 전래 항목은 불교가 인도와 중국으로부터 우리나라로 전래된 사실과 일본 전래에 대한 내용을 불상·불탑·경전·인물 등을 통해 광범위하게 정리하였다. 예컨대 「부상불교시자백제(扶桑佛敎始自百濟)」는 『일본불교약사(日本佛敎略史)』를 인용하여 15종파의 연기를 열거하였는데 삼론종(三論宗)·화엄종 등이 한국에서 전래된 것을 설명하였다.[110] 「총령독룡무루거도(蔥嶺毒龍無漏去度)」 항목은 불법을 구하고자 당으로 간 해동의 승려를 소개하였다. 신라의 무루(無漏)·지장(地藏)·금사(金師)·무상(無相)·혜초(惠超)·혜륜(惠輪)·현각(玄恪)·현조(玄照)·현대(玄大)·현유(玄遊)·원표(元表), 고려의 원응국사(圓應國師) 등을 중국의 문헌과 『해동고승전』을 기초로 수록하였다. 「노왕옥후석탑재도(露王玉后石塔載到)」 항목은 불교가 인도에서 바로 들어왔다는 기록을 입증하는데 활용하였다. 「월왕구서이부태교(越王求書以復台敎)」는 「오월왕전(五越王傳)」을 인용하여 천태의 교권(敎卷)이 오대(五代)의 난리를 지나면서 훼손되었으므로 왕 전숙(錢俶)이 사신을 일본과 고려에 보내 이를 구했고, 고려는 체관(諦觀)에게 논소와 경문을 가지고 가게 하였다고 하였다. 그는 "체관법사의 저서가 중국에 널리 행해져 여러 사람을 거쳐 일본에 전해졌다. 천태종 예산(叡山)에 판(版)이 보관되어 있

---

110 이능화, 「扶桑佛敎始自百濟」, 역주 『조선불교통사』 4, 동국대학교출판부, 2010, 227-242쪽.

없는데, 그 서명에 '『천태사교의(天台四敎儀)』, 고려 사문 체관 록'이라고 적혀있다고[111] 하였다. 글의 말미에 전기가 같이 부기되어 있다.

주제(내용)	항목	시대
간경·대장경	眞覺師集禪門拈頌	고려
	大法寶海印藏經板	조선
	印大藏經高僧督役	
	成永嘉集先王遺命	
	刊經都監用漢諺文	
	信眉栢庵流通佛書	

「진각사집선문염송(眞覺師集禪門拈頌)」은 진각국사 혜심의 『선문염송』 30권 편찬과 해인사 대장경판의 연원을 고증하였다. 「신미백암유통불서(信眉栢庵流通佛書)」는 신미가 간경도감에서 여러 경전 언해에 참여했다. 이능화는 "혜각존자가 언문으로 여러 선사의 법어를 역해(譯解)했는데, 유독 나옹과 관계되는 사람들을 많이 취하였다. 또 존자가 왕명을 받들어 교정한 함허당의 『금강경설의(金剛經說誼)』 또한 나옹 법손의 찬술이다. 내가 이에 혜각존자 또한 함허파가 아닌가 의심해 본다. 그 유통자 또한 대다수 그 주변의 책을 취하였다."고[112] 하여 나옹문파를 규명하였다. 또한 백암 성총의 불서 유통에 대해서는 "일찍이 임자도(荏子島)포구 해변에 큰 배가 와서 정박해 있는 광경을 보

---

111 이능화, 「越王求書以復台敎」, 역주 『조선불교통사』 4, 동국대학교출판부, 2010, 609쪽.
112 이능화, 「信眉栢庵流通佛書」, 역주 『조선불교통사』 6, 동국대학교출판부, 2010, 149쪽.

고 나서 그곳에 실려 있는 것을 보았는데, 곧 대명(大明)의 평림섭(平林葉) 거사가 교간한 『화엄경소초(華嚴經疏鈔)』 및 『대명법수(大明法數)』, 『회현기(會玄記)』, 『금강기(金剛起)』, 『기신기(起信起)』, 『사대사소록(四大師所錄)』, 『정토보서(淨土寶書)』 등 190권이 있었다. 대사가 매우 경이롭게 여기고 그 무리를 모아 경건히 예배하고 받들어 모셨으며 발심하여 여러 경전을 간행하였다. 신유년(1681)에서 을해년(1695)에 이르기까지 15년간 5천여 판을 나누어서 새기고 징광·쌍계 양 사찰의 보소(寶所)에 보관하였다. 크게 천등(千燈)의 불사(佛事)를 열어 낙성하였다. 일찍이 백 년 동안 없었던 일이다. 온나라를 통틀어 법보를 인쇄하여 옛것을 버리고 새로운 것을 좇았으니, 마치 목이 말라 강으로 달려간 것과 같았다."고 하여 척불의 시대에 백암의 위업을 칭송하였다.

주제(내용)	항목	시대
인물	太古懶翁臨濟嫡孫	고려
	智雄繼利雄爲國師	
	覺雲書成珠落筆端	
	無學詳夢勸羅漢齋	조선
	一代文章多撰僧史	
	百戰英雄能知佛法	
	道衍致孝復事李氏	
	志崇感夢重創松寺	
	黃儼來迎濟州銅佛	
	金漸奏留興天舍利	
	讓寧對孝寧稱佛兄	
	金守溫遭國子擯斥	

인물	梅堂受知逃世爲僧	조선
	栗谷失恃出家耽釋	
	許佴諫王擊供沮祭	
	普雨興佛敎普法雨	
	芙蓉法脈恰似六朝	
	涵虛淸虛扶宗樹敎	
	奉使東隣政公奮忠	
	董功南漢性師效勞	
	震黙指影稱釋迦眞	
	仁岳蓮潭訓姑私記	
	采永氏刊佛祖源流	
	志安採集五宗綱要	
	白坡手鏡配對三句	
	意恂著述四辨漫語	
	先庭掃灑逐條證正	
	禪源溯流飜案護短	
	阮堂懽堂爲禪悅文	
	百章夢言佛敎精神	
	海峯智峯現宰官身	
	說敎龍師創釋辭法	
	印度高僧今付佛骨	

「태고나옹임제적손(太古懶翁臨濟嫡孫)」 항목은 태고 보우와 나옹 혜근이 임제종의 법손임을 천명한 내용이다. 이능화는 보조국사 이후 임제법손을 조계종이라고 칭했고, 이색과 정도전, 그리고 청허 휴정의 비문을 근거로 태고·나옹을 모두 임제 18대 적손이라고 하였다. 「지웅계이웅위국사(智雄繼利雄爲國師)」 항목은 태고 보우(이웅존자)를 이

어 환암 혼수(지웅존자)가 국사(國師)가 된 것을 소개하였다. 이능화는 "홍무(洪武) 18년 을축년(1385)에 한산군(韓山君) 이색(李穡)이 교지를 받들어 찬한 이웅존자의 탑명(塔銘)을 살펴보면, 비의 뒷면 음기(陰記)에 다음과 같이 쓰여 있다. 즉 "문도(門徒) 국사 지웅존자 혼수, 왕사 원응존자(圓應尊者) 찬영(粲英), 내원당(內願堂) 묘암존자(妙巖尊者) 조이(祖異), 내원당 국일도대선사(國一都大禪師) 원규(元珪), 도대선사(都大禪師) 광화군(廣化君) 현엄(玄嚴)… 또한 태고의 문인 유창(維昌)이 이웅존자의 행장을 편찬하였는데, 다음과 같이 말하였다. "스님의 상수(上首) 제자가 된 사람은 환암화상이고, 지금 국사가 된 정변지(正辯智) 지웅존자(智雄尊者) 고저(古樗)화상 그리고 왕사가 된 묘변지(妙辯智) 원응(圓應)존자이다." 그러므로 환암은 태고의 법을 이은 것이 분명하다."라고 했다. 「각운서성주락필단(覺雲書成珠落筆端)」항목은 진각국사 혜심이 『선문염송』 30권을 찬술한 이후 제자 각운이 『염송설화』를 찬술하였다. 세간에서는 환암 혼수의 제자 구곡 각운을 『염송설화』의 찬자로 인식하고 있지만, 진각 혜심의 제자가 분명하다고 하였다. 「허척간왕격공저제(許偁諫王擊供沮祭)」는 간관(諫官) 허척이 세종에게 불공드리지 말 것을 간하였지만, 받아들여지지 않자 절에 가서 공물을 부수고 제사를 저지한 내용을 소개하였다.

한편 「부용법맥흡사육조(芙蓉法脈恰似六朝)」는 "고려 말에 이르러서 태고 보우와 나옹 혜근이 모두 중국에 들어가 임제종(臨濟宗)을 전수받고 조선으로 돌아오니, 두 문중의 후학들이 모두 한 종파(임제종)를 받들었다. 태고가 환암 혼수(幻庵混修)에게 전하고, 환암이 구곡 각운(龜谷覺雲)에게 전하고, 구곡은 벽계 정심(碧溪正心)에게 전하고, 벽계는 벽송 지엄(碧松智嚴)에게 전하고, 벽송은 부용 영관(芙蓉靈觀)에게 전하고, 부용은 청허 휴정과 부휴 선수에게 전하니, 육조 아래의 남악 회양과 청원 행사와 같았다. 크게 2개의 종파로 나뉘고 다시 천 가지 만 갈래로 나뉜 까닭에 세상에서는 부용선사를 '해동의 육조'라고 이른다."라고 하였다. 또한 "나옹이 무학 자초(無學自超)에게 전하고, 무학이 함허 수이(涵虛守伊)에게 전했는데, 함허 이후 자손들이 마침내 끊어졌다. 비록 그러하나 과거 5백 년간 조선의 사찰에서는 단지 지공(指空)과 나옹과 무학 등 세 대사만 알고 도리어 태고와 환암은 잊고 사니, 대개 무학왕사의 세력으로 말미암은 것이다."라고 하였다.

이능화는 「함허청허부종수교(涵虛淸虛扶宗樹敎)」 항목에서도 "함허가 나옹화상의 법맥을, 청허가 태고국사의 법맥을 이어 문중을 지켰다."라고 하였다. 「채영씨간불조원류(采永氏刊佛祖原流)」 항목은 사암 채영이 해동불교의 전등 기록을 찬술한 『서역중화해동불조원류(西域中華海東佛祖源流)』 서문을 소개하였다. 이능화는 "『불조원류』의 판본은 송광사에서 소장하고 있었다. 조계산 송광사의 대강사 벽담화상은 법명이 행인(幸仁)으로 부휴의 7세 법손이다. 벽담은 사암(청허파)의 『불조원류』를 일컬어 유독 청허파만 치우치게 기록하고 부휴파는 매우 적게 수록했다고 했다. 자못 분개한 마음이 없지 않다가 마침내 그 판본을 불살라 버렸다."는[113] 간행 이후의 사실을 기록하였다.

「지안채집오종강요(志安採集五宗綱要)」는 환성 지안의 『선문오종강요』에 대해 함월 해원의 서문을 옮겼다. 이능화는 우선 "조선시대에

---

[113] 이능화, 「采永氏刊佛祖原流」, 역주 『조선불교통사』 6, 동국대학교출판부, 2010, 160쪽.

유교와 불교를 물론하고 학설에 대한 저술과 논저가 있다면 반드시 이전 시대 사람의 기술에만 의지했지 자신의 견해를 창작하지 않았다. 이제 지안선사(志安禪師)의 『오종강요(五宗綱要)』 또한 그 가운데 하나이다."라고 지적하였다. 서문을 쓴 함월 해원 역시 "환성화상(喚惺和尙)이 여러 편 가운데 중요한 뜻을 채집하여 『오종강요』라고 하였다. 내가 책으로 출판하려고 마땅히 도식(圖式)을 길이 남기기 위해 잘못된 것을 바로 잡고 빠진 것을 보충하였다.····운문삼구(雲門三句)에 청산수(靑山叟)의 풀이를 인용하였고, 조동오위(曹洞五位)에 형계법사(荊溪法師)의 주(註)를 인용하여 그 뜻을 통하게 하고 그 요지를 밝혔다. 모두 전대(前代)의 현자들이 서술한 것에 의거했으므로 조금도 억지스러운 견해가 아니다. 법사의 자리에 있고 불자(拂子)를 잡은 사람은 이 규칙을 제외하고 종풍을 판별하고 증명할 수 없다. 어떤 사람이 본원(本源)에 투철하다면, 이와 같이 문자언설에 집착하지 않을 것이다. 전대(前代)의 것을 채집하고 지금 간행하는 것이 까마귀 머리에 참새의 몸이 되는 격으로 비방을 초래할까 두려울 뿐이다."라고 하였다.

「선정소쇄축조증정(先庭掃灑逐條證正)」 항목은 우담 홍기가 저술한 『소쇄선정록(掃灑先庭錄)』에 예운산인 최동식이 서문에서 "말세 학인들을 바로잡기 위해 『증정록(證正錄)』을 저술하였다. 그는 옛 전거를 인용하여 지금의 일들을 증명하고 진실에 입각하여 미혹을 가려냈다. 그리하여 선문의 원류가 맑아지게 되었고, 선문의 명칭과 실제가 진정성을 얻었으며, 법과 비유가 동시에 드러나고, 본말(本末)이 부합하였다. 불조의 심인(心印)과 격외의 묘한 도리가 여기에 실리게 되어 빛을 발하게 되었다."고 하였다. 우담 홍기 역시 "오호라, 우리 동방의 조사들의 말을 상고해 보면, 저 중국의 조사들이 쓴 글과 일치한다. 그들은 멀리 어깨를 나란히 하고 차이 없이 균형을 다투면서 전해지는 사람들이다. 요즘의 학자들은 선어록을 보고 스스로 깨닫거나 마음이라는 말을 강의하면서 남에게서 듣고 조사의 문헌(전등록·인천안목·염송·오종강요)들과 대조해서 이해하며, 옛 주석(선문강요·염송설화)을 참고하지 않는다."라고 하였다. 이능화는 학인들의 공부가 지닌 오류를 바로잡기 위해 지적한 것을 소개하였다.

「선원소류번안호단(禪源溯流飜案護短)」은 설두 유형이『선원소류』를 저술하여 초의의『선문사변만어』등을 반박하고『선문수경』의 단점을 보완한 것을 소개한 글이다. 조선 후기와 말기 불교계에서 진행된 선 논쟁의 추이를 알 수 있다. 이능화는 "조선 말기에 유가는 호론(湖論)과 낙론(洛論) 사이에 이(理)와 기(氣)에 관한 논쟁이 있었고, 선문(禪門)은 임제삼구에 관한 논변이 있었다. 이들은 옛사람들의 설을 끌어다가 지금의 일들을 논증했는데, 수천 마디 말들을 시끄럽게 떠들어 장황하기 그지없었다. 그러나 유가에 있어서는 문장들을 해석하고 주석을 붙이는 훈고학의 범위를 벗어나지 못했고, 선문에 있어서도 문자나 의미에 관해 지식과 이해를 추구하는 병통을 면하기 어려웠다. 조선시대 내내 유학자들과 선승들은 단지 앞사람들이 이미 써 놓은 것들을 답습만 할 뿐 독자적으로 창작하는 일은 절대로 피하였다. 그 까닭을 따져 보면 주자학의 병폐와 무관하지 않은데, 선문 역시 그 영향을 받은 것이다. 그때부터 유가에서는 설총이나 최충 같은 이가 다시는 나오지 않았고, 불가에서는 대각국사나 보조국사 같은 이가 더 이상 나오지 않았다. 조선의 총림에서는 전해 내려오는 이야기들을 그대로 받아들이다가, 백파화상이 문자견성(文字見性)을 주장하였다. 문자를 통해 견성한다는 말은 정말이지 천고에 처음 듣는 일종의 괴변이다. 교외별전(教外別傳)에서는 애초에 문자를 세우지 않고, 언어에 의지하지 않는다. 하물며 문자를 가지고 성품을 깨달을 수 있단 말인가. 하물며 언어를 가지고 성품을 깨달을 수 있단 말인가. 백파의『선문수경』이 나온 후 초의가 그것을 평가했고, 우담이 바로 잡았으며, 설두가 한 팔을 걷고 그를 도왔고, 진하가 다시 정론을 피력하였다. 그런 뒤로 조선의 선가에서는 모였다 하면 우열을 평가하며 분분히 다투었다."라고[114] 하였다.

「완당환당위선열문(阮堂懽堂爲禪悅文)」 항목은 김정희와 강위, 그리고 유대치·이수여·방덕권 등 조선후기 이름난 문사들이 선열(禪悅)을 글로 남긴 것을 소개하였다. 「백장몽언불교정신(百章夢言佛教精神)」은 월창거사 김대현의『술몽쇄언(述夢瑣言)』1백장이 불교정신으로 서술했음을 강조하였다. 「설교용사창석사법(說教龍師創釋辭法)」은 동시대 불교계의 불경 강론을 지적하였다. "불경을 강론하는 이는 법요를 잘 강설하여 사람들이 깨달음을 느끼도록 하는 것이 중요한 것이지 독경(讀經)에 전념하도록 하는 것은 아니다. 오늘날에는 각 사찰과 포교당에서 겨울과 여름의 결제(結制) 시기에 화엄법회를 많이 개설하여 여러 법사가 번갈아가며 설교한다. 90일 내에 반드시 81권을 다 읽어야 한다. 읽고 해석하는 데 기한이 촉박하여 달리듯이 읽고 해석한다. 설법을 들은 자가 무슨 뜻인지 모르면 승가(僧家)에서는 부질법문(部帙法門)

---

114 이능화,「禪源溯流飜案護短」, 역주『조선불교통사』6, 동국대학교출판부, 2010, 213쪽.

이라고 하는데, 즉 고려시대 전경불사(轉經佛事)에서 기원하는 것이 아닐까 한다. 이 석독(釋讀)의 법은 용암(龍巖)화상이 창시하였다. 용암의 법명은 혜언(慧彦)인데 속성은 조(趙)씨로 나주사람이다. … 용암에게는 두 명의 제자가 있었는데, 포운 윤취(布雲潤聚)와 대운 성기(大雲性起)이다. 모두 순천 사람으로 음성이 좋고 법음이 유창하여 듣는 사람이 기뻐하였다. 스승의 석사(釋辭)의 법을 크게 선양하여 마침내 여러 산중의 설교 체제를 완성하였다. 또한 석독과 강연을 할 때는 항상 요점을 간추려 말하였다. 법사는 반드시 나무아미타불을 제창하였는데, 법회의 청중들이 모두 따라 불러 일제히 부처님의 명호(名號)를 독송하였으며, 한결같이 어둠에 빠져있는 중생들을 일깨웠다. 어떤 이는 덕사(德寺)의 용암화상이 이러한 방편을 창안하였다고 하나, 이는 금강산의 용암화상이라 생각된다. 근래에 비난하는 사람들은 설교와 염불을 할 때가 각기 따로 있으므로 병행하여 함께 하는 것이 아니라고 한다. 비록 그러나 이미 관습이 되어서 끝내 고치기 어려울 것이다."라고 하였다. 「인도고승금부불골(印度高僧今付佛骨)」은 1913년 인도의 고승 달마파리가 와서 경성 각황사에 불골을 봉헌한 사실을 소개하였다.

주제(내용)	항목	시대
불교의 폐단	羅禪師綾首座得批	고려
	豕亥敎長魚魯丈室	
	囊橐主義奉佛賣佛	
	眷屬觀念出家入家	

이능화는 불교 폐단 항목을 승가의 탐욕과 취처, 그리고 신앙을 빙

자한 혹세무민의 사례를 소개하였다. 「시해교장어로장실(豕亥敎長魚魯丈室)」은 임제 직계인 소경 선사가 시(豕)·해(亥)·어(魚)·로(魯) 같은 글자도 구분하지 못하면서 경전을 가르치거나 방장실을 차지하고 있는 것도 모자라 고려에 와서 해동의 승려들에게 수기(授記)한다고 지적하였다. 「낭탁주의봉불매불(囊橐主義奉佛賣佛)」은 승려가 사사로이 재물을 취하는 것은 봉불(奉佛)을 핑계로 부처를 파는 짓임을 소개하였다. 그는 조선과 구한말 불교계의 봉불매불(奉佛賣佛)을 정리했다. 예컨대 "조선 사찰의 승가생활에 두 가지 이름이 있다. 대저 단월가(檀越家)의 재물 공양과 관련하여 사찰 중의 공용 재산으로 기부하는 것을 원융산림이라 하고, 한 개인 승려에게 사사로운 재산으로 기부하는 것을 독산림이라고 한다."고 하였다. 「권속관념출가입가(眷屬觀念出家入家)」 역시 출가하여 승가에 들어와서도 권속 관념이 더 심해진다면 참된 출가인이 아니라고 하였다. '권속'이란 무리를 말한다. 이능화는 당시 불교계의 "승가의 권속 관념은 세속의 친척 무리와 비교하더라도 한층 더 심하다. 한 절 안에 제각각 파당이 있고, 권속은 더욱 많으며, 세력은 더욱 성하다. 인아(人我)의 산은 더욱 높고, 번뇌의 바다는 더욱 깊으니, 이것이 이른바 한 집에서 나와 다른 집으로 들어간다는 것이다. 어찌 청정무위(淸淨無爲)의 도가 있겠는가? 만약 참된 출가인이라면 법계를 집으로 삼고 법신으로 친척을 삼는 것이다."라고 하였다.

주제(내용)	항목	시대
불교문화·예술	黃龍壁松率居神畵	삼국
	白月碑字金生名筆	
	美工術石窟刻佛像	

불교문화·예술	山造萬佛驚歎唐帝	삼국
	新羅三寶麗王寢謀	
	金馬人雅善梵唄聲	
	玉龍子權弄堪輿術	
	四山碑銘伉儷之文	
	齋八關事龍神及天	고려
	講百座設獅子據地	
	灌燭巨像湧石琢成	
	花紋苧布尼婢織成	
	琉璃土瓦僧侶燔造	
	諺文字法源出梵天	조선
	正樂曲譜名云靈山	
	漢陽寶塔如來舍利	
	北道沿郡在家僧村	
	成佛道僧渡李無能	

『조선불교통사』의 불교문화와 예술 항목 가운데 「금마인아선범패성(金馬人雅善梵唄聲)」 항목은 쌍계사를 창건한 진감국사를 범패(梵唄)의 시조로 삼아 조선시대까지의 사정을 소개한 글이다. 이능화는 그를 해동 범패의 조사라 칭했고, 범패 계보를 정리하기도 하였다. 범패 계보를 정리한 『범음종보(梵音宗譜)』에 중서(重序)를 쓴 연담 유일은 "조선의 운계 법민(雲溪法敏)이 성교(聲敎)의 세를 크게 했을 뿐만 아니라 내외의 경서와 사서를 통하였다고 했으며, 서산의 우운 수현(友雲守玄) 선사를 찾아 선과 교를 배우고 탐구하여 드디어 일방종사가 되었다."고 하였다. 그러나 운계당 선사의 근본을 어산으로 보아 종사(宗師)로 삼으니 서산을 계승한 후예라고 했는데 "어산이 어찌 서산의 후예가

될 수 있겠는가. 서산 또한 어산을 업으로 삼았는가 하고 의심이 없지는 않다."라고115 하여 선과교를 탐구하였지만, 청허 휴정의 후예로 인식하지는 않았다.

한편「사산비명항려지문(四山碑銘伉儷之文)」항목은 신라의 문장가 강수·설총·최치원의 학문과 문장을 소개했다. 특히 최치원이 찬한 사산비명은 "모두 육조(六朝)의 변려체(駢儷體)이고 한 글자도 내력이 없는 것이 없으며, 말을 꿰뚫으면서 뜻은 원만하다. 참으로 해동 비문의 원조로 삼고 또한 선종(禪宗)의 역사로 삼는다."고 하였다.「강백좌설사자거지(講百座設獅子據地)」항목은 "신라 진평왕 35년(613) 가을 7월에 수(隋)나라 사신 왕세의(王世儀)가 신라에 와서 황룡사(皇龍寺)에 백고좌(百高座)를 설치해 승려 원광(圓光) 등을 맞이하여 경을 설한 것이 해동에 백고좌를 설치하여 경을 설한 효시"라고 하였다. 이능화는『대열반경(大涅槃經)』「사자후보살품(獅子吼菩薩品)」을 근거로 설법자리에 사자좌를 사용하는 근거를 제시하기도 하였다.116

「언문자법원출범천(諺文字法源出梵天)」항목은 언문의 문자표기법은 범문(梵文) 경전을 번역한 한문 경전의 자모를 모방하였으니 한글은 범어를 원천으로 해서 나온 것이라고 하였다. 이능화는 이 항목을 통해 언문 창제의 역사를 기술하였다. 구체적으로 훈민정음 창제, 그리고 언문을 반대한 일, 방언기록, 한문음석(漢文音釋) 등을 소개하였다. 그리고 어족 연구를 통해 조선어·일본어·몽고어는 문법이 동일하다

---

115 이능화,「金馬人雅善梵唄聲」, 역주『조선불교통사』4, 동국대학교출판부, 2010, 508쪽.
116 이능화,「講百座設獅子據地」, 역주『조선불교통사』4, 동국대학교출판부, 2010, 599쪽.

하였다. 요컨대 이능화는 어류의 맥락을 연구하고자 한다면 먼저 종족의 원류를 구별해야 한다고 하였다. 이능화는 조선어와 중국어의 문법이 다르다고 하였다. 또한 조선 방언이 중국문자와 혼합되어 하나가 되었다고 하였다. 가차한자(假借漢字)에 대해서도 소개하였다. 이밖에 이두, 구결석의, 언문의 연원 등 언어와 관계된 다양한 내용을 광범위하게 정리하였다. 아마도 200항목 가운데 가장 많은 분량을 차지하여 불교와 타종교 항목과 함께 찬자의 관심사를 반영하였다.

이능화는 「정악곡보명운영산(正樂曲譜名云靈山)」을 통해 조선시대에 제정된 정악은 영산회상을 모방하여 악보를 만든 것이라고 하였는데 "조선 예악(禮樂)의 제도와 전장(典章)은 모두 세종 조에 제정되었다. 지금 세상의 정악의 악보는 이른바 영산회상을 말한다. 또 상영산(上靈山), 중영산(中靈山), 세영산(細靈山) 등은 다 조선의 옛 음악이 부처님께 공양하는 승려들의 의식을 모방한 것으로, 많은 기생들에게 '영산회상불보살(靈山會上佛菩薩)'을 제창하게 함으로써 그 명칭을 얻었다."라고 하였다. 「북도연군재가승촌(北道沿郡在家僧村)」 항목은 북도 접경지에 재가 승려의 마을이 있다는 기이한 설의 진실을 밝혔다. 이능화는 "함경북도 경흥慶興, 경원慶源, 회령會寧, 부령富寧, 종성鍾城, 은성穩城 등 연변沿邊 각 군에 특이한 일종의 승려들이 산골짜기 가운데에 무리지어 살면서 스스로 촌락을 이루었다. 그 거주하는 촌락을 산문(山門)이라고 하고, 매 산문마다 반드시 공공의 불전(佛殿) 한곳을 두고 혼례와 상례를 그 절에서 행하였다. 남자는 밀짚으로 황색 종이를 만들고, 여인은 마(麻)로 가는 옷감을 짰다. 또한 농사를 지어 생활을 도왔다. 세상에서는 이들을 천하다고 하며 서로 결혼하지 않았다."

고 하였다. 이밖에 불교와 화문석, 유리기와 등의 관계를 소개하기도 하였다.

주제(내용)	항목	시대
사적	海東金剛法起道場	삼국
	定都鐵原弓裔稱尊	
도교 및 기타 종교	檀國桓因迺天帝釋	
일본불교	扶桑佛敎始自百濟	삼국
	日本使來求高麗藏	조선

이능화는 이밖에 사적(事蹟)과 도교 및 기타 종교, 그리고 일본불교에 대해서도 소개하였다. 이 가운데 단군신화의 환인을 불교적 입장에서 설명하였다.

> 불경을 살펴보건대, "삼십삼천은 도리천(忉利天)이다. 수미산 정상에 있다. 천주(天主)는 석제환인(釋提桓因)이라고 하는데, 곧 제석(帝釋)이고 호는 옥황상제(玉皇上帝)이다. 영산(靈山)에서 부처가 授記를 주면서, '네가 내세에 마땅히 부처가 될 수 있을 것이다. 호는 無着世尊이고, 寶鏡이 온 천하의 사람을 비추고 三寶에 귀의할 것이다'라고 말하였다. 持齋라는 것은 내생의 하늘이다.(『법화경』주석에 보인다)라고 하였다.[117]

그는 위의 입장을 뒷받침하기 위해 우리나라의 『풍속고(風俗考)』,

---

117 이능화, 「檀國桓因迺天帝釋」, 역주 『조선불교통사』 4, 동국대학교출판부, 2010, 492쪽.

대종교의 교서 『삼일신고(三一神誥)』·『신단실기(神壇實記)』·『동국통감』·『삼국사기』·『삼국유사』 등을 광범위하게 인용하였다.

이와 같이 이능화는 「이백품제」를 통해 상편과 중편의 한계를 보완했을 뿐만 아니라 한국불교의 사상과 신앙, 그리고 인물 등 중요한 면모를 구체적으로 소개하였다.

> 지금 내가 『조선불교통사』를 찬술함도 만약에 여러 문장가들이 남겨 놓은 글이 아니라면 근거하여 고찰하는 바가 없었을 것이다. 『삼국고기(三國古記)』와 『삼국유사』 그리고 기타 여러 서적에서 승려의 손에 의해 나온 것이 왕왕 허황하고 과장됨이 많고 혹은 사실에 위배되는 면도 있어서 오히려 유자(儒者)나 거사가 찬술한 것과 같지 않지만, 도리어 그 진면목을 능히 보존하고 있다. 비록 그러하나 유학자의 글은 혹 종파를 나누지 않음이 있는데, 예컨대 허단보(許端甫)가 찬술한 『사명당집』의 「서문」과 같으니, 이것 또한 알아 두지 않을 수 없다.[118]

인용문은 이능화가 찬술 과정에서 언급한 인용 자료에 관한 설명이다. 그는 비록 승가의 사료가 정확하지 않고, 그 시말이 분명하지 않지만 진면목을 능히 보존하고 있다고 지적하였다.

그는 쌓아놓은 자료가 언덕과 같았다는 동료의 증언과 같이 수집과 조사한 자료는 방대했다. 관찬사서뿐만 아니라 유학자의 문집, 그리고 금석문과 사적기, 중수기, 행장 등이 활용되었다. 예컨대 상편에 인용한 문헌과 자료는 비문 72건, 문집 33건, 기·문 24건, 사적기 12건,

---

[118] 이능화, 「一代文章多撰僧史」, 역주 『조선불교통사』 5, 동국대학교출판부, 2010, 326쪽.

고승의 행장 11건, 교지 5건, 발문 3건 등이다. 이것은 정사류와 불서를 제외한 통계여서 하편까지 포함한다면 이루 셀 수 없을 정도로 방대하다. 그는 "신라의 최치원, 고려의 이몽유·최언위·최충·김부식·금강거사 이오·법희거사 민지·백운거사 이규보·목은 이색, 조선의 권근·변계량·김수온·성현·이정구·이경석·정두경·채팽윤·채제공 등 당대의 훌륭한 문장가들이 남긴 글이 없었다면 아무것도 고거(考據)할 것이 없었을 것이다."라고 말하였다. 조선은 『조선왕조실록』·『국조보감』·『대동야승』 등의 서적과, 『삼국불교약사』·『경덕전등록』·『원형석서』·『속고승전』·『송고승전』·『신승전』·『해동고승전』·『동사열전』·『원종문류』·『불조종파지도』·『회현기』·『택리지』·『신증동국여지승람』·『도성축조여화』·『지나태허선사무신론』·『동국이상국집』·『용재총화』·『대선사윤음』·『지월록』·『동문선』 등을 전거로 삼고 있다. 또한 수많은 고승들의 비문과 기·문, 사적기 등을 수록하고 있다.

요컨대 일반적인 문헌을 제외하고 하편에 인용한 전거를 구체적으로 보면, 비문 46건, 기·문 40건, 사적기 6건, 행장 3건, 문집 23건, 교지 6건, 서·발문 15건 등이 실려 있다. 이상 「이백품제」에 인용한 전거는 대략 정사류와 불서를 제외하면 모두 7종류 139건이다. 그가 수집하고 조사한 자료 가운데 고승 비문이 46건으로 가장 많고, 기·문, 문집의 순인데, 이는 고승의 행장과 사찰의 역사를 중심으로 서술했기 때문이다. 즉 인물의 분량이 가장 많고, 사적기가 그 다음으로 많은 것은 이러한 사실을 반영하고 있다.[119]

---

119 조선불교통사역주편찬위원회, 「해제『조선불교통사』의 개요와 특징」, 역주『조선불교통사』1, 동국대학교출판부, 2010, 31~32쪽.

이능화의 불교사인식

이능화는 『조선불교통사』의 범례를 통해 책의 구성과 서술체제, 임제종을 중심으로 한 선종의 천명과 선양, 법통과 법맥을 강조하였고, 한국 고대의 종교의 본말을 통해 불교의 보편성과 특수성을 강조하였다. 때문에 이능화가 규정한 「범례」는 『조선불교통사』의 특징이자 역사인식을 살필 수 있는 기준이다.

이능화가 『조선불교통사』에서 가장 보편적으로 강조한 것은 한국 불교사에 대한 고거주의(考據主義)이다. 그는 대체로 역사적 사실과 인물·풍속·지명·산명(山名) 등 광범위한 내용에 대해 우선적으로 사실관계를 살폈다.

> 상현이 말한다. 스님을 혹은 중국인(支那人)이라고 한다. 원 말엽에 세상을 피하여 江華로 건너왔다고 하는 말이 있는데 틀린 것이다. 『海東佛祖源流』 및 『東師列傳』에 중원인과 함께 忠州人이라 하였으니 스님은 조선인이 분명하다. 그 父 혹은 조부가 중국으로부터 왔는지는 알 수 없다. 이제 스님의 행장을 보니, 父 聽은 관직이 典客寺事에 이르렀다 하는데 전객시사는 고려의 관직명이다. 또 스님은 홍무 9년에 태어나 어려서 성균관(泮宮)에 들어갔다. 또 나이 21세가 되어 관악산 義湘菴(연주암이다.)에서 축발을 하였다. 또 회암사에 이르러 무학대사에게 참학하였다. 운운. 이러하니 어찌 조선인임이 명확하지 않다 하겠는가.[120]

---

[120] 이능화, 「세종장헌대왕」, 역주 『조선불교통사』 2, 동국대학교출판부, 2010, 112쪽.

인용문은 세간에서 함허 득통을 중국인이라고 주장한 것에 대해 바로잡는 내용이다. 그는 함허의 행장과 『해동불조원류』와 『동사열전』을 기초로 함허의 가계와 사승관계를 바로 잡았다. 뿐만 아니라 세종대 언문청을 설치하여 훈민정음 창제를 범자에 의거한 것이라고 하였고, "언문의 발음법을 살펴보건대, 모두 몽고의 『운회(韻會)』를 본떴으니 황찬에게 질문을 했다는 것이 바로 그것이다. 신숙주의 「홍무정운서(洪武正韻序)」에 그 실마리가 보인다. 또 이른바 언문의 글자체가 범자를 본떴다고 하는 것은 또한 몽고자를 말한다. 이 몽고자는 원의 世祖 때 국사인 발사팔(發思八, 파스파)이 만들었는데, 발사팔은 서장(西藏)의 라마승(喇嘛僧)이다. 범자에 의거하여 몽고자를 만들고 천하에 반포하여 행하게 하니 나라에 큰 공이 되었다."라고[121] 훈민정음 창제에 대해 부연 설명하기도 하였다.

이능화는 그가 강조한 임제종과 그 법통과 관련하여 심각한 오류 역시 지적하고 바로잡고자 하였다. 예컨대 허균은 『청허당집』 서문에서 "도봉영소(道峰靈沼)국사가 중국에 가서 법안(法眼)과 연수(延壽)의 법을 전해 받고 우리나라에서 가사를 입은 이가 임제·조동의 종풍을 계승했으며, 공(나옹)이 오랫동안 중국에 있으면서 널리 모든 선지식을 두루 참례하여 원통한 경지에 곧바로 나아가니 우뚝 선림(禪林)의 사표가 되었다. 그 법을 전해 받은 자로서 남봉 수능(南峯修能)이 적사(嫡嗣)가 되었고, 정심 등계(正心登階)가 바로 그 법을 계승했는데, 정심은 벽송 지엄(碧松智儼)의 스승이다. 벽송은 다시 부용 영관에게 전했는데

---

121 이능화, 「세종장헌대왕」, 역주 『조선불교통사』 2, 동국대학교출판부, 2010, 120쪽.

그 도를 얻은 이 가운데 오직 청허노사가 가장 뛰어나다고 일컫는다."
라고 하였다. 이에 대해 이능화는 다음과 같이 비판하였다.

> 이 두 글에 실린 師法의 서로 전한 자취를 살펴보면, 사실 조리가 없다. 어떤 때는 임제와 조동의 종풍을 혼동하여 말하고, 어떤 때는 법안 영명의 법을 전해 받았다고도 하며 靈炤라고 하기도 하고, 牧牛라고도 하며, 또한 생소한 선사들을 많이 끌어다 그 사이에 넣어, 마치 어지럽게 뒤섞인 실오라기를 잡고 있는 것처럼 그 실마리를 찾기 어렵다. 나옹 이상은 또한 묻지도 않고 (그곳에) 두었고, 하필 청허, 사명을 나옹의 법통으로 삼으니, 의심스러움이 없지 않다.[122]

이능화의 이상과 같은 지적은 조선 후기 법통논쟁을 의미한 것이기도 하다. 이능화는 "'淸虛는 能仁의 63대, 임제의 25世 직손이다. 영명은 곧 法眼宗이고, 牧牛子는 다른 宗이며, 江月軒은 平山에서 분파하였다. 본 비에는 우리 스님이 임제로부터 전해지는 순서가 잘못되어 있으니 만약 후세에 지혜에 눈멀고 귀먹은 이가 오래도록 전한다면 눈과 귀를 놀라게 할 일이 어찌 없겠는가?"라고[123] 중관 해안이 찬한 송운 유정의 행적을 통해 어수선한 법통과 법맥을 재정리하였다.

한편 이능화는 불법의 원류를 석가모니불이 아닌 과거칠불부터 거론하였다.

> 상현이 말한다. 법사(범일)가 말한 진귀조사는 天頙의 『선문보장

---

122 이능화, 「광해군」, 역주 『조선불교통사』 2, 동국대학교출판부, 2010, 296쪽.
123 이능화, 앞의 책, 297쪽.

록』에서 『達磨密錄』을 인용하여 다음과 같이 말하고 있다. "당의 제2조인 慧可대사가 달마대사에게 물었다. '지금의 正法을 부촉하신 것은 묻지 않겠지만, 석가모니께서는 어떤 이에게 어디에서 자비스런 조사의 심인을 전해 받아 후일에 전하게 되었습니까?' 달마가 말했다. '우리 五天竺의 모든 조사들이 전하는 게송이 있는데, 이제 자네를 위하여 말해주겠노라.' 게송에 이른다. '진귀조사가 설산에 계시며 숲속의 방에서 석가모니를 기다렸네. 임오년에 조사의 심인을 傳持하니 동시에 조사의 종지를 마음에 얻었네'¹²⁴

이능화가 거론한 진귀조사설은 신라 말 범일국사가 말한 진귀조사를 받아들여 고려 후기 일연이 『선문보장록』에 수록하여 전해진 설이다. 중국에는 없고 우리나라에만 전한다. 이 설은 석가모니가 샛별을 보고 도를 깨우친 뒤 진귀조사에게서 선을 배웠다는 내용인데, 이는 신라 특유의 선 사상으로 알려져 있다. 교에 대한 선의 우위를 주장하는 진귀조사설이 범일의 사상인지 혹은 후대에 범일에게 가탁된 것인지에 대해서는 논란이 있다. 그러나 이능화는 일제강점기 한국불교의 독자성과 우수성을 천명하여 불교문화를 중심으로 한 한국 역사와 문화에 대한 자긍심을 고취시켰다. 진귀조사설은 "선과 교가 다른 까닭은 부처가 설산의 진귀조사를 찾아가 조인을 전수받았기 때문이다."는 내용으로 하편에도 수록하였다.

내(상현)가 살펴보건대, 해동에 불교가 들어온 이래로 현인과 성인이 배출되어 면면히 서로 이어왔다. 예컨대 조계산 송광사의 경우 대

---

124 이능화, 「문성왕」, 역주 『조선불교통사』 1, 동국대학교출판부, 2010, 327쪽.

개 佛日 普照國師로 시작하여 뒤를 이어 眞覺, 淸眞, 沖鏡 眞明, 晦堂 慈眞, 慈靜, 圓鑑, 慈覺, 湛堂, 妙明 慧鑑, 妙嚴 慈圓, 慧覺, 覺嚴, 復菴 淨慧, 弘眞, 高峯和尙(懶翁 慧勤과 幻菴 混修 역시 모두 이 절에 주석하였다.)등이 있다. 이들을 조계산 16조사라고 하며, 또한 16국사라고 한다. 그러므로 송광사는 僧刹의 대본산이라 부른다. 또 해남군 두륜산의 대흥사는 서산대사에 이르러 의발을 의탁한 장소로서 12대종사와 12대강사가 있다. 12종사는 제1대 楓潭, 제2대 醉如, 제3대 月渚, 제4대 華岳, 제5대 雪巖, 제6대 喚醒, 제7대 碧霞, 제8대 雪峯, 제9대 霜月, 제10대 虎巖, 제11대 涵月, 제12대가 蓮潭이다. 12강사는 萬化 圓悟, 燕海 廣悅, 靈谷 永遇, 懶菴 勝濟, 影波 聖奎, 雲潭 鼎駟, 退菴 泰灌, 碧潭 幸仁, 錦洲 福慧, 玩虎 尹佑, 朗嵒 示演, 蓮潭 惠藏이다. 이들은 모두 『大芚志』에 실려있다.[125]

인용문은 이능화가 고려와 조선을 대표했던 불교계의 인물들을 소개한 글이다. 그는 『조선불교통사』의 「자서(自序)」에서 "도를 얻은 선승(禪僧)과 법려(法侶)들이 삼대같이 많았고, 불법을 지키는 국왕과 대신들이 숲처럼 빽빽했다."고 하여 한국 불교의 현철(賢哲)이 지닌 가치를 높이 평가했다. 불교가 비록 쇠퇴하여 겨우 명맥을 잇고 있었지만, 그 사상과 신앙, 수행을 중심으로 한 법등(法燈)이 이어져 오고 있는 것에 대해 자긍심을 지니고 있었다. 요컨대 이능화의 역사 인식은 한국 불교의 가치에서부터 시작된 것이라고 해도 무리는 아닐 것이다.

한편 이능화는 사찰령 반포 이후 30본산의 본말사법을 소개하였다.

---

125 이능화, 「純祖肅皇帝」, 역주 『조선불교통사』 1, 동국대학교출판부, 2010, 503쪽.

한국불교의 전통뿐만 아니라 일제강점기 근대 불교의 표상이 된 차별화된 새로운 제도를 소개하고 지적하였다.

> 오늘날 승려는 세속의 갓을 쓰거나 세속의 옷을 입는 무리가 아니지만, 역시 세속의 성(姓)과 세속의 이름을 쓴다. 법률상의 재산상속과 호적상 이름을 기재하는 등의 사항과 관련되어 있기 때문에 부득불 이렇게 하였던 것이다. 그러나 세상 사람들은 그 까닭을 믿지 못했다. 이것이 5백 년 동안 천민으로 탄압 받은 이유이고 욕심을 쫓아 세속에 섞여 백성과 다를 바 없는 대우를 받게 되었던 것이라고 한다. 나역시 이렇게 생각한다.[126]

인용문은 이능화가 외풍(外風)에 휩쓸려 속인의 복장을 하고 갓을 쓰는 동시대 승려의 세태를 염려한 부분이다. 그는 법명 앞에 '석(釋)'을 쓴 것은 진(晉)의 도안(道安)이 "사문은 마땅히 석씨를 성으로 삼아야 한다."고 말한 것에서 비롯되었지만, 백성과 다를 바 없는 대우를 받는 것은 모자와 의복, 성명이 아니라 도덕과 율행(律行)에 달려있는 것이라고 하였다. 일제강점기 일본 유학과 일본불교의 영향을 우려한 것이다.

그는 각 본산의 본말사법 가운데 심각한 문제를 지니고 있는 조항을 구체적으로 지적하였다. 우선 본말사법에서 규정한 주지 자격에 대해 지적하였다. 예컨대 1913년 고운사본말사법(孤雲寺本末寺法)은 주지 자격을 만 40세 이상, 비구계 구족과 보살계 수지, 법납 10년 이상, 고

---

126 이능화, 「冠俗服俗僧侶外風」, 역주 『조선불교통사』 6, 동국대학교출판부, 2010, 293쪽.

등과 졸업이상 수학(修學)을 주지 조건으로 내세웠다.[127]

어떻게 나이가 많고 적음에 관계가 있단 말인가? 석가여래께서는 30세에 성도하셨고, 육조대사는 30세에 見性하였으니, 또한 마땅히 어떠하겠는가? 조선 임제선조인 태고선사는 나이 38세에 '無字話頭'를 참구하여 牢關을 깨뜨렸고, 나옹대사는 나이 31세에 중국에 들어가 平山과 指空 두 대사의 인가를 받았으며, 서산대사는 나이 21세에 부용선사를 뵙고 인가를 받았다. 송운대사는 나이 32세에 서산대사를 뵙고 한마디에 크게 깨우쳤다. 이 네 분이 오늘날 살아 계신다면, 모두 본산 주지가 될 수 없을 것이다.[128]

이능화는 "주지 자격에 연령제한을 두는 것은 원래 사리에 맞지 않는 일이다. 그러나 연대가 점차 내려올수록 불법은 점차 말세가 되니, 어떻게 태고·나옹·청허·송운을 얻어서 주지로 삼을 수 있단 말인가? 그러한즉 부득불 세속 법률에 의거하여, 그가 공부한 이력을 따르고 인망(人望)의 노련(老鍊)을 좇아 주지로 선임하는 것도 계책을 얻는 일이 아니겠는가?"라고 하였다. 시대의 흐름에 따른 것이다. 또한 본말사법 제11장 사찰안에서 처자를 머물게 하거나 사찰 중에 여인을 머물게 하여 재우면 근신의 징계에 처한다는 조항에 대해 언급하였다. 예컨대 이능화는 『고려사』와 『용재총화』 등을 인용하여 승려가 아내를 절에서 살지 못하게 금하는 것은 청규를 지키는 일로 역사책에도 여러

---

127 朝鮮總督府, 「孤雲寺本末寺法」, 孤雲寺, 1913.
128 이능화, 「住持資格老少履歷」, 역주 『조선불교통사』 6, 동국대학교출판부, 2010, 362쪽.

차례 보인다고 지적하며, "현세에도 승니를 결혼시키자고 주장하는 이들이 많은 것을 보더라도 말법시대의 비구들이 계율을 중요하게 여기지 않음을 알 수 있다."고[129] 하였다.

먼저 세간의 학문에 통달하고 난 다음에 출세간의 도에 들어가는 것이 원래 불조가 남긴 규범이다. 그렇지만 오늘날 속세의 학문을 연구한 어린 승려들은 대다수 환속하였으니, 佛志가 서지 않은 상태에서 새로 세상맛을 보았기 때문이다. 이와 같은 이들은 근성이 下劣한 데다가 본래 진리를 구하기 위하여 출가하지 않았고 그저 살아갈 방도로 몸을 맡겼을 뿐이다. 이들이 속세로 물러가는 것 또한 좋은 일이고 애석해 할 이유가 없다. 이제 승려들의 이수과목을 통해 살펴보면, 教宗은 義理의 학문에 중점을 두고 선문의 참구 방법에는 힘을 쏟지 않으니, 이 또한 조선 불교의 현상이다.[130]

이능화는 일제강점기 승려들은 보통과와 전문과 양과를 설치해서 계율과 선정을 의미하는 '행(行)'과 지혜의 '해(解)'를 수학한다고 하였다. 그는 일제강점기 승려들은 불지(佛志)가 서지 않은 상태에서 세상맛을 보았기 때문에 근성이 하열하고 진리를 구하기 위해 출가하지 않았기 때문에 살아갈 방도로 몸을 맡겼다고 지적하였다. 때문에 이들이 환속한 일은 불법(佛法)을 위해 오히려 다행스러운 일이라는 것이다.

---

129 이능화, 「禁妻住寺是守清規」, 역주 『조선불교통사』 6, 동국대학교출판부, 2010, 367쪽.
130 이능화, 「行解履歷學設兩科」, 앞의 책, 367쪽.

상현은 말한다. 살펴보건대, 신라 眞鑑國師는 우리 해동 梵唄의 조사이다. 그로부터 어렵사리 이어져 내려와 음성으로 많은 사람들을 제도한 것이 또한 적지 않았다. 생각하건대 오직 이 道는 서울 근처 산중(京山)에서 번성하였는데, 서울 근처 산중에 있는 승려는 참선과 강설에는 힘쓰지 않고 오직 범패만을 숭상하여 『梵音集』1권을 10년 동안 공부하였다. 무릇 법회 의식이 있을 때에는 장구를 치고 징을 울리며 작법무를 추면서 빙빙 돌고 또한 梵歌를 유유히 맑고 고른 소리로 부드럽게 부른다. 이것이 이른바 화청·고무·바라무·작법무라는 것이다. 대개 이 법식을 행하는 것은 시주자들을 기쁘게 하기 위해서였으니, 서울 근처 산중뿐만이 아니라 조선의 사찰에서는 모두 이를 행하였는데, 범패를 잘하는 이로는 서울 근처 산중의 승려를 으뜸으로 친다. 그러나 사법이 시행된 이후로는 일체 폐지되었다. 화청·고무는 전혀 우아하게 보이지 않으므로 꼭 금지하는 것이 마땅하지만, 魚山調도 그것을 따라서 「廣陵散」으로 하는 것은 애석한 일이다.[131]

이능화는 본말사법 7장 법식 가운데 의식은 종래 거행하던 청규를 따르지만, 재를 지내는 여러 절차 사이에 어산(魚山)의 우두머리인 어장(魚丈)이 혼자 징·북·목탁 등의 타악기를 치며 부르는 화청(和請)·고무(鼓舞)·바라무, 그리고 불교무용인 작법무(作法舞) 등을 폐지한 일을 지적하였다. 그는 이른바 화청(和請)·고무(鼓舞)·바라무, 그리고 작법무(作法舞)는 시주자들을 기쁘게 하기 위한 것이었지만, 사법(寺法)이 시행된 이후로는 폐지되었다는 것이다. 더욱이 불교음악이 아닌 중

---

131 이능화, 「和請鼓舞新式廢止」, 역주 『조선불교통사』 6, 동국대학교출판부, 2010, 454-455쪽.

국 위나라 사람 혜강(嵇康)의 거문고 곡인 광릉산으로 대체되었다는 것이 애석한 일이라고 하였다.[132]

한편 1908년 대한제국 내부(內部)가 사찰재산 보호를 위해 13도에 보낸 훈령은 사찰의 전답과 산림을 중심으로 한 사찰재산이 침탈되는 사례를 지적하였다. "근래에 지방 관헌들이 物權이 어느 곳에 속하는지 돌아보지도 않고, 교육의 실제 경비에 보태 쓴다고 내세우며 절 소유 재산을 학교로 옮기는 폐단이 있어 각 절의 승려들이 서로 의심하고 두려워할 뿐만 아니라 이로 인해 오해를 일으키기도 한다."라고[133] 하였다. 결국 내부(內部)는 지방 관헌이 사찰재산 보호에 적극적으로 나서서 사찰과 승려들의 원성이 없도록 조치하라는 훈령을 통해 그 침탈을 제도적으로 방지하고자 하였다. 실제로 1909년에는 사찰 관리를 담당하였던 내부 사사과장(社寺課長) 송지헌(宋之憲)이 주사(主事) 한 명과 함께 개성과 평양 등으로 사사(社寺)에 관한 정황을 시찰하기도 하였다.[134] 이와 관련하여 『조선불교통사』는 1900년대 초 절의 재산이 관리와 재산가들에 의해 침탈되는 사례를 고발하기도 했다.[135]

학교 설립은 사원 소유 토지가 수탈당하는 대표적인 계기가 되었

---

132 광릉산은 중국의 10대 거문고 곡이지만, 산일되어 전모를 알 수 없다. 특히 『사기』와 『전국책』에 나오는 자객인 섭정이 한나라 재상 엄수가 한귀와 갈등으로 많은 돈으로 도객인 섭정을 고용하여 암살한 고사를 노래로 만든 것이어서 불교와는 거리가 먼 것이다.

133 「寺刹田土保護」, 〈大韓每日申報〉, 1908. 07. 30, 2: 이능화, 「財産保管提出目錄」, 『조선불교통사』 하, 신문관, 1918, 984-985쪽.

134 「寺社視察」, 〈大韓每日申報〉 1909. 05. 05. 2.

135 이능화, 「財産保管提出目錄」, 역주 『조선불교통사』 6, 동국대학교출판부, 2010, 391-396쪽.

다. 사회 인사들이 신교육의 필요를 느껴 각지에 공사립학교를 세우면서 그 유지기금으로 공공 소유의 재산을 모조리 학교에 이속(移屬)하였다. 그들은 사찰재산도 공유(公有)라 하여 가까운 학교에서 팔도의 사찰재산이 침탈되는 불행을 겪고 있었던 것이다. 이능화는 승려들의 부도덕한 행위도 고발했다. 예컨대 "사법(寺法) 이전에는 온통 통일된 규칙(統紀)이 없고 간사한 승려들이 많아 토지와 오래된 옛날 물건들을 마음대로 팔아먹었다. 예를 들면, 대본산 황주군 성불사(黃州郡成佛寺)는 본래 부유했는데 십여 년 전에 사악한 승려가 사찰 재산을 훔쳐서 팔아먹어 모두 없어지고, 오늘날의 승도들은 살아가는 데에 도움 될 만한 것이 하나도 없다. 또한 대본산 평원군 법흥사(平原郡法興寺)에서는 사법에 따라 첫 주지로 인가받은 이순영(李順永)이라는 자가 농간을 부려 사찰 소유 농경지를 바꾸어 팔고 몸을 감추어 도망가 환속하였다. 양평군 용문산(楊平郡龍門山) 보리사(菩提寺)에는 예전에 오래된 종 하나가 있었는데, 세상에 드문 물건이었다. 전한(前韓) 융희 3년(1909)에 퇴속한 승려 정화삼(鄭華三)이라는 자가 서울 왜장대(倭將臺) 아래에 있는 동본원사(東本願寺) 별원에 팔아넘겼다."고 하였다. 마침내 이와 같은 수탈이나 사용으로 소멸되어가는 절 재산이 사찰재산 보관 목록으로 만들어져 조선총독에게 제출되어 법적 보호를 받게 되었다는 것이다. 또한 이능화는 조선의 사찰은 본래 계급이 없었지만, 30본산 본말사법에 따라 새로운 관계가 성립되었다고 지적하였다.

조선의 사찰을 살펴보면, 본래 계급이 없었고 세력을 살펴보아 경중을 가렸을 뿐이다. 곧 각 陵의 齋社들은 경성에서 아주 가까운 곳에 있었다. 선종의 수사찰인 奉恩寺는 靖陵의 세력에 기댔고, 교종의 수사찰인 奉先寺는 光陵의 세력에 기댔으니, 이들은 이른바 모두 造泡사찰이라고 한다. 남한산성과 북한산성의 사찰은 緇營의 세력에 기댔고, 강화 傳燈寺는 史庫의 세력에 기댔으니, 이들은 모두 이른바 軍砲사찰로서 그 세력을 가지고 각 사찰에 큰소리를 칠 수 있었던 것이다. 또한 각 궁의 願堂 사찰이 있는데, 겨우 잡역의 침탈을 면제받는 정도였다. 그 밖에 일체의 사찰은 내수사 및 예조에 예속되고 아무런 세력도 없어서 사람들의 侵虐에 내맡겨져 있었다.[136]

그는 조선의 사찰은 전통적으로 계급은 없었고 세력을 살펴 경중(輕重)을 가렸다고 한다. 예컨대 봉은사·봉선사와 같이 능의 재사(齋社), 남북한산성의 치영(緇營)사찰, 그리고 전등사와 같은 사고(史庫) 사찰 등은 군포(軍砲) 사찰로 불교에 큰 영향력을 지니고 있었다고 한다. 그리고 잡역의 침탈을 면제받는 원당(願堂), 내수사 및 예조에 예속되고 세력이 없어 수탈의 대상이 되는 사찰의 세 가지 부류로 구분되었다는 것이다. 이능화는 "오늘날의 30본산은 일단 정해진 법에 따라 계급과 등분이 시행되고 행정적인 조례가 있어, 설사 천만의 파순(波旬)이 있다고 해도 마음대로 할 수 없게 되었다. 이것이 불교의 운세가 다시 돌아오는 것이 아니겠는가?"라고 하였다. 사찰령과 본말사법이 시행되면서 한국 불교의 지위와 가치를 법적, 제도적으로 보호받을 수 있어 과거의 융성을 기대할 만한 것으로 생각한 것이다.

요컨대 이능화는 사찰령 반포와 본말사법 시행은 한국불교의 전통

---

[136] 이능화, 「寺刹階級本末關係」, 역주 『조선불교통사』 6, 동국대학교출판부, 2010, 359쪽.

을 말살시키는 부정적인 측면이 강했지만, 변화하는 근대의 시류에 적응하기 위해 불가피한 선택이었고, 객관적인 성격 역시 지니고 있음을 강조하였다.

3장

권상로의 생애와 한국불교사 자료 정리
−「朝鮮高僧時順考」와 「朝鮮高僧碩德의 著述」을 중심으로−

1. 권상로의 생애[137]

권상로(權相老, 1879~1965)는 1879년 2월 28일 경상북도 문경군 산북면 석봉리에서 출생하였다. 아버지는 찬영(讚永), 어머니는 전주 이씨다. 권상로의 아호와 당호는 퇴경(退耕)이다. 1897년 4월 19세에 문경 김룡사에서 월명 서진(月溟瑞眞)을 은사로 출가하였다. 이후 계룡산 갑사 대자암, 해인사 홍제암, 문경 대승사, 예천 용문사에서 『화엄경』·『원각경』 등 대승 경전을 수학하고 연찬했다. 특히 한학에 밝아 1903년부터는 문경 대승사와 윤필암의 강사로 초빙되었다.

권상로는 28세인 1906년[138] 당시 불교계의 명진학교에 입학하여 신

---

[137] 권상로의 생애에 대해서는 퇴경당권상로박사전서간행위원회의 「自叙年譜」(『퇴경당전서』 권1, 이화문화사 1990, 21-44쪽)를 참고하였다.

[138] 권상로의 「自叙年譜」는 명진학교 입학이 1905년이며, 3개월 후에 중퇴했다고 하였다. 그러나 명진학교의 공식적인 설립은 1906년이다.(이능화, 〈發文諸道首寺通文(明進學校學徒起送件)〉「梵魚一方臨濟宗旨」, 『朝鮮佛教通史』

학문을 배웠다. 당시 불교계의 명진학교 설립과 운영은 한국 근대불교사에서 기념비적인 일이었다. 학교 설립의 직접적인 배경은 조선시대부터 시작된 불교의 탄압과 소외로부터 시작되었다. 사찰의 재산을 비롯한 사원경제가 침탈되는 암울한 상황의 연속이었다. 당시 화계사 승려 홍월초와 봉원사 승려 이보담 등이 원흥사에 명진학교를 설립하고, 여러 산의 청년 승도들을 모아 보통신학(普通新學)을 가르친 것이다. 권상로의 명진학교 입학은 이와 같은 한국근대불교사적 배경을 지니고 있다. 권상로는 이후 1906년 김룡사의 경흥학교 한문교사, 1909년 함창군의 성의학교에서 한문 및 측량교사, 그리고 1911년 2월에는 경기도 화장사 화산강숙의 한문교사를 지내기도 하였다. 동시대 지성계는 최남선·정인보와 같은 대표적인 지성과 함께 권상로를 최고지성으로 꼽았는데, 그의 한학(漢學) 실력이 두드러졌기 때문이다. 권상로는 1910년 원흥사 원종 편집부장과 1912년 1월에는 『조선불교월보』를 창간하고 사장에 취임하였다. 그는 1호부터 19호까지 총 127편의 글을 게재했던 대표적인 필자이기도 하다.

한편 권상로는 1917년 8월 『조선불교약사(朝鮮佛教略史)』를 국한문 혼용체로 간행하고, 그해 8월 31일부터 9월 24일까지 불교시찰단의 일원으로 일본을 방문하였다. 이 책은 100년 전에 간행해서 일정한 한계를 지니고 있지만, 우리나라 최초의 한국불교 역사라는 의미를 지니고 있다. 당시 근대 문물을 수용한 불교계는 1915년 경성에 중앙학림을 설치하고 지방 각 사찰에는 지방학림을 설립하여 인재 양성에 적극적이었다. 지방학림에서 한문과 불교사를 강의하고 있었던 권상로는

下, 신문관, 1918, 936쪽.

강의용 교과서의 필요를 인식하고 그 목적으로 이 책을 찬술하였다. 특히 인도와 중국 그리고 일본 등 불교가 전래된 나라는 모두 각자의 불교사가 있지만, 조선만 없는 것을 안타깝게 여겨 간략한 내용이라도 정리하겠다는 목적을 지니고 있었다. 편년체 서술이 뚜렷하여 주요 사건과 인물·문화재 등을 간략히 기술하고 있다. 분류사로 편찬하기에는 자료를 참고할 만한 충분한 시간적 여유가 없었을 뿐만 아니라 초학자들은 편년사가 이해하기 쉽다고 생각했기 때문이라고 하였다.[139] 예컨대 제1편「삼국불교」에서는 '가섭불연좌석', '금관성파사석탑', '솔거신화', '주황룡사동상', '황룡사(흥륜사의 오기)금당십성상', '황룡사구층탑성', '발징화상설만일회', '주황룡사종', '분황사약사상성', '봉덕사종성', '구덕뢰(賚)경환', '원표장경', '홍경재대장경환' 등을 서술하였다. 제2편「고려불교」에서는 '파(破)팔관재', '복(復)연등재', '복(復)팔관재', '글안송장경', '분(分)장경판', '경판성(成)', '만승회'(萬僧會) 등을 시설해 문화사로서 불교사의 면모를 담고 있다. 제3편「조선불교」에서는 '건(建)수륙도량어진관사', '이(移)대장경판어지천사' 등을 시설하여 의례를 통해 예술사내지 문화사로서 불교사의 면모를 담아내고자 하였다.[140] 이 책은 불교사에 국한되지 않고 1801년 신유박해와 황사영백서 사건, 그리고 1839년 기해사옥 등 천주교 박해사건과 1839년 동학교주 최체우의 처형 사실도 기록하는 특성도 지니고 있다.

---

[139] 김순석,「한국불교사기술의 사관과 주체-서술의 특징과 사관을 중심으로-」,『한국불교사연구』1, 한국불교사연구소, 2012, 73쪽.
[140] 권상로,『조선불교약사』, 신문관, 1917, 2-175쪽.

『조선불교약사』는 적지 않은 한계와 모순도 지니고 있었다. 첫째, 체계적이고 깊은 해설을 담아내지 못한 한계를 지니고 있으며, 둘째, 불교사를 사회사적 측면이나 문화적 측면, 더욱이 당시 불교개혁적 측면과 같은 동시대 사조에 입각한 서술은 아니어서 전근대적 한계를 분명히 하고 있다. 셋째, 삼국시대 서술이 신라 중심으로 찬술되었으며, 중요한 역사적 사실이 간과되었다. 예컨대 역사적 사실을 기년(紀年) 형식으로 서술하고 있지만, 기년 아래 신라·백제·고구려의 왕력(王曆)을 협서(挾書)하고 있으며, 삼국의 건국 연대마저 신라를 최고로 산정하고 있다.[141] 1170년 무신란, 1232년 강화도 천도와 같은 불교와 무관하지 않는 사건도 생략하였다. 다섯째, 참고서적 목록이 없으며 전거를 반영한 각주가 없는 것이 빼놓을 수 없는 약점이다.

김순석은 권상로의 『조선불교약사』가 통일왕조 중심의 보수적 시각을 보임으로써 우리 역사의 독자적인 모습을 평가절하하고 있으며, 전거가 불확실한 전근대적 모습도 지니고 있으며, 결정적으로 편찬자의 사론을 기술하지 않았기 때문에 전문 역사서로 평가받기에는 무리가 있다고[142] 하였다. 그는 이와 같은 한계 때문에 간략하게 서술한 '약사(略史)'이므로 빠진 부분이 많다고 양해를 구한다고 하였다. 그는 이후 모든 것이 갖추어진 구족사(具足史)가 출간되기를 기대한다고[143] 하였다.

권상로의 한국불교사 연구는 이후에도 지속되었다. 1930년대 이후

---

141 권상로, 앞의 책, 2쪽(김순석, 앞의 논문, 74쪽.)
142 김순석, 앞의 논문, 76쪽.
143 권상로, 「범례」, 『조선불교약사』, 신문관, 1917, 1-2쪽.

에는 『신찬조선불교사(新撰朝鮮佛敎史)』를 편찬했는데, 이 책은 한국불교사 개설도 아니고, 편년체로 찬술된 것이 아니다. 한국불교사에서 큰 족적을 남긴 인물을 중심으로 서술한 역사서이다. 이 책은 강의용으로 발간한 까닭에 제1장 순도와 아도의 초래(初來)의 삼국시대부터 제84장 고려시대 태고국사의 임제정전(臨濟正傳)까지 서술하고 있다.[144] 권상로가 한국불교사 자료수집과 관련하여 수록된 한국불교사 인물은 다음과 같다.

	고대	고려
고구려	順道·阿道·曇始·惠亮·義淵·普德·道琳·信誠·惠便·惠慈·曇徵·慧灌·	道詵·法鏡·元宗·眞空·眞覺·玄訥·諦觀·法印·圓通·圓空·慧炬·圓融·慧炤·義天·敎雄·慧德·李資玄·權適·學一·知訥·眞覺·一然·指空·懶翁·普愚
백제	難陀·謙益·渡日諸師·道琛	
신라	阿道·墨胡子·異次頓·覺德·明觀·圓光·安含·元曉·慈藏·義湘·智通·表訓·眞定·義寂·悟眞·明朗·惠通·圓測·順璟·大賢·憬興·勝詮·洪陟·慧昭·惠哲·體澄·無染·梵日·道允·折中·道憲·玄昱·審希·利嚴·道義·朗空·朗圓·順之·義通	

이 책은 이밖에 경전과 사문을 일본에 보낸 사실과 황룡사와 장육상(丈六像), 세속오계, 밀교와 밀본(密本), 서역 구법의 제사(諸師), 진표와 점찰(占察), 교종분립, 황룡사 9층탑, 정토신앙, 선법(禪法)전래, 구산문 성립, 구산선문 법계(法系), 신라불교의 미술, 고려시대의 승과(僧科) 설치와 그 제도. 천태교의 역수출, 최승로의 시무 28조, 빈번한 불사(佛事), 문종의 호불과 불사, 천태종의 병립, 각 종파에 미친 천태종

---

144 권상로, 『新撰朝鮮佛敎史』, 1900년대초 油印本, 동국대 중앙도서관 소장본.

의 영향, 대각국사의 여러 제자, 최응(崔凝)·최항(崔沆) 등의 신앙, 인종의 망신과 묘청의 요술, 의종과 명종대의 불교 문란 등 고대 삼국과 고려불교의 대표적인 사건을 찬술하였다.

권상로는 1939년에는 『조선불교사개설(朝鮮佛敎史槪說)』을[145] 저술하기도 했다. 이 책의 서문을 쓴 김태흡은 "이조오백년 압박 폭정하의 불교에 관한 역사적 기록의 문헌이라고는 한 점도 없는 '몰사료무빙거(沒史料無憑據)'한 가운데 백지(白紙)로 발(發)하여 불교사를 연구함에 임하여 사료를 탐색키 위해 동분서주에 어렵게 얻은 사료로 진위를 판단하고 연결하기 위해 고심하여 잠자리와 먹을 것을 잊어 병을 얻었던 것이 많았다."고[146] 하였다. 그는 〈불교시보〉 지면에 연재했던 조선불교사개설이 완료되어 권상로의 증보를 거쳐 단행본으로 간행하게 되었다는 것이다.

이 책은 권상로가 『조선불교약사』(1917) 간행 이후 22년 만에 찬술한 것이어서 고대부터 근대까지 불교사를 망라하여 이전보다 체계적인 불교사의 면모를 보여주었다. 책의 편제는 갑(甲)-불교향상시대(佛敎向上)시대 1. 불교유입(佛敎輸入)시대 2. 교종분립(敎宗分立)시대 3. 선종울흥(禪宗蔚興)시대, 을(乙)- 불교평행시대 1. 여열(餘烈)계승시대 2. 쇠퇴(衰退)조맹시대, 병(丙)-압박(壓迫)절정시대 1. 중간(中間)명멸시대 2. 유지잔천(維持殘喘)시대, 정(丁)-갱생과도(更生過渡)시대 1. 종무기관 2. 교육기관 3. 중앙건물, 술(戊)-보설(補說) 1. 재(財)의 화(禍) 2. 색(色)의 화(禍)로 구성되어 있다.

---

145 권상로, 『朝鮮佛敎史槪說』, 불교시보사, 1939.
146 김태흡, 「서문」, 『朝鮮佛敎史槪說』, 불교시보사, 1939, 2쪽.

이 책은 내용상으로 사상사라고 할 수는 없지만, 조선불교의 개설사로서는 독특한 편제를 보여주고 있으며[147] 한국불교의 시대 구분을 시도한 통사의 의미 역시 지니고 있다. 예컨대 불교가 전래된 이후 신라불교까지를 불교상향시대(佛教上向時代)로, 고려시대는 불교평행시대(佛教平行時代), 그리고 조선시대를 불교쇠퇴시대(佛教衰退時代)로, 그리고 근대 이후를 갱생과도시대(更生過渡時代)로 규정하여 한국불교 1,500년의 역사를 자신만의 역사관으로 개관한 것이다. 이를 다시 세분하면 불교향상시대는 신라 눌지왕에서 무열왕까지 약 200년간을 불교수입시대(佛教輸入時代), 문무왕에서 헌덕왕까지 약 150년간을 교종분립시대(教宗分立時代), 헌덕왕에서 경순왕 말년까지 약 150년을 선종울흥시대(禪宗蔚興時代)로 세분하였다. 불교평행시대는 태조부터 의종까지 약 250년간을 여열계승시대(餘烈繼承時代), 명종에서 고려 말까지 약 250년간을 쇠퇴조맹시대(衰退兆萌時代)로 나누었다.

조선의 불교쇠퇴시대는 태조의 개국부터 문종말년까지 약 60년간을 압박절정시대(壓迫絶頂時代), 세조에서 광해군 말년까지 약 170년간을 중간명멸시대(中間明滅時代), 인조에서 한일합방 이전까지 약 290년간을 유지잔천시대(維持殘喘時代)로 구분하였다. 그리고 근대불교는 원흥사 창건에서 총본산 창건까지를 종무기관, 불교계가 근대식 학교를 설립하여 교육한 교육기관, 그리고 원흥사와 각황사 그리고 총본산 태고사 설립까지를 중앙건물로 구분하였다.[148]

---

147 고영섭,「한국불교사 교재의 구성 목차와 수록 내용」,『한국불교사연구』 18, 한국불교사연구소, 2020, 각주 163)참조.
148 권상로,『조선불교사개설』(『퇴경당전서』 권8, 이화문화사, 1990), pp.28-29 목차 참고.

일제강점기 한국불교사를 연구했던 불교계 지성들은 한국불교의 각 시대에 대한 구분을 시도했다. 박한영은 삼국시대는 배태시대(胚胎時代), 통일신라-고려시대는 장성시대(將盛時代), 조선시대는 노후시대(老朽時代), 그리고 근대 이후를 미래의 불교진흥을 위한 시대라는 점에서 부활시대(復活時代) 등 4시기로 구분하였다.[149] 이능화 역시 삼국과 통일신라 500년간을 경교창흥시대(經敎創興時代), 신라 말에서 고려 초까지 선종울흥시대(禪宗蔚興時代), 고려 초기 이후 400년간의 선교병융시대(禪敎幷隆時代), 조선시대를 선교통일시대(禪敎統一時代), 그리고 1911년 사찰령 반포 이후 일제강점기를 선교보수시대(禪敎保守時代) 등 한국불교사를 5시기로 구분하였다.[150] 박봉석 역시 삼국시대는 교학전래기(敎學傳來期)로 고구려 소수림왕 2년-보장왕 27년, 신라일통시대는 선학융흥기(禪學隆興期)로 신라 문무왕 9년-경순왕 9년, 고려시대는 선교병립기(禪敎竝立期)로 고려 태조 19년-공양왕 3년, 조선시대는 선교일통기(禪敎一統期)로 조선 태조 원년-융희 4년으로 규정하였다.[151]

이와 같은 불교계 지성들의 한국불교사 시대 구분 시도는 불교사를 보는 시각이 점차 세밀하고 체계화되고 있었음을 살필 수 있다. 불교계 지성들은 시대 구분을 통해 한국불교사가 지닌 정체성을 가장 우선적으로 확인하고, 확립하고자 하였다. 「자서연보」에 의하면 그는 60세가 되던 1938년에는 이조실록불교초존(李朝實錄佛敎鈔存) 18책, 색

---

149 박한영, 「佛敎의 興廢所以를 探究할 今日」, 『海東佛敎』 제4호(1914), 참조.
150 이능화, 『조선불교통사』 하, 4-7쪽.
151 박봉석, 「청구승전보람」, 『불교』(신)21, 불교사, 1940, 부록1~12쪽.

인 1책과 삭윤표(朔閏表) 1책, 총 20책을 유인(油印) 발행했는데, 3년여 동안에 걸쳐 완성되었다.[152] 그는 1955년(77세) 국사편찬위원회 위원에 피선되었고, 85세인 1963년에는 한국사찰전서를 간행하기도 하였다.

2. 한국불교사 자료 수집

권상로가 본격적으로 한국불교 역사에 대해 연구를 할 수 있었던 것은 원종의 편집부장에 임명된 이후였다. 1910년 편집부장에 임명된 권상로는 1912년 1월부터 『조선불교월보』를 발행하면서 편집과 발행을 맡았다. 원종은 1914년 9월 11일 창건 당시의 각황사를 모두 철거하고 일본과 서양을 혼합한 양식을 2층 교당을 기공하였다. 확장을 마친 각황사는 불교의 사회적 인식을 높이기 위해 여러 가지 행사를 개최했는데, 한국불교와 관련한 서적의 발간이 그 가운데 하나였다. 각지의 승사(僧史), 사적(史跡)을 조사하여 발간할 계획과 불교 유적의 보전을 위한 계획을 수립한 것이다. 그 이외에 중앙포교당과 각 사찰과의 연락관계를 위해 『불교월보』를 발간하였다. 이런 원종의 활동에 소임을 맡은 퇴경 역시 적극적으로 참여했던 것이다. 권상로는 고승들의 전기와 비문들을 많이 발굴하여 『조선불교월보』에 소개하였다. 1931~1942년 사이에 한국선종사, 역사서에 있는 불교관련 기사를 초조하였다.

---

[152] 퇴경당권상로박사전서간행위원회. 「자서연보」, 『퇴경당전서』 권1, 이화문화사, 1990, 37쪽. 이 책은 이미 1935년 중앙불전에서 간행한 유인본이 발견되기도 하였다.

●● 『퇴경당전서』에 수록된 불교사 자료 조사 목록

불교사자료 목록	권수
三國史記佛教抄存·高麗佛教抄存·李朝實錄佛教抄存	4-5
白雲居士李奎報·陽村 權近·止浦 金坵·別洞 尹祥·春亭 卞季良·泰齋 柳方善·敬齋 南秀文·太虛亭 崔恒·梅竹軒 成三問·千峰 卍雨·保閑齋 申叔舟·南窓 金玄成·雅亭 李德懋·無極 梁周翊·果庵 李麰, 文集(韓國佛教資料鈔 1)	6
記(韓國佛教資料鈔 2)	
舍利塔銘·碑銘(韓國佛教資料鈔 3)	
祖堂集抄·大唐求法高僧傳抄·神僧傳鈔·續高僧傳抄·宋高僧傳抄·釋門自鏡錄抄·法華經傳記抄·三寶感應要略錄抄·雅亭集抄·祖師禮懺抄·佛祖統紀抄·景德傳燈錄抄·續傳燈錄抄·寶雲振祖集抄(韓國佛教資料鈔 4)	
南陽 白賁華·稼亭 李穀·牧隱 李穡·謹齋 安軸·遁村 李集·蓬萊 楊士彦·楓皐 楊士俊·淸溪 楊士奇·梅湖 陳澕·景濂亭 卓光茂·柳巷 韓脩·梅月堂 金時習, 文集(韓國佛教資料鈔 5)	
跋·記·行狀·緣起·齋文·說禪文·疏·結社文 등(韓國佛教資料鈔 6)	
序·記(韓國佛教資料鈔 8)	
序·跋引說·行狀·贊·自贊(韓國佛教資料鈔 10)	
記·文·上樑文·祝文·祭文·題·錄·疏·碑(韓國佛教資料鈔 11)	
萬德山白蓮社第一代靜明國師後集, 序·品·事蹟類·禮懺類·碑銘類·跋語類·贊類(韓國佛教資料鈔 13)	
王師乞下山狀·謝下山狀,校書館誥類·書札類·表文類·偈頌類·牓文類·行狀類·上樑文·書札類·緣化類(韓國佛教資料鈔 14)	
東國僧尼錄·元亨釋書鈔·本朝高僧傳·新脩科分六學僧傳抄·古事類苑宗教部抄各寺院(韓國佛教資料鈔 15)	
銘類·疏文類(韓國佛教資料鈔 16)	
把翠軒詩鈔·落下生詩鈔·觀復菴詩稿抄·錦溪集抄·忠壯公詩抄·芝峯集詩鈔·漢陰文稿詩抄·隱峯全書抄·藥圃集鈔·樂府 一(新羅鄕樂海東樂府·海東樂府(休翁 沈光世))·海東續樂府·海東樂府(李氏本作東國)三史異蹟·漢城樂府, 樂府 二(樊巖蔡濟恭按節時)(關西樂府·廣寒樓樂府百八疊·嶺南樂府序·歲時風謠序·小樂府四十首(紫露 申緯)·甁窩樂府(甁窩李衡祥)·東國詩史(用呈高聖謙)·樂府詞(用呈高聖謙)·閭巷歌謠), 樂府 三(星湖樂府(星湖 李瀷)·星湖樂府 下·鳳韶餘響集 卷上·下·艮城春囈集(蓴庭金鑢), 樂府 四(嘉梧樂	7

府·古樂府三十一篇·海東樂府 百數·補製散樂十六首·俗樂十六謌詞·觀劇八令·小樂府四十五首·四時詞·詩餘二十六調五十四闋·珍珠船襍存一·(附)海中諸夷·珍珠船襍存二·珍珠船襍存三, 樂府 五(江南樂府·字學管窺(細目省略)·釋均如傳(原文)(韓國佛教資料鈔 17)

〈표〉는 권상로가 조사 수집한 자료 목록이다. 그의 문집『퇴경당전서』권4~7에 수록된 조선까지의 각종 자료는 역사서·문집·불서·비명·승전, 그리고 유학자의 문집 속의 불교 관련 기사 등을 망라하였다. 더욱이 왕사걸하산장(王師乞下山狀)·사하산장(謝下山狀)·교서관고류(校書館誥類)·서철류(書札類)·표문류(表文類)·게송류(偈頌類)·방문류(牓文類)·행장류(行狀類)·상량문(上樑文)·서철류(書札類)·연화류(緣化類)와 같은 관찬 문서·사찬 자료가 수집 대상이었다. 또한 불교와 유교 자료 가운데 발(跋)·기(記)·행장(行狀)·연기(緣起)·제문(齋文)·설선문(說禪文)·소(疏)·결사문(結社文)·상량문(上樑文)·축문(祝文)·제문(祭文)·제(題)·록(錄)·소(疏)·비(碑)뿐만 아니라 관찬·사찬 악부(樂府) 속의 불교 관련 기록도 수집했다.

필자가 아무것도 남의 앞에 자랑할 만한 것이 없지만, 조선불교의 역사를 가지고 재료를 얻어 모아보려고 한지는 벌써 3~40년이라는 비록 짧지 않은 세월을 쌓아왔었다. 그러므로 비록 片言隻字일지라도 나의 눈에 비치는 것이라면 하나도 무심히 간과한 것은 없었다.[153]

인용문은 1956년 권상로가 한국불교사 자료를 수집한 이력에 대해

153 退耕,「古祖派의 新發見」, 新『불교』31, 1956, 13쪽.

언급한 내용이다. 예컨대 그는 1910년대 중반부터 한국불교사 자료에 뜻을 두고 본격적으로 자료수집을 전개한 것이다. 그는 3~40년 동안 눈에 보이는 불교사 자료라면 한마디 말이나 한 글자라도 놓치지 않았던 것이다. 그가 일제강점기 불교계의 잡지에 소개하거나 수록한 자료와 앞의 〈표〉의 규모만 살피더라도 그의 말이 틀린 것이 아님을 알 수 있다. 『불교시보』에는 1938년 2월에 간행한 31호부터 1938년 11월에 간행한 40호를 제외하고 1940년 57호까지 한국 사찰의 역사와 문화를 장기간에 걸쳐 연재하기도 하였다.[154] 그는 이밖에 고승의 생몰년을 기준으로 「조선고승시순고(朝鮮高僧時順考)」를[155] 소개하였고, 조선 고승이 찬한 불서(佛書)를[156] 조사하여 소개하기도 하였다. 『조선진흥회월보』에는 한국불교사에 나타난 재가신자(在家信者)를 조사하여 수록하기도 하는 열정을 보이기도 하였다.[157]

1) 「조선고승시순고(朝鮮高僧時順考)」

권상로는 1942년 신『불교』지에 「조선고승시순고」라는 제목으로 한국불교사에 출현했던 고승의 생몰(生沒)을 소개하였다. 그는 "고승 석덕의 그 이름까지 잊어버릴 정도여서 그 행적은 물어 무엇하겠는가."라고[158] 하고는 일제강점기까지 남아있는 비갈(碑碣)과 문집에서

---

154 權相老, 「朝鮮寺刹略攷」, 『佛敎時報』 31-57, 불교시보사, 1938-1940.
155 退耕 相老, 「朝鮮高僧時順考」, 新『불교』 32-43, 경남 3본산 종무협회, 1942.
156 權相老, 「朝鮮高僧碩德의 著述이 몇 권이나 됩니까.」 『佛敎』 46, 불교사, 1928, 28-61쪽.
157 退耕 權相老, 「朝鮮佛敎와 諸大居士」, 『조선불교진흥회월보』 1권 5호, 불교진흥회본부, 1915, 10-18쪽.
158 退耕 相老, 「朝鮮高僧時順考」, 新『불교』 32, 경남 3본산 종무협회, 1942, 20쪽.

아는 대로 수집하여 소개하였다. 1월부터 12월까지의 태어난 월과 입적한 월을 기준으로 정리하였다. 그는 "날짜 아래 기입한 음력 날짜는 연재하기 시작한 1942년을 표준한 것이 아닌 출생하고 입적한 해의 음력에 상당한 양력 날짜를 찾은 것"이라고 하였다. 그러나 "여러분의 지시(指示)를 구하기 위해 발표하는 것이요, 완성품이라고는 자처하지 않는 것이니 알고 보아주기를 바란다."고 양해를 구했다. 사실 1930년 이후 편찬된 신찬 『조선불교사』에 수록된 고승의 수적 추이는 고대 56명, 고려 25명에 불과하였다. 순전한 승전기록이 아니었지만, 권상로가 당시 수집한 승려들은 망라되어 있었다.

고대		고려	조선	근대
고구려	阿度	學一·眞明·通炤·智光·慈淨太古·圓鑑·大智·弘眞·圓覺慈眞·朗空·法印·敎雄·圓融眞鏡·洞眞·懶翁·廣智·普覺靜覺·圓妙·眞安·慧鑑·圓明圓眞·靜眞·覺眞·眞空·大覺寶鑑·慧焰·指空	翠雲·松溪·幻夢·敬聖·楓巖任性·碧巖·霽月·影海·月波雪坡·霽月·涵月·淸虛·碧師月荷·霜月·幻月·愚隱·玩虛蓮潭·無竟·慈應·碧波·浮休護岳·白華·無用·草衣·虛靜大隱·錦岩·芙蓉·石賓·華潭詠月·枕溪·訥庵·玩廬·龍潭默庵·秋潭·春坡·鞭羊·雪松華嶽·鐵鏡·仁岳·喚醒·翠微靈岩·正智·影波·雪巖·暎虛虎隱·春坡·無學·四溟·蓮坡虛白·函溟·瑞龍·霽雲·松岩虛舟·碧松·柏庵·涵虛·影山逍遙	雪乳·虎隱·道巖
백제	·			
신라	眞鏡·朗空·法鏡·眞空·眞鑑寂忍·大鏡·廣慈·眞空·朗圓普照·澄曉·惠居·元宗·先覺法印·異次頓眞澈·智證·圓朗·廉居·神行			

권상로가 1942년 비문과 문집을 기초로 수집하여 「조선고승시순

고」에 수록한 인적 범위는 고대 23명, 고려 33명, 조선 71명이었다. 시기에 따라 수집과 조사가 증가하였으며, 고대의 인적 규모는 신라에 편중되고 있음을 살필 수 있다. 수집에 대한 그의 노고는 인정되지만 객관성을 지니고 있지는 못하다. 「조선고승시순고」에서 주목할 수 있는 부분은 조선시대와 근대기 승려를 수록하고자 한 점이다. 수집 범위가 넓어진 면도 있지만, 조선시대 승려 비문이나 문집이 온전히 남아있었던 것이 중요한 원인이었을 것이다.

한편 권상로는 한국불교사에 나타난 재가신자에 관한 자료 역시 수집하였다. 그는 1915년 『조선불교진흥회월보』에 「朝鮮佛敎와 諸大居士」라는 제목으로 한국불교 초전기부터 고려시대에 이르기까지 불교 홍포에 기여했던 인물들을 소개하였다. 그가 수록한 27인의 재가신자는 다음과 같다.

고대 불교 거사	고려 불교 거사
盧偆·毛禮·厭觸·貴山·箒項·努肹夫得·怛怛朴朴·瞿昙·浮說·孤雲(崔致遠)·金生	崔凝·崔沆·金剛(李頵)·淸平(李資玄)·文康(尹彦頤)·文叔(崔惟淸)·林民庇·崔瑀·法喜(閔漬)·李藏用·鄭偝·動安(李承休)·韓康·夢庵(權㫜)·中庵(蔡弘哲)·石潤(趙云仡)

〈표〉는 권상로가 1915년 조선불교진흥회가 창간한 『조선불교진흥회월보』에 소개한 한국불교사상의 불교 재가신자의 면모다.[159] 1914년 12월 조선총독부는 조선불교진흥회 창립을 인가했다. 30본산 주지

---

159 退耕 權相老, 「朝鮮佛敎와 諸大居士」, 『조선불교진흥회월보』 1권 5호, 불교진흥회본부, 1915, 10-18쪽.

와 불교계의 거사들은 포교사 양성과 포교서 발행 등 일제강점기 대중불교 활성화를 위해 적극작으로 활동했다. 특히 당시 철학·교육·수학·의학·문장·사업 등 다양한 분야의 전문가와 지식인은 거사불교 운동을 전개하는 추동 세력이었다. 권상로의 불교사상의 거사 소개는 『불교진흥회월보』의 역사자료 발굴의 경향과 그 궤를 같이하는 것이었다. 그는 글의 앞부분에서 "불교홍통의 세력과 정책 방침은 국왕 대신, 그리고 거사에게 있다."고 하여 불교의 흥성은 출가수행자뿐만 아니라 재가신자의 신행과 홍포에 있음을 강조하였다. 그의 조사가 고대와 고려시대에 국한된 것은 아쉬움이 남지만, 한국불교사를 구성한 모든 요소에 집중된 것은 높이 평가할 만하다.

2) 조선고승석덕의 저술

권상로는 1928년 『불교』지에 「조선고승석덕(朝鮮高僧碩德)의 저술(著述)이 몇 권이나 됩니까」라는 제목으로 한국불교사에서 찬술된 불서(佛書)를 소개하였다.[160] 조종현(趙宗泫)이 묻고 권상로가 답하는 형식을 취했다. 조종현은 당시 동화사(桐華寺) 강원의 학인이었으며, 훗날 한용운과 독립운동을 함께했던 동지이자 제자였다. "조선불교가 고구려 소수림왕 2년에 수입되야 임의 1500여 년의 긴 세월을 싸어 나올때에 고승석덕(高僧碩德)의 저술이 파다함은 물론일 바인데 ···우리 학인(學人)으로써 선사조옹(先師祖翁)의 저술인 금문옥축(金文玉軸)을 다 얻어 보지 못함이 유감일 뿐만아니라 ···원컨대 선생님은 백제

---

160 權相老,「朝鮮高僧碩德의 著述이 몇 권이나 됩니까.」『佛教』 46·47합집, 불교사, 1928, 28-61쪽.

고구려 신라 고려 이조(李朝) 내지 금일까지 저서의 책수를 상세히 알려 줄 것"을[161] 요청했다.

그 冊子는 새로이 그 總目錄까지라도 얻어 보지 못함은 果然 同憾이올시다. 어찌하면 先師네의 著述을 이 世上에 다시 顯現시켜서 우리 後進으로 하야곰 그 遺澤餘烈에 沐浴하게 할ㅅ가 함이 여러 해를 두고 품어오는 바이올시다마는 多方面으로 調査하여야 아즉까지 얼마가 잇는 줄을 알지 못하며 더욱이 依據하야 調査할 만한 冊子까지도 罕貴함으로 마치 入海算沙처럼 대종을 할 수 업슴니다 그런 中에 잇슴에도 不拘하고 同感의 뜻으로 무러서 對答을 求하는데 더욱 그 年代 處所 名號까지 詳細함을 要求하엿스니 이에 對하야는 敢히 對答할 만한 材料가 업슴니다. 그러나 有問에 不可無答이라는 通規로써 나의 아는 바대로만을 列擧하야 決疑欄의 塞責이나 하려함니다.[162]

권상로는 3~40여 년을 걸쳐 한국불교사 자료를 광범위하게 수집 조사하였다. 한국불교 역사에 대한 체계적인 저술한 권 찬술하지 못한 불교계의 상황에서 그의 자료수집 노력은 수집가의 단순한 호기심에서 비롯된 것은 아니었다. 일찍이 이능화가 『조선불교통사』를 찬술하면서 수많은 한국불교 자료를 참고하고 활용했지만, 목록을 집대성하지는 못했다. 권상로는 불서 수집의 많은 한계와 제약에도 불구하고 한국불교 연구와 후학들에게 한국불교사의 가치를 일깨워주기 위해 그 목록을 정리한 것이다.

---

161 권상로, 앞의 글, 49쪽.
162 권상로, 앞의 글, 49-50쪽.

●● 권상로 조사 불서의 현황(1928년 당시)

現存	散卷(부분 현존)	存否未詳	遺失
255	8	2	197

〈표〉는 권상로가 조사한 불서 현황이다. 전체 462권 가운데 당시까지 존재했던 불서가 255권, 유실본(遺失本)이 197권이었다. 이 가운데 원효가 찬한 것으로 알려진 『진류환원낙도(眞流還源樂圖)』는 '▲'으로 표기하여[163] 유실 여부가 모호하다.

●● 권상로 조사 불서의 찬자별 시대 분포

고대	고려	조선	근대
27(1)	25(1)	98(3)	(1)

( )는 재가신자의 찬술

또한 150명의 승려 찬술자와 6명의 재가 찬술자 가운데 고대 찬자 28명은 대개 삼장에 대한 경소(經疏)류 저술가들이며, 조선 불서는 대부분이 승려들의 문집을 차지한다. 이와 같은 수집 조사 유형은 1942년 「신라찬술불서서목」을 조사한 박봉석의 태도와는 많은 차이를 지니고 있다. 당시 박봉석은 『신편제종교장총록(新編諸宗教藏總錄)』 등 21종의 논소(論疏)·사서(史書)·대장경 목록 등을 조사하여 전체 331부 1172권의 신라 불교서목을 조사하였으며, 당시 47부 143권이 남아있었던 것을 확인한 바 있다.[164] 권상로의 조사는 이와 판이하게 다르다.

---

163 권상로, 앞의 글, 50쪽.
164 박봉석은 「신라찬술불서서목」, 〈文獻報國〉 제8권 6호, 조선총독부도서관, 1942, 239-249쪽.

박봉석이 불서 총목록을 중심으로 조사하였다면, 권상로는 현장 조사와 같은 다방면의 조사를 통해 불서를 수집한 것이다. 더욱이 1928년 조사 당시 간행된 불서 총목록을 입수하지 못한 것은 매우 안타까운 일이라고 하였다. 오랜 세월 동안 동분서주하면서 불서 수집과 조사를 위한 권상로의 노력은 박봉석의 그것과는 비교할 수 없을 정도로 가치 있는 일이었다.

일제강점기 한국 불서 수집과 조사를 위해 진행된 이와 같은 작업은 1976년에 와서야 결실을 보았다. 아직 부족하지만, 동국대학교 불교문화연구소에서 한국 불교문헌에 대한 목록과 해제를 작성하여 간행한 『한국불교찬술문헌총록(韓國佛教撰述文獻總錄)』은 삼국시대부터 조선 말기(1896년)까지 한국에서 찬술된 불교문헌을 조사하여 목록을 작성하고, 저자에 대한 전기(傳記)와 문헌에 대한 간단한 해제를 작성한 책이다. 예컨대 약 690 여권에 달하는 저술과 문집, 언해본과 의식집 등 총 900여 종의 문헌에 대한 목록을 작성하고, 이에 대한 해제(解題)와 잔존(殘存) 여부, 소장처, 저자에 대한 간단한 전기 등을 서술하였다. 뿐만 아니라 사지(寺誌)나 사적문(事跡文)·비명(碑銘)·기문(記文)·서(序)·발문(跋文) 등 편린(片鱗)까지도 모두 조사하여 싣고 있다. 이 책은 동국대학교가 1979년부터 출간한 『한국불교전서(韓國佛教全書)』 편찬의 기초사업이기도 했다.[165] 권상로와 박봉석의 노력이 한국 현대 불교학계에 끼친 영향의 결과로 해석할 수 있다.

---

165 김인덕, (書評) 韓國佛教撰述文獻總錄, 佛教文化研究所 編, 『동대신문』, 2010. 7. 20자 ; 정영식, 「한국불교찬술문헌총록」, 『한국민족문화대백과사전』

4장

박봉석의 생애와 한국불서 조사

1. 박봉석의 생애와 불교[166]

　박봉석(朴奉石, 1905~1973)은 1905년 8월 22일 경상남도 밀양군 밀양면 삼문리 342번지에서 태어나 1921년 3월 밀양공립보통학교를 마쳤다. 그후 1922년 4월 중앙고등보통학교에 입학하였으며 1927년 3월에는 같은 학교를 졸업하고 귀향하여 표충보통학교 교원으로 1년간 근무하였다. 박봉석과 중앙불교전문학교 동기였던 강유문(姜裕文)은 40명의 동기생 가운데 박봉석의 흔적을 다음과 같이 남겼다.

---

[166] 박봉석의 생애와 행적에 대해서는 고인철 외, 『위대한 도서관 사상가들』, 한울아카데미, 2005; 오동근, 『도서관인 박봉석의 생애와 사상』, 태일사, 2000 원종린; 「박봉석의 도서관사상연구」, 『도서관연구』 22, 한국도서관협회, 1981; 이철교, 「한국도서관의 아버지 박봉석 선생」, 『불교와 문화』 10, 대한불교진흥원, 1999 등의 연구 성과를 참고하여 재구성하였다. 지면을 통해 감사드린다.

재약산 죽림 속에 범종 소리 어리어라

표충사 앞날 어른 뜰에 완연 노니는 득

박봉석 그리운 소식 예서 물어보오리[167]

아들 박기홍(朴奇鴻)의 회고에 의하면 "12세 되던 해 40리나 되는 산길을 걸어 표충사에 왕래하면서 스님에게 글을 배웠으며, 18세 되던 해인 1922년 표충사 주지 김덕월(金德月)의 경제적 주선으로 중앙고등보통학교에 입학하게 되자 대단히 기뻐하셨다."고[168] 한다. 그는 1928년 24세 되던 해에는 당시 불교계에서 불교 인재 양성을 위해 설립한 불교전수학교 신입생으로 입학하였고,[169] 1931년 3월에는 승격된 중앙불교전문학교 본과 제1회 졸업생이었다. 그는 재약산인(載藥山人)·박화(朴華)·박꽃·영남생(嶺南生) 등을 필명으로 썼다.[170] 당시 친구였던 박용규(朴龍圭)는 박봉석이 성실, 근면, 겸손했으며, 내향적이었지만 사교성이 있었고, 책임감이 강했다고 한다.[171]

박봉석은 중앙불교전문학교를 졸업하자 곧바로 조선총독부도서관의 직원으로 들어가 도서관인의 길을 가게 된다. 우리나라 도서관계에 선구자였던 박봉석은 암울했던 일제식민지시대에 조선총독부도서관에서 사서로 재직한 유일한 한국인이다. 도서관인이 된 그는 1945년

---

167 강유문, 「3년」, 『일광』 3호, 중앙불교전문학교교우회, 소화 6년, 91쪽.
168 박기홍, 「아버님을 사모하면서」, 〈도협월보〉 1960년 11월호, 31쪽.
169 이철교, 앞의 글, 82쪽.
170 이철교는 박봉석이 와야미 히로시게로 창씨개명했다고 하였다.(이철교, 앞의 글, 91쪽)
171 원종린, 「박봉석의 도서관사상연구」, 『도서관연구』 22, 한국도서관협회, 1981, 7쪽.

까지 약 15년 동안 고서의 분류와 편목 업무를 주로 담당하였으며, "도서관학에 대한 연구열이 대단하여 기회가 있을 때마다 강습회를 수강하였다."[172]고 한다. 그는 도서관에 들어간 지 8년 만인 1939년 3월 일본문부성 공공도서관 사서검정시험에 합격하였으며, 제1회 사서검정시험에 한국인 최초로 합격한 최장수에 이어 두 번째 한국인 합격자로 1940년 4월 3일 자로 조수에서 정식 사서로 승급되어 총독부도서관의 서열 10위의 사서가 되고, 다시 2년 뒤인 1942년에는 아오야마 관장과 이재욱 부관장에 이어서 서열 3위의 사서로 재직하였다.[173] 그는 한국 최초의 목록규칙인 『조선동서편목규칙』을 제정하였다. 때문에 원종린은 박봉석을 '도서관 수호의 아버지'라고 불린 미국의 멜빌(Melvil Dewey)와 견주어서 우리나라 '도서관 수호의 아버지'라고 불렀다.[174]

박봉석은 조선총독부 도서관에 근무하는 중에도 도서관학과 불교서지학에 관한 연구를 계속하여 조선총독부 기관지인 『조선(朝鮮)』, 조선총독부 도서관보인 『문헌보국(文獻報國)』, 조선도서관연구회지인 『조선지도서관(朝鮮之圖書館)』 및 『불교(佛敎)』 등에 연구논문과 서적 해제 등을 발표하였다. 그 목록을 정리하면 다음과 같다.

---

172 박희영, 「도서관개척자 박봉석」, 〈동아일보〉 1976년 1월 19일자 4면(원종린, 앞의 글, 9쪽에서 재인용)
173 정옥경, 「『조선동서편목규칙』을 통하여 본 박봉석의 사상」, 『한국비블리아학회지』 23, 한국비블리아학회, 2012.
174 원종린, 「박봉석의 도서관사상연구」, 『도서관연구』 22, 한국도서관협회, 1981, 6쪽.

●● 박봉석이 발표한 불교 관련 글 목록[175]

제목	게재지	발표연도
고려대장경판의 연구[176]	조선(제190-195호)	1933-34
義天 續藏의 현존본에 대하여	조선지도서관(3권 6호)	1934
高麗藏 高宗板의 전래고	조선지도서관(4권 3호)	1934
經典傳輸小考	문헌보국(2권 4호)	1936
대장경목록과 그 분류	문헌보국(4권 8호)	1938
靑丘僧傳寶覽	불교(신제21-56집) 미완	1940-44
大藏의 명칭 유래와 그 통섭	불교(신제25)	1940
法輪辨	불교(신제27)	1940
호남순례	문헌보국(7권 3호)	1941
新羅撰述佛書書目에 대하여	문헌보국(8권 6·7호)	1942
가야산 해인사 經板에 대하여	문헌보국(10권 3·4호)	1944
조계종의 근본이념	불교(신제58)	1944
海東叢林紙魚譚	불교(신제59)	1944
義天과 新編諸宗教藏總錄	불교(신제61)	1944
佛祖三經註	문헌보국(2권 3호)	1936
永嘉眞覺禪師證道歌	문헌보국(8권 2호)	1942
眞實珠集	문헌보국(8권 10호)	1942
詳校訂本慈悲道場懺法	문헌보국(9권 4호)	1943

　박봉석은 1942년 조명기와 함께 『신라찬술불서서목』을[177] 작성하

---

175 이철교, 「한국도서관의 아버지 빅봉석 선생」, 『불교와 문화』 10, 대한불교진흥원, 1999, 83-84쪽.
176 박봉석은 이 논문에서 대장경판의 해인사 전안 시기를 1398년(태조 7) 5월에서 1399년(정종 원년) 정월에 이르기까지 8개월간으로 추정하였다. 당시 이견이 분분했던 시기 추정에 대한 선편을 열었다고 한다.
177 이 글은 현재 오동근 외 7인의 학자가 펴낸 『도서관인 박봉석의 생애와 사

였고, 같은 해 7-8월에는 조선총독부 박물관의 위촉을 받아 조명기·장지태와 함께 해인사 잡판고(雜板庫)를 조사하여 원효의 『십문화쟁론(十門和諍論)』과 1096년(수창 2) 간행한 『화엄경』과 1334년(원통 2) 간행한 「백화도량발원문약해(白花道場發願文略解)」 등의 판목을 발견하여 학술적 가치가 정장(正藏)만큼이나 중요한 것인지를 확인했다. 그는 이것을 다음 해에 인출(印出)하여 조선총독부 도서관 등에 공장(公藏)하게 하였다. 박봉석은 해방 이후에는 친일불교 청산을 위한 불교청년당 결성을 주도했으며, 1947년에는 장상봉·곽서순·이부열 등과 함께 혁명적 의지를 지닌 지식층 불교청년을 모아 혁명불교도동맹을 조직하여 불교혁신운동의 선봉에 나섰다.[178]

> 일체 평등한 정법으로 진여(眞如) 무차별한 균등사회를 만들자. 그래서 이 작은 기관지로써 독선적이고 봉건적인 교단을 분쇄하는 원자탄으로 삼으며, 새 나라의 초석이 되고 새 세계의 지침이 될 대중불교 건설하는 여의주도 지어보려 한다.[179]

인용문은 불교혁신총연맹이 창간한 『대중불교』의 창간사이다. 박봉석은 창간사에서 "부처님의 본원(本願)은 일체중생을 남김없이 건지는데 있다. 그러므로 교화의 대상이 인종이나 성별이나 또는 어떤 이류 계급을 한정치 않고 항상 대중을 본위로 삼는 것이다."라고 하였다. 친일불교 청산과 함께 교단 혁신 및 대중불교 실현을 주장하는 취지가

　　상』(태일사, 2000)에 수록되어 있다.
178 이철교, 앞의 글, 86쪽.
179 박봉석, 「창간사」, 『대중불교』, 불교혁신총연맹, 1947.

잘 드러나 있다. 고려·조선의 찬란한 불교문화와 통일 대업의 기초가 불교였던 만큼 해방 이후의 대중불교를 실현하고자 하였다.

한편 박봉석은 광복과 동시에 조선총독부 도서관 부관장에 취임하였다. 그는 일본인으로부터 총독부 도서관을 인수받고, 문헌수집대를 조직하여 당시 귀중한 인쇄자료와 출판물을 수집하는데 총력을 기울였다고 한다. 그 당시 혼란의 와중에서도 한국도서관계의 여러 문제를 협의하기 위한 조선도서관협회를 결성하였으며, 국립도서관장으로 이재욱을 초빙하고, 박봉석은 부관장을 맡아 국립도서관의 정비에 전념하였다. 1946년 3월 19일자로 정식인가를 얻어 4월 1일 '국립조선도서관학교'라는 교명으로 개교하여 도서분류법, 1946년 4월에는 동서편목법, 동서편목실습, 서지학을 담당하였으며, 교재로 사용하기 위한 목록법 초안을 작성하여 등사본으로 간행하였다. 이때 초안한 동서편목법이 1948년 10월에 편찬한 『조선동서편목규칙』의 제1회의 초안이라고 할 수 있으며 우리말로 된 최초의 규칙이라고 할 수 있다. 그리고 1947년 10월 편찬한 유명한 『조선십진분류표』를 편찬하였다. 『조선십진분류표』는 한때 전국도서관에서 채용한 분류표의 71%, 대학도서관에서 채용한 분류표의 35%까지 차지했었다. 비록 박봉석의 납북[180]으로 개정 작업이 이루어질 수 없었지만, 한국도서관 역사에서 기념비적인 일이었다.

---

[180] 박봉석은 1945년 7월 13일오전 9식 35분 자택에서 북한 내무성 정보국 요원들에 의해 피납되었다.(이철교, 앞의 글, 91쪽)

2. 한국 불서 조사와 분류

1) 『청구승전보람(靑丘僧傳寶覽)』

『청구승전보람』은 박봉석이 1930년부터 10여 년간에 걸쳐 수집 정리한 승려의 전기 자료였지만, 광복과 함께 삼국편 13회 의연(義淵) 조에서 그 연재가 중단되었다.

> 佛法이 우리나라 문화에 공헌한 것이 지대했음에도 불구하고 그 신이한 기록이 남아있지 않음을 한탄했다. 다행스러운 것은 다 없어지지 않았지만, 비바람에 휩쓸리기도 하고, 흩어지고 빠져서 온전히 갖추어지지 못해 근거를 찾을 수 없다. 만약 그대로 방치해 둔다면 100년 후가 두렵다. 우리나라 고승의 전기를 내가 밤낮으로 근심하여 널리 구하기를 10년이 지났다. 친구 조명기와 김삼도가 와서 간행하여 세상에 내놓기를 권했다. 제목을 「청구승전보람」이라고 했다. 수집의 시대적 범위는 삼국시대부터 조선시대까지다. 우리나라 승려들 외에 전법승, 독신거사 등을 모두 실었다. 삼국과 신라시대에는 비록 전기가 없다할지라도 문헌에서 발췌하여 실었다.[181]

박봉석은 『청구승전보람』의 서문에서 소중한 불교사의 흔적들이 사라지는 것을 안타까워하여 10여 년 동안 각종 자료를 수집하여 삼국시대부터 조선시대까지의 고승의 전기를 정리하였다. 「범례」에 의하면 우리나라에 불교가 전래된 이후 삼국시대와 통일신라시대, 고려·조선시대에 걸친 승니(僧尼) 및 전법승(傳法僧)·독신거사(獨身居士) 등

---

[181] 박봉석, 「청구승전보람」, 『불교』(신)21, 불교사, 1940년, 부록1~12쪽.

의 자료를 수집한 것이다. 그는 승전에 이름·시호(諡號)·자(字)·호·속명(俗名) 등을 수록하였고, 법명의 획수 순으로 정리하였다. 전기가 없으면 그 이름이나마 문헌에 의거하여 모두 수록하고, 고려·조선시대는 전기가 있는 경우에만 실었다. 오두(鼇頭)에 대교(對校)의 주기(註記)를 표기하였다. 오두(鼇頭)는 책 본문 위 난(欄)에 써 놓은 주해나 참조 사항을 말한다.

박봉석은 우선 불교사를 기준으로 시기 구분을 규정하였다.

  삼국시대(敎學傳來期) : 고구려 소수림왕 2년-보장왕 27년

  신라일통시대(禪學隆興期) : 신라 문무왕 9년-경순왕 9년

  고려시대(禪敎竝立期) : 고려 태조 19년-공양왕 3년

  조선시대(禪敎統一期) : 조선 태조 원년-융희 4년

일찍이 이능화는 『조선불교통사』 「이백품제」의 앞부분에서 한국불교의 각 시대를 그 경향과 성격을 기준으로 구분하여 제시하였다. 제1 경교창흥시대는 고구려·백제·신라 삼국의 중세 이후 5백 년간을 경교가 일어난 시대, 제2 선종울흥시대는 신라 헌덕왕 이후 고려 초에 이르기까지 대략 2백 년간 선종이 번창한 시대, 제3 선교병융시대는 고려 초기부터 말엽까지 대략 4백 년간 선과 교가 함께 융성한 시대, 제4 선교통일시대는 조선 초 150년을 선교쇠미시대, 그 후 350년을 선·교통일시대로 구분하여 규정하였다. 그리고 제5 선교보수시대는 조선불교 이후의 시대[182]로 규정하였다.

---

[182] 이능화, 「入東方二百句品題」, 『조선불교통사』 하

권상로 역시 불교가 전래된 이후 신라불교까지를 불교상향시대로, 고려시대는 불교평행시대, 그리고 조선시대를 불교쇠퇴시대로, 그리고 근대 이후를 갱생과도시대로 규정하여 한국불교 1,500년의 역사를 자신만의 역사관으로 개관하였다. 이를 다시 세분하면 불교향상시대는 신라 눌지왕에서 무열왕까지 약 200년간을 불교수입시대, 문무왕에서 헌덕왕까지 약 150년간을 교종분립시대, 헌덕왕에서 경순왕 말년까지 약 150년을 선종울흥시대로 세분하였다.

불교평행시대는 태조부터 의종까지 약 250년간을 여열계승시대, 명종에서 고려 말까지 약 250년간을 쇠퇴조맹시대로 나누었다. 조선의 불교쇠퇴시대는 태조의 개국부터 문종 말년까지 약 60년간을 압박절정시대, 세조에서 광해군 말년까지 약 170년간을 중간명멸시대, 인조에서 일한병합 이전까지 약 290년간을 유지잔천시대로 구분하였다. 그리고 근대불교는 원흥사 창건에서 총본산 창건까지를 종무기관, 불교계가 근대식 학교를 설립하여 교육한 교육기관, 그리고 원흥사와 각황사 그리고 총본사 태고사 설립까지를 중앙 건물로 구분하였다.[183]

권상로의 한국불교사 시기 구분은 동시대 불교사 시대 구분 가운데 세분화되어 있는 것이 특징이다. 동시대의 박한영 역시 삼국시대는 배태시대, 통일신라-고려시대는 장성시대, 조선시대는 노후시대, 그리고 근대 이후를 미래의 불교진흥을 위한 시대라는 점에서 부활시대 등 4시기로 구분하기도 하였다.[184] 이와 같은 불교사 시대 구분은 일제강

---

183 권상로, 『조선불교사개설』(『퇴경당전서』 권8, 이화문화사, 1990), pp.28-29 목차 참고.

184 박한영, 「佛教의 興廢所以를 探究할 今日」, 『海東佛教』 제4호, 해동불보사, 1914 참조.

점기 불교 지성들의 공통된 관심사이기도 했다. 한국불교사와 관련한 각종 자료를 오랜 세월 수집하고 조사하는 과정에서 시기 구분 규정은 한국불교사의 생성과 변화·발전을 살필 수 있는 기준임과 동시에 그 연구와 찬술의 체계화를 위해서도 중요하게 작용했다.

●● 인용 자료

약호	자료명	약호	자료명
1	三國史記(古典刊行會影印本)	14	高麗史(國書刊行會本)
2	三國史記(朝鮮史學會再版本)	15	朝鮮史(朝鮮史編修會編)
3	三國遺事(古典刊行會影印本)	16	佛敎(第37號)/海東高僧傳(崔南善校)/大東禪敎考(崔南善校)
4	三國遺事(朝鮮史學會再版本)	17	大正新脩大藏經(史傳部)/高僧傳/續高僧傳/宋高僧傳/神僧傳/大明高僧傳/景德傳燈錄/續傳燈錄/佛祖歷代通載/佛祖統紀/釋氏稽古略/大唐西域求法高僧傳/三寶感通錄/北山錄
5	祖堂集(海印寺版)	18	大日本續藏經(卍續藏)/新脩科分六學僧傳/佛祖統紀/釋門正統/禪宗正脈/佛祖綱目/五燈嚴統/東國僧尼錄/禪門寶藏錄/朝鮮禪敎考/指月錄/
6	西域中華海東佛祖源流(松廣寺版)	19	大日本佛敎全書(佛書刊行會編)/海東高僧傳/慧超傳考/三國佛法傳通緣起/元亨釋書/本朝高僧傳
7	東師列傳(寫本)	20	日本書紀(慶長十五年版)
8	海東金石苑(劉水翰校嘉業堂版)	21	日本書紀(國史大系第1卷·經濟雜誌社本)
9	朝鮮金石總覽(朝鮮總督府編)	22	新訂增補國史大系/扶桑略紀/元亨釋書

10	朝鮮金石攷(葛城末治著)	23	梵宇攷(寫本)
11	朝鮮寺刹史料(朝鮮總督府內務部地方局編)	24	佛國寺古今歷代記(謄寫版, 朝鮮總督府圖書館長本)
12	朝鮮佛敎通史(李能和著)	25	朝鮮群書大系(朝鮮古書刊行會編)/大東野乘/東京雜記/高麗圖經/中京誌/破閑集/補閑集/益齋集/海東繹史/新增東國輿地勝覽/東國李相國集/東文選/東史綱目
13	新增東國輿地勝覽(朝鮮史學會本)		

〈표〉는 『청구승전보람』의 저본이자 대교본과 참고본의 목록이다. 이 목록은 각 자료 간의 대교 결과 그 차이점이나 오류를 표기하는 기초자료가 되기도 하였다. 수집 자료의 규모를 보면 『삼국사기』・『삼국유사』를 비롯한 우리나라 정사(正史)류와 불교 관계 역사서 그리고 『해동금석원』, 『조선금석총람』, 『조선사찰사료』 등 금석문류를 중심으로 한 당시 조선총독부 조사자료집뿐만 아니라 『대정신수대장경』과 『대일본속장경』, 『대일본전서』와 같은 일본의 불교관계자료 그리고 전집과 문집, 사지, 비석, 탁본 등 방대한 자료를 기초로 수집해서 정리하였다. 내용의 오류와 탈락을 표기한 각주는 본문 머리 위의 난에 표기하였다. 고려와 조선시대편의 문헌의 서목은 역시 각 편에 수록하였다. 그는 또한 당시까지 현존하고 있었던 경판의 사정을 조사하여 발표기도 하였다.[185] 이와 같이 박종석이 『청구승전보람』 「삼국편」에서 활용한 저본・대교본・참고본의 목록은 거의 60여 종이 넘을 만큼

---

185 載藥山人, 「海東叢林紙魚譚」, 『불교』(신)59, 불교사, 소화19년(1944), 17~23쪽.

자료 섭렵이 광범위하고, 고증 역시 정밀하였다.

박봉석은 60여 종의 자료를 기초로 삼국의 승전을 수집하고 대교, 분석하였다. 예컨대 박봉석은 아도전[186]에서 『삼국사기』·『해동고승전』·『삼국유사』·『동사열전』을 저본으로 삼아 그 내용을 소개하였고, 『대일본불교전서』(불서간행회편)·『해동고승전』·『혜초전고』·『삼국불법전통연기』·『원형석서』·『본조고승전』 등을 활용하여 대교 분석하여 오두에 표기하였다. 저본과 대교본뿐만 아니라 『대둔사지』·『동국통감』·『동사회강』·『도리사사적』·『조선불교통사』까지 참고문헌으로 수록하여 그 객관성과 정확성을 기울였다. 박봉석은 그가 제시한 자료 외에 도리사에서 개간(開刊)한 『도리사사적』에 수록된 「냉산도리사아도화상비명」과 같은 1차 자료를 소개하여 내용을 더욱 구체화시켰다.

그가 『청구승전보람』「삼국편」에 수록한 인물은 약 132인이었다. 고구려는 비구가 43인, 외국인이 1인이었다. 신라는 비구가 42인, 비구니는 신라의 지혜[187]와 선묘였으며[188] 외국인이 9명이었다. 백제는 비구 33인이었다. 요컨대 박봉석의 『청구승전보람』은 산재된 자료를 수집하고 조사했을 뿐만 아니라 한·중·일의 동시대 관련 기록을 광범위하게 활용하여 오자와 탈자를 표기하고 바로잡아 승전의 체계를 확립하고자 하였다. 결국 박봉석의 승전 수집과 조사는 이전의 불교사 찬술과 차원이 다른 것이었다.

---

[186] 박봉석, 「아도전」, 『청구승전보람』(신『불교』24·25, 불교사, 1940, 33-42쪽.
[187] 박봉석, 앞의 글, 『불교』(신)31호, 불교사, 1941, 66쪽.
[188] 박봉석, 앞의 글, 『불교』(신)32호, 불교사, 1942, 69쪽.

2) 『해동총림지어담(海東叢林紙魚譚)』

박봉석은 한국불교의 승전 기록을 수집하고 조사에 머물지 않고 각 시대에 찬술된 불서와 경판 간행 역시 주목하였다. 1944년 신『불교』지에 『해동총림지어담』이라는 제하에 우리나라 불교사에서 찬술되고 간행된 불서에 대해 연재하고자 했다. 그러나 안타깝게도 그 서언에서 중단되었다.

> 해동의 총림은 일찍부터 법보를 소중히 하여 어느 사찰을 가보든지 板殿이 없는 곳이 없으며 법보를 祕藏하지 않은 곳이 없다. 그러나 그것이 鼠生의 作亂으로 훼손되고 紙魚의 희롱으로 부식되니 그 아니 애달플소냐. 龍象大德의 거룩한 힘으로 宗師講伯의 造詣의 저술을 판목에 새기고 또 印成하여 法藏을 대대법손에게 전하던 것을 어찌 우리 대에 와서 소홀히 할까보냐. 전날의 先師들보다 더 정진하지 못한다하더라도 그 유적을 어찌 수호하지 못한다 하리오. 古梓의 零葉이라도 字字가 金言이고 곰팡내 나는 찢어진 책장이라도 句句가 法語이다. 그러므로 우리는 항상 법보 등을 다둑거려서 손질할 임무를 느낀다. 필자는 佛恩을 입어 과거 10여 년 동안 장경의 흔적과 싸우고 紙魚와 씨름하여 온 결과 다소 그 방면에 관심을 가지게 된 것은 무엇보다도 다행으로 생각한다. 그리하여 淺學非才를 무릎쓰고 조선불교 찬술에 대하여 손 잡히는대로 나의 해설을 붙여보고자 한다.[189]

제목의 '지어(紙魚)'는 '시미(シミ)' 또는 '은색 물고기'로도 불리는데, 오래된 종이에 발생하는 작은 벌레를 말한다. 박봉석은 한국불교

---
189 載藥山人, 「海東叢林紙魚譚」, 『불교』(신)59, 불교사, 1944, 17쪽.

는 수용 초기부터 법보를 소중히 여겨 어느 사찰이든 전각을 지어 소중히 보관했다는 것이다. 그러나 시간이 오래될수록 쥐와 벌레의 침해로 훼손되어가니 고승의 저술을 경판에 새겨 대대로 보존할 의무감을 느낀다. 박봉석은 약 10여 년 동안을 불서와 경판을 수집하고 조사하였다고 한다. 동시대 불교계에서조차 관심 두지 않았던 것을 안타깝게 생각한 것이다. 그는 이 글을 통해 한국의 불서 간행에 대해 개관을 서술하였다. 그는 불교경전의 한국 유입은 불교 수용과 동시에 이루어졌으며, 구법승과 자장, 그리고 백제 승려 겸익 등이 경율론을 전래했다고[190] 하였다.

한편 박봉석은 경전의 단순 전래 이외의 찬술에 대해서도 서술하였다. 그가 조사하여 1942년 작성한 신라 이전의 한국 찬술은 331부 1,000여 권이나 된다고 하였다. 비문과 최치원 찬술이 대부분일 것이라고 생각했던 당시의 상식으로는 매우 이례적인 일이었다. 그가 이미 발표한 「신라찬술불서서목」의 결과는 신라불교에 대한 관심과 연구를 촉진시켰다.[191] 그는 당시 조사에서 신라 승려뿐만 아니라 국적과 전기가 알려지지 않는 사람도 적지 않다고 하였다. 대각국사 의천이 수집한 불서가 1,010부 740권인 것을 보면 신라 찬술이 1/3이나 되어 신라불교의 위업을 짐작할 수 있다고 하였다. 그는 고려시대에도 신라만큼은 되지 않지만, 의통·균여·지눌 등에 이르기까지 고승들의 상당한 저술이 있다고 하였다. 그는 "아직 종합목록을 완성하지 못해 구체

---

190 載藥山人, 앞의 글, 17-18쪽.
191 박봉석은 『문헌보국』 8권 6·7호(조선총독부도서관, 1942)에 「新羅撰述佛書書目에 대하여」라는 신라 불서 조사 결과를 소개하였다.

적으로는 말할 수 없지만 이전의 시기에 비하여 내용적으로는 선적이 많이 등장한 것은 새로운 현상"이라고[192] 하였다. 그러나 고려시대는 간경 상으로는 고려대장경이 세계에서도 잘 알려져 있다고 하였다.

박봉석은 고종판각 이전의 판(版)은 "문자와 필세와 그 기운(氣韻), 조조(雕造)의 정교함과 그 용도(用刀)의 선명(鮮明), 문자 사용법의 상위, 대장으로써 그 함호기입의 차이, 대장 편성의 차이점" 등을 비교하여 현종대와 문종대에 조조한 것이 현저하게 구별된다는 일본인 오노 겐묘가 일본 교토 남선사소장본을 조사한 결과에 대해 매우 흥미 있는 연구결과로 보았다. 그는 1941년 4월 친구인 조명기와 2주 동안 교토에 머물면서 대곡대학에 소장 중인 원효의 『이장의(二障義)』를 전사(轉寫)하고 남선사고려판을 조사하기도 하였다.

박봉석은 이와 같은 현지 조사 결과 오노의 조사에 의문을 제기하였다. 예컨대 "고종대는 국난이 빈번하여 대장경을 전부 조조하기 어려웠을 것이며, 문헌적으로 증명하기 어렵다는 것이다. 더욱이 필세의 차이, 조조의 정밀함의 여부, 함호의 차이 등은 수십 년간 조각하는 동안 관계 인원 변동에 따라 자연히 피치 못할 사실이라고 볼 수밖에 없다는 것이다. 또한 이른바 부인사판이라는 것은 그 개판 연대와 유래, 그리고 발원한 사람을 전혀 알 수 없으므로 현종 판과 고종 판만을 믿을 수밖에 없다고 하였다.

한편 박봉석은 조선시대 불서 간행에 대해서는 왕조의 불교 탄압에도 불구하고 "고려 의천의 속장을 필적할 만한 세조의 불전간행사업"을 특기할 만한 사건이라고 하였다. 예컨대 세조가 간경도감을 신설하

---

192 載藥山人, 앞의 글, 19쪽.

고 직제를 두어 고려시대의 대장도감이나 교장도감의 규모를 본받아 불전 간행의 대기획을 수립하였다고 한다. 박봉석은 세조의 간경도감 운영은 "간경뿐만 아니라 석학명승을 모아 불전을 조선어로 번역하고 또 불전 수집과 왕보의 불사법회를 관장하였다. 한문불전이 15종, 언역불전이 8종으로 현존하였다."고[193] 하였다. 박봉석은 조선 세조대 간경사업을 총괄하여 다음과 같이 정리하였다.

1. 이조 전반에 있어서 불서 간행은 전조(前朝)의 전통을 계승하여 양이나 질로 보아 진보한 점도 있다.
2. 중간본(重刊本)이 많은데 그중에도 선적(禪籍)과 의식관계(儀式關係)가 많다.
3. 언역본이 성행하여 정음(正音)의 보(普)와 불교의 대중화에 힘을 썼다.
4. 개판(開版)은 전부 시주로써 하였고, 인본(印本)의 판매 목적은 도시(都是)없었다.
5. 내지(內地)에서 성행했던 대반야경(大般若經)의 개판이 전연 없다.
6. 이조에서는 활자가 발달하였으나 불서는 활자본이 희소하다.[194]

박봉석은 한국불교사에서 진행된 불서 간행을 각 시대별로 개설하고 "우리는 과거 조선불교의 용상대덕의 대위업을 재인식하자는 것이다. 신라의 저술, 고려의 대장경, 그리고 이조 국책의 고압하에 피땀으로 투쟁하여 법보를 전승케 한 선사의 유업인 일편의 경판이라도 어찌

---

[193] 載藥山人, 앞의 글, 22쪽.
[194] 載藥山人, 앞의 글, 23쪽.

소홀히 할 것이며 일장의 경문이라도 어찌 방치하리요. 우리 법손은 거듭되어야 할 것이다."라고 하였다.

3) 『신라찬술불서서목(新羅撰述佛書書目)』[195]

박봉석은 일제강점기 불교가 흥성했던 신라불교 연구가 성행한 것은 역사와 문화적 방면에 국한되었고, 교리 방면은 아직 미개척 분야인 채로 남아있어서 연구의 실마리라도 제공하고자 이미 몇 해 전부터 수집에 착수하였다. 그는 우선 신라인의 저술을 수집과 조사 대상으로 선정하였지만, 고구려와 백제인의 찬술 역시 조사했다. 그는 저자별로 목록을 정리하였다. 의연·법랑·현본 등 동명이인의 경우 '신라'로 표기하지 않는 한 당과 송의 승려로 간주하였다. 또한 신라 승려로 추측되지만, 명확한 전거가 없으면 국적으로 표기하지 않았다. 그는 20여 종의 동시대 자료를 열거하였으며, 약호 역시 표기하였다.

박봉석이 『신라찬술불서목록』의 인용 문헌으로 활용한 자료는 다음과 같다.

●● 인용 자료

참고 서목	약호
新編諸宗敎藏總錄 3권	義天錄
東域傳燈目錄 1권	東域錄
諸宗章疏錄 3권	諸宗錄

[195] 박봉석은 1942년 〈文獻報國〉 제8권 6호(조선총독부도서관, 239-249쪽)에 신라시대에 찬술되고 간행된 불서 목록을 동시대에 간행된 자료를 광범위하게 조사하여 정리하였다. 이 글은 오동근이 엮은 『도서관인 박봉석의 생애와 사상』(태일사, 2000, 499-532쪽))에 재수록되었다.

佛典疏鈔目錄 2권	佛典錄
注進法相宗章疏 1권	法相疏
三論宗經論章疏目錄 1권	三論錄
花嚴宗經論章疏目錄 1권	花嚴錄
淨土依憑經律論章疏目錄 1권	淨土錄
蓮門類聚經籍錄 2권	蓮門錄
淨土眞宗敎典志 3권	淨土志
諸師製作目錄 1권	諸師錄
釋敎諸師製作目錄 3권	釋敎錄
密宗書籍目錄 1권	密宗錄
奈良朝現在一切經疏目錄	奈良錄
朝鮮佛敎叢書刊行豫定書目	朝鮮書目
大日本續藏經	卍續
大正新脩大藏經	大正
佛書解說大辭典	佛書辭典
三國史記	史記
三國遺事	遺事
朝鮮佛敎通史	通史

〈표〉는 박봉석이 『신라찬술불서목록』을 찬술하는 과정에서 활용한 인용 자료이다. 시기적으로는 고대부터 일제강점기까지의 자료이며, 대부분 한국과 일본의 자료로 구성되어 있다. 박봉석이 수집 조사한 서지 정보는 다음과 같다.

經疏		律疏		論疏		其他		計		現存	
部數	卷數	部數	卷數	部數	卷數	部數	卷數	部數	卷數	部數	卷數
151	351-445	22	88-95	119	453-544	39	84-88	331	976-1172	47	143

박봉석이 수집 조사한 신라의 불교 서목은 전체 331부 1172권으로 집계되었으며, 조사 당시 47부 143권이 남아있었다. 46인의 찬자 가운데 원효(元曉)가 가장 많은 저술을 남겼고, 의적·연기·태현의 순으로 찬술의 수적 양상을 보이고 있다. 그러나 박봉석은 저술 부수가 실제적으로는 감소한 것으로 추정했다. "그것은 서명의 이칭, 약서명 등의 통합은 불서해설대사전 및 기타 목록에 명기된 것 이외는 동일본일 것 같은 것도 따로 열거한 때문"이라고[196] 하였다. 그러나 시간상, 지면상 간략할 수밖에 없었고, 분류 목록 및 상세한 각 통계가 미비했다고 하였다. 그가 조사한 『신라찬술불서목록』은 당시 불교계에 소극적으로 진행되었던 신라불교 연구에 새로운 지평을 제공해 주는 계기가 되었다.

4) 고려시대 대장경

박봉석은 고려시대 대장경 가운데 고종판과[197] 의천의 속장경에 대해[198] 소개하기도 하였다. 박봉석은 고려는 대장경을 송과 거란으로부터 청구하여 두 번이나 정장을 조조한 일이 있었다. 초조는 병화로 없어지고, 재조고종판은 아직까지도 완전하게 전래되어 해인사에 소장되어 있다. 이 고종판의 저본은 촉본과 거란본이다. 고종판은 대각국사가 수집한 경론소초 3천여 권과 그 밖의 희귀본을 추가하여, 수기 등의 교정에 의해 현재의 해인사 대장경판이 세상에 나타나게 되었다.

---

196 오동근, 앞의 책, 531쪽.
197 박봉석, 「고려장 고종판의 전래고」, 『조선지도서관』 제4권 제3호, 조선도서관연구회, 1934, 4-11쪽(오동금, 앞의 책, 479-487쪽에서 재수록)
198 박봉석, 「의천속장의 현존본에 대하여」, 『조선지도서관』 제3권 제6호, 조선도서관연구회, 1934, 31-38쪽(오동근, 앞의 책, 489-497쪽에서 재수록)

박봉석은 재조고종판은 1,539부, 6,805권, 경판 총수 81,258매에 달하는 거장이라고 하였다. 그는 1393년(태조 2) 7월 어제발문을 소개하고는 인경한 사실은 확실하지만, 인경 장소가 불분명하다고 하였다. 이께우찌는 강화에서 인경하고, 그 발문판은 대장경을 운수할 때 함께 해인사로 옮겼다고 했고,[199] 스가노는 인경한 장소가 강화가 아니라 해인사라는 증좌를 논리적으로 설명하였다.[200] 이능화 또한 『조선불교통사』를 통해 인경장소를 살피고자 하였다. 그러나 박봉석은 태조 2년에 인성한 경판의 소재지에 대해서는 강화설과 해인사설이 있고, 또한 경판 2부설 및 분사조조판의 별치설이 있지만, 어제발문으로 인해 구구한 설이 생겼으며, 해인사판 전래 연대가 일정치 않다고 하였다.

한편 박봉석은 새로운 비견을 제시하고자 하였다. 그는 '대장(大藏)'은 일체경(一切經)의 의미가 아니라 통속적인 경전의 의미일 것이라고 하였다. 그는 태조 2년의 인경 발문의 "蓋聞經律論通名大藏"은 경율론 삼장이 대장이라고 설명하고 있는데, 이것은 해인사의 일체경판을 지칭한 것은 아니라고 하였다. 또한 "重營古塔···願成大藏, 以安于塔"이라고 기록하고 있는 사실로 미루어 6,805권의 거장을 옛 석탑에 안치하는 것은 무리일 것이라고 추정하였다.[201] 또한 이제현난고(李齊賢亂藁) 제5「금서밀교대장서」에 "成九十卷 名之曰密教大藏 刊行于世"라고 하고 있어 단순히 90권의 경권으로서 대장으로 칭한 것으로 보면 인경 발문의 '대장'은 현재의 해인사판(고종판)이 아니라 사찰판 삼본

---

199 池內宏,『東洋學報』14권 제1호 참조.
200 管野銀八,『史林』7권 제3호 113쪽.
201 오동근, 앞의 책, 484쪽.

화엄 외 수부의 경전일 것으로 추측했다. 또한 전래 연대는 다카하시가 고려 말(신우 7년 이전)에 전래했다고 역설하고 있지만, 실록의 기사도 전연 무시할 수 없다는 것이다. 예컨대 지금까지 태조실록 7년 5월조의 기록만이 세상에 알려져 있지만, 박봉석이 당시 중앙불전 김포광으로부터 인탁한 문헌이 새롭게 나타났다는 것이다. 즉 "丁丑年出陸時 此闋失 與知識道元同願, 開板入上. 乙酉十月日首座沖玄"이다. 이 음각은 박봉석이 이 글을 쓰기 10여 년 전 김포광이 발견한 것이라고 한다. 이 음각문에 의하면 "정축년에 경판이 출육할 때 이 판(釋華嚴分記圓通鈔 제10권 제10장판)이 서실된 것으로, 수좌 충현이 지식 도원과 함께 을유년 10월에 개판하여 정장판과 함께 두었던 것"을 알 수 있다. 박봉석은 "정축년은 태조 6년으로 경판의 일부분은 태조 6년부터 우로를 취하지 않고, 직행되는 해로에 의해 운수하기 시작했던가, 아니면 귀중한 법장판을 이안하는데 앞서, 불사를 이루고 운반의 준비를 갖추도록 하여, 동 7년에 지천사를 거쳐 해인사로 전안한 것이 된다. 경판이 해인사에 도착한 때는 정종 원년(태조 7년의 다음 해) 정월 9일 이전이다."[202]

요컨대 박봉석은 이상과 같은 경판 운수 기록에 의해 "고려 고종 38년 9월 25일 이전에 본사(本司) 및 분사(分司)에서 신조(新雕)한 경판을 강화 서문 밖 판단에 전안(傳安)하고 나서 그후 선원사로 옮기고, 또 이 태조 7년 5월에 서울 부근에 있는 지천사를 거쳐, 다음 해 정월 9일 이전에 해인사로 진안(鎭安)한 것으로 추정하는 것이 온당할 것이다. 따라서 신륵사 대장각기(大藏閣記) 및 수암장로인장경우해인사희정시(睡庵長老印藏經于海印寺戲呈詩)와 태조 2년 인경발문 등의 제 문제는 대장

---

202 오동근, 앞의 책, 486쪽.

경판의 전래 연대에는 하등의 관계가 없다."라고 하였다. 그는 대장경의 지닌 개념뿐만 아니라 해인사 전래 연대 역시 관련 기록을 비교 검증하여 당시 논란을 정리하기도 하였다.

5) 대장경 목록과 그 의미[203]

일제강점기 박봉석이 시도한 대장경 입장 목록 분류 작업은 당시 불교계에서 최초로 전개한 작업이었다. 그는 경전의 성립과 유전과 조각을 서술했고, 본격적으로 사경과 조각시대로 분류하였다. 박봉석이 사경시대의 중요 목록의 분류 요목을 서술하였다.

●● 사경시대(寫經時代)의 대장경 목록

찬자	목록
道安(東晉)	綜理衆經目錄
僧祐(南齊)	出三藏記集
李廓(永禧年勅舍人)	魏世衆經目錄
沙門 寶唱(天監十七年勅)	梁世衆經目錄
沙門 法上(武平年)	齊世衆經目錄
法經 等(隋開皇十四年)	衆經目錄
費長房(隋)	歷代三寶紀入藏錄
彦琮 等(隋)	衆經目錄
道宣(唐)	大唐內典錄入藏錄
靜泰(唐)	大唐東京大敬愛寺一切經論目錄
明佺 等(唐)	大周刊定衆經目錄
智昇(唐)	開元釋敎錄
圓照(唐)	貞元新定釋敎目錄

---

[203] 박봉석, 「대장경 목록과 그 의미」, 『文獻報國』 제4권 8호, 조선도서관연구회, 1938, 6-28쪽(오동근, 앞의 책, 439-477쪽에 재수록)

〈표〉는 박봉석이 조사한 사경시대의 중요 요목이다. 첫째, 도안이 찬한 『종리중경목록(綜理衆經目錄)』은 전하지 않지만 승우(僧祐)의 『출삼장기집(出三藏記集)』에 전목(全目)을 인용하고 있기 때문에 다행히 도안의 목록을 파악할 수 있다. 박봉석은 도안과 승우의 목록이 중국역경사상 중요한 문헌으로 도안의 목록은 전한·삼국·서진의 3대, 후자는 동진·유송(劉宋)·남제(南齊)의 3대 역경 목록으로서 최고 권위를 지니고 있다고 하였다. 그는 도안 목록의 분류 정신은 후대에 이르기까지 전습되어 근본을 이루고 있다고[204] 하였다. 승우(僧祐)의 『출삼장기집』 역시 도안의 『종리중경목록』의 경목(經目)을 내어 주체로 삼고 도안 이후의 신역경 기타를 추보하고 존궐(存闕)을 조사하여 제 경록을 대검(對檢)하여 이명(異名) 기타 중요사항을 주기하여 편차한 것이다. 특히 당시 현행하고 있던 모든 경전을 찾아다니며 모으고 보록(補錄)하는 위에 유익한 자주(子註)와 아울러 존궐(存闕)을 분명히 했다고 하였다.

수나라 언종(彦琮)이 찬한 『중경목록(衆經目錄)』은 법경과 장방이 찬한 목록과 함께 3대 흠정목록의 하나로, 이른바 한역대장경으로서 비로소 엄격한 교감을 거쳐 편수한 신뢰에 값하는 기초적인 견행입장목록(見行入藏目錄)이다. 6분야로 분류는 비교적 간단하지만, 수 양제의 「보대경장원문(寶臺經藏願文)」에 의하면 입장(入藏)을 최선의 노력으로써 엄찬(嚴撰)했다고 하는 점에 있어서는 타록(他錄)보다 우수한 것이라고 하였다. 『대당내전록입장록(大唐內典錄入藏錄)』은 『역대삼보기』와 법경·언종 등이 찬한 제록(諸錄)을 참조하고, 앞에 인수흠정(仁壽欽定)의 대장 689부, 2,532권에 더하여 정관(貞觀) 9년에 봉행한 31부 158

---

[204] 오동근, 앞의 책, 447쪽.

권, 동년 궐본(闕本) 내에서 찾아낸 20부 21권, 정관 이래 현경(顯慶) 4년에 이르는 사이 현장(玄奘)이 번역한 60부 664권으로써 한 것, 합계 800부 3,361권 56, 170지(紙) 326질에 편성된 것이다. 『개원석교록(開元釋敎錄)』또한 그 내용이 풍부하고, 입장통섭(入藏統攝)이 정연하다.

●● 조각시대(雕刻時代)의 대장경 목록

찬자	목록
慶吉祥 等(元)	至元法寶勘同總錄
	大普寧寺大藏經目錄 杭州路餘杭縣白雲宗南山
	大明三藏聖敎南藏目錄(南藏)
	大明三藏聖敎北藏目錄(北藏)
	大明重刊三藏聖敎目錄 (萬曆版·愣嚴寺本·密藏本·明本)
	大淸三藏聖敎目錄 (龍藏版·雍正本)
	日本武州江戶東叡山寬永寺一切經新刊印行目錄(天海版·寬永寺·倭藏)
	黃檗藏目錄(黃檗版·鐵銀本)
	大日本校訂縮刷大藏經目錄(縮刷版)
	大日本校訂訓點大藏經目錄

〈표〉는 박봉석이 조사한 조각시대의 대장경 각본(刻本) 목록이다. 그는 사본이 천하에 유행한 것은 육조(六朝) 말기 양진(梁陳)시대로부터 오대(五代) 말에 이르기까지라고[205] 하였다. 반면 각본(刻本)의 유통은 조송(趙宋) 이후부터로 전장(全藏)을 조각하기 시작했다는 것이다.

---
205 오동근, 앞의 책, 457쪽.

예컨대 송 태조 개보(開寶) 4년(971)부터 태종 평흥국(平興國) 8년에 이르기까지 사천 성도(成都)에서 개판한 이른바 촉판(蜀板)이다. 촉판대장경 목록은 개원입장록 소재(所載)의 부질(部帙)을 수록한 듯하며, 송 양억(楊億) 등의 『대중상부법보록(大中祥符法寶錄)』은 송 태평여국(太平與國) 7년부터 대중상부 7년에 이르는 29년간에 나온 신역(新譯)을 유별하고, 대승경, 대승율, 대승론, 소승경, 소승율의 5부로 하여 총 200부 384권을 열거하고, 송 유정(惟淨)의 『천성석교록(天聖釋敎錄)』에는 총 6,197을 수록하고, 송 여이간(呂夷簡) 등의 『경우신수법보록(景祐新修法寶錄)』에는 신번(新飜)을 분류하고 대승경, 대승률, 대승론, 소승경, 소승율의 5부로 하여, 총계 19부 150권을 추가하고 있으며, 가란판『대장경목록』, 『고려초조판 대장경목록』, 『복주동선등각원판(福州東禪等覺院版)대장경목록』, 『안길주사계법보자복선사(安吉州思溪法寶資福禪寺) 대장경목록』, 『고려재조판대장목록』, 『평강부적사연성원(平江府磧砂延聖院) 신조(新雕) 경율론목록』, 『금판(金版) 대장경목록』 등은 『개원입장록』 혹은 촉판 목록의 분류와 같은 양상이다.

박봉석이 조사한 조각시대의 목록은 총 10개이다. 우선 『지원법보감동총록(至元法寶勘同總錄)』은 4과로 분류하였다. 첫째는 일반적으로 연대를 표시하여 인법(人法)의 굉강(宏綱)을 개괄하고, 둘째, 별도로 세시(歲時)로 요약하여 기록의 수이(殊異)를 나누고, 셋째, 약(略)하여 승장(乘藏)을 분명히 하고, 고록(高錄)의 제항(梯航)을 두드러지게 하고, 넷째, 바르고 넓게 명제(名題)를 열거하여 금목(今目)의 순서를 두드러지게 한 것이다. 이 총록의 특징은 한역장경과 서장(西藏)장경의 유무를 대조하고, 아울러 경율론의 제목에 범명(梵名)을 부기한 점이다.

『대명중간삼장성교목록(大明重刊三藏聖教目錄)』은 북장(北藏)이라고도 하는데, 칙판(勅板)으로 그 소수(所收)의 내용은 다소 이동은 있지만, 그 부질(部帙)의 배합에 있어서는 남장보다 정리되어 있기 때문에, 이 이후의 대장경 편차는 대체로 이 북장에 의한 것이었다.

한편 『일본무주강호동예산관영사일체경신간인행목록(日本武州江戶東叡山寬永寺一切經新刊印行目錄)』은 일본 최초의 간본대장경이다. 선명한 목활자 인쇄본으로 천해판(天海版)으로 칭한다. 이밖에 『대일본교정축쇄대장경목록(大日本校訂縮刷大藏經目錄)』은 증상사(增上寺) 소장의 고려장본을 저본으로 하고, 송·원·명 3본을 대교본으로 한 것이다. 이 목록은 명말 지욱(智旭)이 찬한 『열장지진(閱藏知津)』의 분류향식을 답습하고 있다.

박봉석은 사경과 조각시대의 대장경 목록 외에 불전의 일반적 분류 역시 조사하여 정리하였다. 그는 정장(正藏) 분류보다 오히려 속장(續藏)·전서(全書) 등의 분류를 살피는 일이 의의있다고 하였다. 그는 우선 지욱이 찬한 『열장지진』은 대승경부를 천태의 오시교판(五時教判)의 차례로 열거한 것과 방등부(方等部) 중에 현설부(顯說部)와 밀주부(密呪部)로 나누고, 종래의 소속이 극히 난잡했던 밀교의 전적을 그 밀주부 중에 넣어 그 부류를 명료하게 한 것이 본서 분류의 특색이라고[206] 하였다. 『대일본속장경목록(大日本續藏經目錄)』은 만속장·속장이라고도 한다. 일본대장경(日本大藏經)은 만속장의 미간본 일본 찬술을 편찬한 것이다. 일본의 고래장소(古來藏疏)를 수록하였다. 『대일본불교전서(大日本佛教全書)』 역시 불교계 공전의 대출판이라고 할 만하다.

---

[206] 오동근, 앞의 책, 465쪽.

불교 교리에 관한 전적을 시작으로 승사(僧史)·사기(史記)·문예 잡저에 이르기까지 거의가 이를 망라하며, 비장(祕藏)에 관한 고사본(古寫本), 신구각본(新舊刻本)을 수집하여 상재한 것이다.

박봉석은 이밖에도 대정 12년(1923) 착수한 『대정신수대장경(大正新脩大藏經)』의 특색에 대해서도 언급하였다. 우선 장경의 배열로, 종래의 대장(大藏)에 나타나는 대소승 경율론 등의 분류를 철폐하고, 대략 역사적인 순서를 따르고, 아함부를 초두로 하고, 본연부, 반야부 이하는 완전히 새로운 조직 분류가 시도되었다는 점이다. 그러나 부류를 창설 증가한 것은 아니고, 대승경 앞에 아함부, 본연부를 두고, 최후에 밀교부를 두어 현(顯)·밀(密)을 구별했을 뿐이다. 현·밀의 별립(別立)은 『지원록(至元錄)』·『열장지진』·『축장(縮藏)』 등에서도 볼 수 있지만, 소승경 아함부 등을 최초에 배열한 것은 본장의 특색으로 이것은 경전 성립의 역사적 배열법이라고 하였다. 『신수대장경』의 또다른 특색은 끝까지 경전의 내용에 의하여 분류한 점이라고 하였다. 다른 경장과 같이 대소승을 세우지 않고 또한 유역(有譯)·중역(重譯) 등은 전연 고려하지 않고 있는 것이다. 이른바 도서관류의 분류법으로, 그 세목은 정·속장 합쳐 157부류나 되고, 아울러 그 부류도 정연하다.

이상의 여러 점, 즉 장경의 역사적 배열과 전장(全藏)의 내용적 분류 및 정연한 세목이 많은 것이 신수대장경의 특색이다. 이제까지의 구투(舊套)를 깨트린 것이다. 정·속장의 구별에 있어서는 다소 비난을 면할 수 없지만, 그 편수 방침을 보면 어쩔 수 없는 것이라고 하였다. 그러나 별권인 『소화보총목록(韶和寶總目錄)』에는 본장의 총목록·일람·감동목록(勘同目錄)·저역목록(著譯目錄)·색인목록 등 아주 상세한 검색이 있으며, 정장목록부에 수록한 이외의 여러 목록을 등재하고, 황권주축(黃卷朱軸)의 옛 법보에 접하기 어려운 학자의 통람이 가능하도록 한 것이라고 하였다.

박봉석은 이밖에도 교상판석(教相判釋)과 경전 분류의 관계 역시 정리하였다. 불교경전은 그 수가 많고, 소설(所說)의 교의(教義) 또한 여러 방면에 걸쳐있어 거의 적종(適從)하는 바를 알지 못했다. 따라서 고래(古來)의 고승은 복잡한 법문을 개천(開闡)하고, 불소설(佛所說)의 경교를 분류 안배하여, 화의(化儀)의 차제(次第) 또는 교리의 천심(淺深) 등에 의하여 석존 일대의 설교를 분판유종(分判類從)하고자 하였던 것이다. 이것을 교상판석이라고 하는데, 박봉석은 "고승은 자기가 신봉하는 교법을 기본으로 하고, 각각 그 보는 곳을 달리하는 결과, 마침내 종파가 생기게 되고, 각 종파의 소의경전에 의하여 화의의 차제 또는 의리의 심천을 달리 하는 것"이라고[207] 하였다. 박봉석은 도생(道生)·혜관(慧觀)의 교판, 지의(智顗)의 천태종교판(天台宗教判), 규기(窺基)의 법상종교판(法相宗教判), 법장의 화엄종교판(華嚴宗教判)을 소개하였다. 그는 "교판은 경전을 분류하고, 그중 어느 경전을 중심으로 하고, 다른 것을 바교 배열하여 세우는 것으로 일체경을 저절로 분류되는 것이다. 즉 경전에 의하여 세워진 교판은 일체경 분류의 근본 사상이 되는 것"이라고 하였다. 요컨대 박봉석의 대장경 목록과 신수대장경, 그리고 우리나라 불서와 신라 불서 목록에 대한 조사 정리는 일제강점기에 주목할 만한 사건이었다.

---

[207] 오동근, 앞의 책, 469쪽.

6) 대각국사 의천(義天)의 속장경(續藏經) 현존본[208]

고려시대 초조와 재조대장경 외에 대각국사 의천이 송·요·일본 및 우리나라에서 이루어진 당시 경율론의 소초를 수집하여 개판한 것이 속장경이다. 의천은 문종의 네 번째 왕자이다. 11세 때 영통사의 왕사 난원(爛圓)에게 출가하였다. 선종 2년(1085, 元豊 8) 송나라 상선을 타고 송에 들어갔다. 의천은 구법(求法)만을 목적으로 하지 않고 경율론 소초 수집에 집중하였다. 화엄의 정원법사(淨源法師), 천태의 자변법사(慈辯法師), 율의 원조율사(元照律師), 선의 불인선사(佛印禪師) 등을 비롯하여 교계의 명사들을 방문하며 불법과 경율론을 수집하였다. 1086년(元祐 원년) 5월 귀국하였다. 당시 의천은 화엄대불사의론(花嚴大不思議論) 등 제종교장(諸宗教藏) 3천 여권을 가져왔다. 또한 요·일본·우리나라 등의 각지로부터도 일서유문(逸書遺文)을 찾아다니며 널리 구하여 4천 여권을 수집하였다. 그는 이것을 서울 남쪽의 대찰 흥왕사에서 대부분 개판하였다. 속장의 목록인 『신편제종교장총록(新編諸宗教藏總錄)』은 1,010부 4,858권의 부권(部卷)이 나타나고 있다. 속장의 개판 연대에 대해서는 많은 설이 있지만, 선종 7년 전후로부터 숙종 4년 사이에 조조한 것으로 생각된다.[209]

박봉석은 의천이 수집한 소초 가운데 일제강점기 중국 본토에서 구할 수 없는 것이 많다고 하였다. 즉 진본(珍本)이 산일되어 일제강점기에는 몇 부의 편린 밖에 현존하고 있지 않다는 것이다. 박봉석은 속장

---

208 박봉석, 「의천속장의 현존본에 대하여」, 『朝鮮之圖書館』 제3권 제6호, 조선도서관연구회, 1934, 31-38쪽(오동근, 앞의 책, 489-497쪽에 재수록)
209 오동근, 앞의 책, 492쪽.

의 원본이 일찍이 일본에 전래되어 전사되고 수재(壽齋)하여 오늘날까지 전하는데, 그 가운데 원본 2부를 소개하였다. 『대방광불화엄경수소연의초(大方廣佛華嚴經隨疏演義鈔)』는 남도불교도서관 소장본으로 흥왕사판의 원본이라는 것이다. 각 권은 상하로 나뉘어진 40권의 권자본으로 판면은 세로 7촌 8푼, 가로 1척 8촌 5푼이며, 천지의 계선(界線)이 있고, 한 장의 행수는 30, 한 행의 자수는 22, 자경(字徑)은 약 4푼, 각장 좌단에 작은 글씨로 '화엄초(花嚴抄)'라고 새기고 있으며, 권수와 장수도 표시하고 있다. 박봉석은 또한 경도(京都) 구원문고(久原文庫)에 있는 『정원신역화엄경소(貞元新譯華嚴經疏)』권제 10을 소개하였다. 이 영본(零本)은 수창(壽昌) 원년 을해세(乙亥歲)의 조조간기가 있고, 대옥덕성(大屋德城)의 연구 『영락간경사(寧樂刊經史)』를 참고하여 총록의 대화엄부에 "貞元疏十卷 澄觀述"이라고 기록하고 있다고 하였다.

　박봉석은 이밖에 이께우찌(池內宏)가 『동양학보(東洋學報)』제12권(522쪽) 및 13권(347쪽)에서 의천속장의 원본이라고 설명한 거란승 지복(志福)이 편찬한 『석마하연론통현초(釋摩訶衍論通玄鈔)』 4첩의 미주(尾註) 진복사(眞福寺) 소전본(所傳本)을 의천속장의 원본이 아니라 고야산판(高野山版)의 인본(印本)이라고 하였다. 예컨대 오서(奧書)에서 수창(壽昌) 5년 기묘세(己卯歲)에 조조한 흥왕사 판본을 인화사문적각행법친왕(人和寺門跡覺行法親王)의 명에 의해 장치(長治) 2년 을유 5월 중순에 청래(請來)한 것을 홍안(弘安) 5년 임오 9월 6일 금강불자성해(金剛佛子性海)가 정서하고 동년 10월 21일 고야산 금강삼매원에서 개판한 것이 분명하다고 하였다. 그러므로 박봉석은 진복사 장본(藏本)인 통현초(通玄鈔) 4권은 의천속장의 원본이 아니라 이 원본을 저본으로 하여 고야산에서 누각(鏤刻)한 것의 인본(印本)이라고[210] 하였다.

한편 박봉석은 일제강점기에 계속 발견되고 있었던 의천 속장의 원본을 소개하기도 하였다.

번호	경 명
1	大般涅槃經疏 권9·10
2	大乘阿毗達磨雜集論疏 권13·4
3	妙法蓮華經讚述 권1·2
4	妙法蓮華經觀世音菩薩普門品三玄圓讚科文

위의 〈표〉에서 『대반열반경소(大般涅槃經疏)』는 대정 11년 7월 오다[小田省吾]가 순천 송광사에서 발견한 것으로 "실로 둘도 없는 진본(珍本)"이라고 하였다. 또한 2·3·4는 대정 14년 봄 최남선이 송광사에서 새로 발견한 의천속장이라고 하였다. 이 가운데 대안(大安) 9년 간기의 『대승아비달마잡집론소(大乘阿毗達磨雜集論疏)』는 속장현존본 가운데 최고(最古)라고 하였다. 4의 『묘법연화경관세음보살보문품삼현원찬과문(妙法蓮華經觀世音菩薩普門品三玄圓讚科文)』의 찬술자 사효(思孝)는 최남선의 견해를 따라 직호(職號)로 미루어 고려승이라고 하였다. 이 밖에 『수능엄의소주경(首楞嚴義疏注經)』은 총록의 수능엄경부에 의거하여 속장본과 다름없는 것으로 생각하였다. 『대반열반경의기원지초(大般涅槃經義記圓旨鈔)』는 세조 대 간경도감에서 중수(重修)한 것이다. 간경도감에서 구각(舊刻)의 보수도 동시에 이루어졌음을 알 수 있다. 이 책의 서목은 총록의 대열반부에 나타나고 있다. 박봉석은 이밖에

---

210 오동근, 앞의 책, 494쪽.

부타발마(浮陀跋摩) 등이 번역한 『아비담비바사론(阿毘曇毗婆娑論)』 권 25-7은 해인사의 영본(零本)으로 고인본(古印本)이라고 한다. 박봉석은 이와 같은 최남선의 속장경 발견을 소개하면서 일반 학계에 아직 알려지지 않았다고 하였다.

제2부

일제강점기 불교계의
한국불교사 연구

1장

한국불교사 연구와 그 인식

1. 불교사 연구의 배경

한국불교의 근대는 승려의 도성 출입이 허용되었던 1895년부터 일제강점기까지에 해당된다. 이 시기는 한국 역사에서 혼란기이자 격동기, 그리고 전환기의 의미를 지닌다. 특히 한국불교는 오랜 탄압과 소외의 끝에서 시작한 근대였다. 다양한 근대 문명과 근대 학문, 그리고 사조(思潮)의 출현은 불교의 정체성을 찾아가는 과정이기도 하였다. 특히 일제강점기는 외세의 억압과 굴욕 속에서 한국 역사와 문화가 지닌 정체성과 독자성을 발견하고자 진력했던 시간들이었다. 때문에 한국불교는 근대 학문과 사조의 영향 속에서 한국문화와 문명이 지닌 우수성과 가치를 규명하는 진원지 역할을 하였다.

한국근대불교사 연구는 그동안 단편적인 사건·인물, 그리고 항일과 친일이라는 단선적 경향을 넘어 전통과 근대의 사이에서 우리 불교가 걸었던 행보를 통해 그 성격과 다양성을 찾아 분석하려는 노력이 있었다.¹ 이와 같은 일련의 연구 성과는 한국불교가 지닌 종교적 정체성이라든가 '근대 불교'의 개념을 비롯한 다양한 시각에서 이 시기 한국불교를 객관적으로 연구하는데 많은 기여를 한 것이 사실이다. 그러나 "당시 한국사회는 문명개화(文明開化)라고 하는 새로운 역사적 사명을 감당한 정신문화로서 불교에 대한 일반 지식인들의 기대감은 거의 없었다."는² 단정적 시각도 작용하고 있다. 아울러 이 시기 불교를 바라보는 역사학과 철학 사이의 간극 역시 재검토의 여지를 남겨놓고 있다. 예컨대 역사학은 일제강점기 불교를 항일(抗日)과 친일(親日)이라는 이분법적 이해를 지속해 왔지만, 철학은 '근대'·'개혁' 속에서 불교를 이해하고자 하였다. 이와 같은 입장은 불교의 근대성에 집착하여 일제강점기 한국 지성들이 한국불교에 기초한 식민지 극복이라는 시대적 과제 해결을 위한 노력을 검토하는데 일정한 한계를 지니고 있는 것도 사실이다.

최남선·김상기·이능화·장도빈을 비롯한 적지 않은 이 시기의 지성(知性)들은 한국 역사의 전개 과정 속에서 한국불교의 종교적 성격과 기여에 주목하였다. 이것은 한국불교가 지닌 가치를 재발견하려는 노력 이전에 외세 침략과 강점(强占)의 현실을 직시하고 극복 방안을 적

---

1 송현주, 「근대 한국불교의 종교정체성 인식」, 『불교학연구』 제7호, 2013; 조성택, 「근대불교학과 한국 근대불교」, 『민족문화연구』 제45, 2006; 김광식, 「근대 불교사 연구의 성찰-회고와 전망」, 『민족문화연구』 제45, 2006; 조성택, 「근대한국불교사 기술의 문제 : 민족주의적 역사기술에 관한 비판」, 『민족문화연구』 제53, 2010; 김상현, 「한국근대의 전개와 불교」, 『불교학보』 60, 2011.
2 조성택, 「한국 근대불교 연구의 과제와 전망」, 『한국불교학』 64, 2012, 91쪽.

극적으로 모색하려는 움직임에서 이루어졌다.

　일제강점기를 중심으로 한 한국근대불교사 연구는 그 개념 정리를 비롯하여 다양한 연구과제가 산적해 있는 실정이다. 일제강점기 한국 지성들의 불교사 인식을 통해 불교사 연구의 배경, 그 유형과 성격 등을 검토하는 일은 일제강점기에 진행된 우리 불교사 연구에 대한 이해와 함께 그 역사적 의미를 규명하는데 기여할 것이다. 아울러 불교사 연구를 통해 당시 불교계의 현안을 극복하고자 했던 지성들의 노력 또한 살필 수 있을 것이다.

　일제강점기 한국불교사 연구와 인식은 두 가지 측면에서 그 배경을 찾을 수 있다. 첫째는 근대 학문의 유입과 영향이며, 둘째는 일제강점기 한국 역사와 문화에 대한 독자성과 우수성을 찾고자 한 것에서 비롯되었다.

　한말 개화운동이 성장 발전하고 있을 때 한국은 서구의 학술을 수용하는 한편 자기의 전통적인 학문을 서구적인 방법론과 대비하면서 심화 연구하기 시작하였다. 그 범위는 우선 해외 학문의 수용과 관련, 서구와 세계를 소개한 서적이 수입됨으로써 세계관이 확대되었으며, 서양철학, 문법 연구를 중심으로 한 국문연구, 문학과 예술 등 문예운동으로 확산되었다. 이 가운데 사회진화론(社會進化論)은 서양학문을 수용하는 한국의 지식인들에게 가장 큰 영향을 미치기도 하였다. 자연계와 마찬가지로 인간사회에도 생존경쟁·약육강식이 지배한다는 것을 강조한 사회진화론은 외세의 침략으로 피폐한 나라를 부국강병하게 하지 않으면 안 된다는 자강주의(自强主義) 이론의 바탕이 되었다.

종교문제는 세 가지 측면에서 연구된다. 즉 종교를 개인의 신앙상 태로 생각한 즉 그 개인의 신앙은 어떠한가, 개인의 신앙을 대조하여 연구한 즉 종교심리학이 된다. 또 종교라는 것의 근본이 교리다. 그 교리를 연구한 즉 이것이 일종의 철학이다. 종교를 사회적 현상으로 생각하고 그 사회적 현상의 기원, 과거, 결과라고 하는 것을 연구하면 이것이 사회학의 일부가 된다. 조선의 종교는 이 세 가지 중에 세 번째 사회적 현상 특히 조선에서는 정치적 현상으로 생각하고 교리의 방면에 최대한 부분이 존재한 것이다.³

인용문은 다카하시 토오루[高敎亨]가 종교를 학문에 기초하여 세 가지로 분류한 글이다. 예컨대 신앙·교리·사회현상을 종교심리학·철학·사회학의 범주로 분류하여 이해하고자 하였다. 분야별로 세분화시켜 객관적, 과학적 이해를 위한 시도는 근대 학문의 영향에서 비롯된 것이다. 다카하시는 위의 글에서 한국의 불교를 신앙이나 교리적 측면이 아닌 정치사회적 측면에서 해석한 것이다. 이와 같은 불교에 대한 과학적이고 객관적 접근은 확실히 조선 후기 실학자를 비롯한 유학자들이 불교를 "허무맹랑하고 혹세무민한다."하여 비난한 것과는 근본적인 차이점을 지니고 있다.

한편 정황진은 종래의 불교사가(佛敎史家)들이 불교역사 연구와 인식에서 전설적, 신비적 경향을 탈피하지 못해 불교사학자가 아님을 비판받았던 사실을 지적하고, 서구 역사학 연구방법론을 적극 수용하여 객관적인 연구 태도를 견지하자⁴고 주장하였다. 즉 그는 "새로운 불교

---

3 高敎亨, 「僧兵과 李朝佛敎의 盛衰」, 『불교』 4, 1924.
4 정황진, 「佛敎史學硏究-海東瑜伽正宗初祖憬興國師」, 『朝鮮佛敎叢報』 14,

사 연구를 위해 우선 문헌뿐만 아니라 그 시대의 유물과 그 시대의 사회경제 상태와 그 시대의 내외 역사·지리·미술과 그 시대의 일반사회의 사조와 성격과 그 시대사상의 변천과 그 시대의 종교 신앙의 깊이 정도 등 실제 상태를 세밀히 관찰할 것"을 강조하였다. 문헌에만 의존했던 과거의 역사 연구와는 근본적 차이를 지니고 있는 것이다. 아울러 문헌·유물·사회경제·역사지리 등을 다른 다수의 사회 일반 사실과 비교 연구할 것을 주문하였다. 불교사 문헌과 직접 해당되는 학문 분야 간의 면밀한 연구뿐만 아니라 다양한 사회사적 사실과 비교할 것을 연구방법론으로 제시하고 있는 것이다. 단편적인 불교사적 사실에 대해 직접적인 관련 분야뿐만 아니라 시공(時空)을 초월한 유사 사례에 대한 다양한 현상과의 비교연구는 결국 "엄격한 비평과 적당한 판단 뒤에 역사상 사실의 진정한 의미를 지닌다."고 하였다. 이와 같은 불교사 연구의 정의와 방법론 제시는 역시 박학고거주의(博學考據主義)에 입각한 조선 후기 실학적 연구 방법과는 다소 차이를 지니고 있다.

> 조선불교는 조선적 불교다. 자연 인문의 모든 영향에서 教團的으로 經濟的으로 意識的으로 조선적 요소를 가지게 된 불교다. 조선 사람의 생활과 예지를 통해서 조선적 이해를 가지게 된 불교다.[5]

인용문은 허영호가 밝힌 조선불교의 정체성이다. 당시 한국불교계가 종조(宗祖)와 종명(宗名)의 확립을 앞두고 다양한 견해와 주장이 제기되는 가운데 허영호는 한국불교를 특정 종파적 불교 또는 종학적 교

1919, 26-27쪽.
5 허영호, 「朝鮮佛教의 立教論」, 『佛教』(新)11, 1937,

판 위에 설명하는 것을 경계하였다. 예컨대 한국불교가 임제종(臨濟宗) 또는 화엄종(華嚴宗)이라는 그 교리상 혹은 실천상으로 보아 전부 수긍할 수 없다고 하였다. 요컨대 한국불교는 결코 일경일율(一經一律), 또는 일론(一論)의 위에 종립(宗立)된 것이 아닌 항상 전체 위에 입교(立敎)되었음을 강조하였다.

이와 같은 한국불교의 정체성과 독자성에 대한 강조는 당시 불교계뿐만 아니라 일제강점기 지성(知性)들의 공통된 관심사였다. 이른바 1910년 합방을 전후하여 민족운동은 변화, 발전하였다. 제국주의의 침략성, 강권성을 인식하고 사회진화론을 부정하였으며, 특히 역사의 주체에 대한 생각도 달라졌다.[6] 민족운동이나 역사의 주체로서 '국민'을 발견하게 되었다. 나라의 원동력이 영웅에서 국민으로 인식된 것이다. 그들의 신국민 양성은 서양 문명 수용의 필요성을 느끼게 했는데, 고유 문화 속에 내재한 장점을 보전하는 일에서 출발하고자 하였다. 예컨대 신채호는 "자국 고유의 장(長)을 보(保)하며 외래 문명(外來文明)의 정(精)을 채(採)하는 방안이었다.[7] 결국 1910년대 민족주의자들이 보존하려고 했던 고유의 장점은 곧 '국수(國粹)'였다. 국수는 그 나라에 역사적으로 전래하는 풍속·습관·법률·제도 등의 정신이고, 이는 "先

---

6 이만열, 「丹齋史學에 있어서의 歷史主義 認識의 문제, 단재기념사업회, 『丹齋申采浩의 民族史觀』, 단재기념사업회, 1980. : 姜萬吉, 「申采浩의 英雄·國民·民衆主義」, 단재기념사업회, 『申采浩의 思想과 民族獨立運動』, 형설출판사, 1986 : 金度亨, 「近代改革期의 歷史敍述과 變法論」, 『韓國文化研究』 3, 2003, 99~100쪽에서 재인용.

7 신채호, 「文化와 武力」, 『丹齋申采浩全集』別, 201쪽(김도형, 앞의 글, 100쪽에서 재인용)

聖 昔賢의 心血의 凝聚한 바며, 거유 哲士의 誠力의 結쳡한 바며, 기타 일체 祖宗 先民의 起居動作, 視聽言語, 施政行事 등 제반 業力의 薰染한 바"였다.[8] 따라서 애국심을 환기시키고 국민의 정신을 유지하기 위해서는 반드시 국수를 보전해야 하고 서양문명에만 의지해서는 안 된다고 하였던 것이다.

이와 같은 국수에 대한 강조는 1930년대 국학진흥운동의 기초가 되기도 하였다. 예컨대 신채호·정인보·장지연을 중심으로 한 연구자들은 현실 비판에서 민족사의 바른 이해를 꾀하였고, 민족사 속에서 한국의 빛을 다시 발견하고자 노력하였는가 하면 말과 글을 선양, 발전시켜서 한국의 얼을 고취시키려고 하였다. 국학(國學)의 정신은 이전의 중국 문화를 숭상하여 자기문화를 비하하던 태도에서 벗어나고, 일제의 식민통치에서 생긴 문화적 자기상실감에서 벗어난 강한 민족적인 자기인식을 중시하는 것이었다. 나아가 동아시아문화권에서 차지하는 한국 문화의 위치와 성격을 정당하게 정립하려 하였다.

　세상에는 南方佛敎, 北方佛敎라는 말이 있고, 또 근래에 東方佛敎라는 말을 만들어 쓰는 사람도 있지만, 敎理에 있어서나 藝術에 있어서나 불교의 종합 표현을 맨 먼저 실현한 朝鮮佛敎를 제외하고 참으로 「동방불교」의 이름을 가질 수 있는 자가 다시 누구겠는가. 인도에서 컨 불교의 등불이 중국까지 오면서 연방 기름을 더하다가 조선에 이르러 三界를 널리 비추는 거룩한 지혜의 등불을 이룬 것은 우리가 역

8　신채호, 「國粹保全說」, 『丹齋申采浩全集』 別, 116~117쪽(김도형, 앞의 글, 100쪽에서 재인용)

사에서 믿고 확인 할 수 있다.[9]

인용문은 최남선이 1930년 7월 범태평양 불교대회에 참석하기 위해 작성한 글 가운데 일부분이다. 그는 조선이 동서문화의 보유자라고 전제한 뒤 불교를 그 구체적인 사례로 들었다. 예컨대 중국에서 불교를 수용했지만, 조선은 불교를 조선의 풍토에 맞게 재구성했다는 것이다. 또한 의상의 화엄사상(華嚴思想), 원효의 『십문화쟁론(十門和諍論)』을 중심으로 한 통불교, 석굴암과 같은 동서문화의 종합, 그리고 대장경은 근대 일본과 중국에도 영향을 미쳤다는 것이다.

이와 같이 일제강점기 한국불교의 가치를 재발견하려는 노력은 근대 학문과 사조의 수용 과정에서 시도되었다. 또한 불교계의 자구책 마련과 함께 일제강점기라고 하는 시대적 상황 속에서 민족사가 지닌 정체성을 회복하려는 노력에서 비롯되었다. 예컨대 한국불교는 1910년대부터 지속된 국수(國粹)에 대한 인식과 국학진흥(國學振興)의 중요한 위치를 차지하고 있었다.

2. 불교사 연구의 경향과 성격

일제강점기 동안 한국불교의 가치와 위상에 대해 소개한 글은 다음과 같다. 대부분 불교계 지성에 의해 찬술되었지만, 불교가 지닌 특수성과 우월성을 강조하기보다는 한국불교가 지닌 역사적 문화적 기여

---

9 최남선, 「朝鮮佛敎-東方文化史上에 잇는 그 地位」, 『佛敎』 74, 1930, 51쪽.

와 그 의미를 중심으로 기술하였다.

●● 일제강점기 불교계 대표 지성들의 한국불교 개관

필자	제목	간행지 (호수)	출판사	간행 연도
崔南善	朝鮮佛敎 -東方文化思想에 잇는 그 地位	『佛敎』74	불교사	1930
崔南善	朝鮮佛敎의 大觀으로부터 『朝鮮佛敎通史』에 及홈	『朝鮮佛敎叢報』 11·12	30본산 연합사무소	1918
崔南善	朝鮮歷史에 대한 佛敎	『불교』7	불교사	1924
金泰洽	東洋佛敎의 槪說	『불교』35	불교사	1927
權相老	朝鮮佛敎史獨斷(1~3)	『佛敎時報』54	불교시보사	1940
權相老	朝鮮의 禪宗은 어떠한 歷史를 갖었는가	『禪苑』 創刊號·2호	선학원	1931· 1932
退耕	朝鮮에서 自立한 宗派	『불교』54	불교사	1928
權相老	朝鮮と朝鮮佛敎	『조선불교』 21·23	조선불교사	1925
退耕	朝鮮佛敎史의 離合觀	『불교』62	불교사	1929
退耕	朝鮮佛敎의 三代特色	『불교』50	불교사	1928
金庠基	朝鮮佛敎와 文化와의 關係(1·2)	『불교(신)』 39·41	불교사	1942
李能和	朝鮮佛敎와 文化關係	『불교(신)』42	불교사	1942
李能和	朝鮮佛敎의 三時代	『불교』31	불교사	1927
尙玄居士	朝鮮佛敎歷史	『佛日』1·2	佛日社	1924
李能和	風水迷信의 獘害原流에 對하야 儒佛兩家의 關係를 論함	『佛敎振興會 月報』1권 1호	불교진흥회 본부	1915
法雲	朝鮮의 國家佛敎縱橫觀(1·2)	『불교』 (신)59·60·62	불교사	1944
金映遂	朝鮮佛敎의 特色	『불교』100	불교사	1932
金包光	朝鮮佛敎의 傳燈과 敎理	『一光』2	중앙불전 교우회	1929

晶海喆宇	歷史上에 現하는 조선僧侶와 外國布敎의 가치	『조선불교총보』 9	30본산 연합사무소	1918
許永鎬	朝鮮佛敎의 立敎論	『불교』 11	불교사	1937
高橋亨	朝鮮佛敎に就いて	『조선불교』 66·67	조선불교사	1929
兪萬兼氏	朝鮮佛敎の過去及び現在	『조선불교』 37·39	조선불교사	1927
猊雲散人	吾東佛史의 闕失	『海東佛寶』 2	해동불보사	1913
晚悟生	甚矣라 歷史에 無關心이여	『金剛山』 2	금강산사	1935

〈표〉는 1910년~1940대까지 불교계에서 간행한 잡지에 실린 지성(知性)들의 글이다. 글의 제목은 개설적 성격이 강하지만, 내용은 한국의 역사 속에서 전개된 다양한 불교의 현상을 해석하고 분석하여 그 특징이라든가, 각 시대마다 불교가 기여한 바를 기술한 불교사론(佛敎史論)이나 한국불교문화론(韓國佛敎文化論)이라고 할 수 있다. 권상로와 이능화, 그리고 김영수·김태흡 등은 각 시대의 다양한 불교사를 통해 한국불교사를 체계화하고 대중화시키는데 기여하였다.

신라인은 일본인과 같이 진실로 優美하고 고상하며, 고상한 미적 취미를 지녔다. 따라서 신라시대의 불교는 신라인의 성질을 나타내어 현재 남아있는 불교미술이 보여주는 것과 같이 秀麗한 미술을 보여주고 있다. 고려는 기백이 웅대하고 무슨 일이든지 대계획하에서 큰일을 치뤘다. 大藏經板을 두 번이나 작성하였다. 국가가 위기에 처했을 때도 저들은 대사업을 두 번씩이나 했다. 고려인이 만든 것은 고고하고 깊이도 없지만, 그 규모는 실로 웅대하였다. 조선은 지극히 평범하여 크지도 않고 깊이도 없고 고고함도 없이, 미술에 대한 감상력도 없이 사물을 눈앞의 이익으로 결정하고 그것이 장래 어떠한 약속을 지을까하는 것에 대한 생각도 없다.[10]

인용문은 다카하시 토오루가 한국불교의 각 시대별 개성을 언급한 부분이다. 불교가 전래된 이후 한국역사에서 가장 번성했던 신라의 불교를 신라인과 함께했으며 '우미(優美)'와 '고상(高尙)'이라는 표현을 써서 찬탄하였다. 반면 불교가 쇠퇴했던 조선시대의 불교에 대해서는 어떤 개성도 없었으며, 발전가능성 역시 없는 저급한 수준의 불교였음을 강조하기도 하였다. 그의 한국불교에 대한 이와 같은 부정적 시각은 한국불교사에 대한 구체적이고도 객관적 이해의 결과라고 볼 수 없다. 그의 글 속에는 근본적으로 일본과 한국의 관계에서 일본의 우월성과 식민지라는 등식이 근본적으로 자리 잡고 있었기 때문이다.[11]

한편 부정적이었던 일인학자(日人學者)들의 한국불교사관(韓國佛敎史觀)과는 달리 한국 지성들의 입장은 달랐다. 우선 일제강점기 지성들이 한국불교사를 바라보는 인식은 한국사의 전개에서 나타난 불교의 제현상(諸現狀)에서 시작되었다. 그들은 불교 전래부터 조선 말기까지 한국 역사 속에서 진행된 불교의 기능과 영향 속에서 인식의 기초를 마련한 것이다. 특히 최남선은 적지 않은 글을 통해 한국불교가 지닌 의미와 가치를 발굴하고, 그 우수성을 선양하여 국민을 계몽시키고

---

10 高橋亨,「僧兵과 李朝佛敎의 盛衰」,『불교』4, 1924.
11 한편 다카하시는 1912년 가을 월정사 수행승들의 생활상을 보고 "조선의 불교도 조선인의 사상과 신앙에 일정한 영향력을 지니고 있다."고 술회하기도 하였다. 그는 이를 계기로 조선불교 연구를 시작한다고 하였다.(高橋亨, 앞의 글, 8쪽)

자 하였다. 최남선은 한국불교가 한국인의 생활에 미친 영향을 최우선적으로 관찰하였다. 그는 첫째, 불교가 한국의 문화를 예술적이게 했으며, 우리의 생활을 사상적이게 했다고 평가하였다. 예컨대 "(불교의) 공양상(供養上) 필요로 상설(像設)과 기구(器具)를 극진히 장엄한 까닭에 특별히 조형미술과 밀접한 교섭을 가지는 불교가 전래하매 잠복해 있던 조선 사람의 조형적 천재가 두각을 나타냈다."라고[12] 하였다. 그러므로 한국의 회화(繪畵)·조각(彫刻)·건축(建築)·주소(鑄塑) 등이 불교를 통해 위대한 천품을 기탄없이 발휘하였으며, 중국을 능가해서 어린 일본을 유도하여 암울한 세계에 제공해 주었다고 하였다. 그는 또한 한국인의 생활신조와 지도 원리가 불교 유입으로 엄청난 확대와 성장을 보게 되었다고 하였다. 즉 원효와 지눌의 사상과 수행을 사례로 들면서 "조선 사람에게 사상적 생활이라고 이름할 만한 것이 있기는 불교 전래 이후라고 함이 타당하다."고 하였다.

우리의 器局을 세계적이게 하였음은 타는 듯한 求法熱 등에서 비롯된 것입니다. 고구려가 정신적 또는 예술적으로 燕·秦·北魏를 사이로 세계의 공기를 쾌활히 호흡하였음은 경탄할 만한 實證이 나타난다. 불교를 말미암아 조선인의 호흡은 비로소 세계적 공기를 통하게 되었다. 조선인의 족적이 불교신앙을 집행하여 사막에, 천산에, 파미르고원에 다섯 인도에 두루 찍혀있다.[13]

불교가 한국사에 영향을 미친 것은 생활과 사상뿐만 아니라 한국의

---

12 최남선, 「조선역사에 대한 불교」, 『불교』 7, 1924, 50쪽.
13 최남선, 앞의 글, 51쪽.

덕량(德量)과 재능을 서역 구법(求法)을 통해 넓힐 수 있었다는 것이다. 예컨대 고구려 고분의 "전체 구조는 서양의 양식과 부합하며, 벽화 역시 중국 양식이 아닌 순수한 서역 여러 나라의 수법으로 전해진 것으로 보아 서역 제국(諸國)과 고구려 사이의 직접 교통이 활발하였음을 보여주는 것"이라고[14] 하였다. 숭고한 불법(佛法)을 구하기 위한 순례가 중국과 중앙아시아, 그리고 인도로 이어지면서 불교뿐만 아니라 이질적인 선진문명과 문화를 경험하고 수용할 수 있었기 때문이었다. 결국 최남선은 한국인의 호흡은 불교로 인해 세계적 공기를 통하게 되었다고 하였다. 이능화 역시 「朝鮮佛敎와 文化關係」라는 글을 통해 고대부터 조선시대에 이르기까지 한국문화에 미친 불교의 영향을 소개하였다. '향찰(鄕札)과 고승(高僧)'·'한문(漢文)과 고승(高僧)'·'음악(音樂)과 불교(佛敎)'·'미술(美術)과 불교' 등의 주제를 통해 불교 수용 이전과 이후의 변화를 설명하고, 불교문화의 확산이 고승(高僧)들의 기여를 통해 이루어졌음을 소개하기도 하였다.

    高僧 均如는 華嚴經講釋에 鄕札을 純用하였으니 균여 門人의 기록에 보였으나 그러나 후대에 이르러서 拜華사상에 당한 한문학자 등이 三國史記를 편찬함에 당하야 古昔으로부터 전래하던 향찰적 문헌 즉 소위 古記 등은 이를 다 捨取하여 채용치 아니하였음으로 조선고대문화의 진면목을 得見함이 지금은 불가능케 되었다.····一然이라는 고승은 高麗史臣 金富軾이가 삼국사기를 편찬함에 고유 전래하는 고기

---

[14] 최남선, 「朝鮮佛敎의 大觀으로부터 「朝鮮佛敎通史」에 及함」, 『조선불교총보』 11호, 1918, 27쪽.

즉 향찰은 일개 不取한 것을 유감으로 여긴 바 있어 향찰문헌을 수습하여 삼국유사를 찬술하여 후세에 전함으로···[15]

예컨대 균여가 『화엄경』 강석에 향찰을 사용하였지만, 후대 학자와 김부식이 『삼국사기』를 편찬하는 과정에서 한자만을 사용한 탓에 고래(古來)로 전래되고 있던 향찰 문헌은 무용지물이 되었다. 그러나 일연이 『삼국유사』를 찬술하면서 잔존하고 있었던 향찰을 수습하여 수록했다는 것이다. 우리나라는 비록 한문을 차용(借用)하여 모두 기록하였지만, 그 사용법은 한자의 음이나 훈, 그리고 의(義)를 취하여 그 의미를 표기하였다. 이능화는 한자와 향찰을 통해 한국문화의 독자성을 강조하였고, 고유 문화에 대한 보존과 계승 의지가 승려에 의해서 이루어졌음을 소개하고 있는 것이다.

한편 한국학계에 동양사학의 기초를 세운 역사학자 김상기(金庠基, 1901~1977)는 고대 동양에서 보편적으로 인심(人心)을 통섭해 온 것은 유교도, 도교도 아닌 불교였음을 전제로, "불교는 동양사에 있어서 전체적으로 역사인식의 대상이 되는 통기(統基, unit)"라고[16] 하였다. 예컨대 불교가 유구한 세월 동안 동양의 역사 전개와 그 운명을 같이하면서 역사 인식의 보편적 대상이 되는 하나의 척도로 인식한 것이다. 이것은 불교가 비록 외래 종교지만, 그 나라에서 발생하여 전해 내려오는 고유의 문화인 전통문화로서의 가치를 지니고 있음을 의미한다. 그는 한국의 고대문화에 끼친 불교 요소를 소개하였다. 이른바 고대의 고

---

15 이능화, 「朝鮮佛敎와 文化關係」, 『佛敎』(新)39, 1942, 6~7쪽.
16 김상기, 「朝鮮佛敎와 文化와의 關係」(一), 『佛敎』(신)39, 1942, 12쪽.

유신앙인 신교(神敎)가 불교의 유입으로 점차 변화를 일으켰다는 것이다.

> 고려 仁宗 때 妖僧 묘청이 地德說을 이용하여 평양천도를 권유할 때 林原驛에 大華宮을 창건하고 그 안에 八聖堂을 둔 것인데, 재래팔위의 神에게 각기 文殊 釋迦佛을 權現으로서 안배한 것은 명백히 本地垂跡思想에서 나온 것이다. 그런데 八聖은 또한 八仙으로 쓰였나니 생각건대 八聖의 聖은 佛菩薩을 가리킨 것이며, 八仙의 仙은 在來神을 의미한 것이다.[17]

김상기는 이 글에서 한국의 토착신앙과 불교의 유입 이후의 변화상을 관찰하였다. 그는 팔관회(八關會)가 재래의 신교적(神敎的) 의식에서 불교 유통 이후 팔관이라는 명칭 아래에서 불교적 의식으로 행해졌을 것으로 해석하기도 하였다.[18] 인용문은 고려시대 묘청의 난 당시 묘청이 세운 대화궁의 팔성당(八聖堂)이 불교의 부처와 보살뿐만 아니라 토착신앙에 존재하는 8명의 신을 의미하는 것이라고 하였다. 본지수적(本地垂跡)은 본체인 부처나 보살이 중생구제를 위해 일시적으로 신의 모습으로 이 세상에 나타났다는 설로, 일반적으로 불교를 무격신앙(巫覡信仰)과 습합하여 토착화시키는 방편이다. 요컨대 김상기는 이 글을 통해 첫째, 불교 유입 이후 토착문화와 충돌·습합을 통해 토착화되어 가는 과정을 살폈다. 둘째, 불교가 한국의 역사와 문화에 영향을 끼친 역할에 주목하였다. 셋째, 인도와 중국의 공예·음악·천문·지리 등이

---

17 김상기, 「朝鮮佛敎와 文化와의 關係」(二), 『佛敎』(신)41, 1942, 9~10쪽.
18 김상기, 앞의 글(一), 『佛敎』(신)39, 1942, 16쪽.

불교와 함께 한국에 유입되면서 한국의 문화와 문명이 이전과는 달리 더욱 풍성해졌고 세련되었음을 강조하였다. 아울러 불교는 단순히 문화적 영향뿐만 아니라 한국의 역사적 사실과 역사인식의 기준이라는 점에서 그 중요성을 인식한 것이다.

이밖에 김영수와 같은 불교계의 지성은 한국불교의 특색과 가치를 첫째, 신라의 불교 전래 당시 이차돈의 순국으로 인해 신라를 불국화한 것, 둘째, 시세(時勢)에 순응하는 대방편이었던 세속오계(世俗五戒), 셋째, 원효가 해동종(海東宗)을 창설하여 한국불교의 색채를 지닌 것, 넷째, 선(禪)이 중국에서는 남종(南宗)과 북종(北宗)으로 분립되었지만, 한국의 선종은 중국 선종의 5파가 분립되기 전 이미 전래되어 달마의 정법안장(正法眼藏)을 유지한 점, 그밖에 사리신앙·대장경, 선종이 염불과 강경을 숭상하는 것을 한국 불교의 특색으로 선정하였다.[19]

이와 같이 일제강점기 불교계 지성들은 우선 불교 전래 이전과 이후의 한국 역사 전개상을 분석하여 문화 양상의 변화 등에 주목하였다. 토착신앙과 불교의 습합 현상을 통해 불교 유입 이후 다양한 문화 요소의 증가를 설명하였고, 질적 측면 또한 세련미와 기술적 측면에서의 우수성 등을 높이 평가하였다. 이와 같은 현상은 확실히 불교가 중요한 인자가 되었으며, 인도나 중국과는 또 다른 고유한 한국의 문화적 요소를 창출했음을 소개하였다. 결국 이들은 한국역사와 전통문화의 우수성과 독자성을 한국의 불교 속에서 찾거나 불교의 기여를 소개하는데 진력하였다.

---

19 김영수, 「朝鮮佛敎의 特色」, 『佛敎』100, 1932, 29~31쪽.

1) 고대불교사 연구의 경향

일제강점기 고대불교사 연구와 기술 경향은 대체로 네 분야로 분류된다. 첫째, 고대불교 개관, 둘째, 인물과 사상 연구, 셋째, 불교문학·미술·음악, 넷째, 자료수집과 정리이다.

(1) 고대불교 개관

필자	제 목	간행지(호수)	출판사	간행 연도
四佛山人 (朴勝周)	朝鮮佛敎와 日本文化의 關係	불교 30	불교사	소화 5년
金泰洽	東洋佛敎의 槪說 (四. 朝鮮의 佛敎, 起源과 三國)	불교 35	불교사	소화 2년
釋法淨	海東佛法의 傳來小考	신불교 31	불교사	소화 16년
張道斌	古代朝鮮佛敎	조선불교총보 21	30본산 연합사무소	대정 9년
朴昌斗	新羅佛敎의 大觀	불교 73·75·76·77· 78·80·81·82	불교사	소화 5~6년
獅吼生	新羅佛敎界의 法會儀式	조선불교총보 19	30본산 연합사무소	대정 8년
雲陽沙門	敎史(3장 朝鮮史) 敎史(5장 三國史) 6장 新羅史~ 7장 高麗史	조선불교월보 3~13	조선불교월보사	명치 45년 ~대정 2년
徐海曇	原法興始	조선불교월보 3	조선불교월보사	명치 45년
尙 玄	佛家十三宗의 來歷	불교진흥회월보 1권2호	불교진흥회본부	대정 4년
尙玄居士	佛祖遺骨東來史	조선불교계 1~3		대정 5년

金映遂	通度寺之戒壇에 就하야	一光 4	중앙불전교우회	소화 8년
金映遂	通度寺의 舍利와 袈裟	一光 7	중앙불전교우회	소화 11년
鄭斗石	日本佛敎傳來와 百濟佛敎와의 關係	金剛杵 25	조선불교동경 학우회	소화 16년
豊山映眞	新羅時代の禪宗小考	金剛杵 26	조선불교동경 학우회	소화 18년
蕨蔾園人	法起菩薩과 普德閣氏 兩緣起를 읽고서	金剛山 2	금강산사	소화 10년
張道煥	佛敎傳播의 平面相	新生 3	신생사	소화 21년
李外潤	三國時代佛敎의 信仰特色小考	鹿苑 1	조선불교 학생동맹	소화 22년
金鍾安	寺院經濟의 史的考察 (貴族佛敎時代를 中心으로)	鹿苑 2	조선불교학생회 문화부	소화 22년
李夏雨	新羅文化의 小考察	鹿苑 2	조선불교학생회 문화부	소화 22년

위의 〈표〉는 일제강점기 불교계의 언론지에 나타난 고대불교사 개설에 해당하는 글의 목록이다. 대체로 불교의 발생과 중국 전래, 그리고 조선불교의 수용과 그 시대적 전개와 관련된 내용, 그리고 우리나라 불교의 수용과 종파 형성, 고대불교의 대표적 성격을 띠고 있는 신라불교, 고대조선불교의 일본 전파 사정을 기술한 약 5종으로 분류된 글들이 실려 있다.

우선 운양사문은 「교사(敎史)」라는 제목으로 『조선불교월보』에 1912년 2월부터 1913년 8월까지 1년 6개월 동안 인도·중국·조선불교사를 개설적으로 기술하였다. 이 가운데 5~9호까지는 「삼국사(三國史)」, 10~11호까지는 「신라사(新羅史)」를 기술하였다. 그는 "불교가 인도에서 동래(東來)하여 3,000년 역사를 지나오는 과정을 기술하고자 한다. 장황한 세월을 거쳤지만, 먼저 대략 그 개요를 거론하였다."[20]

고구려·백제·신라순으로 불교가 전래된 것은 세속의 말을 따른 것에 불과하다. ··· 我朝鮮에 佛教의 유입함이 이미 오래되었도다. 삼국유사에 "新羅 月城東龍宮南에 有迦葉佛宴坐石하니 其地는 前佛時에 伽藍之墟라. 卽今黃龍之地"라하니 이 자취를 보건대 부처 이전의 때로 이와 같은 일은 劫前事와 동일하여 가히 증험하지 못할 것이다. 江原道 高城郡 楡岾寺 사적에 "釋迦滅後文殊師利菩薩이 金鑄五十三尊像하고 又鑄一鐘하여 安佛像于鐘內하고 將泛于海에 祝曰有緣國土로 가면 나 역시 따라가 說法度生하리다. 그 종이 바다를 건너 많은 나라를 지나다가 金剛山 東安昌縣浦口에 정박하니 신라 제2대왕 南解王 원년이요 중국 前漢平帝元始四年甲子라. 현의 재상 盧偆이 왕에게 아뢰어 이 해에 유점사를 건립하여 봉안하였다."하니 불멸후 953년이라 漢明帝 永平11년 戊辰보다 65년 빠르니 栴檀瑞像과 祇園精舍를 제외하고는 伽藍과 像奉이 조선보다 먼저인 것은 세계에 없도다.[21]

예컨대 서기 4년 문수사리보살이 조성하고 주조한 53존불과 종이 금강산 포구에 도착하여 유점사를 창건하고 안치하였으니 인도를 제

20　운양사문, 「教史」, 『朝鮮佛教月報』1, 朝鮮佛教月報社, 明治45년(1912), 3쪽.
21　운양사문, 「教史」, 『朝鮮佛教月報』5, 朝鮮佛教月報社, 明治45년(1912), 36~37쪽.

외하고 사찰과 불상 봉안이 조선보다 빠른 나라는 없다고 지적하였다. 『삼국유사』와 「유점사사적기」에 기초한 운양의 주장은 사실 신빙할 만한 기록은 아니다. 학술적 성격이기보다는 포교 목적의 글로 생각된다. 반면 언론인이자 국사학자 장도빈(1888~1963)은 1920년 3월 27일 조선불교회 제1회 강연회의 요지문인 「고대조선불교」라는 글에서 고대 조선에 대이익을 내린 것은 불교라고 전제하고 불교를 기초로 진리·정치·예술·교육 등이 널리 유포되었다고 하였다. 그가 고대불교의 특징으로 제시한 것은 다음과 같다.

三國의 平等主義가 實行되었으니 三國이 佛敎를 信하기 前엔 다 階級主義뿐이오, 社會平等主義가 無하더니 當時 國君이 佛敎를 信한 後로부터 自己特權을 降하여 高僧을 待하기를 國師와 王師로 尊함이 이로부터 平等主義가 行하고 階級主義가 破하였더니 李朝에 至하여 階級主義가 復活하였다. 古代僧侶는 四海同胞主義를 持하였음으로 釋迦氏의 一切衆生 皆有佛性이라 하시는 說을 朝鮮에서 실행하였다.··· 고대 승려는 犧牲主義를 實行함으로 日本과 支那에 傳敎術法함에 다 成功을 得하였으니 當時 僧侶는 斯世를 위하여 衆生을 苦海에서 不濟하면 不可한 줄 自覺하여 自己犧牲을 不顧하고 社會前導를 作한 故로 當時 道德과 學術로부터 政治軍事上까지도 不與한데가 無하고 至於橋梁과 蹈磨와 如한 物을 作하여 民生에게 利케 한 事이 枚擧키 難하나니 그의 筋力과 身體와 精神은 社會만 爲할 뿐이다.²²

22　장도빈, 「古代朝鮮佛敎」, 『조선불교총보』21, 30본산연합사무소, 대정9년 (1920), 18~19쪽.

장도빈은 평등주의와 사해동포주의, 그리고 희생주의가 고대 조선 불교의 특징으로 인식하였다. 즉 불교를 신봉하기 전은 계급주의뿐이었지만, 불교 신봉 이후에는 국군이 자기 권력을 낮추었으며, 특히 일체중생이 모두 불성(佛性)을 지니고 있음을 실행한 사해동포주의는 인도나 중국, 일본조차도 실행하지 못한 부분이라고 인식하였다. 더욱이 원효와 양지의 조탑이나 담징이 일본 법륭사에 그린 벽화는 동양 제일로 지금까지도 저명하며, 중국·일본·티벳·몽고에도 없고 오직 조선에만 존재한 특색은 승려가 국가를 위해 군사상 헌신한 것이라고 하였다.

이 시기 고대불교에 대한 서술은 대체로 인물의 사상과 신앙, 불교미술을 중심으로 한국불교가 지닌 역사문화적 가치를 소개하는데 활용되었지만, 단편적 검토도 이루어졌다.[23] 특히 신라불교사는 그 자체가 지닌 가치로 인해 다방면에서 진행되기도 하였다.[24] 이하우는 우선 신라문화가 우리 문화의 연원이 되었다고 인식하고, 예술사상의 꽃인 불국사·석굴암은 신라인의 영롱한 심미안을 탄식하면서 감상하기에 충분하고, 예술적 천재미는 신라인이 아닌 이상 조각할 수 없다고 극찬하였다.

---

23 서해담, 「原法興始」, 『조선불교월보』 2·3, 조선불교월보사, 명치45년(1912)
    석법정, 「海東佛法의 傳來小考」, 『佛敎』(신) 31, 불교사, 1941.
    이능화, 「佛祖遺骨東來史」, 『朝鮮佛敎界』 2·3, 東洋敎報社, 대정5년(1916)
24 일제강점기 신라불교 연구와 성과는 다음과 같다.
    박창두, 「新羅佛敎의 大觀」, 『불교』 73, 불교사, 소화4년(1930)
    사후생, 「新羅佛敎界의 法會儀式」, 『朝鮮佛敎叢報』 19, 30본산연합사무소, 대정8년(1919).
    李夏雨, 「新羅文化의 小考察」, 『鹿苑』 2, 조선불교학생회문화부, 1947년.

우리가 여기에서 특히 留意할 것은 위에서 예로 몇 유물유적을 들어 말한 것과 같이 표면에 나타난 그 優美하고 호화스럽고 懺細한 妙技로서 그 당대 예술품의 表象에 현혹되어 단순히 찬양하는 것만은 예술에 사는 이유가 아니다. 즉 우리는 이와 같은 문화를 건설케 하고 지속하게 하였는 그 이면에 숨은 본질 관계를 검토하는 것이 참다운 문화의 뜻을 알기 때문이다. 이제까지 우리는 문화라고 말하면 통속으로 그 무엇이 생산활동으로부터 유리되었는 것, 산업과 근로로부터 관계된 것이 먼 것 같이 관념되고 있었다. 심하게는 전혀 산업과 근로를 혐오하고 싫어하는 것같이 생각되었다. 이것은 필경 이러저러한 문화현상을 그 본질과 틀리게 생각하는 것이며, 문화의 근원에 생각이 미치지 못하고 문화의 의의를 알지 못한 까닭이다.[25]

당시 불교사 서술의 경향이 그 역사적 문화적 가치에 대한 규명과 선양일변도로 진행된 것과는 달리 이하우는 신라의 불교미술을 통해 색다른 문화관을 제시하였다. 예컨대 유물과 유적을 중심으로 한 신라 불교문화의 우수성과 귀족문화만을 강조하지는 않았다. 즉 불교문화가 노예자 소유계급의 문화생활의 침전물이었으며, 오락의 것이었지만, 신라 예술의 직접 생산자는 귀족에게 예속된 즉 신라 예술의 직접 생산자는 노동민중으로 이들이 신라문화의 직접 개척자고, 예술품의 공작자라고 하였다. 요컨대 "예술사상의 금자탑은 확실히 귀족을 위한 노예문화요, 민중 착취의 표현이며, 음울한 노예생활의 중압을 자아내게 하는 화려한 귀족문화"로 인식하였다.[26] 이밖에 사후생(獅吼生)

---

25 이하우, 앞의 글, 46쪽.
26 이하우, 앞의 글, 48쪽.

은 일본 승려 원인이 찬술한『입당구법순례행기』에 소개된 중국 산동성 적산촌 신라 사원의 신라 강경의식과 송경의식의 절차와 내용, 의의 등을 소개하였다.[27] 그는 한국불교사상 혜량·원광·원효·태현·법해를 비롯한 많은 고승들의 법회의식의 종류는 많았지만, 그 구체적인 내용에 대해서는 상술한 것이 전무하다고 지적하고, 불교사 연구에 중요한 가치를 지니고 있다고 평가하였다.

한편 석법정은 고구려 불교 전래 시말을 분석한 글을 소개하였다.[28] 고구려의 불교 수용 동기, 고구려 불교를 비판한 조선시대 유학자들의 편견을 비판했고, 고구려에 전래된 교법(教法)을 소개하였다. 먼저『대동선교고』의 기사를 근거로 고구려의 불교 수용은 당시 국제적 통호책으로 전진의 부견이 고구려와 국교를 여는 방책으로 불법을 유통시켰다고 했다.[29] 다음은 신문화개벽운동이라 하여 고구려가 상하 인민의 민심 수습과 사기 진작을 위해 불교를 수용했다는 것이다. 즉 소수림왕은 불법 수용과 함께 왕성에 태학을 세워 국학을 진흥시키고, 불상의 조각과 사원의 건축, 기구의복 제정 등 정신과 일용사에서 신문화를 전개했다는 것이다. 그는 고구려의 이러한 상황을 중국의 역사서『양서』「제이전」·『위서』「고구려전」·『삼국지』「위지동이전」·『후한

---

27 獅吼生,「新羅佛教界의 法會儀式」,『朝鮮佛教叢報』19, 30본산연합사무소, 대정8년(1919).
28 釋法淨,「海東佛法의 傳來小考」,『佛教』(新)31, 佛教社, 1941년.
29 석법정, 앞의 글, 28쪽, 석법정은『대동선교고』의 "소수림왕 때를 살펴보면 燕主인 慕容 暐가 秦王 符堅에게 항복을 하고, 遼東으로 가는 길이 이때에 뚫린다. 이것은 秦나라 스님이 고구려에 오게 된 來歷이다."라는 기사를 근거로 고구려 불교 수용을 역사적으로 해석하고자 했다.

서」「동이전」·『남제서』「동이전 고려국」·『주서』「이역전 고구려」·
『수서』「고구려」조 등을 인용하며 상세히 설명하였다. 아울러 석법정
은 1485년(성종 16) 서거정 등이 왕명에 의해 신라 초부터 고려 말까지
편찬한 역사서 『동국통감』이 삼국의 불교 사실에 대해 혹평을 한 것
을 두고 "일시의 편견이요, 시의와 대국을 통관한 정론이라고 볼 수 없
다."고[30] 일축하고 구체적인 반론을 전개하였다.

한편 석법정은 고구려 불교의 전래자 순도에 대해 『해동고승전』이
나 『삼국유사』가 그 국적이나 누구인지 알 수 없다고 했음을 지적하고
"그 명호 '순도' 두자가 천축이나 서역어는 아니고 지나승의 도림·도
안·순세 등과 같은 것이요, 천축 서역의 명은 서축어 그대로 불렀다고
했으며, 한 말부터 동진 말까지 276년 동안 서역과 천축에서 한에 온
승려의 이름을 살펴 본 결과 그 나라의 이름 1자를 성처럼 사용하였다
고 하였다. 결국 그는 몇 가지 논증을 통해 순도가 한승이고, 서역이나
호승이 아니며, 당시 장안에 유행하고 있던 반야학과 선의 실천법과
반야·대집부 등을 전래한 것으로 추정하였다.[31]

석법정의 고구려 불교 수용 시말을 소개한 이글은 『삼국사기』·『동
국통감』·『해동고승전』·『삼국유사』·『고승전』·『대동선교고』와 같은
국내 사료뿐만 아니라 중국의 역대 사서 등을 기초로 역사적 검증을
시도한 것으로 당시로서는 상당히 분석적이고, 논증적 성격을 지니고
있다.

---

30 석법정, 앞의 글, 33쪽.
31 석법정, 앞의 글, 39~40쪽.

(2) 인물과 사상

인물연구는 일제강점기에 진행된 불교사 연구에서 수량적으로 가장 많은 성과물을 제시했다. 기본적인 행적 검토부터 사상과 신앙, 저술, 그리고 한국불교사에 미친 영향에 이르기까지 다양하게 전개되었다. 고대불교사 연구에서 인물 연구와 평가에 대한 성과는 다음과 같다.

필자	제 목	간행지(호수)	출판사	간행연도
許永鎬	元曉佛敎의 再吟味 (서론)	불교(신) 29~35	불교사	소화 16·17년
方寒巖	海東初祖에 對하야	불교 70	불교사	소화 5년
金泰洽	義相大師와 華嚴哲學	불교 55	불교사	소화 4년
徐京保	慈藏律師(1~4)	불교(신) 48 불교(신) 50 불교(신) 51 불교(신) 52	불교사	소화 18년
松谷室法雲	異次頓의 殉敎와 栢栗寺石幢刻文의 片貌	불교(신) 53	불교사	소화 18년
無無居士	德山會下에 新羅僧	조선불교총보 1	30본산연합사무소	대정 6년
無無居士	雲門會下에 新羅僧	조선불교총보 3	30본산연합사무소	대정 6년
獅吼生	海東大旅行家慧超三藏	조선불교총보 18	30본산연합사무소	대정 8년
金瑛周	諸書에 現한 元曉華嚴疏敎義	조선불교총보 12·13	30본산연합사무소	대정 7년
和幢	元曉의 女性觀	불교(신) 28	불교사	소화 15년
未詳	祭元曉聖師文	불교 60	불교사	소화 4년
瓊林居士	元曉大聖 (上·中·下)	조선불교 27 조선불교 28 조선불교 32	조선불교사	대정 15년 대정 15년 소화 1년

大谷政平	王和尙의 神兵과 土甁	불교(신) 41	불교사	소화 17년
雲山頭陀	法空和尙傳	조선불교월보 6	조선불교월보사	명치 45년
雲山頭陀	義淵禪師傳	조선불교월보 3	조선불교월보사	명치 45년
雲山頭陀	阿道和尙傳	조선불교월보 2	조선불교월보사	명치 45년
雲山頭陀	順道和尙傳	조선불교월보 1	조선불교월보사	명치 45년
雲山頭陀	圓光法師傳	조선불교월보 8	조선불교월보사	대정원년
尙玄居士	臨濟家風과 新羅智異山和尙	조선불교계 1		대정 5년
河村道器	眞表律師와 長安寺의 開創	一光 3	중앙불전교우회	소화 6년
權退耕	祇林寺의 光有聖人	一光 8	중앙불전교우회	소화 12년
權相老	阿度에 대한 小考	一光 9	중앙불전교우회	소화 14년
趙明基	義湘의 傳記와 著書	一光 9	중앙불전교우회	소화 14년
趙明基	太賢法師의 著書와 思想	一光 10	중앙불전교우회	소화 15년
鄭晄震	海東瑜伽正宗初祖憬興國師	조선불교총보 14	30본산연합사무소	대정 8년
	寄紫閣無名新羅頭陀僧	조선불교월보 16	조선불교월보사	
趙明基	元曉宗師의 十門和諍論研究	金剛杵 22	조선불교동경학우회	소화 12년

일제강점기 불교계의 고대 인물 연구는 대체로 원효·의상·자장이 주류를 이루었고, 경흥·태현·혜초와 함께 중국 선문에서 수학한 신라승 역시 소개하였다. 자료수집 역시 중요한 관심사가 대두된 시기여서 인물의 저술과 전기에 대한 대략적 소개를 중심으로 이루어졌다.

원효 연구는 인물 자체가 지니고 있는 가치와 위상 때문에 활발하게 이루어졌다. 최남선은 조선의 불교가 지닌 진정한 자랑이 인도나 중국불교와는 다른 조선불교의 독창성이라고 전제하고 인도·서역의 서론적 불교와 중국의 각론적 불교에 대해 조선은 최후의 결론적 불교를 건립하는데, 원효가 "이 영광스러운 임무의 표현된 자"로 평가하였다.[32]

敎法의 亂脈, 종단의 偏執을 눈앞에 보고 스스로 개탄하던 나머지 이것을 稱正하고 타파할 一大烽火를 높게 든 이야말로 원효 其人이었다. 敎를 三藏의 全海에 찾고 行을 一心의 玄廟에 닦아서 神襟을 洞照하고 性道를 深窮하여 聖敎를 覺海에 돌리고 凡者를 實相에 들게 하였을 뿐만 아니라 1600년의 조선불교의 幹流를 지었는 것이다. 선교쌍수를 특징으로 하는 조선불교 조계종은 그 종명의 유래여하를 불문하고 항상 종학적 이해를 揚棄統一 계정혜를 鼎主하는 근본사상의 원류는 오직 원효교학에서 볼 수 있는 것으로 조계1종으로 돌아간 조선불교는 원효에서 출발한 조선 교리사의 속에서 그 宗旨를 全味할 수 있는 것을 확신할 것이다.[33]

허영호는 신라불교사에서 원효가 지닌 역할과 가치를 언급하고, 그가 "어떤 사람의 또는 어떤 종에서의 교상판석에 얽매이지 않았고, 스스로 어떤 교판(敎判) 아래서 그 사상을 한정하지 않고 있는 그대로 보았다."고 원효와 그의 사상이 지닌 본질을 지적하였다. 결국 그는 일제강점기 조선불교계, 특히 조계종이 그 종명과 종지와는 상관없이 계정

---

32 최남선, 앞의 글, 12쪽.
33 허영호, 「원효불교의 재음미」, 『불교』(신)29호, 불교사, 소화16년(1941), 14쪽.

혜의 근본사상의 원류를 원효학에서 찾아야 함을 강조하였다.

조명기는 원효의 『십문화쟁론』에 주목하였다. 그는 신라시대부터 5교9산이 성립되었으나 교파(敎派)는 신라 초에 분열되었음을 전제하고 새로운 대승종지인 원융화쟁을 제창하였다고 하였다. 그의 글은 원효사상을 소개하는 것 이상으로 일제강점기 조선의 사상계와 지식인에게서 보이는 혼란과 무질서를 질타하고 있다. 예컨대 "우리 사회에는 노리(老狸)같은 정치가와 분승(糞蠅)같은 종교가를 배출하고 비열무식한 한학자가 성기(盛起)하여 사회의 전도는 점점 암흑으로 향하고 말았다."고[34] 하였다. 결국 원효의 『십문화쟁론』을 통해 일제강점기 정치와 사상계를 비판하고 원효가 제시한 화쟁의 해법을 통해 질서를 바로잡기를 바란 것이다.

한편 화당은 원효의 여성관을 살폈는데, 불교 교리와 경전문학, 계율 등을 토대로 원효의 파계 행위를 정당화시키고자 하였다. 즉 원효가 요석공주와 정을 통하고, 설총을 낳았다는 것은 원효가 체득한 대승교리의 일면으로 생각하는 것이 옳다고 했으며, 대승불교는 만사를 포용하는데 특징이 있다면 소녀의 연애도 구태여 버릴 것이 아니고, 오도의 과정으로 보며 원효의 공주사건도 육도만항의 하나로 인식한 것이다.[35] 화당의 이와 같은 논지는 당시 불교계가 일본불교의 영향으로 대처식육의 풍조가 만연된 상황에서 청정비구의 계율 문제와 상반되었기 때문으로 해석할 수 있다. 원효의 파계를 강조하여 대처식육의

---

34 조명기, 「원효종사의 십문화쟁론 연구」, 『금강저』 22, 조선불교동경유학생회, 1937, 20~21쪽.
35 화당, 「元曉의 女性觀」, 『불교』(신)28, 불교사, 1940. 32~33쪽.

정당성을 내세웠지만, 자신의 글 역시 분명하거나 타당한 주장은 미흡한 편이다.

이밖에 원효의 저술 소개도 이루어졌는데[36] 중국과 우리나라의 장소목록에 수록된 원효의 저술을 찾았고, 고려시대 편찬된 "『동문선』 권 80에 수록된 원효의 저술 서문은 저술 중에 어느 부분만 적당히 뽑아서 원효의 서문이라고 한 것"을 지적하고 그 오류를 구분하기 위해 원효 저술의 일반적 구성을 다음과 같이 제시하였다.

> 원효는 어떤 經論의 疏記를 찬술할 때는 반드시 그 각 部의 처음에 二門 三門내지 十門까지 별도로 열거하여 놓았다. 해동원효 기신소의 제1권의 처음에「將繹此論略有三門 初標宗體, 次繹題名, 其第三者依文改義 第一標宗體者, 然夫云云」이라했다. 때문에 지금 제시한 서문과 같이 어느 부분을 삭제한 듯 하니 그 안에 將繹으로 내지 第1標宗體者然字까지 뽑아 삭제하고 그 다음 글만 가려 뽑아 이것을 서문이라 한 것이다.[37]

의상·자장·태현·경흥 연구는 양적 측면에서 원효 연구에 미치지 못한다. 특히 의상 연구는 김태흡이 소개할 당시만 해도 그 연구가 전무한 실정이었다.[38] 그는 의상의 생애와 선묘설화, 부석사 창건 연기, 그리고 화엄철학의 대강을 설명하였다. 김태흡의 의상에 대한 기술이

---

36 조명기, 앞의 글, 21~25쪽.
37 「元曉著述의 序文」, 『朝鮮佛敎叢報』 20, 대정9년(1920).
38 김태흡, 「의상대사와 화엄철학」, 『불교』 55, 불교사, 소화4년(1929).

당시 인물 연구의 일반적 경향이라면 조명기는 사료를[39] 통해 속성·출생·출가·입당·귀국·시적을 비교 분석하였다. 그는 의상교학이 지닌 특징을 중심으로 기술했는데, 법계도와 본존관, 전법 방식이 그것이다. 특히 의상의 본존관에 대해서는 "무량수불이 비로자나불이라하여 염불을 더한 것이 특색이라고 하였다. 즉 의상스님의 백화도장발원문이나 부석사원융국사비에도 같은 방식으로 아미타가 즉 무량수이고, 무량수가 즉 비로자나라고 하였고, 또한 관세음보살이 아미타불을 정대한 것을 인하여 의상은 아미타불과 관세음보살을 본사로 하여 정토사상과 화엄교학과의 융화를 보이고 있다."고[40] 하였다.

의상이 所依하는 경전은 물론 華嚴이나 海印圖에 의하여 특이한 전법 방식이 있다. 의상이 귀국 후 해인도를 교과서로 하여 제자에게 교수하는 동시에 傳法三寶를 作하여 제자 중에 華嚴奧旨를 徹悟하여 교화를 담당할만한 자가 있으면 이 해인도 1매를 傳하여 信을 표하는 것이다. 이것은 마치 선종에서 의발을 전함과 같은 規禮이나 또 화엄종 본산에서는 해인과 華嚴經板과 無孔珠를 삼보로 하고 대대로 전하는 것이 종풍을 삼는다.[41]

조명기는 의상이 화엄일승법계도를 전수하고 그 뜻을 깨친 이가 있

---

39 조명기, 「의상의 전기와 저서」, 『一光』 9, 불전교우회, 소화14년(1939), 20쪽. 조명기가 의상의 행적을 규명하면서 참고한 자료는 三國遺事·宋高僧傳·海東高僧傳·法界五祖略記·白花道場發願文略解·六學僧傳·三國史記·東京通誌·賢首書簡 등이다.
40 조명기, 앞의 글, 31쪽.
41 조명기, 앞의 글, 31~32쪽.

으면 법계도 1매를 전하니, 화엄종에서는 해인과 화엄경판과 무공주를 삼보로 삼고 이를 대대로 전한다고 하였다. 그는 지리산 화엄사의 삼종화엄의 석벽과 해인사와 부석사에 소장되어 있는 주·진·정원 당시의 화엄경 고대판, 그리고 해인사에 유전하는 수정주를 근거로 제시하였다. 그는 법상종의 대가 태현에 대해서도 소개하였다. 태현의 사상과 학문을 통해 신라사상의 주류와 특징을 찾아내기도 하였다. 즉 태현은 스승이라고 전해지고 있는 원측과 도증의 석의에 대해서 조술적 태도를 취하지 않고 오히려 비판적 태도를 취했으며, 태현이 화엄과 기신등은 원효의 것을 다인하였고, 법상 방면 유식 등에는 원측의 것을 인용하였다고 하였다. 결국 조명기는 태현이 "어떤 경우에는 원측의 학설을 찬(讚)하고, 어떤 경우에는 타인의 해석을 찬하여 학문상으로는 일점의 정실관계와 파별문제에 인착(恡着)하지 않았다."고[42] 하여 원효의 화쟁사상을 계승한 까닭에 일승가의 주장에 대하여 조화적 태도를 취한 것을 높이 평가하였다. 이와 같은 태현에 대한 긍정적 평가와는 달리 정황진은 『삼국유사』에 태현법사를 유가대덕이라고 기록한 것은 괴이하다고 평가하고 태현은 "경흥보다 후배이며, 유식에 대한 저술도 경흥법사에 필적하지 못한다."고[43] 하여 상반된 인식을 하기도 하였다.

일제강점기 고대불교 인물의 행적과 사상에 대한 연구는 다양하게 진행되었는데, 대체로 행적과 저술의 소개에 한정되어 진행되었다.

---

42 조명기, 「태현법사의 저서와 사상」, 『일광』 10, 불전교우회, 소화15년(1940), 39쪽.
43 정황진, 「불교사학연구-해동유가정종초조경흥국사」, 『조선불교총보』 15, 대정8년(1919), 51쪽.

(3) 자료수집

일제강점기 불교계에서 진행된 불교사 연구와 기술에서 빼놓을 수 없는 중요한 위치를 차지하고 있는 것은 자료수집과 정리다. 사실 근대 불교사 연구와 기술은 일련의 학자들의 노고에 의해 이루어진 결과라고 할 수 있다. 이들은 단편적인 자료라 할지라도 불교계의 언론지에 소개하였다.

필자	제 목	간행지(호수)	출판사	간행연도
尙玄	慶州石窟佛像	불교진흥회월보 1권3호	불교진흥회본부	대정 4년
稻田春水	智異山大華嚴寺新羅時代華嚴石壁經考	불교진흥회월보 1권4호	불교진흥회본부	대정 4년
關野貞	朝鮮最古의 木造建築 (1~3) 浮石寺無量壽殿과 祖師堂	조선불교 52 조선불교 53 조선불교 54	조선불교사	소화 3년 소화 3년 소화 3년
牛場眞玄	新羅時代의 不可殺爾 (상·하)	조선불교 15 조선불교 16	조선불교사	대정 14년
未詳	新羅의 傳說	조선불교 75	조선불교사	소화 5년
元曉 撰	佛說阿彌陀經序 (8종의 서문)	조선불교총보 20	30본산연합사무소	대정 9년
猊雲 撰	眞表律師傳簡	조선불교총보 10	30본산연합사무소	대정 7년
元曉 遺著	法華經宗要序	조선불교총보 6	30본산연합사무소	대정 6년
崔彦撝	眞澈國師塔碑銘	조선불교총보 3	30본산연합사무소	대정 6년
記者 選	大朗慧和尙白月葆光 之塔碑銘幷序	해동불보 4 해동불보 6 해동불보 7 해동불보 8	해동불보사	대정 3년 대정 3년 대정 3년 대정 3년

稻田春水	江原道江陵地藏禪院 朗圓大師悟眞塔碑銘	조선진흥회월보 1권 6호	불교진흥회본부	대정 4년
	寶林寺普照禪師靈塔 碑銘幷序	조선불교1	조선불교사	대정 5년
	眞鏡大師塔碑銘幷序	불교진흥회월보 1권 9호	불교진흥회본부	대정 4년

내가 朝鮮佛敎通史의 材料蒐集에 착수한 것은 10년 전(융희 원년, 1907년) 경이다. 그때부터 나는 우선 일본, 상해, 북경 등지로부터 佛書 기타 참고에 관한 서적 약간 部帙을 구입하였다. 諸方으로부터 경성에 이르기까지 僧師들에게 교제를 게을리하지 않아 자문을 은근히 하여 고승의 碑狀이라든지 사원의 誌記라든지 禪敎의 宗派라든지 산문의 慣俗을 막론하고 관련된 事蹟이라하면 言說도 청취하고 문자로도 접수하며 市上에서 寓目하는 것도 불서요, 架上에 貯置하는 것도 佛書요, 燭下에 抄寫한 것도 불서요, 심지어 침상에서 夢寐한 것도 불서다. 일개 무식자같이 百不知百不聞하고 주야로 종사하는 것은 불서뿐이었던 까닭으로 家人에게 "십년공부나무아미타불"이라하는 조소까지 들었노라.[44]

인용문은 『조선불교통사』를 편찬한 이능화(1869~1943)의 술회다. 일찍이 그는 경성유학 중에 조선에 불교가 유입된 이후 그 흥망성쇠와 종파의 연혁을 알고자하였지만, 아는 이가 드물었고, 한국불교가 그 역사만큼이나 유구하지만 실상 1500여 년의 계통적 역사에 조선인들

---

44 이능화, 「조선불교통사에 취하여」, 『조선불교총보』 6호, 30본산연합사무소, 대정6년(1917), 33쪽.

이 무지(無知)한 것에 통탄했다고 한다. 나중에 『조선불교통사』를 받아 본 조선총독부 내무부장관과 학무국장도 "종래 조선의 불교는 전혀 사회에서 도외시되어 이 땅의 학자로 이를 연구하는 자가 전혀 없어 불교에 관한 저서가 없는 것을 불교문헌상에 일대 결함인줄로 유감으로 생각하였습니다."라고[45]했을 정도다.

그는 10여 년 동안 일본과 상해 등지에서 자료를 구했고, 불교계의 승려와 교유를 통해 고승의 비문(碑文)·사지(寺誌)·저술(著述)뿐만 아니라 입으로 전해 내려오는 구술까지도 수집하는 노고를 아끼지 않았다.

> 생각건대 조선은 崇儒排佛하는 風을 이룬지 지금까지 5백 년 동안 도서의 散佚과 堂塔의 毁敗는 실로 차마 말로 형언할 수 없는 지금 불교에 관한 編著를 내놓는 것이 容易치 아니한 줄은 누구라도 알고 있거늘 노형은 분연히 손을 들어 刻苦精勵하여 털끝만큼도 관헌 또는 다른 사람의 도움 없이 혼자 힘으로····[46]

조선총독부 관료들은 이능화가 조선의 정사 야승과 금석문 등은 물론이요 널리 중국의 사적을 통람하고 신문잡지 관보류에 이르기까지 섭렵하여 빼놓은 것이 없고, 과거의 사실을 상세하게 했을 뿐만 아니라 현대까지 분명히 하였으니 실로 완전한 일대 불교사로 일찍이 조선에는 그 유례가 없는 저작이라고 극찬하고 특히 하편의 「2백품제」는 그 고증의 정밀함과 식견이 탁월함은 경탄할만하다고 하였다.

---

45 宇佐美騰夫·關屋貞三郎,「李能和 殿」,『조선불교총보』10, 30본산연합사무소, 대정7년(1918), 65~66쪽.
46 宇佐美騰夫·關屋貞三郎, 앞의 글, 67쪽.

권상로(1879~1965) 역시 조선불교의 역사를 황망하다고 전제하고 그 흔적이 착락(錯落)과 산일(散逸)이 극도에까지 이르러 고승석덕의 명자(名字)까지도 잊어버리는 지경을 한탄하고 비문과 문집에서 아는 대로 주어 모아보는 중에 입적한 날을 기준으로 고승의 행장을 정리하기도 했다.[47] 아울러 권상로는 고승석덕(高僧碩德)의 저술도 수집하였는데, 당시에는 그 책자는 물론이고 총목록조차도 얻어 보지 못했다고 한탄하였다. 그가 책명과 연대, 보관 장소까지 정리하여 목록화한 자료만도 총 466종이었다.[48] 권상로의 이러한 노고는 『조선불교약사(朝鮮佛教略史)』라는 결과물을 낳기도 하였다.

　　자료수집에 대한 관심은 조선총독부 도서관에 근무하던 박봉석에게도 예외는 아니었다. 그는 고승전인 『청구승전보람(靑丘僧傳寶覽)』을 세상에 내놓았는데 그 배경은 다음과 같다.

　　佛法이 우리나라 문화에 공헌한 것이 지대했음에도 불구하고 그 신이한 기록이 남아있지 않음을 한탄했다. 다행스러운 것은 다 없어지지 않았지만, 비바람에 휩쓸리기도 하고, 흩어지고 빠져서 온전히 갖추어지지 못해 근거를 찾을 수 없다. 만약 그대로 방치해 둔다면 100년 후가 두렵다. 우리나라 고승의 전기를 내가 밤낮으로 근심하여 널리 구하기를 10년이 지났다. 친구 조명기와 김삼도가 와서 간행하여

47　권상로, 『朝鮮高僧時順考』, 『불교』(신)32, 1942년
　　권상로는 한국불교사상 고승의 입적일 기준으로 1월부터 12월까지를 상정하여 『불교』(신)지(32~43호)에 1942년 1월부터 12월까지 게재하였다.
48　退耕, 「조선고승석덕의 저술이 몇 권이나 됩니까」, 『불교』 46·47합호, 불교사, 소화3년(1928)

세상에 내놓기를 권했다. 제목을 「청구승전보람」이라고 했다. 수집의 시대적 범위는 삼국시대부터 조선시대까지다. 우리나라 승려들 외에 전법승, 독신거사 등을 모두 실었다. 삼국과 신라시대에는 비록 전기가 없다할지라도 문헌에서 발췌하여 실었다.[49]

박봉석은 소중한 불교사의 흔적들이 사라지는 것을 안타까워하여 10여 년 동안 수집하여 삼국시대부터 조선시대까지의 고승의 전기를 정리하였다. 수집 자료의 규모를 보면 『삼국사기』·『삼국유사』를 비롯한 우리나라 정사류(正史類)와 불교관계사서 그리고 『해동금석원(海東金石苑)』, 『조선금석총람(朝鮮金石總覽)』, 『조선사찰사료(朝鮮寺刹史料)』 등 금석문류을 중심으로 한 당시 조선총독부 조사 자료집 뿐만 아니라 『대정신수대장경(大正新脩大藏經)』과 『대일본속장경(大日本續藏經)』, 『대일본전서(大日本全書)』와 같은 일본의 불교 관계 자료 그리고 전집(全集)과 문집(文集), 사지(史誌), 비석(碑石), 탁본(拓本) 등 방대한 자료를 기초로 수집해서 정리하였다.[50] 그는 또한 당시까지 현존하고 있었던 경판(經板)의 사정을 조사하여 발표하기도 하였다.[51]

이밖에 강유문은 불교연표를 작성하여 연재하였는데[52] 참고 자료는 삼국사기, 삼국유사, 조선사찰사료, 고려사, 이조실록, 조선불교통사, 조선선교사, 신증동국여지승람, 대동금석목(大東金石目) 경북오본산

---

49 박봉석, 「청구승전보람」, 『불교』(신)21, 불교사, 1940년, 부록1~12쪽.
50 박봉석은 『청구승전보람』을 『불교』(신)에 1940년 2월부터 1944년 1월까지 약 4년 동안 게재하였다.
51 재약산인, 「海東叢林紙魚譚」, 『불교』(신)59, 불교사, 소화19년(1944), 17~23쪽.
52 강유문, 「朝鮮佛教年表」, 『불교』(신)34·35·36·37, 불교사, 1942.

고금기, 불국사고금창기, 조선인명사전, 연려실기술, 조선금석총람, 발연사진표율사장골비, 해동고승전, 일본서기, 금강산유점사사적, 대둔사지, 동양역사사전, 지나문화사적 등 광범위했다.

(4) 불교문학·미술·음악

일제강점기 불교문화에 대한 관심은 이능화·권상로·박봉석 등 불교사와 불교문화에 관심을 갖고 10여 년 이상 자료수집과 정리에 열정을 쏟았던 몇 사람에 의해 시작되었다. 이들에 의해 폐허가 되고, 먼지가 쌓인 채 버려진 고찰(古刹)을 비롯한 승려의 비문(碑文)과 저술, 그리고 유물들이 세상 밖으로 나왔고, 관심을 받기에 이르렀다.

조선총독부 역시 한국의 정체성 말살의 도구로 문화재 조사를 장기간에 걸쳐 실시하기도 했다. 당시 조선총독부 사사과(社寺課) 주임이었던 와타나베 아키라[渡邊彰]는 명치 45년부터 대정 1년까지 1년 동안의 고적조사(古蹟調査)를 수행하는 과정에서 2종 6목의 고적 분류 기준을 마련하였다.[53] 그는 2종을 "직접 국가자체의 광채(光彩)와 문화를 창융(昌隆)하는데 적절한 자료가 될 것과 간접으로 국가의 광채(光彩)와 세속도심(世道人心)에 호감화(好感化)를 주는 자료"로 구분하였다. 일제는 이후 1916년에는 8개 조항의 「고적급유물보존규칙」을 제정하였고, 1929년에는 「국보보존법」, 1933년에는 「중요미술품들의 보존에 관한 법률」을 만들기도 하였다.

---

53 도변창, 「朝鮮의 古蹟調査에 就하여」, 『朝鮮佛敎月報』 13, 조선불교월보사, 대정2년(1913), 12~16쪽.

필자	제 목	간행지(호수)	출판사	간행연도
姜在鎬	高句麗時代古墳壁畵에서 본 佛敎思想	불교 54	불교사	소화 3년
小田省吾	檀君傳說에 대하여 (日文, 1~4)	조선불교 22·23·24·25	조선불교사	대정 15년
尙玄居士	海東佛界에 梵唄源流	불교진흥회월보 1권 5호	불교진흥회본부	대정 4년
許永鎬	高句麗의 原音推定에 대해서	金剛杵 20	조선불교동경학우회	소화 7년
許永鎬	「樂浪」語義考	신생 창간호 신생 2	신생사	소화 21년
	中國의 新羅僧 詩	조선불교월보 17	조선불교월보사	
金包光	金山寺의 石鐘	녹원 2	녹원사	1957년

일제강점기 불교미술에 대한 관심은 불교계뿐만 아니라 국학 진흥의 차원에서도 중요한 문제였다.

조선에서 가장 오래된 것은 무엇이며, 가장 아름다운 것은 무엇이오, 세계적 자긍심으로 빛나는 것은 무엇이며, 학술상 府藏되는 것은 무엇인가. 첫째도 불교적 유산이오, 둘째도 불교적 유물이니 오랜 세월을 거쳐 오면서 만물의 웅장함과 형태가 모두 사라졌지만, 國寶가 불교 안에 있고, 백성들의 순수함이 이안에 있다. 회화조소가 그러하며, 건축과 제조가 그러하며, 벌레 먹은 1권의 經이라도 그러하며, 글자가 떨어진 한조각의 비석 글도 그러하며, 한 폭의 勝景과 한 채의 堂宇도 아름다운 명예를 보유한 것은 모두 불타의 자비로운 광명을 입지 않은 것이 없다.[54]

---

54 육당학인, 「朝鮮佛敎의 大觀으로부터 「조선불교통사」에 급함」, 『조선불교

최남선은 불교유산과 유물이 조선뿐만 아니라 세계적 가치가 있음을 언급했고, 불교사상과 신앙뿐만 아니라 한국의 역사와 사상, 한국인의 순수함이 포함되어 있음을 강조하였다. 그는 석굴암을 사례로 들어 "전무후무한 당시 분위기를 배경으로 하고 원만현묘(圓滿玄妙)한 불교정신을 기연(機緣)으로 하여 조선인의 대기백 대역량이 온전히 한 예술로 표현된 민족적 보탑인 동시에 일면 문화사상에 있어서는 동서고금을 녹인 불교미술의 집대성이다."라고 하였다.[55]

요컨대 일제강점기 불교유산에 대한 인식은 관심의 대상은 아니어서 본격적인 연구가 진행된 것은 아니었지만, 국학 진흥이나 불교사 복원의 노력과 함께 그 가치를 재인식하게 되었다.

2) 조선시대 불교사 연구의 경향

일제강점기에 진행된 조선시대 불교사 연구는 개설과 인물, 사상·신앙, 그리고 조선시대 진행된 국역불전(國譯佛典)으로 구분할 수 있다.

(1) 조선시대 불교사 개관

필자	제 목	간행지 (호수)	출판사	간행연도
金泰洽	東洋佛敎의 槪說(조선의 불교)	佛敎 38·40	불교사	1927

총보』 11, 대정7년(1918), 22쪽.
55 최남선, 「조선불교-동방문화사상에 잇는 그 지위-」, 『불교』 74호, 불교사, 소화5년(1930), 18~22쪽.

無能居士 (李能和)	李朝佛敎史 第1編	佛敎 제1호	불교사	1924
	李朝佛敎史 1장 太祖의 불교	佛敎 창간호~3	불교사	1924
	李朝佛敎史 2장 高麗大藏經과 日本의 請求	佛敎 4~5	불교사	1924
	李朝佛敎史 3장 李朝以來海印藏經印出事實	佛敎 6	불교사	1924
	李朝佛敎史 4장 高麗以來의 大藏經에 관한 事蹟	佛敎 7	불교사	1924
	李朝佛敎史 5장 高麗雕造大藏經板의 考證	佛敎 8	불교사	1925
	李朝佛敎史 6장 佛敎의 宗派와 五敎兩宗	佛敎 9	불교사	1925
	李朝佛敎史 7장 五敎兩宗이 禪敎兩宗으로됨	佛敎 10	불교사	1925
無能居士 (李能和)	李朝佛敎史 8장 僧錄司로부터 禪敎兩宗都會所	佛敎 11	불교사	1925
	李朝佛敎史 9장 禪敎兩宗의 中廢 ~11장 禪敎兩宗의 又廢	佛敎 12	불교사	1925
	李朝佛敎史 12장 선교양종의 부흥 13장 禪敎兩宗과 禪科의 始終	佛敎 13	불교사	1925
	李朝佛敎史 14장 燕中兩王朝의 僧選狀態~16장 宣祖時에 戰功을 立한 僧徒에게 禪科를 特授	佛敎 15	불교사	1925
尙玄居士	李朝抑佛史 其一 ~ 其六	佛敎振興會 月報1권 4·5·6·7· 8·9호	불교진흥회 본부	1915
素荷	壬辰兵亂과 朝鮮僧兵의 活躍	佛敎 35·38·39	불교사	1927

高橋亨	僧兵과 李朝佛敎의 盛衰	佛敎 4~11	불교사	1924~1925
記者 選	朝鮮敎史遺考	海東佛報 6·8	해동불보사	1914
李丙燾	李朝太祖의 開國과 當時의 圖讖說	一光 8	중앙불전 교우회	1937

우선 이능화는 1924년 7월부터 1926년 10월까지 『불교』지에 20회에 걸쳐 「이조불교사(李朝佛敎史)」라는 제목으로 조선불교사를 연재하였다. 고대와 고려시대 불교사에 대한 전반적인 소개는 많이 이루어졌지만, 조선시대 불교사에 대한 개관적인 소개는 이 글이 처음이다. 찬술의 시간적 범위는 태조 대부터 조선 후기까지 해당한다. 그는 연대기적 서술보다는 조선시대 불교사를 설명할 수 있는 대표적인 주제를 선정하여 기술하였다.

그는 이 장편의 글에서 태조 이성계의 불교신앙심과 정책, 고려대장경의 판각과 조선시대 대장경의 인출과 일본의 청구, 종파와 5교양종, 선교양종으로 통폐합되는 과정, 승과의 시행과 폐지, 사찰의 재산 등의 항목을 통해 조선불교사의 전반적인 사정을 기술하였다. 2장부터 5장에 걸쳐 기술한 대장경에 관한 사실은 고려시대 대장경 판각 작업부터 고려 말 조선 초의 일본의 대장경 청구를 소개하였다. 아울러 역대 왕의 대장경 인출, 대장경과 관련하여 실록을 비롯한 여러 사서와 문집 등에서 그 기사를 발췌하여 소개하기도 하였다. 이능화는 이러한 사실을 실록을 비롯해 이정형(李廷馨)의 『동각잡기(東閣雜記)』나 이덕무의 『청장관전서(靑莊館全書)』, 『범우고(梵宇攷)』 등에서 그 근거를 밝히기도 하였다.[56] 그는 대장경판을 2본으로 추정하기도 하고, 강화에 경판이 있음에도 불구하고 중국에 가서 대장경을 인출해 와 각 절에 봉안한 사실을 이해할 수 없는 일[57]이라고 하였다.

이능화는 6·7·9·10·11·12·13장에서 불교의 종파와 5교양종(五教兩宗), 선교양종으로 통합, 폐지, 부흥 등을 소개하기도 하였다. 그가 약 7개의 장에서 종파를 거론한 것은 조선시대 불교사를 불교정책을 중심으로 서술하였음을 의미한다. 탄압의 차원에서 이루어진 종파의 통폐합으로 조선시대 불교계가 그 근본적인 변화와 함께 축소되었음을 시사한 것이다. 그는 "조선불교의 종파가 인도와 중국의 그것과 서로 같음을 전제하였다. 예컨대 구사종(俱舍宗)·성실종(成實宗)·삼론종(三論宗)·섭론종(攝論宗)·지론종(地論宗)·천태종(天台宗)·법상종(法相宗)·자은종(慈恩宗)·진언종(眞言宗)·정토종(淨土宗)·율종(律宗)·화엄종(華嚴宗)·열반종(涅槃宗)·선적종(禪寂宗) 등이 구비되었다고 하였다. 그러나 이 종파 외에 신라와 고려의 여러 기록에는 다른 종파가 있었음을 밝혀냈다. 즉 신라시대에는 신인종(神印宗) 혹은 문두루종(文豆婁宗), 해동종(海東宗) 혹은 분황종(芬皇宗)이 있었으며, 고려에는 시흥종(始興宗)·총지종(摠持宗) 혹은 다라니종(陀羅尼宗)·천태소자종(天台

---

56 무능거사, 「第3章 李朝以來海印藏經印出事實」, 『李朝佛教史』 6, 『佛教』 6, 불교사, 1924, 28~36쪽. 이능화는 이덕무의 『青莊館全書』 「盎葉記」에 수록된 세조대 대장경 인출과 관련된 기록인 搨印節目 1책을 발췌하여 소개하였으며, 「伽倻山記」·「海印寺大藏經」·「記海印寺八萬大藏經事蹟」도 역시 소개하였다.

57 무능거사, 「第5章 高麗雕造大藏經의 考證」, 『李朝佛教史』 8, 『佛教』 8, 불교사, 1925, 38~39쪽.

疏字宗)·천태법사종(天台法事宗)·법성종(法性宗)·원융종(圓融宗)·도문종(道門宗)·중도종(中道宗) 등이 있었다고 하였다.[58] 이 가운데 신인종은 진언종의 별파(別派)이며, 해동종 혹은 분황종·법성종·원융종·도문종 등은 화엄종이요, 선적종은 곧 구산문 조계종, 총지종 혹은 다라니종은 진언종, 천태소자 및 법사종은 천태종의 분류며, 시흥종 및 중도종은 모두 화엄종의 지방적 별명으로 추정하였다.

5교 양종은 고려 태조 때 설치되었지만, 고려사 기록은 원종 때부터 조선 초까지 존재했다고 보았으며, 조선이 건국되면서 불교 배척의 결과로 혁파 논의가 있었다고 하였다. 다음 선종을 합하여 조계종으로, 5교를 합하여 화엄종으로 하자는 논의를 하였으며, 이후 오교양종에 속한 사찰 한 곳 외에는 사사전구(寺社田口)를 혁파하자는 논의 등을 소개하였다.

> 대개 반도의 불교는 이때부터 국가에서 이를 건설하여 사찰을 조성하고 田民을 賜給하고 住持의 직을 任免하고 焚修의 업을 부담시켰다. 그리하여 파괴함에도 이를 국가에만 맡기고, 인민은 전부가 불교 신자임에도 불구하고 전연 무관계로 袖手傍觀만 할뿐이었다. 이것으로 본다면 지금 세계 각국에 정치와 종교를 分立하여 인민 자유에 맡기는 것은 참으로 문명의 극도라 할 것이다.[59]

이능화는 1911년 총독부가 제정하고 시행한 사찰령의 시초가 조선

---

58 무능거사, 「第6章 불교의 종파와 오교양종」, 『李朝佛敎史』 9, 『佛敎』 9, 불교사, 1925, 26쪽.
59 무능거사, 앞의 글, 31쪽.

전기의 불교정책에서부터 비롯되었다고 하였다. 예컨대 태종대 사찰 소유의 전민(田民)을 빼앗고, 승려 수를 정하거나 사찰을 감소시키고, 종파를 통폐합시켰는데 이것은 불교가 침체된 원인이었으며, 이 악순환이 사찰령에서 재현된 것으로 본 것이다. 때문에 그는 정교분리를 국민에게 맡기는 것을 문명의 최고 수준으로 평가하였다. 요컨대 일제강점기 사찰령에 의한 당시 불교계의 여러 가지 모순과 폐단을 지적한 것이다.

그는 8장과 13·14·15·16장에 걸쳐 조선시대 승록사(僧錄司)의 폐지와 선교양종도회소의 설치, 승과(僧科)의 시종(始終)을 기술하였다. 종파 통합과 승과의 설치와 폐지를 통해 조선의 불교정책의 전개와 불교계의 기능과 위상이 축소되어가는 과정을 기술하였다.

> 爾來 禪敎兩宗은 不生不滅의 상태로 이조 최후까지 존속하여 왔다. 現行 寺刹令에 의하여 조선불교를 禪敎兩宗의 名義下에 31대본산의 寺法을 인가한 것은 즉 조선불교 그것의 유래 역사를 존중 응용한 것이다.[60]

그는 조선시대의 이와 같은 불교 종파의 통폐합이 조선왕조 전 시기 동안 존재해 오다가 사찰령이라는 이름으로 계승되었다고 지적하였다. 결국 불교에 대한 국가의 간섭과 통제는 불교 자체의 존립이라든가 독자성이 무시되고 그와 같은 한계는 불교 자체의 사상과 신앙 등의 발전과 성숙을 저해하는 요인으로 보았다. 사찰령 이후 한국불교는

---

[60] 무능거사,「第12章 禪敎兩宗의 復興」,『李朝佛敎史』13,『佛敎』13, 불교사, 1925, 24쪽.

조선시대의 선례에 따라 '조선불교선교양종'이라는 종명을 선택할 수밖에 없었는데, 그것은 국가의 간섭과 통제가 계승되고 있었음을 의미한다고 보았다. 그러나 17·18장의 사찰재산에 대해서는 고려 후기 불교계의 폐단과 관련하여 사원경제가 지닌 모순을 지적하기도 했다. 예컨대 "국가에서 사찰에 전민을 사급(賜給)한 본래 의도는 분수승(焚修僧)으로 하여금 국리민복(國利民福)을 기원하기 위해서다. 출가 승려가 노비를 부리고 안일(安逸)함은 석존의 율법에서 허락하지 않는 것인데 승려가 노비를 타인에게 사사로이 양도하는 것은 더욱 이치에 맞지 않는 일이다. 조선의 유신(儒臣)들이 사찰의 전민(田民)을 감소시킨 일은 불교를 억압하는 일이지만, 그 이치가 틀리지는 않는다."고[61] 하여 불교계의 모순을 비판하기도 하였다.

이능화는 이밖에 『조선왕조실록(朝鮮王朝實錄)』과 『연려실기술(燃藜室記述)』, 그리고 조선 중기의 문신 이자(李耔, 1480~1533)가 쓴 『음애일기(陰崖日記)』, 남효온(南孝溫, 1454~1492)의 『추강냉화(秋江冷話)』에 수록된 조선시대의 억불 사례를 모아 소개하기도 하였다. 예컨대 조선 초기인 성종 대에 일어났던 유생들이 정업원(淨業院)의 불상(佛像)을 탈취한 사건이나[62] 김효온의 불교 신앙심에 대한 유신들의 비난, 그리고 향시(鄕試)에서 불공(佛供)을 긍정적으로 기술했다하여 징계한 사실을 소개하였다. 아울러 연산군 대 유생(儒生) 수십 인이 경기도 광주의 청계사에 몰래 들어가 불교경전을 무단으로 빼내온 일이라든가, 중종 대

---

61 무능거사, 「第17章 寺利財産」, 『李朝佛敎史』17, 『佛敎』20, 불교사, 1926, 15쪽.
62 상현, 「李朝抑佛史」其一, 『불교진흥회월보』 1권4호, 불교진흥회본부, 1915, 31~32쪽.

흥천사 사리각(舍利閣) 화재로 유생들을 처벌한 일등을 소개하였다.[63]

한편 「승병(僧兵)과 이조불교(李朝佛敎)의 성쇠(盛衰)」를 통해 조선시대 불교사를 개관한[64] 다카하시 토오루는 한국불교가 신라·고려·조선불교가 각기 다른 특질을 지니고 있음을 전제하였다. 예컨대 "신라시대의 불교는 신라인의 성질을 나타내어 실로 綺麗한 미술을 나타냈다." 고려의 불교는 "신앙도 높지 않고, 순일함도 없지만, 그 열렬한 점에는 고려불교는 일종의 異彩가 있다."고 그 가치를 평가했지만[65] 조선시대에 대해서는 조선인의 사상과 신앙에 일정한 영향력을 지니고 있다고 언급했을 뿐이다.

다카하시는 한국불교사를 종교 행정의 역사라고 전제하고, 불교의 성쇠흥망이 그때의 정부의 시정 방침에 관계되었다고 하였다. 즉 "소급하여 2000년 전부터 불교 성쇠흥망을 살펴본 즉 이상한 일은 불교의 성쇠흥망이 당시 정부의 시정 방침(施政方針)에 관계되었다."고 하였다.

그는 이글에서 본 주제인 승병의 기원, 발달과 결말을 거론하기 전에 조선불교의 대강을 설명하였다. 그는 조선시대 불교사를 두 시기로 나누어 1기는 성종대왕까지를 대체로 말하였고, 2기는 연산군부터 조선 말기까지의 대강을 언급했다. 즉 성종 대까지는 승과가 시행되고 있어서 승려는 준 관리로 일정한 위치를 차지하고 있었지만, 연산군 대부터는 선종과 교종본산이 철폐되고 연산군 10년 승과를 실시하고

---

63 상현, 「李朝抑佛史」 其一~六, 『불교진흥회월보』 1권4~9호, 불교진흥회본부, 1915.
64 高橋亨, 「僧兵과 李朝佛敎의 盛衰」, 『불교』 4·5·6·7·8·9·10, 불교사, 1924~1925.
65 高橋亨, 앞의 글, 『불교』 4, 불교사, 1924, 11~12쪽.

자 했지만, 폐지되고 이에 따라 지금까지 이어 온 국가와 승려의 공적 관계는 단절되었다고 보았다. 승과가 시행되는 한 승려는 준관리(準官吏)로 조선사회에서 일정한 위치를 차지하고 있었다는 것이다. 요컨대 승과시행과 같은 불교정책을 기준으로 구분한 것이다.[66] 아울러 조선불교를 교리의 방면과 전등 방면, 선조대의 임진왜란과 승병, 송운대사 등을 소개하였는데, 11종 → 7종 → 선교양종으로 종파가 통폐합되는 과정에서 청허 휴정 이후에는 조선불교가 선교분립(禪敎分立)에서 합병되어 선도 아니고 교도 아닌 조선 특유의 종지로 정착했다고[67] 지적하였다.

다카하시 토오루는 이밖에 임진왜란에 대해서는 "일본과 같은 섬나라가 적은 토지를 소유하고 나라를 부강하게 하고 그 나라의 경제를 견실히 하고자 함에는 대륙의 대국과 자유로운 통상무역이 없으면 안될 것이다. 중국이 일본의 통상요구를 허용하지 않자 풍신수길은 명(明)에 허락을 얻기 위해 위협적으로 시위운동을 하여 그것이 무단히 조선에도 영향을 미치게 되었다."고[68] 하였다. 일본이 조선을 공격할 의도는 없었고 단순히 일본 내의 경제적 사정을 해소하기 위한 정당성만을 주장하고 있을 뿐이다. 조선 승려가 전쟁에 참여한 것 역시 근본

---

66 高橋亨, 앞의 글, 『불교』 4, 불교사, 1924, 13~14쪽.
67 高橋亨, 앞의 글, 『불교』 5, 불교사, 1924, 11쪽.
68 高橋亨, 앞의 글, 『불교』 8, 불교사, 1925, 27쪽.
　다카하시 토오루[高橋亨]는 당시 임진왜란에 대한 일본 측의 연구 성과를 기초로 일본이 조선을 침략한 것은 풍신수길의 제국주의도 아니고, 영토를 구한다는 공명심에 의한 것이 아니라고 하였다. 명과의 통상무역을 위해 위협적으로 시위운동을 하는 과정에서 그것이 조선에 영향을 미친 것으로 이해하였다.

적으로는 호국불교의 전통에 기인한 것이었지만, 현실적으로 전쟁에 참여하여 상당한 공을 세워 과거시험에 합격하여 등계(登階)한 것과 같은 자격을 받고자 하였으며, 도첩을 받아 승려로서 보장 받기를 원하였다고[69] 하였다. 그러나 다카하시 토오루가 이 글을 집필한 의도는 일제강점기 조선총독부의 조선지배와 사찰령 시행의 정당성을 홍보하는데 있었다.

> 寺內伯에 의하여 朝鮮寺刹令이 발포된 것이다.‥‥‥이 사찰령에 의하여 비로소 조선사찰이 그 재산권을 認証함이 되었다. 또 처음으로 조선사찰의 寺格이 承認되었다. 즉 本山이 三十이되고, 그 三十本山의 주지는 총독의 인가를 얻어 주지가 되었다. 또 처음으로 오랫동안 그 시행이 폐지되었던 승려의 位階가 법으로 정해졌다. 그러므로 지금까지 사람이면서 사람이 아닌, 인간 이외의 비천한 자로 대우를 받던 승려의 사회적 위치가 갑자기 향상되어 본산 주지는 우선 奏任 대우로 말할만한 지위를 얻었다. 또 정부의 지도 장려에 의하여 사찰은 뜻대로 포교소를 건조하고 불법을 보급함이 되었다.‥‥‥이와 같이 조선불교가 처음으로 생명을 얻음에 이른 것은 사내총독의 정교에 의한 것이다.[70]

결국 탄압을 받고 있었던 조선불교가 조선 총독 데라우치 마사다케[寺內正毅]의 사찰령에 의해 부활의 기회를 맞았다는 것이다. 다카하시는 데라우치 총독을 "조선불교사에 영구히 잊지 못할 불교의 옹호

69　高橋亨, 앞의 글, 『불교』8, 불교사, 1925, 29~30쪽.
70　高橋亨, 앞의 글, 『불교』4, 불교사, 1924, 10~11쪽.

자"라고 하면서 불교를 숭신하고 흥하게 했던 역대의 태종무열왕·왕건·이성계와 같은 차원에서 평가하기도 하였다. 그러므로 1923년 여름 그가 금강산 장안사에서 조선 승려를 대상으로 조선시대 승병을 비롯한 조선시대 불교를 강의한 실질적인 목적은 사찰령이 미천한 한국불교와 승려에게 그 지위를 회복시켜주는 역할을 강조하기 위한 것이었다.

한편 장도환(張道煥)은 「려말(麗末)과 이초(李初)의 유불(儒佛)의 관계(關係)」에서 고려 말 대두된 주자성리학이 조선의 건국이념으로 작용하면서 불교와의 관련성을 검토하였다.[71] 그는 고려불교는 신라불교와 동일하게 귀족불교라는 특수계급으로 존립된 것은 사실이지만, 고려의 역사 전통이 문화적 사상색(思想色)으로서 대립하기까지는 매우 집단적이고 교융적이어서 외래의 문화가 침입하여 대립할 기회를 주지 않고 섭취하였던 것이 재래의 문화색이었던 까닭에 정치 변동 이외에 대립색은 없었다고 하였다.

> 그러나 려말에 있어서는 벌써 그런 호의로서 해석하고 善意로 타협할 기회를 주기 전에 불교 내부의 부패가 一原이 된 점도 있었지만, 왕조의 말기에 정치의 頹色이 극도에 달해서 무엇인지 민중으로 하여금 급격하게 외래 조직화한 사상적 결사적 흥미에 충동을 주게 되자 宋儒의 결사적인 외래 사상체계가 그대로 들어오게 되고 佛敎對 宋儒 간에 알력되는 문화의 질적 차이에서 격론되던 논쟁 방법까지를 가져와

---

71 장도환, 「麗末과 李初의 儒佛의 關係」 1~6, 『불교』(신)47·48·52·53·54·56, 불교사, 1943.

조선불교 輸入後 一次도 道佛儒佛이 (타협은 있었으나) 큰 對立擯斥은 없었던 것이었는데 1천년간 처음으로 큰 反目이던 것이다.[72]

장도환은 고려 말 시작된 불교 비판과 불교와 유교의 충돌은 우선 불교 내부의 폐단과 정치의 모순을 일차적인 원인으로 꼽았다. 이와 같은 폐단은 당시 신선한 충격을 주었던 주자성리학의 유입과 함께 송나라 성리학자의 불교비판론이 그대로 활용되어 그동안 단 한 번도 큰 대립이 없었던 유교와 불교 사이의 반목이 발생하였다고 하였다. 그러나 장도환은 그 대립의 근본 원인은 유교사상이 종교적으로나 신앙적인 측면에서 비롯된 것이 아닌 문화적, 현실적 원인에서 비롯된 정치이론의 결사적 행동이 원인이라고 하였다. 아울러 조선시대 불교 정책의 단면에 대해서도 의견을 보였는데, 우선 그는 태조와 태종대 승려들에게 노비를 분정(分定)한 것은 이전의 귀족사회에 준거하여 특별대우를 받았던 결과가 이어진 것으로 해석하였으며[73] 조선불교는 명종대 부활된 승과가 부활되었다가 불과 수년 만에 혁파되었는데, 승과의 폐지는 승려의 소질이 저하되는 첫 단계였고, 국가시험에 의해 인재를 선발하지 못해 교학(敎學)이 발달하지 못하고 교육열 역시 감소하게 되었다고[74] 지적하였다.

雜駁한 민간신앙이 가미된 國祀가 모두 미래의 禍福을 좌우하는 鎭護神으로 알았던 만큼 風化를 위주한 제사의 습속만이 아니고 곧 당

---

72 장도환, 앞의 글,『불교』(신)47, 불교사, 1943, 15쪽.
73 장도환, 앞의 글,『불교』(신)47, 불교사, 1943, 21쪽.
74 장도환, 앞의 글,『불교』(신)48, 불교사, 1943, 16쪽.

시 인민의 知的 生活을 반증하는 동시에 유교가 다시 宗敎儀式에로 재건을 보게 된 것이다. 결국 유불의 알력은 종교적 이론 차이보다도 현실적 정치대상이 그 주요 원인이던 것이 다시 고유한 민간사상인 天思想 그대로 宗敎擬態化로 변하였던 것에서 알게 된다.[75]

인용문은 조선 왕조가 하늘과 산천에 제사 지내는 것을 지적한 것이다. 즉 유교이념에 입각한 조선의 정치나 부정적 불교 정책이 불교가 종교적 성격을 철저히 부정했음에도 불구하고 산천에 제사지내는 종교행의(宗敎行儀)가 그대로 답습된 것은 송유(宋儒)의 이단·미신관(迷信觀)의 비판적 관점이 자기모순에 빠진 것으로 지적하였다. 결국 장도환은 고려 말부터 시작된 불교비판론과 조선의 불교 정책이 사상적 측면보다는 당시의 시대상황과 정치적 모순 등에 기인 한 것으로 평가하였으며, 불교비판론 역시 송유(宋儒)의 그것을 무비판적으로 수용했음을 지적하였다.

(2) 사상·신앙

필자	제 목	간행지 (호수)	출판사	간행 연도
朴漢永	蓮潭과 仁岳과의 關係	金剛杵 20	동경동맹	1932
之一 譯	金秋史가 白坡和尙에게 보낸 辨妄證十五條	禪苑 2	선학원	1932
金泰洽	世宗大王의 信佛과 月印千江之曲	佛敎 69	불교사	1930
張道煥	淨業院과 婦人運動과의 歷史的 意義	金剛杵 20	동경동맹	1932

---

[75] 장도환, 앞의 글, 『불교』(신)53, 불교사, 1943, 8~9쪽.

일제강점기 한국불교사에서 나타난 사상과 신앙은 불교가 한국의 역사와 문화를 고양시켰다는 중요한 요소로 작용하였다. 인도와 중국 불교와는 다른 한국불교의 특성과 독자성을 원효·의상을 비롯한 고승들의 사상을 통해 그 가치를 규명하고, 고려의 의천과 지눌을 통해 선교통합과 한국 선의 위대성을 천명하기도 하였다. 그러나 조선시대는 지속적인 탄압과 수탈로 인한 불교계의 외부적 요인으로 인해 내세울 만한 사상은 찾아보기 힘들다. 종파의 통합과 승과의 폐지가 그 원인이라고 할 수 있다. 그러나 일제강점기의 지성들은 고대·고려불교와는 다른 조선불교의 사상을 찾아 단편적으로나마 소개하는데 게을리 하지 않았다.

1929년 조선불교 교정(敎正)에 취임하여 불교계를 지도하였던 박한영(朴漢永)은 당시 불교계의 학인(學人)들을 위해 조선 후기 연담 유일(蓮潭有一)과 인악 의첨(仁岳義沾)의 『화엄경』 사기(私記)에 대해 거론하였다. 그는 「연담과 인악과의 관계」에서 연담과 인악은 출생과 주석처가 호남과 영남으로 교류가 없었지만, 연담은 설파 상언에게 『화엄경』 전부를 지리산 영원암(靈源庵)·안국암(安國庵)에서 수학하였고, 인악은 『화엄경』 「십지품(十地品)」만을 설파에게 영원암에서 수학하였다고 하였다.

兩老가 各기 四敎와 大敎의 私記敎十卷을 著述하였으되 二記중에 蓮無仁說하고 仁無蓮說이오 다만 雪坡老의 講說은 兩記에 各有하니라. 蓮仁兩老와 淸凉疏鈔의 관계는 兩老가 모두 淸凉疏鈔에 대하여 당시 諸大講老의 해설을 集鈔한 것이 曰蓮潭記 曰仁岳記 그것이라. 청량

의 의지를 極力解釋한 것이오, 別義는 寸解도 無하니라[76]

　박한영은 연담과 인악의 저술에는 서로의 견해를 인용하고 반영한 흔적은 없지만, 당나라 청량이 저술한 『화엄경소초』에 견해를 밝힌 것은 동일하다고 하였다. 즉 그는 두 사기(私記)가 청량의 의지(義旨)를 해석한 것이라고 하였다. 그러나 그는 『청량소초』의 은과(隱科)는 풀이하기 어려운 곳이 있어 "머리는 있지만, 꼬리가 없고, 꼬리와 머리가 모두 없고, 잘못되고 누락된 것이 별을 늘어놓은 것처럼 많다."고[77] 지적하고는 후학들에게 혼동하지 말 것을 당부하였다. 『화엄경』에 대한 관심은 사실 18세기 불교계의 한 특징으로 화엄법회가 성행하였고, 경전에 대한 주석서도 광범위하게 저술되었다. 박한영이 소개한 「인악기」나 「연담기」가 그것으로 조선 후기부터 강원(講院)에서 널리 교재로 활용한 두 사기를 일제강점기에도 수학(修學)했던 것으로 보인다.

　한편 일제강점기 불교계에서는 19세기에 전개되었던 선(禪)에 대한 우열 논쟁도 소개하였다. 추사 김정희가 백파 긍선에게 보낸 편지, 「변망증십오조(辨妄證十五條)」를 번역하여 소개한 것이다. 이 편지는 먼저 백파 긍선이 『선문수경(禪門手鏡)』에서 선을 조사선(祖師禪), 여래선(如來禪), 의리선(義理禪)의 삼종선으로 나누고 이 가운데 조사선은 상근기, 여래선은 중근기를 위한 것으로 격외선(格外禪)에 해당된다고 보았고, 의리선은 하근기를 위한 것이라고 설명하였다. 이에 대해 초의 의순은 『선문사변만어(禪門四辨漫語)』에서 근기의 우열에 따라 선을 세

76　박한영, 「연담과 인악과의 관계」, 『금강저』 20, 동경동맹, 1932, 34쪽.
77　박한영, 앞의 글.

종류로 차등화한 긍선의 주장을 비판하고, 다만 방편 상으로는 사람을 기준으로 조사선과 여래선으로 구분하며 법을 기준으로 하면 조사선이 교외별전의 격외선, 여래선은 모두 의리를 포괄한 의리선일 뿐이라고 반박하였다. 추사 역시 이 논쟁에 참여하여 백파의 주장을 15개 항목으로 구성하여 논박하였다.

지일은 추사의 15개 항목을 번역하여 소개하면서 "元曉와 普照는 新羅人이라하였는데 보조는 두 명이다. 書狀과 두터운 이는 보조국사 지눌이며, 보조선사가 아닌데 普照 體澄의 연대만 알고 보조국사 지눌의 연대는 모르고 있다. 또한 원효와 화쟁국사를 두 사람으로 착각하고 있다."고[78] 하여 추사의 오류를 비판하였다. 그러나 내용에 대한 정확하고 깊은 분석은 시도하고 있지 않아 단순한 소개와 설명에 그친 한계가 있다.

장도환과 김태흡은 조선시대 불교신앙의 일면을 소개하기도 하였다. 장도환은 조선시대 도성 내에 있었던 여승방(女僧房)이었던 정업원(淨業院)의 실상을 소개하였다. 즉 조선 유가도덕에 쫓겨 온 성인 부녀로 구성된 정업원의 사회적 환경은 교단상의 문제만이 아닌 조선의 가족과 부녀도덕의 측면에서도 살필 수 있다고 하였다. 태종 연간에 부녀자의 출가를 금했지만, 고아를 양육하여 성장한 니승(尼僧)은 세종 이후에 전부 궁중여관(宮中女官) 혹은 궁녀에 편입하고, 과부와 늙은 부인에 한하여 출가를 허락하였다. 그러나 비구니는 대개 연화활동(緣化活動)에 참여하여 사찰 창건을 지원했는데, 대개 일상생활이 매우 곤

---

[78] 지일, 「김추사가 백파화상에게 보낸 변망증십오조」, 『禪苑』 2, 선학원, 1932, 36쪽.

궁한 상황이어서 소녀를 도제라고 하여 생활도구로 반려를 삼을 뿐이었다는[79] 것이다. 장도환은 조선시대 정업원을 통해 비구니를 비롯한 여성 불교인들의 사회적 지위가 일제강점기에도 여전히 열악함을 언급하였다. 김태흡은 『월인천강지곡(月印千江之曲)』의 편찬을 통해 세종과 세조의 깊은 신앙심을 소개하였다. 즉 그는 1929년 겨울 희방사를 방문하여 『월인천강지곡』을 필사하여 소개하면서 해제와 더불어 두 왕이 집권 초기에는 강력한 척불의 군주였지만, 점차 불교신앙인으로 변해갔음을 설명하였다.[80]

(3) 인물

필자	제 목	간행지 (호수)	출판사	간행 연도
白象生	無學禪師에 대하여	朝鮮佛敎 54	조선불교사	1928
金泰洽	松雲大師의 信仰과 그 學德 (上·中·下)	朝鮮佛敎 63(상)·64(중) ·66(하)	조선불교사	1929
徐京保	涵虛和尙의 行狀	佛敎(新) 53	불교사	1943
退耕	鞭羊禪師의 一生	佛敎 79	불교사	1931
退耕相老	梅月堂에 대한 小考	一光 6	중앙불전 교우회	1931
金泰洽	松雲大師의 信仰과 그 學德	佛敎 54	불교사	1928
金泰洽	西山大師의 信仰과 그 學德	佛敎 58	불교사	1929
洪奭鉉	僧將處英(雷默)의 略傳	佛敎 19	불교사	1930

---

79 장도환, 「淨業院과 婦人運動과의 歷史的 意義」, 『금강저』 20, 동경동맹, 1932, 32쪽.
80 김태흡, 「世宗大王의 信佛과 月印千江之曲」, 『불교』 69, 불교사, 1930.

河村道器	王師無學及び釋王寺の創建に就て	一光 2	중앙불전 교우회	1929
朴允進	印度阿育王과 朝鮮世祖大王에 對하야	金剛杵 20	동경동맹	1932
釋天輪	四溟堂松雲大師와 景徹玄蘇의 一面	金剛杵 22	동경동맹	1937
趙明基	無學大師의 逸話	鹿苑 창간호	녹원사	1957
禹貞相	西山大師의 出家動機(상·하)	鹿苑 4·5	녹원사	1958
河村道器	王師無學及び釋王寺の創建に就て	一光 2	佛專校友會	1929

일제강점기 불교사 연구에서 인물 연구는 이론적인 측면뿐만 아니라 당시 불교계의 가치 규명과 위상 정립의 차원에서도 중요한 의미를 지니고 있다.

우리는 일본불교도가 각종 開祖의 紀念祭法要 執行의 盛大함을 보고 朝鮮佛敎徒가 너무도 無神經함을 느꼈다. 元曉, 義湘, 慈藏, 指空, 懶翁, 無學, 太古 등 諸聖은 말할 것도 없거니와 西山, 泗溟 만하여도 傳敎, 弘法이나 日蓮, 親鸞, 道元, 榮西만 못하지 않지만, 자손을 만나지 못한 까닭으로 후세에 香火를 받드는 자도 희소하다고 생각하고 실로 感慨無量하였다. 바라건대 우리 조선 불교도 宗祖觀念을 널리 심기 위해 원효, 의상, 자장, 의천, 나옹, 무학 등 諸聖의 기념제를 행하고 널리 사회에 선전하는 동시에 특히 태고국사, 청허선사, 송운대사의 4대 기념제는 대대적으로 법요를 거행하고 사회에 널리 알려주기를 바라는 바이다.[81]

---

81 김태흡, 「壬辰兵亂과 朝鮮僧兵의 活躍」, 『佛敎』 39, 불교사, 1927, 32쪽.

김태흡은 한국불교사에서 일본 못지않게 걸출한 인물이 배출하였지만, 후손들의 무관심과 나약함 때문에 그 가치를 온전히 인지하지 못할 뿐만 아니라 제사조차도 지내지 못하고 있음을 한탄하였다. 이것은 일제강점기라는 구조적 제약도 있었지만, 한국불교가 지닌 가치에 대한 인식이 매우 소극적이었기 때문이다.

장도빈 역시 『불교(佛敎)』지를 통해서 불교사 속의 인물들의 가치를 강조하기도 했다. 즉 "조선불교사에서 수많은 인물들이 배출되었지만, 원효의 학해(學解), 도선의 홍교(弘敎), 의천의 흥학(興學), 태고·나옹의 수선(修禪), 청허의 기절(氣節)의 6인을 특별히 거론할 수 있다."고 하였다.[82] 그 가운데 고려 말의 태고·나옹 이후 조선 초기의 무학·환암이 태고·나옹을 계승해오다가 함허·청허가 다시 그 뒤를 계승하여 수선의 진제(眞諦)가 더욱 그 정화(精華)를 발하고 선종의 세력이 천하를 덮게 되었다고 했다.

일제강점기 소개된 청허 휴정과 사명 유정은 그들의 수행력이나 임진왜란 당시 참여한 호국불교의 표상으로 단연 관심의 대상이 되었다. 김태흡은 이정구(李廷龜)와 장유(張維)가 찬한 서산대사의 비문을 기본 사료로 『청허집(淸虛集)』과 『선가귀감(禪家龜鑑)』, 『선교석(禪敎釋)』 등을 기초로 생애와 업적을 소개하였다. 그는 서산대사를 조선불교의 중흥조로 평가하였으며, 함허(涵虛)와 더불어 서산을 조선불교사상 최후의 2대 명성(明星)이라고 하였다.[83] 그는 또한 『사명집(泗溟集)』과 『분충서난록(奮忠紓難錄)』을 기초로 사명대사의 일생을 연대기적으로 서

---

82 장도빈, 「東洋佛敎의 槪說」, 『불교』 40, 불교사, 1927, 18쪽.
83 김태흡, 「西山大師의 信仰과 그 學德」, 『불교』 58, 불교사, 1929, 43쪽.

술하였는데, 주요 내용은 사명당의 명민함과 학덕으로 유자(儒者)들과의 교유(交遊), 그가 남긴 시, 임란 당시의 활동 등을 기술하였다. 사명당의 신앙에 대해서는 유년 시절부터 냇가에서 모래를 모아 탑을 쌓고 돌을 세워 부처님이라 하였고, 임금으로부터 환속하면 많은 땅과 높은 벼슬을 하사하겠다는 제의를 받았지만 거절한 점을 들고 있다.[84] 석천륜 역시 사명당의 생애, 일본 승려 게이텐츠 겐소와의 교유 사실과 임진왜란 당시 강화사(講和師)로 활동한 일면을 언급하였다.[85] 결국 서산과 사명에 대한 조명은 두 인물을 소개하여 세상 사람들에게 그 인격과 도덕을 흠모케 하기 위해 그들의 신앙과 학덕을 조명한다고 하였다.

한편 일제강점기 불교 인물사 연구에서 주목할 만한 글은 일본인 학자 도기 가와무라[河村道器]가 쓴 무학왕사에 대한 검토다.

> 朝鮮 寺刹의 開創年代, 開祖人物 등에 대해서 정확한 史傳이라고 할 만한 것이 거의 없다. 석왕사 역시 그 예외는 아니다. 절에서 편찬한 『雪峯山釋王寺案內記』와 같이 史家의 입장에서 보아 一顧의 가치가 없는 곳이 많다.[86]

그는 우선 조선 사찰의 개창 연대나 개조 인물에 대한 정확한 역사 자료라고 하는 것이 전무(全無)한 실정이라고 불교사를 설명할 수 있

---

84 김태흡, 「松雲大師의 信仰과 그 學德」, 『불교』 54, 불교사, 1928. 이 글은 1929년 일본어로 『조선불교』 63·64·66호에 다시 소개되기도 하였다.
85 석천륜, 「泗溟堂松雲大師와 景徹玄蘇의 一面」, 『금강저』 22, 金剛杵社, 1937.
86 河村道器, 「王師無學及び釋王寺の創建に就て」, 『一光』 2, 중앙불교전문학교교우회, 1929, 29쪽.

는 자료의 빈곤을 지적하였다. 그는 각종 사료를 기초로 무학의 생애와 저서나 성격, 그리고 석왕사의 창건 연대를 고증하였다. 예컨대 변계량(卞季良)이 찬(撰)한 무학대사 탑명(塔銘)과 조림(祖琳)이 찬한 행장을 기초로 무학의 성씨가 염(廉, 應允撰論無學事蹟說), 성(成, 無學祕記), 박(朴, 一錄), 문(文)씨 성 집안의 비첩(婢妾)의 자식(三嘉縣人諺傳, 鏡巖集)이었음을 나열했고, 정작 변계량의 비문에는 성과 이름이 없다고 하였다.[87] 그의 기술은 당시 불교계의 맹목적인 전기(傳記) 저술과는 달리 상세한 고증을 통해 설명하고 있는 것이 이채롭다.[88]

이와 같이 일제강점기 불교계 지성들은 비록 조선의 불교가 겨우 명맥을 유지해 가는데 급급했지만, 한국불교사에 면면히 전해진 법등(法燈)을 지키고자 진력했던 인물들이 배출되었음을 강조하였다. 비록 자료에 대한 고증과 같은 면밀한 분석은 충분하지 못했지만, 인물의 전기와 업적을 기술한 것은 궁극적으로 조선불교가 지닌 저력을 소개하고, 자긍심을 고취시키기 위한 것이었다.

(4) 불전언해

필자	제 목	간행지(호수)	출판사	간행연도
尙玄	禪門永嘉集과 金剛經說義	朝鮮振興會月報 1권 8호	불교진흥회본부	1915

---

87 河村道器, 앞의 글, 29~34쪽.
88 무학에 대해서는 하쿠조 오세에[白象生]의 글(「無學禪師に就て」,『조선불교』54, 조선불교사, 1928)도 보이는데, 1928년 여름 총독부 종교과의 와타나베 아키라 일행과 무학선사 입적지인 금장사에 답사하여 「왕사무학자초존자종언구적」비를 발견한 것을 계기로 무학의 일대기를 소개하였다.

江田俊雄	釋譜詳節と月印千江之曲と月印釋譜	一光 7	중앙불전교우회	1936
退耕	李朝時代佛教諸歌曲과 名稱歌曲의 關係	一光 7	중앙불전교우회	1936
江田俊雄	朝鮮語譯佛典に就いて	一光 4	중앙불전교우회	1933
韓龍雲	國寶的 한글 經板의 發見經路	佛教 87	불교사	1934
記者 選	西山大師禪教釋	海東佛報 4·5	해동불보사	1914

조선시대 불전언해사업은 고려시대 대장경(大藏經)의 판각(板刻)이나 인출(印出)과 견줄만한 것이었다. 사상과 신앙, 불교계의 위상 등 모든 면에서 이전 시대와 비견될만한 것이 없는 상황에서 불전언해가 지닌 불교사적 의미는 지대한 것이었다. 일제강점기 불교계의 지성들은 『석보상절(釋譜詳節)』·『월인천강지곡』·『월인석보(月印釋譜)』를 비롯한 불교가곡을 발굴하고, 해제를 작성했으며, 그 문화사적 위상을 소개하였다. 먼저 권상로는 당시까지 현존했던 불교가곡을 정리하고, 찬불가의 근원을 밝히는데 주력하였다.[89] 그가 사료(史料)와 고승의 문집을 기초로 파악했던 불교가곡은 다음과 같다.

類 型	曲 目
鄕歌體	『三國遺事』所收 諸篇·均如傳 中의 願王歌 11篇
純漢文	懶翁和尙三歌(百衲歌·枯髏歌·靈珠歌) 法藏和尙懶翁三歌足·太古和尙 太古歌·金守溫 讚佛歌 箕城和尙念佛還鄕曲

---

89 퇴경, 「李朝時代 佛敎諸歌曲과 名稱歌曲의 關係」, 『一光』 7, 중앙불전교우회, 1936.

鮮漢文 交用	懶翁和尙 自責歌·參禪曲·世祖大王 月印千江曲 淸虛和尙 回心曲·東華和尙 勸王歌

    권상로는 이어서 세종·세조대에 저작된 장단(長短) 찬불가를 소개하였는데, 그것은 『사리영험기(舍利靈驗記)』에 있는 찬불가(讚佛歌, 短篇)와 석보상절·월인천강지곡(長篇)이다. 이 가운데 『석보상절·월인천강지곡』은 둘로 나누어 『석보상절』과 『월인천상지곡』으로 보아야 한다고 하였다.

    석보상절은 그 속에 註䟽처럼 쓰여 있는 長行文을 가리키는 것이요, 월인천강지곡은 가곡체로 되어 있어 第一, 第二로 章節을 붙이고, 구절이 있는 것 즉 大文처럼 極行으로 올려 쓴 것을 지칭한 것이다.[90]

    권상로는 그 절차에 대해서는 『석보상절』을 먼저 짓고 그 안에 대의(大意)를 절략(節略)하여 가곡으로 만든 것이 『월인천강지곡』이므로 그 제목도 역시 제작된 선후를 따라서 '釋譜詳節 月印千江之曲'이라 한 것이라고 하였다. 그러나 "실제의 책에 실려 있는 문면(文面)으로 보아서는 월인천강지곡을 위에 놓고, 석보상절을 밑에 두어야 타당할 것이다."라고 하였다. 『사리영험기』 역시 세종 31년 내불당(內佛堂)을 짓고 낙성경찬회(落成慶讚會)를 하는 도중 일어난 상서로운 이적(異迹)을 기술한 것인데 그 안에 새롭게 제작한 성곡(聲曲) 7곡, 신악(新樂) 9장을 소개하고는 이것이 조선에서 저술된 불교가곡류 중에 본격적으로 제작된 찬불가라고 단언하였다. 그는 계속해서 위에서 언급한 가곡류

---

90 퇴경, 앞의 글, 32쪽.

의 원류(原流)를 밝히고자 하였다. 그는 명나라 태종이 영락(永樂) 15년 (1417)에 신제(親製)한 것으로 가곡을 짓기 위해 편찬한 「제불세존여래보살존자신승명경(諸佛世尊如來菩薩尊者神僧名經)」에서 유래했을 것이라고 하였다. 즉 이 경전에는 총 2만이라는 제불세존여래보살존자신승(諸佛世尊如來菩薩尊者神僧)의 이름이 수록되어 있다는 것이다. 권상로는 이 경전이 조선에 전래된 것을 계기로 명칭가곡으로 제작되었을 것으로 추정하였다.

은연중 그 영향이 미친 것은 상상컨대 사리영험기 중에 있는 찬불가와 석보상절에 한 가지 편찬되어 있는 월인천강지곡이 그것이라고 생각하는 것은 첫째, 月印千江之曲이니 仰鴻慈之曲이니 發大願之曲이니하는 곡명 중에 '之'字를 명칭가곡에서 본떠온 것이오. 둘째, 사리영험기중에 있는 七曲의 명칭은 명칭가곡 중에 있는 곡명을 그대로 옮겨온 것이오. 셋째, 석보상절이 이미 正音讀本으로 된 것이지만, 그것을 다시 가곡화하여 일반의 오락구를 만들어서 남녀노소가 모두 常誦하게 만들자는 생각도 역시 명칭가곡에서 얻었으리라고 단언하는 것은···.[91]

권상로는 이와 같이 우리나라 가곡류의 표기나 곡명의 동일성을 검토하여 우리나라 가곡류의 원류가 명 태종의 명칭가곡에서 비롯되었음을 설명하였다.

한편 일본인 학자 에다 도시오[江田俊雄]는 언해불전의 현황을 파악하고 『석보상절』과 『월인천강지곡』·『월인석보』가 지니고 있는 문화

---

91 퇴경, 앞의 글, 38쪽.

사적 의의를 발견하고자 했다. 그는 조선이 자국어로 만든 불교경전이 있다는 것은 일종의 민족문화를 자각하는 표현이라고 전제하여 한국문화가 지닌 가치를 정당하게 평가하였다. 그는 국역불전을 형식상 한문에 언문의 토를 달아 해석한 언해경전(諺解經典), 한문을 조선어로 직역과 의역한 언해경전, 그리고 한자음을 언문으로 베낀 음역경전(音譯經典)으로 분류하고 해제를 붙였다. 그가 파악하고 해제를 붙인 언해불전 가운데 간기(刊記)가 있는 것은 전체 59종이며, 간기가 불분명한 것은 23종이었다.[92] 주목할 만한 것은 조선시대의 언어불전의 명맥을 이어 당시 현대 국문으로 번역한 불교경전을 비롯한 불서류(佛書類)도 소개하고 있는 점이다. 예컨대 백용성이 우리말로 옮긴 『조선글화엄경』을 비롯한 10종과 권상로·김태흡·한용운이 번역하고 편역한 다양한 불서류를 소개하고 있는 점이다.[93] 이것은 조선시대 언해불전의 명맥을 이어 현대에도 불교경전의 대중화를 통한 한국문화의 정체성을 계승하고 있음을 의미한 것이기도 하다. 아울러 그는 『석보상절』과 『월인천강지곡』·『월인석보』가 인출된 경위와 그 내용적 고찰을 소개하기도 했는데, 세책이 지닌 문화사적 의의를 다음과 같이 정리하였다.

첫째, 불교사적 관점에서 본다면 조선어를 이용하여 이렇게 대규모로 불교를 조직화한 것은 排佛儒者들이 있음에도 불구하고 世宗·世祖 父子가 깊은 불교신앙을 보냈다는 점이다. 둘째, 문학사상에서 보면 조선시대의 위대한 종교적 작품이다. 특히 月印千江之曲은 가요

---

92 江田俊雄, 「朝鮮語譯佛典に就いて」, 『一光』4, 불전전우회, 1933, 37~50쪽.
93 江田俊雄, 앞의 글, 50쪽.

로써 특이한 것이다. 셋째, 語學史上에서 보면 덧붙여 실린 訓民正音의 가치는 물론 글 전체가 초기 朝鮮語硏究에 가장 중요한 자료이다. 月印釋譜 각 권 상호 간에는 이미 많은 音譯綴字 등의 같고 다름을 볼 수 있다. 넷째, 書誌學的으로 보면 活字印刷의 稀講書로서 판각의 古逸本으로서 귀중한 것이다. 그러나 안타깝게도 完本이 전해지지 않고 있다.[94]

에다 도시오는 세 국역불전(國譯佛典)이 혹독한 배불정책의 시행과 탄압에도 불구하고 왕의 신앙심에 기초한 것이라고 하였다. 이것은 불교가 지닌 종교적 가치를 높이 평가했다는 의미도 된다. 특히 『월인석보』는 불교의 심오한 진리를 예술적으로 승화시키고, 석가의 인격과 권능을 신화적으로 미화함으로써 영웅의 일생을 찬탄하는 전형적인 서사시의 구조를 지니고 있다. 또한 별곡 계통의 악장체를 집대성한 거작으로 자리를 굳혔고, 『용비어천가』와는 달리 일관된 서사성을 지님으로써 시가문학사상 중요한 구실을 해왔다는 점에서 에다 도시오의 평가는 그 타당성을 지니고 있다. 더욱이 석보상절과 월인천강지곡은 똑같이 갑인자(甲寅字)를 사용하고 있는데, 이와 함께 쓰인 한글 활자를 포함하여 서지학의 연구에 귀중한 자료가 되고 있다. 『월인석보』 역시 조선 초기 유통된 중요 경전이 취합된 것이므로 당시 불교경전의 수용 태도를 살필 수 있는 자료이다. 결국 이 세 국역불전은 조선 전기 불교사를 중심으로 문학·인쇄술 등 조선 전기 문화의 결정체라고 할

---

94 江田俊雄, 『釋譜詳節と月印千江之曲と月印釋譜』, 『一光』 7, 불전전우회, 1936, 22쪽.

수 있다.

이밖에 한용운은 1931년 7월 2일부터 4일까지 전주 安心寺에서 한글 경판을 조사하였는데 당시 조사결과 『원각경(圓覺經)』·『금강경(金剛經)』·『은중경(恩重經)』 등의 경판과 천자(千字)·유합(類合)을 합하여 총 650여 판을 정리하기도 하였다. 그는 당시 월인천강지곡의 권판이 일부분만 남아있는 실정에서 이러한 발견은 조선불교와 아울러 학계를 위해서 경하(慶賀)할 바이며, 조선의 국보적 가치를 지녔다고 하였다.[95]

3. 불교사 인식의 가치와 의미

일제강점기 지성들은 불교가 한국에 전래된 이후 다양하게 전개된 현상들에 주목하였다. 각 시대의 전개 과정에서 나타난 불교의 역할과 기여를 발견했고, 그것이 불교 발생지인 인도와 불교가 전래된 중국의 불교와는 다른 특색을 지니고 있음을 소개하였다. 이와 같은 지성들의 불교 인식이 지닌 궁극적 목적은 한국불교가 지닌 우수성뿐만 아니라 한국의 가치를 재발견하고 한국인이 탁월한 문화적 역량을 지니고 있음을 계몽하는데 있었다.

이상의 講說은 요약하건대 全佛敎의 중요한 일부분으로 조선불교의 科目을 수립하고자 함이며, 그 實相論上의 공적을 증명하려 함이

---

[95] 한용운, 「國寶的 한글經板의 發見經路」(『불교』 87, 불교사, 1934), p.44.

며, 조선불교의 緣起가 지닌 지위를 확정하려 함이고, 그리하여 그 문화적 意義와 세계적 관계를 살필 필요를 제창하고자 한 것이니 남방불교니 북방불교니 명목이 있으며, 인도불교 중국불교를 칭하여 이르기를 각각 교리적으로 중요한 요소임과 역사적으로 특수한 구분임을 밝히게 지금에 거의 많은 비밀과 오묘함을 천명하여 불전 연구의 요체를 스스로 이루고 활발히 법륜을 추진하여 佛化流傳의 주축을 엄히 만들어 불교 전체의 교량과 맥이 된 조선불교는 아직 그 이름도 세우지 않고 그 뜻도 분명하지 않고 큰 영향과 중요한 가치는 아울러 인정되지 않아 희미하게 보이는 바도 없고 간간히 들리는 바도 없음이 가능하겠는가. 세계 학계에 있어서는 일대 欠典이 아니며 조선 桑門에 있어서는 일대 치욕이 아니겠는가. 조선불교의 더러운 면목과 어두운 神彩를 우리들의 어두운 현상대로 등한히 버려둘 것인가.[96]

인용문은 최남선이 1918년 『조선불교통사』 출간에 즈음하여 그 가치와 의미를 『조선불교총보』에 기고한 글이다. 그는 이 글의 앞부분에서 조선 문화에 미친 불교의 영향을 비롯하여 동서교통사(東西交通史)와 한국불교, 불교유통상의 한국의 지위, 불전의해(佛典義解)상의 한국의 공헌 등을 통해 한국불교의 특성과 역사적 기여 등을 설명하였다.[97] 이어서 그는 자신이 이와 같은 내용을 장황하게 나열한 것은 먼저 조선불교의 계통을 세우고, 한국불교가 역사적 전개 속에서 보여준 공적

---

[96] 六堂學人,「朝鮮佛敎의 大觀으로부터「朝鮮佛敎通史」에 及함」,『朝鮮佛敎叢報』12, 1918, 38쪽.
[97] 六堂學人,「朝鮮佛敎의 大觀으로부터「朝鮮佛敎通史」에 及함」,『朝鮮佛敎叢報』11, 1918, 21~35쪽.

을 증명하고, 또한 그 문화적 의의와 세계적 관계를 살필 필요성을 제창하고자 함이라고 하였다. 그러나 한국불교는 그 위상과 가치에도 불구하고 "아직 그 이름도 세우지 않고, 그 뜻도 분명하지 않고, 큰 영향과 중요한 가치는 인정되지 않을 뿐만 아니라 희미하게 보이지 않고 있다."고 지적하였다.

1500년 이래의 조선사는 정치법제, 교학문예라는 어떤 방면으로든지 불교와 불교도의 관련을 제외하고는 해석하고 밝게 판단할 수 없으므로 연래로 많고 적은 주의를 이번에 더하여 3가지 느끼는 것이 더욱 들어 깨달으니 제1은 조선의 사회와 문물에 대한 불교의 영향이 극심하고 커서 거의 無事不染, 無物不被의 觀이 있으며 더욱 上中世紀에 있어서는 새로운 안건, 새로운 제목을 봉착하는 족족 그 이면에 투철하고 핵심을 바로잡자면 반드시 불교사부터 시작하여야겠음을 매 순간 절감함이요, 제2는 나에게 因緣傳이 없으며, 高僧傳이 없으며 三寶記가 없으며 西域記가 없으며, 傳燈錄이 없으며, 歷代通載가 없어 천년의 위대한 흔적이 10에 1도 존재치 못하고 善慧의 光焰이 어둠속에 소멸했다. 설령 한조각의 자료가 사방에 흩어져 있더라도 한 사람이 한때의 힘으로 도저히 좌우에 이르지 못할 것이니 옛 정성이 아무리 독실하여도 매번 재료를 얻기가 어려우면 소망을 잃어버리는 것이요. 제3은 일연의 삼국유사, 각훈의 海東高僧傳 이후로 의천의 수집과 교정에는 守其의 錄이 있으며, 최근에는 大東禪教效, 佛祖源流, 東師列傳 등 다소의 찬술이 있것만, 이러한 중요한 책도 전해지고 있는 책이 이미 귀하고 아는 자가 역시 적어 이 방면의 역사적 관념이 희박하고 소홀하여 비록 유명한 지식인이라도 조선불교에 대해서는 蘊蓄이

없으며, 느끼고 생각하는 바가 없어 쌓인 의심이 산과 같으나 就質에 사람이 없다.[98]

장황한 인용문은 최남선이 한국불교 연구는 우선 역사 인식에서 비롯되어야 함을 강조한 글이다. 그는 한국불교의 역사는 불교를 문화의 원류로 삼고 생활의 기조를 이룬 것으로 정의하고 있다. 그는 한국의 사회와 문물에 대한 불교의 영향이 커서 그 이정표와 핵심은 반드시 불교사에서 찾아져야 함을 강조하였다. 그러나 역사적 전개를 거치면서 수많은 불교 저술들이 산일되어 불교사 이해나 그 인식이 희박하여 불교계 지성이라 하더라도 그에 대한 온축이 없어 명확한 이해뿐만 아니라 사론 역시 온전히 제시하지 못한 상황이라는 것이다. 결국 그는 현재와 미래의 한국불교를 체계화시키고 재건하기 위해서는 먼저 역사적 자각을 최우선시하라고 강조하고 있는 것이다.

일제강점기 한국불교사 연구는 단절된 한국불교사를 복원하여 체계화시키는 것이었다. 그러나 남아있는 자료는 일천했다. 불교 탄압의 오랜 시기를 거친 이후여서 불교사상과 신앙뿐만 아니라 기록까지도 사라진 상태였다. 승려의 도성 출입이 허용되고, 근대 학문이 도입되면서 불교는 종교로서의 가치와 위상을 지닐 수 있게 되었다. 그러나 한국불교 재건의 기초가 되는 과거의 흔적은 산일되고 편린(片鱗)으로 산천과 사찰에 존재할 뿐이었다. 한국사에서 불교가 차지하는 위상과 기여, 그리고 인도와 중국과는 다른 한국불교의 독자성을 규명하기 위해서는 자료수집과 분류가 시급한 과제였다.

98　六堂學人, 앞의 글, 『朝鮮佛敎叢報』 12, 1918, 41~42쪽.

일제하 불교사 연구는 이능화·권상로·박봉석과 같은 불교계 지성들의 적극적인 자료수집과 정리의 노력이 없었다면 불가능한 일이었다. 먼저 이능화는 조선의 승려마저도 조선불교의 역사를 알지 못하며, 조선불교 1500년 이래로 계통적 역사가 절무(絶無)함을 안타깝게 여겨 조선불교에 대한 참고 자료를 제공한다는 동기로 자료수집에 착수하였다.[99] 고승의 비문과 사지(寺誌)와 각종 기문, 선교(禪敎)의 종파, 산문의 관속(慣俗) 등을 막론하고 우리나라 불교사와 관계된 것이면 무엇이든 수집하였다.

종래 조선의 불교는 전혀 사회에서 도외시되어 이 땅의 학자로 이를 연구하는 자가 전혀 없었지만, 노형(이능화)이 다년 연찬한 결과와 같은 일대 저술을 보는 것은 축하할 일입니다.·····조선의 正史 野乘과 金石文 등은 물론이요 널리 중국의 事蹟을 통람하고 신문잡지 官報類에 이르기까지 섭렵하여 빼놓은 것이 없고, 과거의 사실을 상세하게 했을 뿐만 아니라 현대까지 분명히 하였으니 실로 완전한 일대 불교사로 일찍이 조선에는 그 유례가 없는 저작입니다.[100]

인용문은 이능화의 『조선불교통사』를 본 총독부 내무부장관과 학무국장이 보낸 편지 내용이다. 그동안 한국불교를 연구하는 학자가 전연 없었다는 그들의 언급은 당시 지식인들 사이에서 한국불교에 대한 관심을 지닌 인물이 없었음을 알 수 있다. 한국의 역사와 함께 그 궤를 같이해 온 불교였지만, 오랜 사회적 천대 속에서 그 전통성과 역사성

---

99 이능화, 「『朝鮮佛敎通史』에 就하여」, 『朝鮮佛敎叢報』 6호, 1917, 33쪽.
100 宇佐美騰夫·關屋貞三郞, 「李能和 殿」, 『朝鮮佛敎叢報』 10호, 1918, 65~66쪽.

까지도 사라져버렸다는 것이다. 비록 자료적 성격과 단순한 내용의 나열이 흠결로 남아있는 것은 사실이지만, 『조선불교통사』는 한국불교사 관련 저술 한권 없는 당시의 상황에서는 경이로운 일이었다. 그의 이 노고를 계기로 한국불교사의 학문적 체계화뿐만 아니라 불교계의 당면 과제였던 불교개혁의 기초와 명분을 마련할 수 있었다고 해도 과언이 아니다.

한편 권상로 역시 고승의 입적한 날을 기준으로 200여 명의 전기를 정리한 『조선고승시순고(朝鮮高僧時順考)』를 『불교』지에 수록하였다. 그는 "조선불교가 비록 오래되지 않았지만, 훼손되고 흩어진 것은 극도에 이르러 고승의 명자(名字)까지도 잊어버렸으니 행적이야 물어 무엇하겠는가."라고[101] 탄식하고 비문과 문집에서 아는 대로 이것을 주워모아 보는 중에 정리한다고 하였다. 그가 고승석덕(高僧碩德)의 저술 목록을 정리한 것도 이와 동일한 배경을 지니고 있다. 그는 일제강점기 한국불교사 탐구에 대한 열정을 지닌 몇 안되는 인물이기도 하다. 불교전래부터 한국불교사를 정리한 『조선불교약사(朝鮮佛教略史)』를 찬술했으며, 『조선왕조실록』에서 불교 기록만을 발췌하여 『이조실록불교초존(李朝實錄佛教抄存)』을 소개하기도 하였다. 아울러 한국불교의 사상과 역사를 살필 수 있는 옛 고승들의 저술을 수집하고 정리하여 목록화한 자료만도 총 466종이나 된다.[102]

佛法이 우리나라 문화에 공헌한 것이 지대했음에도 불구하고 그 신

---

101 권상로, 「朝鮮高僧時順考」, 『佛教』(新)32~43, 1942.
102 퇴경, 「朝鮮高僧碩德의 저술이 몇 권이나 됩니까」, 『불교』 46·47합호, 1928.

이한 기록이 남아있지 않음을 한탄했다. 다행스러운 것은 다 없어지지 않았지만, 비바람에 휩쓸리기도 하고, 흩어지고 빠져서 온전히 갖추어지지 못해 근거를 찾을 수 없다. 만약 그대로 방치해 둔다면 100년 후가 두렵다.[103]

조선총독부 도서관에 근무하던 박봉석 역시 소화 16년(1941)『불교』지를 통해 우리나라 고승의 전기 자료를 정리한『청구승전보람』을 소개하면서 "우리나라 고승의 전기를 내가 밤낮으로 근심하여 널리 구하기를 10년이 지났다."고 하였다. 자료 수집은 삼국시대에서 조선시대까지이며, 우리나라 승려들은 기본이고 그 외에 전법승, 독신거사 등을 모두 수록하였다. 그의 자료수집의 범위는 방대했다.『삼국사기』·『고려사』를 비롯한 우리나라 정사류(正史類)와『삼국유사』를 비롯한 불교관계 사서(史書) 그리고『해동금석원(海東金石苑)』,『조선금석총람(朝鮮金石總覽)』,『조선사찰사료(朝鮮寺刹史料)』등 당시 조선총독부 조사자료집 뿐만 아니라『대정신수대장경』과『대일본속장경』,『대일본전서』와 같은 일본의 불교관계자료 그리고 전집과 문집, 사지, 비석, 탁본 등 다양한 자료를 기초로 정리한 것이다. 이밖에『불교』[104]·『조선불교총보』를 비롯한 당시 불교계의 잡지는 고승들의 단편적인 비문을 비롯해 다양한 불교 사료를 소개하고 이에 대한 관심과 연구를 독려하기도 하였다.

이와 같은 광범위하고도 적극적인 자료수집의 노력으로 불교계에

---

103 박봉석,「青丘僧傳寶覽」,『불교』(신), 1940, 부록1~12쪽.
104 강유문은 事蹟記·高僧傳·金石文類 등을 광범위하게 수집하여『불교』지에「조선불교연표」를 제작하기도 하였다.(『불교』(신)34·35·36·37, 1942)

서는 일련의 저술들이 간행되기도 하였다. 우선 권상로는 1917년 『조선불교약사』를 간행하였다. 이 책은 총 328쪽으로 되었으며, 내용은 제 1편 삼국불교, 제 2편 고려불교, 제 3편 조선불교 등 3편 총 470여 항목에 걸쳐 한국불교의 주요 사건, 인물 등을 연대순으로 약술하였으며 부록으로 본편의 이해를 돕기 위한 제종종요(諸宗宗要), 불조약계(佛祖略系), 편중인명고(篇中人名考), 조선역대약계(朝鮮歷代略系)를 함께 수록하였다. 1900년대 초에서 해방 이전까지 45년 동안 약 300여 종이 출판되었다. 그러나 대부분이 경전과 강원 교재 등을 활자로 간행하거나 한글로 번역하여 간행하는 경우가 가장 많고, 그 다음으로는 영험설화와 염불집 등이 출간되었다. 비록 한국불교를 복원하고 체계화시켜 그 정체성을 규명하고자 한 저술들은 드물었지만, 권상로의 노력은 한국불교를 연구하는 시발점이 되기도 하였다.

이능화의 『조선불교통사』는 불교사의 공백기로 남아있던 조선시대 불교사를 복원하는 토대이자 결정적인 역할을 했다. 『조선불교통사』는 1918년 간행되었으며, 상·중·하의 3편으로 구성된 방대한 분량의 저서다. 이에 대한 연구 성과에 의하면 상편 총 674쪽 가운데 282쪽이 조선시대가 차지하고 있으며, 「인명세목(人名細目)」에서 다루고 있는 300명 가운데 조선시대가 93명, 「사암탑상급건명세목」에서는 조선시대 90건으로 다른 시대에 가장 많은 분량을 차지하고 있다. 한국불교사의 중요한 사건과 인물, 경전, 교리, 사상 등 다양한 주제를 분류하여 서술한 하편 「이백품제」에서 70개 항목이 조선시대를 차지하고 있다. 여기에는 태조의 불교신앙, 대장경의 일본청구, 해인사 장경인출, 대장경 고증, 불교종파와 5교 양종, 5교 양종이 선교양종으로 통합, 승록사부터 선교양종도회소로 변화 과정, 연산군과 중종 대 불교계의 동향과 승관 선발 실태, 사찰재산 등 조선시대 불교와 관련한 다양한 내용을 수록하고 있다. 더욱이 조선 후기 선 논쟁에 대한 그의 관심은 후학들의 연구에 단초를 제공해 줄 정도로 중요한 의미를 지니고 있다.

이능화의 이와 같은 조선시대 불교사에 대한 관심의 배경은 일차적으로는 불교사 복원이 목적이었지만, 한국불교가 지닌 독자성과 정체성을 확립하려는 의도 역시 강하게 작용하였다. 아울러 그가 살고 있는 당대의 현실 불교를 이해하고 개혁하는 기초로 삼기도 하였다. 이능화는 1918년 『조선불교통사』 이후 『불교』지에 20여 회에 걸쳐 「이조불교사」를 연재했고, 「조선불교사(朝鮮佛敎史)」와 「조선불교본말(朝鮮佛敎本末)」 등을 집필하기도 했다.

한편 이와 같은 불교사 찬술과 인식은 과거를 통해 한국불교의 본질과 특색을 살피고, 현재와 미래불교를 준비하기 위한 것이었다. 예컨대 일제강점기 현실 불교의 당면 과제를 해결하기 위한 기초로, 그리고 불교에 대한 부정적 인식을 해소하기 위한 중요 요소였다. 일본에게 국권을 강탈당한 후 불교계는 사찰령의 억압과 구속하에 있었다. 그러나 자주적인 종단 건설, 전통불교에 대한 회의와 부정에 기초한 불교혁신, 전통의 회복, 종명과 종조에 대한 개념 확립 등은 당시 불교계가 중흥과 발전을 위한 일련의 노력들이었다. 이와 같은 당시 불교계의 총체적인 변화의 기초에는 지나간 불교사가 자리 잡고 있었다. 예컨대 불교사에서 현실 불교가 변화하고 나아갈 길을 모색했던 것이다.

近來 文學上에 太古普愚國師로 海東初祖를 정함이 번번이 나타나고

있는데 이것은 심한 듯하다. 태고가 重興祖라함은 그럴 수 있지만, 어떻게 初祖가 되겠는가.[105]

1910~1920년대의 불교계는 태고 보우국사를 종조로 인식하는 경향이 짙어졌다. 예컨대 태고를 '조선불종(朝鮮佛宗)의 비조(鼻祖)'라 하였고[106] 당시 선교양종의 사원에 "기천승려(幾千僧侶)로부터 종문개조(宗門開祖)로 숭앙"하고 있다고[107] 하였다. 1929년 1월 3~5일, 승려대회를 통해 제정된 조선불교 선교양종의 종헌(宗憲)에도 보우국사를 종조로 규정하였다.[108] 방한암은 이에 대해 "道義가 서당지장에게 법인을 얻어 귀국하니 이것은 달마가 震旦의 初祖됨과 같이 도의가 海東의 初祖됨은 智者를 不待하고 가히 판정할 일 아닌가"라고[109] 하였다. 권상로 역시 도의가 조계종의 종조(宗祖)임은 주저할 바 아니며[110]「가지산보림사보조선사비(迦智山寶林寺普照禪師碑)」 등을 근거로 조계종의 종조는 도의국사라고 강력하게 피력하였다.[111] 결국 종조 논쟁은 태고설에 대한 한암의 도의설 주장이 있었지만, 1935년 조선불교 선종의 종규와 1941년 4월 조선불교 조계종의 태고사법에는 태고 보우가 종조로 등장하였다. 이와 같이 1910년대부터 1945년 해방까지 종지·종통과 함께 종조 문제는 한국불교사 인식에 기초한 논쟁이었다.

105 방한암, 「海東初祖에 대하야」, 『佛敎』 70, 소화 5년(1930), 9쪽.
106 「北漢山太古寺 重修案 趣旨」, 『海東佛報』 1, 해동불보사, 1913년, 58쪽.
107 도세이 슌에이[稲田春水], 「북한산의유적」, 『조선불교총보』 3, 1917, 27쪽.
108 「宗憲」, 『불교』 56, 1929.
109 방한암, 앞의 글, 8쪽.
110 權相老, 「古祖派의 新發見」, 『佛敎』(신)31, 1941.
111 安東相老, 「曹溪宗旨」, 『불교』(신)49, 1943, 12쪽.

요컨대 일제강점기 불교와 불교계는 격동기 속에서 다양한 문제와 과제를 안고 있었다. 우선은 폐허가 된 한국불교의 본래 위상과 가치를 확립하는 일이었다. 근대 학문의 수용과 함께 전통불교에 대한 반성은 불교개혁이라는 이름으로 진행되었다. 일제강점기 우리 불교사에 대한 연구는 이와 같은 명실상부한 배경 속에서 진행되기 시작하였다. 당시 불교계의 지성들은 불교수용부터 통일신라, 고대, 조선시대 불교가 지닌 특징과 기여에 대해 검토하기 시작하였다. 아울러 식민지 시기의 당면 과제였던 독립과 자주적인 정체성을 회복하기 위한 시도는 불교계만의 문제는 아니었다. 1910년대부터 민족주의자를 중심으로 한 국권회복운동은 우리 민족이 지니고 있었던 고유의 특성 즉 '국수'를 보존하는 일이었다. 불교는 우리 역사 속에서 전래하는 풍속·습관·제도 등의 근간 가운데 중요한 자리매김을 하고 있었던 것이 사실이다.

불교계의 지성들은 과거의 부정적인 불교 인식에서 벗어나 근대 학문의 차원에서 한국불교를 사상, 신앙, 정치사회적 측면으로 세분화시켰다. 연구 방법 역시 신비적 경향을 탈피하여 객관적 연구를 시도하였다. 문헌적 사실 외에 그 시대의 유물과 지리·미술 등 그 시대의 사조와 성격 등을 면밀히 검토하여 과학적 객관적 불교사 연구를 시도한 것이다. 이와 같은 연구 분야의 분류와 방법론의 제시는 한국불교가 지닌 가치와 개성을 면밀히 살필 수 있는 계기가 되기도 하였다. 조선시대의 불교를 무가치한 것으로 평가했던 다카하시 토오루조차도 그 시대의 종교적 면모와 가치를 재인식할 정도였다.

우선 최남선은 불교가 한국의 문화를 예술적이게 했으며, 우리의 생활을 사상적이게 했다고 하였다. 이것은 한국문화가 불교 수용 이전과 비교했을 때 문명과 문화적 진전이 괄목할 정도로 성장 발전했음을 강조한 것이다. 아울러 불법(佛法)을 구하기 위한 노력이 한국인의 덕과 재능을 깊고 넓게 할 수 있었던 기회를 제공해 주었다고 하였다. 동양사학자 김상기 역시 한국의 고유 토착문화가 불교 유입을 계기로 더욱 풍성해지고 세련되었음에 주목하였다.

 이밖에 일제강점기 불교계 지성들은 한국의 역사 속에서 전개된 불교의 특징적 요소를 선정하여 국가적 기여와 영향 등을 소개하였다. 이와 같은 일제강점기 지성들의 적극적인 불교사 인식을 위한 노력은 일차적으로는 불교계의 현실과제를 해결하려는 기초에서 비롯되었지만, 거시적 측면에서는 암울한 식민지 상황을 극복하기 위한 구심점 역할을 했던 것이다.

제3부

일제강점기 사찰의 실태와
사지(寺誌) 편찬

1장

일제강점기 사찰의 실태 양상
-「楊州各寺巡禮記」를 중심으로 -

 일제강점기의 한국불교는 전통과 근대의 전환 속에서 진행되었다. 승려의 도성 출입이 재개되면서 표면적으로는 그 지위와 인식이 향상된 것으로 보였지만, 변한 것은 아무것도 없었다. 불교가 차지하고 있었던 유구한 전통문화의 가치와 함께 사원경제의 근간은 수탈의 대상이 되었다. 근대 개혁의 소용돌이 속에서 진행된 근대 학교의 설립은 사찰 소유의 토지를 공용재산이라는 인식 속에서 진행되었다. 통감부와 사회 인사들의 사찰 토지 약탈과 환수는 사원경제를 악화시키는 일차적인 요인이 되었다. 조선시대 사원전 환수가 이어진 것이다.

 왕실과 지배층의 원당(願堂)에 소속된 토지와 산림 역시 갑오개혁과 토지조사사업의 과정에서 국유화되거나 이왕직 소유로 전환되었다. 불교가 지닌 정체성과 종교적 공능을 도외시한 결과였다. 천년 고찰의 수행과 예배 대상인 성보문화재 역시 몰지각한 훼손과 매매로 황폐화 위기에 처하기도 하였다. 일제강점기 한국불교의 종교적 사회적 지위를 살필 수 있는 부분이다. 당시 불교계는 호법(護法)의 인식 속에서 재산을 지키고자 한 노력도 있었지만, 근대 불교의 개혁에 순종하고 자기 존엄에 대한 가치에 소극적이었다. 한국 근대 불교사 연구는 그동안 불교정책이나 친일과 항일, 인물의 생애와 동향에 대해 살펴왔고, 사찰과 승려가 직면하고 있었던 상황에 대해서는 관심을 주지 않았던 것이 사실이다. 일제강점기 사원경제의 침탈을 살피는 일은 한국 근대 불교의 본질을 살피는 일이기도 하다.

한국 근대 불교는 1895년 승려의 도성출입금지가 해제되면서부터 비롯되었다고 해도 과언이 아니다. 당시 한국의 승려들은 그들의 도성출입을 도와준 일본 승려에게 표창장과 금일봉을 전달하기도 했다. 이 사건은 한국 근대 불교사의 서막을 알리는 상징적인 일이었지만, 불교와 승려의 지위가 조선시대보다 향상되거나 그 사회적 인식이 긍정적으로 변한 것은 아니었다. 한국불교는 일본과 근대라는 시대 조류에 다시 한번 표류할 수밖에 없었다.

한국근대불교사 연구는 그동안 일제강점기 조선총독부의 사찰령을 중심으로 한 불교 정책, 불교 교단의 동향, 그리고 항일과 친일을 중심으로 진행되었다. 이와 같은 거시적 측면의 연구는 일제강점기를 중심으로 한 근대 불교사 속의 한국불교계의 정통성 수호를 위한 노력뿐만 아니라 수행 전통의 변질 등 근대 불교의 본질과 현상을 이해하는데 기여한 바가 크다.[1] 다만 갑오개혁부터 통감부 시기를 지나면서 발생

---

1 정광호, 「일제의 종교정책과 식민지불교」, 『근대한국불교사론』, 민족사, 1988; 김광식, 『한국근대불교사연구』, 민족사, 1996; 김경집, 『한국불교 개화기 교단사 연구』, 동국대학교박사학위논문, 1997; 김순석, 『조선총독부의 불교정책과 불교계의 대응』, 고려대학교 박사학위논문, 2001; 이승윤, 『대한제국기 불교계의 동향과 국권회복운동』, 충남대학교 박사학위논문,

했던 사원경제 침탈과 같은 미시적인 사실에 대해서는 부분적이고 피상적인 검토만 있을 뿐 집중적으로 검토되지 못한 아쉬움이 있다. 때문에 한국불교가 전통과 근대의 교착점에서 직면할 수밖에 없었던 여러 상황 속에서 근현대 사원경제 침탈상을 살펴보고자 한다. 당시 불교가 직면했던 현실이었지만 그동안의 연구에서 관심받지 못했던 분야이기도 하다.

우선 일본의 침략과 지배는 통감부와 일본인들의 한국불교 침탈상으로 이어졌다. 근대 개혁의 명분 속에 근대 교육의 필요성이 대두되고 신식 학교가 설립되는 과정에서 사원전(寺院田)과 산림이 수탈당하는 사례가 빈번하게 일어났다. 조선시대 탄압 속에서도 불교가 존립할 수 있었던 기초 가운데 하나였던 원당의 사패(賜牌)를 환수하는 사례가 발생하기도 했다. 사패는 국왕이 신하나 종친에게 토지와 노비를 내려주는 것처럼 원당에도 내려진 것이다. 마지막으로 원당은 지배층의 사례에서도 보인다. 지배층의 원당 지원은 조선시대를 지나면서 사원경제를 유지하게 해주는 기초가 되었지만, 갑오개혁 이후부터 사찰에 희사한 토지와 산림을 몰수하는 이율배반적인 모습도 보였다. 일제강점기 불교계의 사지 편찬과 불교의식집을 간행했던 안진호의 기록은 일제강점기 불교계의 형편을 실제적으로 이해할 수 있다. 그가 봉선사와 그 말사를 답사하면서 기록한 「양주각사순례기(楊州各寺巡禮記)」는 그 역사와 문화뿐만 아니라 갑오개혁부터 일제강점기 동안 토지와 산림을 중심으로 한 사원경제 침탈의 사례를 살피는데 중요하다.

2019; 한동민, 『사찰령체제하본산제도연구』, 중앙대학교 박사학위논문, 2005; 오경후, 『한국근대불교사론』, 문현, 2020.

1. 학교 설립과 사원전 수탈

불교는 조선시대에 들어와서 종래의 11종을 7종으로 축소하고, 다시 선종과 교종의 두 종파로 강제 통폐합된 이래 무종무파(無宗無派)의 산중불교로 일관 되어 그 명맥만을 유지했다. 1895년(고종 32) 4월 승려의 입성금지령(入城禁止令) 해제는 산중에서 수행만 하던 승려들이 자유로이 도성 안으로 출입하여 홍교(弘敎)의 활동을 할 수 있는 계기를 얻게 되었다. 그것은 불교의 중흥을 기약할 수 있었던 부질없는 희망을 품기에도 충분했다. 당시 불교계는 원흥사를 국내의 수사찰(首寺刹)로 삼아서 전국 사찰의 행정사무를 총관장하였다. 1902년에는 조정에서 궁내부(宮內部) 소속으로 관리서(管理署)를 설치하여 전국의 사찰을 국가에서 관리하였다. 전국의 산림·성보(城堡)·사찰을 관장하던 궁내부 소속 관서인 관리서(管理署)가 사사관리세칙(寺社管理細則)을 발표하여 대법산(大法山)·중법산(中法山) 제도 아래 전국의 사찰을 통할하였다. 그러나 1904년 사사관리서가 폐지되고 원흥사가 없어질 위기에 처했을 때 일본 승려가 원흥사 건물을 쓰려고 하자 이를 막기 위해 불교연구회(佛敎硏究會)가 설립된 것이다. 관리서가 폐지된 뒤에도 원흥사를 중심으로 하여 새로운 교단 운영의 움직임을 보이다가, 1908년 승려대표자 52인이 3월 6일 원흥사에 모여 원종(圓宗)을 결성하였다.

원종종무원은 이회광(李晦光)을 대종정(大宗正)으로 추대하고 총무에 김현암(金玄庵), 교무부장에 진응(震應), 학무부장에 보륜(寶輪)과 지순(之淳), 서무부장에 석옹(石翁)과 대련(大蓮), 인사부장에 회명(晦明)과

구하(九河), 감찰부장에 보봉(普峰)과 청호(晴湖), 재무부장에 학암(鶴庵)과 용곡(龍谷), 고등강사에 박한영(朴漢永)을 인선하였다.² 그리고 1910년에 각황사(覺皇寺)를 서울 전동에 창건하고 조선불교중앙회무소 겸 중앙포교소로 삼았다.

 前韓 광무 10년 병오년(1906)에 元興寺 管理署를 폐지하였다. 奉元寺의 승려 이보담과 화엄사의 승려 홍월초 등이 불교연구회를 원흥사에 설립하고 정토를 종지로 삼았다. 구리판에 도금을 하여 會章을 만들었는데, 팔각형으로 만들고 '淨土宗教會章'이라는 여섯 글자를 새겼다. 이를 회원들에게 나누어 주고 스님 한 사람에 금 50전을 거두어 회비로 충당하였다.³

이해 2월 5일 불교연구회 승려들은 내부(內部)가 "학교를 설립하며 신학문의 교육 방침을 연구하도록 지시한 바"에 따라 불교연구회 설립을 청원했고, 2월 19일 허가를 받았다. 월초와 이보담(李寶潭) 당시 서울에 와 있던 일본 정토종의 포교사인 이노우에[井上]의 특령으로 연구회를 창설하여 신학문을 교육하고자 했으며, 청년 승려들의 교육을 위하여 원흥사에 명진학교를 설립하기도 했다. 그러나 회원들에게 '정토종교회장'이라는 메달을 달게 하는 등의 이유로 조선 승려들의 반발이 일어나자 이들은 자진 사임했다. 이에 이회광(李晦光)이 불교연구회 회장과 명진학교 교장의 후임으로 선출되어 두 기관을 장악했다.

---

2 「佛教宗務局趣旨書」, 『皇城新聞』 1908. 3. 17; 『大韓每日申報』 1908. 3. 17(한동민, 앞의 책, 51쪽에서 재인용)
3 李能和, 「梵魚一方臨濟宗旨」, 『朝鮮佛教通史』 下, 신문관, 1918, 936쪽.

이회광은 이 여세를 몰아 1908년 원종을 설립하고 초대 대종정이 되었다. 요컨대 불교연구회는 불교가 새로운 시대의 흐름에 적응하도록 하기 위한 개혁에 목적을 두고 한국불교의 독자성을 확립하기 위해 설립되었으나 일본의 간섭과 친일 승려들의 발호 때문에 기대했던 성과를 거두지 못하고 1908년 원종의 설립과 더불어 해산했다.

1906년에는 불교연구회가 주도하여 명진학교(明進學校)를 창립하고 청년 승려들에게 '신풍조에 순응하는 새 지식'을 가르쳤으며, 각 지역에도 학교를 세웠다. 월초는 교장 소임을 맡아, 사찰 정재(淨財)는 물론 개인 재산까지 흔쾌히 내놓아 명진학교가 명실상부한 민족교육 도량이 되도록 했다. 당시 불교연구회가 각도의 수사(首寺)에 보낸 통문의 내용을 소개하면 다음과 같다.

생각하건대 우리 불교는 중국에서부터 우리나라에 이르기까지 지금까지 수천 년인데, 그 법과 기강이 쇠하고 느슨해지고 승려들은 절박하기가 오늘 같은 날이 있지 않았으니, 한국에서 승려가 된 자로서 누구인들 분하고 원통한 마음이 없으리오. 하물며 이제는 다른 종교들이 많이 여기저기에서 벌떼처럼 일어나서는 각자 스스로를 으뜸이라 숭상하고 불교를 파괴하고 훼손하여 그 밭과 논을 빼앗고 학교에 속하게 하여 학교 운영비로 삼는다고 한다. 말과 생각이 여기에 미치니 진실로 지극히 아프고 놀랄 일이다. 이와 같은 일이 끝이지 않는다면 끝없는 근심과 혼란과 뜻하지 않은 변고가 여기에서 일어나서 연못에 있는 물고기의 재앙이 커져 장차 크고 작은 절에 미칠 것이다. 그 원인을 궁구한즉 우리 스님들이 세계의 학문에 통달하지 못하고, 세상 물정을 모르기 때문이다. 이제 일본 정토종의 개교사 이노우에

겐신(井上賢眞) 씨가 한국불교가 쇠약하고 느슨해진 것을 보고는 개탄을 금치 못하고 "만약 약한 자를 구제하고 강한 것을 도우며 불교의 법을 왕성하게 하려면, 신학문을 활용하는 것이 가장 좋다."고 하였으므로 이에 연구회에 보통과 학교를 설립하고 정부의 승인과 허락을 받았다. 우리의 도가 흥성해질 때가 바로 오늘에 있다. 그러므로 경성 부근 사찰의 청년 스님들을 모집하여 음력 3월 초하루부터 수업을 시작하였다. 불교의 오묘한 이치와 신학문, 다른 종교의 책 및 다른 나라 다른 풍속의 산수와 언어 등을 연구하고 익히는 것을 목적으로 삼았다. 귀 사찰은 이미 도내 수사찰이 되었으므로, 장차 본회의 支院과 학교를 설립할 것이고 또한 국내의 스님들은 어쩔 수 없이 일차 조사를 하지 않을 수 없으므로, 이에 급히 알린다. 살펴본 뒤에 귀사와 주관하는 각 절에 널리 알려서 모두 알게 하기 바란다. 모든 스님의 숫자를 책자로 만들어 보고하되 하나도 누락됨이 없도록 해주기 바란다. 귀사부터 먼저 학도 2명을 이번 4월 그믐날 안에 본원의 학교로 보내 주기 바란다. 불교와 신학문을 익히게 하고 힘써 정진하여 새롭게 바꿔 자강의 실체를 닦는다면 큰 액운(劫運; 三災)에서 해탈되고 그 자유로운 힘을 회복하고 반드시 그 이치를 얻게 될 것이다. 아! 우리 승려들이 스스로 살피고 힘쓴다면, 실제적인 효과가 있을 것을 기대하니 간절히 살펴주기 바란다.[4]

명진학교 학도 모집 취지문은 오랜 세월 침체된 한국불교가 흥성해지기 위해서는 신교육의 필요성이 급선무임을 강조하였다. 그런데 취

---

4 이능화, 〈發文諸道首寺通文(明進學校學徒起送件)〉「梵魚一方臨濟宗旨」, 『朝鮮佛敎通史』下, 신문관, 1918, 936쪽.

지문에는 학교 설립의 또 다른 배경이 보인다. "사찰의 소유인 밭과 논을 빼앗고 학교에 속하게 하여 학교운영비로 삼는다"는 내용도 보인다. 더욱이 일제가 식민정책을 전면화하기 위해 1905년 11월 설치한 통감부의 토지 수탈과 산림의 국유 임야 편입이 사원경제를 악화시키는 계기가 되고 있었다.[5] 예컨대 대장경판을 보관하고 있는 법보사찰(法寶寺刹)인 해인사는 1904년 8월 일본인 승려를 포함한 무리가 해인사가 관리하는 봉산(封山)에서 금광을 만들어 채금(採金)하려던 사건이 있었다. 해인사 승려들은 내부(內府)에 봉산에서의 금광 채굴을 금지하는 훈령을 발표해 달라고 호소했으나, 그해 11월까지도 문제는 해결되지 않았다.[6]

당시 학교 설립은 사원전이 수탈당하는 대표적인 계기가 되었다. 사회 인사들이 신교육의 필요를 느껴 각지에 공사립학교를 세우면서 그 유지기금으로 공공 소유의 재산을 모조리 학교에 이속(移屬)하였다. 그들은 사찰재산도 공유(公有)라 하여 가까운 학교에서 팔도의 사찰 재산이 침탈되는 불행을 겪고 있었다.

---

[5] 실제로 한국인 산림 지주나 일본인 산림 자본가들이 자신의 소유라고 계출한 것은 전체 산림 면적 1,600만 정보의 13.7%에 불과한 220만 정보였고, 나머지 대부분의 산림은 '국유 임야'로 편입되었다.(朝鮮總督府農林局,《朝鮮林野調査事業報告》 9, 1938 『한국사』 47, 국사편찬위원회, 2003, 74쪽.)

[6] 「僧訴金鑛」,『황성신문』 1904. 8. 6;「해승쇼고」『대한매일신보』 1904. 11. 14(이승윤, 앞의 논문, 23쪽에서 재인용)

●● 設學에 따른 사찰 재산 침탈 사례[7]

연도	사찰	침탈 내용
1906년 3월 1일	聖住寺	음성군수 朴準卨이 지역 내 聖住寺 소속 토지를 학교에 부속시킬 목적으로 내부에 청원
1906년 6월 13일	興國寺, 德寺	양주군 東興學校長 鄭寅琥가 德寺 소유 토지 및 塔坪 소재 聖寺 토지를 학교에 넘겨주는 일을 학부에 청원(1906년 6월 13일)
1906년 5월 19일	鎭海寺	강화군 普昌學校 교장 李東暉는 군내의 鎭海寺 소유 토지를 학교에 부속시키는 일을 學部에 청원
	積石寺	이동휘는 積石寺 소유 논 9석 5두락과 밭 11두락 및 柴場 전부를 학교에 부속시키는 일을 학부에 청원하여 승인받음.
미상		黃州郡守 朴元敎는 해당 군 내에 있는 사찰을 훼철하여 기와와 목재 등을 義務學校 설립에 사용하고 사찰이 보유한 토지는 학교로 부속시켜 교육 경비로 사용한다는 내용으로 학부에 청원
	大乘寺	고원 군수는 대승사 소유 토지를 학교에 부속시키는 일을 학부에 청원
	水泰寺	김화군수는 수태사 소유 토지를 학교에 부속시키는 일을 학부에 청원

홍월초와 이보담은 이와 같은 침탈에 대응하기 위해 모든 사찰 재산 침해 사정을 모아 내부와 학부에 억울한 사정을 호소하였고 마침내 1908년 7월 13도 관찰부에 훈령을 내려 그 폐단을 막게 하였다. 훈령은 사찰 소유의 전답과 산림은 천여 년 혹은 몇백 년 동안 지키고 보호 관리 해 온 것이라고 하였다.

융희 2년 7월, 內訓 263호.

---

7 이능화, 「財産保管提出目錄」, 『조선불교통사』하, 신문관, 1918, 983~986쪽.

각지방사찰소유재산보호의건.

각 지방 사찰 소유의 전답과 산림은 본래 원근 지역의 선비와 백성들이 자선한 기부금 및 古今의 승려들이 성심으로 모은 돈을 가지고 사들여서 천여 년 혹은 몇백 년 동안 지키고 보호 관리해 온 것이다. 근래에 지방 관헌들이 物權이 어느 곳에 속하는지 돌아보지도 않고, 교육의 실제 경비에 보태 쓴다고 내세우며 절 소유 재산을 학교로 옮기는 폐단이 있어 각 절의 승려들이 서로 의심하고 두려워할 뿐만 아니라 이로 인해 오해를 일으키기도 한다. 그러므로 이에 훈령을 내리니, (각기) 관할하는 부와 군에 訓諭하여 앞으로는 지방 관헌들이 사찰 소유 전답과 산림을 마음대로 다른 곳으로 옮겨 귀속시키지 못하도록 함이 가하다. 이 訓辭를 받들어, 일일이 각 사찰에 가르쳐서 타이르고 일반 승려들이 모든 내용을 잘 알도록 하고 가볍고 작은 일들도 하나도 빠짐없이 하여, 설사 한 명의 승려라도 이 (지시를) 듣지 못하는 폐단이 없게 해야 할 것이다.[8]

이른바 조선불교연구회는 일본의 각 종단 승려들이 조선에 들어와 기반을 넓히는 것을 방지하기 위한 불교의 유신책(維新策)을 연구했고, 1906년에는 불교연구회가 주도하여 명진학교(明進學校)를 창립하고 청년 승려들에게 '신풍조에 순응하는 새 지식'을 가르쳤으며, 각 지역에도 학교를 세웠다. 월초는 교장 소임을 맡아, 사찰 정재는 물론 개인 재산까지 흔쾌히 내놓아 명진학교가 명실상부한 민족교육 도량이 되도록 했다. 요컨대 불교계는 근대 학교와 학문 수용을 통해 사찰재산을 보호할 수 있었다.

---

8 이능화, 앞의 책, 984~985쪽.

2. 원당(願堂)의 산림(山林) 환수와 침탈

원당(願堂)은 조선의 역대 왕과 왕실의 기복불사(祈福佛事)를 통해 왕실의 안녕을 구하고, 사찰은 기복을 빌어준 대가로 사찰 완호(完護)를 보장받았다. 대체로 원주(願主)를 위하여 죽은 사람의 화상(畵像)이나 위패를 모시고 명복을 빌며, 원주의 다복장수(多福長壽)를 기원하는 법당이다. 조선 후기 영조 년간을 기준으로 당시 존재한 사원 약 1,500사(寺) 가운데 65개 사원에 원당이 설립되었고, 조선 후기 전체로 보면 79사에 103개의 원당이 설립되었다. 더욱이 전기에 설립된 원당이 후기까지 왕실의 고호(顧護)를 받는 사원까지 포함하면 백 개가 넘는 사원에 원당이 존재하여 운영되었다고 할 수 있다. 그리고 조선시대 전체로는 137개 사원에 208개의 원당이 설립되어 운영되었다.[9]

●● 朝鮮後期 陵寢願堂[10]

능침(원당주)	능침원당	원당 위치	설립 시기
德興大院君	興國寺	楊州	宣祖 元年
昌嬪(中宗의 後宮 安氏)	華藏寺	果川	宣祖 10年
明宗(康陵)	檜巖寺	楊州	宣祖 30年
章陵(元宗과 仁獻王后)	奉陵寺	金浦	仁祖 5年
寧陵(孝宗과 仁宣王后)	神勒寺	驪州	顯宗 初
貞陵(太祖와 神德王后)	慶國寺	都城	顯宗 10年
明善·明惠公主墓	奉國寺	廣州	顯宗 15年

---

9 박병선, 『조선후기 원당연구』, 영남대학교 박사학위논문, 2002, 4쪽.
10 박병선, 『조선후기 원당연구』, 영남대학교 박사학위논문, 2002, 103쪽, 〈표 4-2〉 조선후기 능침원당 참조.

慶安(大)君墓	明寂庵	高陽	顯宗 ?
昭儀墓(肅宗 後宮 劉氏)	津寬寺	高陽	肅宗 33年
懿陵(景宗과 繼妃 宣懿王后)	蓮花寺	都城	英祖 元年
昭寧園(淑嬪崔氏, 英祖生母)	普光寺	楊州	英祖 元年
長陵(仁祖와 仁烈王后)	黔丹寺	坡州	英祖 7年
仁嬪墓(宣祖 後宮 金氏)	奉永寺	楊州	英祖 14年
綏慶園(暎嬪李氏 思悼世子生母)	奉元寺	高陽	英祖 25年
懿昭墓(思悼世子의 子)	奉元寺	黃海道 遂安	祖 28~30年
淑嬪 崔氏(肅宗 後宮)	興國寺	高陽	英祖 46年
顯陵園(思悼世子)	龍珠寺	水原	正祖 14年

〈표〉는 조선 후기 능침 기능을 수행한 원당이다. 17개의 능침원당은 양주와 고양이 각각 4사(寺)로 가장 많고, 도성이 2사(寺)이다. 황해도를 제외하고는 대체로 경기도에 분포하고 있는 것을 볼 수 있다.

한편 원당은 왕실과 지배층의 시납, 그리고 매득(買得) 등을 통해 전답과 산림 등을 확대 조성하였는데, 갑오경장 이후부터 일제강점기 동안 급격한 변화가 일어났다. 이 시기 동안 사찰 소유 토지와 산림에 대한 침탈은 국유림으로 전환되었으며, 왕실과 지배층의 원찰 사패(賜牌)에도 해당되었다. 조선시대 원찰은 불교가 탄압과 수탈 속에서도 존립될 수 있었던 중요한 기초가 되기도 하였다.

  문 : 이절에 收入은 얼마나 되는가요
  답 : 예-收入이라고는 아무것도 업지요. 그래도 支出에는 山稅金이 四五圓되고 또 本山分排라고 一圓五十錢이나 된다든가요
  문 : 山稅라니 周圍의 山坂이 寺有가아닌가요

답 : 예-寺有라니요 여긔서 德興大君山所距離가 어데임닛가 그런데 都庄宮所有라고 但一圓어치 價値잇다는 말을 남기면 반드시 그 宅에서 斫伐하야 가지요. 그리고 異常스러운 弊瘼 한가지가 잇는대, 此는 舊時京鄕寺刹에서 無名雜役을 橫懲하든 慣習갓해요. 德興大君墓所에 春秋祭享이 잇슬째마다 興國·內院·鶴林 三寺가 돌려가며 素饌이니 香燭代이니 하면서 갓다 바치는 것이 不少하지요. 只今 文明時代를 際遇하야 全鮮寺院에 痼瘼이라고는 죄다 革罷되엿지마는 우리 三寺는 柴草라도 조금 關係가 잇다함인지 엇지 할 수업서 今日까지 擧行한담니다.[11]

인용문은 1927년 안진호가 찬술한 『봉선본말사지』[12] 내용 가운데 일부분이다. 봉선사 말사인 학림암(鶴林庵)은 흥국사·내원암과 함께 선조의 부친 덕흥대군의 춘추제향시 제수를 상납했던 속사(屬寺) 기능을 담당한 사찰이었다. 1926년 암자의 소임자는 절의 소유였던 산림이 덕흥대군가의 소유가 된 뒤에는 학림암에서는 소유권뿐만 아니라 나무 한 그루 벨 수 없었던 것이다. 덕흥원대군의 원찰은 흥국사이다. 사찰은 한때 상궁과 귀족 부인들의 가마가 끊이지 않을 정도로 흥성했으며 작은 대궐로 불리기도 하였다. 그러나 대한제국 정부의 1899년 토지측량사업 시행, 1910~1918년 일제가 식민지적 토지제도를 확립할 목적으로 실시한 대규모 토지조사사업, 그리고 1911년 사찰령 등으로 팔도의 사찰 전답과 산림의 소유권은 국유화되거나 소유자에게

---

11 만오생, 「楊州各寺巡禮記」, 『佛敎』 第32號, 1927.2, 34쪽.
12 奉先寺, 『奉先本末寺誌』, 1927(동국대중앙도서관소장본(218.61 홍67ㅂ//D31536)한국불교기록문화유산아카이브참조.

환수되었다. 특히 원당은 1911년부터 이왕직(李王職)이 이왕가(李王家)와 관련한 사무 일체를 담당하면서부터 사찰의 소유와 운영은 자취를 감추었다. 더욱이 원당 제도가 법적으로 철폐된 1920년대까지도 제향이 시행되어 원찰의 고질적인 제수 상납이 진행되고 있었다고 한다.

距今 三十年 前에 잇서 京山 各寺에 이런 말이 流行되엿느니 即望月 負木이 告香偈짓고 덕절 負木이 十王草낸다고 그새로 말을 하면 절절이 僧數가 만흘쭌外라 魚會를 하느니 習畵를 하느니 하야 모든 것이 우리 佛家에 正當한 藝術이 다 微妙한 音聲 供養이 다하야 賛成이 藉藉하엿지마는 只今이야 負木은 姑捨하고 沙彌僧이나 잇서야 習畵를 하지 안켓나 畵員만키로 有名하든 덕절이 沙彌僧이라고 하나 볼수업스니 將來 幀畵佛事에는 아마 古物商에 가서 모서오거나 莫重한 佛母의 責任을 俗人에게 向하야 苟且한 소리를 할듯하네[13]

1926년 9월 흥국사를 답사했던 안진호의 술회이다. 불과 1800년대 말까지만 하더라도 흥국사의 부목(負木)이 시왕초(時王草)를 그릴 정도로 팔도에서 불화(佛畵)로 이름이 높았지만, 부목과 사미승을 찾아볼 수 없을 정도로 쇠락했다는 것이다. 사실 "절의 산림 전부가 덕흥대군가의 소유이기 때문에 경사가 있을 때에도 송병(松餅)을 만들 소나무잎을 건드릴 수 없다."고 했다. 이와 같은 원당 사찰의 경제적 수탈은 봉선본말사에 걸쳐 광범위하게 자행되고 있었다.[14]

---

13 만오생, 「楊州各寺巡禮記」, 『佛敎』 第32號, 34. 1927.
14 안진호의 「楊州各寺巡禮記」에 의하면 봉선사를 포함한 12개의 본말사는 조선 전기 세조를 비롯하여 조선 후기의 선조·숙종·영조·정조·명성왕후와

그 住持가 한번 다녀간 效果에 일 한 가지 補助는 姑捨하고 큰일한 條件을 發起하엿드람니다. 卽 奉永寺가 水害에 顚覆되엿스니 그럴 全部 毁撤 하여다가 議政府에 布敎堂을 建設하자는 計劃이라고요. 그래서 우리 本末寺에 妥協이 되고 當局에 移建 認可도 거의 되게 되엿드람니다. 萬若 그리하고 보면 千年 古寺가 업서질 뿐만 아니라 그 美名 下에 當寺 八十餘石의 收入되는 土地짜지라도 畢竟 남겨 두지 안흐리라 생각하고 나 혼자 反對運動을 이르켯슴니다. 本山과 郡道廳에 交涉하여 본즉 발서 圓滿히 周旋하엿는지라 効力이 잇서야지요. 그제는 놉다른 旗를 하나 맨드러 그 幅에다 千年古寺를 保存하야 줍시사 記入하고 總督府를 차자 갓스나 訪問하는 方法을 알지 못함에 크다른 木鐸으로 서너 차례 쑤드려 대엿슴니다. 巡査가 쪼차와서 왼 사람이 이게 무신 지시냐 하기에 旗面을 살펴보라 하엿더니 엇덧케 交涉을 하엿던지 그만 불러드립되다. 抑鬱한 顚末을 告한 즉 歷史가 久遠한 것이 事實이냐 하옵되다. 懸板에 記載하여 잇는 것을 말을 한즉 그르면 毁撤 申請을 返却할터이니 나가 기다리라 하옵되다. 歸寺하야잇노라니 限 二週間이나 되어서 返却되엿다는 通知가 나왓슴되다[15]

인용문은 영조의 원찰이었던 봉영사의 사정을 소개한 것이다. 봉영사는 1908년 큰비로 법당의 벽이 없어지고, 원당이 앞으로 쓰러지는 등 폐사의 위기에 놓였다. 서경화상(西耕和尙)이 5년 만에 복구하였다고 한다. 당시 주지는 복구에 소극적이었을 뿐만 아니라 봉영사를 전부 훼철하여 경기 의정부에 포교당을 건설할 계획을 지니고 있었다.

왕실 종친의 원찰이었다.
15 만오생, 「楊州各寺巡禮記」, 『佛敎』 第36號, 1927, 17~19쪽.

이에 서경은 천년 고찰뿐만 아니라 소유 전답까지도 없어질 것을 염려하여 혼자 총독부에 찾아가 깃발을 세우고 목탁을 두드려 봉영사 보존을 호소하였다. 결국 훼철이 반려되어 봉영사가 기사회생하는 일도 겪었지만, 천년고찰이 지닌 역사적 불교문화적 가치에 대한 당시 승속의 인식을 어렵지 않게 살필 수 있다.

또 이山이 寺有이냐고요! 그는 寺有가 確實하지요 그것도 測量時期를 어기지 안코 實測을 하야 證明까지 내게 하고 牧竪樵童에 對하야는 이 늘근 사람이 머리를 독기삼아 써서 嚴禁한 結果로 林相을 이만치라도 保存하여 왓지마는 燃料問題로 하야 附近住民에게 人事를 듯지 못한답니다. 그리고 古來로 엇지된 일인지는 알수업스나 寺後 最高峯中 허리 以上은 洞下에 잇든 尹富豪의 所有이든 것을 그집이 遠地로 移徙할 時期를 利用하야 내가 얼는 買受하야 寺有에 編入하고보니 只今은 二十餘町步가 確實하지요. 만약 그째에 사너치 안엇든들 마치몸둥이만 두고 머리를 버혀간 것 갓해서 이 절이 잇는 동안은 遺憾이 적지 안흘것이 올시다. 또 압 南山에 웃득웃득 서잇는 大松을 볼스것 가트면 滋味가 잇고도 感懷가 생긴답니다. 그 前 元興寺時代에 明進學校인가 무엇을 한다고 只今 白雲寺에 가 잇는 어림업는 老長이 저 大松을 沒伐해서 그 學校費用에 補助하라고 勸告까지 하엿드람니다. 만일 그 말을 드럿든들 大松만 업서젓지 그 學校에 餘蔭이라고 무엇잇슴닛가 그러기에 眷屬 한개라도 人財俱失하는 學校에는보낼 생각 전혀업고 初心 한 장이라도 중은 중의 글을 읽어 佛緣을 맷는 것이 相當하다 하야 우리 적은 놈 宣忠信이는 過歲곳 하고보면 本山講院으로보낼 決心이의다.[16]

---

16 만오생, 「楊州各寺巡禮記」, 『佛敎』 第33號, 1927, 26쪽.

인용문은 1927년 3월 봉선사 말사 학도암의 주지 오성담(吳聖曇)의 증언이다. 학도암은 원당은 아니지만, 1862년 명성황후가 마애관음보살좌상을 조성한 것으로 보아 왕실의 안녕을 기원한 암자였을 것이다. 오성담은 학도암의 지출이 "一年에 地稅 山稅 其他 名目으로 面所 支拂만 하여도 五十餘圓에 達한답니다. 維持의 困難이야 이로 測量할 수가 잇슴닛가"하고 그 고충을 털어놓았다. 인용문의 내용으로 보아 학도암 소유의 산림은 주지의 실측과 증명으로 국유림화되는 것을 모면했고, 가축과 벌목꾼의 범접을 허용치 않을 만큼 그 수호에 적극적이었다. 더욱이 기회를 놓치지 않고 산 일부분의 소유주에게 나머지 땅을 사들여 절 소유로 편입했다고 한다. 그는 홍월초의 명진학교 설립 당시 절 소유의 큰 소나무를 벌목해서 학교 비용에 보조하라는 권고까지 받았지만, 거절하고 지켜 냈던 것이다. 사실 내원암(內院庵)[17] 역시 "光膺殿과 當寺를 特別 保護하라 下賜한 土地中에서 明進學校時代 補助라 稱托하고 大多數를 파라업새인 後 아직까지도 四十餘石의 秋收를 밧건마는 支出 項目이 넘어만흔 싸닭에 修繕費等 몃가지는 忘却하고 잇는 듯하다."라고 한 증언처럼[18] 명진학교 설립을 위해 당시 불교계가 협조한 것은 사실이지만, 내원암과 같이 소유 토지를 팔아 절의 운영에 적지 않은 어려움을 겪고 있었던 절도 적지 않았다.

  a. 내가 이번 거름은 單純한 觀光의 巡禮도 아니오 動機와 가치 沿革을 調査할터이라 歷史的은 文獻에 依하려니와 傳說的을 듯자면 아마

---

17 內院庵은 순조의 탄생과 인연이 깊어 '성사(聖寺)'로 일컫기도 했다.
18 만오생, 「楊州各寺巡禮記」, 『佛敎』第34號, 1927, 24쪽.

자미잇는 이약이도 만흐럇다 그리고 本山分排金과 財團法人 二種財産未收額의 督捧委任을 맛핫스니 債權者 비슷한 行世도 하여야지 農家는 新穀이 豊富한 이째이나 寺院에서는 納賭期가 尙早하니 무슨 돈이 잇슬나구[19]

b. 該寺(奉先寺)는 自來로 森林一節에 대하야 片士尺地가 없음으로 柴燒木에 困難도 莫甚하거니와 有時乎固有林 又는 李王職山監守等의 侮辱이 如干아니였다. 適楊州郡廳으로 鄕土史料蒐集하라는 公文이 倒着됨에 필자는 時節因緣이 到來함을 自覺하고 時住持洪月初 猊下에게 下와 같이 懇請하엿다. 森林을 幾町步라도 回復하자면 今般機會를 일치말고 本末寺誌를 編輯하면서 特히 本寺欄에 歷史의 久遠이며 王室로 붙어 賜牌하여 준 文句를 記入한 後當局에 運動하야 봅시다하여 快諾을 얻은 그 즉시로 봉선본말사지라는 책자를 최초로 수집간행하였다.[20]

인용문은 안진호가 『봉선본말사지』를 찬술하기 위해 말사를 답사하게 된 이유를 설명한 글이다. 홍월초와 안진호는 한국불교의 역사와 문화유산 보존을 위한 조사가 우선이었지만, 당시 봉선사가 안고 있었던 경제적 문제 역시 해결하고자 하였다. 1922년 불교계는 조선불교중앙교무원을 60만원의 재단법인으로 조직하기로 결정하였다. 법인 조직은 조선 전체 사찰의 소유지 1/5을 내기로 하고 땅 혹은 산림을 팔

---

19 만오생, 「楊州各寺巡禮記」, 『佛敎』 第30號, 1927, 25쪽.
20 만오생, 「甚矣라 歷史에 無關心이여」, 『금강산』 2, 금강산표훈사, 1935, 14~15쪽.

아 1923년 3월 말까지 기본금을 적립시키기로 하였다.[21] 마침내 1922년 10월 28일 조선불교중앙교무원은 재단법인 설립인가를 받았고, 게획한 재단법인 설립자본금은 최초 621,795원이었지만 156,384원에 불과하였다. 조선총독부는 설립 자본금이 모두 불입되지 않은 상태에서 법인 설립을 인가하는 특혜를 베풀었다. 한국불교계가 법인 설립을 통해 자생력의 기회를 마련하고자 하였지만, 총독부의 속셈은 한국불교의 통제와 장악을 위해서였다.

재단법인 교무원은 각 사찰의 재산을 분할 출자를 장려하였고, 각 본사는 그 배당액의 출자를 충당하기 위해 소속 말사 중에서 유지가 곤란한 절은 폐사 허가를 받아서 이것을 재단법인의 출자액으로 충당하고자 하였다. 전국에서 폐사 허가가 속출한 것은 당연한 일이었다. 봉선사 역시 당시 주지 홍월초가 안진호에게 의뢰한 것은 사지 조사뿐만 아니라 말사를 상대로 법인 분담금 수령을 독려하기 위한 것이었다. 당시 봉선사의 재정 상태는 통도사나 해인사와 비교했을 때 매우 열악한 상황이었다. 그러나 법인설립이 조선불교 발전상 근본 방책이라고 했지만[22] 효과는 미약했다. 사지 조사 역시 1926년 7월 13일부터 15일까지 학무국장 주재하에 개최된 도시학관(道視學官) 회의가[23] 직접적인 배경이었다. 이 회의에서 조선총독은 "寺有財産 보호감독에 관한 사항, 寺刹廢止에 관한 사항, 사찰에 속한 불상·고기물(古器物)·서화류 보호처리에 관한 사항 재단법인 조선불교 중앙교무원(朝鮮佛敎中央

---

21 한동민, 앞의 논문, 2005, 183쪽.
22 『寺刹例規』, 조선불교중앙교무원, 1925, 117쪽.(한동민, 앞의 논문, 197에서 재인용)
23 「道視學會議槪項」, 『朝鮮』 135호, 1926. 144쪽.

敎務院) 기부금 출자 방법에 관한 사항 내지 각 종파에 속한 사원 소유의 부동산과 보물에 관한 규정"을 계출(屆出)하는 건 등등을 지시하였다. 조선총독부가 사찰 재산에 대한 관심이 지대했음을 보여주는 부분이라고 할 수 있다. 한국불교의 사찰과 재산을 수탈하기 위한 교묘한 술책이 진행된 것이다.

한편 봉선사는 대규모의 중건불사를 진행하여 채무액이 기부액보다 많은 상황이었다.[24] 때문에 안진호는 삼림(森林)을 기초로 한 사원경제 회복을 위해서라도 『봉선본말사지』 찬술을 통해 역사적으로 왕실의 사패(賜牌) 기록을 수록하여 곤란한 사정을 회복하고자 하였다. 『봉선본말사지』 찬술의 실제적 명분이 적지 않게 작용한 것이다. 더욱이 당시 봉선사의 소유 전답과 산림은 이왕직의 통제하에 있어서 그 수탈과 모욕이 심했던 것이다.[25] 이밖에 봉영사(奉永寺)는 1911년 절의 소유 산림을 실측하여 농상공부산림국에 접수했지만, 절의 주지가 소유 산림에 대한 최종 증명접수를 하지 않아 마침내 산림이 국유로 편입되고 다시 이왕직 소유가 되어 버린 경우도 있었다.[26]

이와 같이 일제강점기 사찰 소유의 토지와 산림은 한국 근현대 격동기를 지나오면서 조선시대와는 다른 침체기를 맞이하였다. 예컨대 토지제도를 비롯한 경제적 변화와 수탈 등으로 인해 국유화와 다시 왕가의 소유로 전락해 버렸다. 그러나 원당의 무관심과 무성의 역시 일제강점기 사원경제 침체의 또 다른 요인으로 작용하였다.

---

24 晚悟生, 「楊州各寺巡禮記」, 『佛敎』 第29號, 1926, 16쪽.
25 오경후, 「일제강점 『봉선본말사지』 찬술의 성격과 가치」, 『선학』 65, 한국선학회, 2023, 179~180쪽.
26 晚悟生, 「楊州各寺巡禮記」, 『佛敎』 第36號, 1927, 18쪽.

3. 지배층의 사원 재산 수탈

일제강점기 지배층의 사원경제 침탈은 전답과 산림뿐만 아니라 사찰의 훼철까지 자행되었다. 예컨대 봉선사는 창건 이래 지배층의 원당 기능을 담당해 왔다. 고려시대는 개국공신 조맹(趙孟)이 견성암에서 약사여래를 친견한 이후 그 후손들이 조맹을 추모하기 위해 창건한 것으로 전해졌으며, 보광사는 조선말기 영의정을 역임한 이유원(李裕元)이 창건하였다. 이밖에 회암사와 부도암 등 여러 사암(寺庵)은 지배층과 직접적인 관련성을 지니고 있다.

> 純宗 隆熙 年中에 이르러 朝家로부터 金谷 洪陵을 奉安한 後 殿閣을 建設하는同時에 當寺 洞下에 居住하는 李天應이란 者가 元來 土豪武斷으로 僧殘寺敗를 奇貨로 看做하고 남아잇는 寺宇를 毁撤하야 洪陵殿閣 所用으로 賣喫하고 漸次 寺院基地와 山林全部까지 橫點하면서 現 浮圖庵 垈地까지 占領하엿다하니… [27]

인용문은 봉선사 말사인 남양주 봉인사에서 있었던 일이다. 봉인사는 1800년대 후반 왕실에서 향촉(香燭)을 내리면서 국태민안을 기원하라고 당부했던 사찰이었지만, 20여 칸의 대법당과 응진전·시왕전 등이 전소되고 대방과 노전(爐殿) 두 채만 남아있었다. 1919년에는 절 근처의 고종과 명성황후를 합장한 홍릉이 완성되었다. 그러나 봉인사 근처에 거주했던 이천응(李天應)이 봉인사 전각을 홍릉의 전각을 만드는

---

27 만오생, 「楊州各寺巡禮記」, 『佛敎』 第41號, 1927, 17쪽.

데 팔았을 뿐만 아니라 절의 전답과 산림 전부와 부도암의 대지까지도 무단 점령했다는 것이다. 조선시대 금지되었던 승려들의 도성 출입이 다시 허용되었지만, 실질적인 사회적 지위가 향상되지는 않았다. 인용문은 봉인사만의 문제는 아니었다. 당시 불교계의 사회적 위상을 적나라하게 보여주는 사건이기도 했다. 이밖에 부도암 파괴는 영의정을 지낸 이유원의 차남 이호영(李琥榮)이 근처 견성암(見聖庵)에 머물던 환송(喚松)과 공모하여 부도탑을 지키던 승려를 독주(毒酒)로 취하게 하고 난 뒤 부도탑을 훼손하고 사리장구(舍利藏具) 등을 절취하여 팔아버린 것이 발각되어 징역을 살기도 하였다.[28] 절은 1619년 중국에서 들어온 석가모니의 진신사리를 1620년 봉인사에 봉안했던 곳이다.

한편 사찰의 침탈은 불교계의 탐욕과 소극적 태도 때문에 자행되기도 했다.

距今七十年 前부터 우리 先妣께서 佛敎信向이 게신 故로 妙寂寺에 頻數히 단엿섯는가보데 그리자 그때 主僧 具道行이란 者가 잇서 一日은 그 土地文書를 가지고 우리 집을 차저 와서 하는 말이 只今 寺用이 窘塞한즉 이 文券을 典執하고 錢幾十兩만 貸用하여 달라 함에 先妣께서 文書는 그만두고 金錢이나 얼마간 갓다쓰라 하섯다데 그後 幾年을 經過하야 다시 僧侶가 主務者되엿슬때에 그 土地를 이 附近 어느 常漢에게 賣渡한 것을 우리 집에서 探聞하고 卽時 下人을보내 그 常漢을 잡아다가 한번 强制手段을 쓴 일이 잇섯느니 寺中土地라는 것은 僧侶가 아니고는 干涉을 못하는 法인데 네가 그 논을 買受할 것가트면 중

---

28 만오생, 「楊州各寺巡禮記」, 『佛敎』 第41號, 1927, 18쪽.

이되여야 할 것이라하고 상투를 當場에 끈어 을리라고 號令을 秋霜가치 하닛가 그놈이 怵을 내여서 예-土地文書를 宅에 밧칠 터이오니 살려 줍시사고 哀乞伏乞을 하엿네 그래 그 土地를 妙寂寺로 返還을 시키지안엇나 그리고 甲午更張 以後로 土地全部가 官廳에 登錄되고 寺法 頒布는 아즉 아니되엿슬 때에 其時 主僧이 또 他人에게 賣渡를 씩혓데 그려 우리 宅鍾이가 그것을 알고 面所에 드러가서 手續이 다 되어잇는 것을 그만 取消를 씩히고 賣買雙方을 불러 一場惹鬧를 친 뒤에 寺有로 두는 것은 危險하다 생각하고 그만 우리 宅鍾의 名義로 登錄을 식혓다데 그때만 하여도 兩班의 勢力이 남아 잇섯네그려 只今갓해서야 直接關係가 업는 境遇에 何等의 干涉이 잇겟는가 이 土地에 對하야 우리 집과 그러한깁흔 緣故가 잇고 또 寺況도 밋을 수가 업서 數十年을 保管하여 왓스나 다만 先妣께서 信仰하든 盛意를 仰軆하야 保寺에 專力할다름이라하옵듸다29」

인용문은 묘적사의 감원(監院)이었던 김원흡(金元洽)의 증언이다. 예컨대 부근 도곡리(陶谷里)에 살고 있던 이훈(李壎)의 집에서 매년 6~7석의 식량을 보내 절의 유지에 적지 않은 도움이 된다고 하였다. 김원흡은 그동안 숨겨왔던 헌납의 배경을 설명하였다. 그동안 묘적사 승려들이 소유 전답을 조건으로 이훈의 어머니에게 돈을 빌려 간 것이다. 이와 같은 사례가 빈번해지고 급기야는 묘적사 전답이 속인의 소유가 되어 사중의 재산이 없어질 위기에 직면해 있었다. 이 집안에서는 묘적사의 토지를 되찾았다. 갑오경장 이후에도 사찰 전답이 관청에 등록되어 매매가 이미 이루어졌지만, 어렵게 전답을 찾아 이훈의 아들 택종

---

29 만오생,「楊州各寺巡禮記」,『佛教』第42號, 1927, 11쪽.

(宅鍾)의 명의로 유지해 오고 있었다는 것이다. 이훈은 이전 묘적사의 주지들이 사욕에 급급하여 묘적사의 정재(淨財)를 훼손시켰던 사실을 말한 것이다.

　　과거 조선의 승가 규범에는 사찰의 재산을 처분하는 일에 관련된 사항과 營辦法會, 기타의 일체 사무를 주관하는 승려가 있어 寺衆의 집회를 열어 의견을 수렴한 후에야 집행하였다. 이를 곧 圓融産林이라고 한다. 원융산림은 공통적으로 사법시행령 이후부터 일체의 사무 처리를 주지 독단으로 맡기고 三職이 보좌하도록 하였는데, 이를 소위 住持獨産林이라고 한다. 독산림이란 마음대로 한다는 것이다. 그러므로 사중 산림의 독단과 원융 중에서 무엇이 뛰어나고 무엇이 모자라는가는 글자에 보이는 그 뜻으로 판별하기 어렵지 않다.····독산림이 끼친 큰 폐해에 대하여 여기에 하나의 예를 들어 본다. 楊州郡의 逍遙山寺(自在庵)는 본래 명산에 속해 있는 수승한 도량으로 기도 불사가 사시사철 끊이지 않았다. 그런데 지금은 절이 빈한하여 겨우 유지할 뿐이다. 산 아래에 사는 여러 사람들의 말을 들으니, 시주하는 대중이 있긴 하지만 시주하고 도우려 하지 않았다. 이는 主掌하는 승려가 독산림을 행하였으므로, 개인 주머니로 돌아가 사중의 공용으로 쓰지 않는다고 염려했기 때문이다.[30]

인용문은 사찰은 전통적으로 재산 처분이나 제반 운영을 사중 집회를 열어 의견수렴 후에 집행했고 이를 원융산림(圓融産林)이라고 했다는 것이다. 이른바 대중공의 제도다. 그러나 사찰령 이후에는 주지가

30　이능화,「理判事判寺刹內情」,『조선불교통사』하, 신문관, 1918, 930쪽.

독단으로 맡아 처리했고, 감무(監務)·감사(監事), 그리고 법무(法務)의 삼직(三職)을 두어 실무를 보좌하게 했고 이를 주지독산림(住持獨産林)이라고 했다는 것이다. 이능화는 양주 자재암을 그 폐해의 사례로 들었다. 예컨대 신라시대 원효가 창건했다는 이 암자는 신라 요석공주가 설총을 낳은 후 이 땅에 궁을 세워 아이를 길렀다는 '요석궁주궁지(瑤石宮主宮址)' 전설이 있고, 나한전굴(羅漢殿窟)과 태조 이성계의 행궁터가 있다. 이능화는 암자가 수승한 기도도량으로 기도불사가 끊이지 않았던 이름난 절로 시주하는 대중이 있었지만, 주지의 독산림으로 시주금이 공용으로 쓰이지 않기 때문이라고 하였다. 더욱이 1926년 안진호가 답사갔을 때는 "京城에서 青年三四名이 妓生을 同伴來着하야 마루를 새이에 둔 건넛방에서 자게되는데 女唱男和로 瀏亮한 唱歌聲이 寺內를 震動한다."고[31] 하여 일제강점기에는 더 이상 기도와 수행이 지속되는 청정한 도량이 아니었다. 이밖에 봉선사 말사 회암사는 지공·나옹·무학 세 고승의 사리탑이 봉안되어 있었다. 1821년 폐허가 된 절터를 중건했지만, 이응준(李膺俊)이라는 자가 술사(術士) 조대진(趙大鎭)의 유혹을 믿고 삼화상의 부도를 훼손하고 아버지의 유골을 매장하는 일이 일어나기도 했다. 당시 승려들이 시신을 파헤치고 두 사람을 유배 보냈으며, 삼화상의 비와 부도를 수호하기 위해 사찰을 중건했다.[32]

일제강점기 한국 불교계는 총체적인 변화와 직면하고 있었다. 조선 초기부터 금지되었던 승려의 도성 출입이 다시 허용되었고, 불교계를

---

31 만오생, 「楊州各寺巡禮記」, 『佛教』 第48號, 1928, 1928, 31쪽.
32 奉先寺, 『奉先本末寺誌』, 봉선사, 1927, 33쪽.

보호하기 위한 국가 관리가 이루어졌지만, 불교와 승려의 실제적인 지위는 변하지 않았다. 더욱이 일본은 침략 이후 한국 전통문화의 중심이었던 불교를 일본화시키고 종속시키고자 하였다. 일제강점기 한국불교가 대내외적으로 위기를 맞이하고 있었던 것이다.

일제강점기 한국불교 침탈은 경제적인 면에서 적극적으로 이루어졌다. 통감부와 왕가의 재산을 관리했던 이왕직뿐만 아니라 지배층은 한국 근대의 변혁기에 따른 개혁과 제도를 기초로 불교계 수탈을 자행하였다. 우선 통감부는 토지소유권의 확보와 내지(內地) 정주권의 확보, 산림 채벌 등을 통해 사찰 소유의 토지와 산림을 수탈하였다. 미처 신고하지 못한 사찰 재산은 일본인과 학교 건립의 명분으로 처분되었다. 과거의 원당 기능은 갑오개혁과 토지조사업을 계기로 국유화와 이왕직 소유로 환원되었다. 때문에 사찰 재산은 축소되고 급기야 생존권마저 위협받는 상황이 되었다. 더욱이 1911년 사찰령 시행과 주지독산림, 그리고 대처식육의 풍조는 불교계의 공익을 우선하기보다는 승려 개인의 사욕이 심화되었다. 사찰 재산의 수탈에 대한 소극적인 대응 또한 재산 축소에 많은 영향을 끼쳤다. 토지 등록에 대한 무관심과 소유 문화재에 대한 방치, 그리고 사적인 매매 행위는 불교가 지닌 전통문화적 가치를 유명무실하게 만들어버렸다. 주지는 천년 고찰의 전각 소실과 멸실을 복구하기 보다는 도심지 포교당 건립을 위해 매각을 주도했고, 불서(佛書)를 비롯한 전적과 사리구와 같은 가치 있는 불교문화유산의 보존에도 소극적이었다. 오랜 기간 동안 조상을 추모하고 가문의 복락을 기원했던 지배층의 원당 기능은 공유재산을 인정하지 않고 다시 가문 소유로 환원시켜 사원경제를 축소시키는 또 다른 원인을 제공하기도 했다.

　이와 같은 일제강점기 불교 재산에 대한 학계의 관심은 오늘날도 소극적이다. 그동안 학계는 일제강점기 불교 정책이나 교단의 변화, 그리고 대표적 인물에 대한 동향, 친일과 항일 등 굵직한 사건들에 대한 관심을 지니고 있을 뿐이었다. 일제강점기 우리 불교에 대한 관심이 사찰 재산의 동향과 같은 실제적인 문제에도 이루어져야 할 필요가 있다.

2장

『봉선본말사지(奉先本末寺誌)』 찬술의 성격과 의미

1. 찬술 배경

일제강점기 『봉선본말사지(奉先本末寺誌)』 찬술은 조선의 오랜 불교 역사와 문화, 일본의 간섭과 침략, 사찰령, 근대 학문의 유입, 그리고 한국불교의 정체성 확립이라는 다양한 시대적 환경과 불교계의 자각이 반영되어 있다. 일차적으로 외세의 한국 점령과 통치가 사지 찬술의 원인이었지만, 한국불교를 중심으로 한 한국 역사와 문화의 복원과 우수성을 재확인하고자 하였다.

일제강점기는 봉선사·유점사·전등사·건봉사·봉은사 등 본사(本寺)와 그 소속 말사(末寺)의 역사와 문화를 수록한 사지가 집중적으로 찬술되었다. 특히 안진호는 봉선사·백양사·석왕사·유점사·봉은사 등의 본말사지를 찬술하였다.[33] 이 시기의 사지는 전근대 시기에 찬술

---

33 일제강점기 찬술된 사지와 안진호에 대해서는 한동민의 연구가 주목된다.(한동민, 「일제강점기 寺誌 편찬과 그 의의-安震湖를 중심으로」, 『중앙

된 사찰 관련 기록과는 비교할 수 없을 정도로 종합적이고 체계적으로 진행되었다. 우선 수집과 조사를 통한 과학적 연구 방법으로 사찰의 역사와 문화에 대해 찬술하였다. 조선시대까지의 전근대 시기 불교의 사정은 사찰사적기·기문·고승비문류와 같은 단편적인 기록이 전부였다고 해도 과언이 아니다. 더욱이 건국 초부터 불교가 탄압 받았던 조선시대에는 그 기록이 소략할 수밖에 없었고, 그 가치 역시 주목하지 않았다.[34] 불교사를 말해주는 기록과 유물은 산일(散逸)될 수밖에 없었다.

일제강점기 강제적인 불교계의 변화와 함께 한국불교의 정체성과 우수성을 재발견하기 위한 목적하에 찬술된 사지의 성격과 그 의미를 살피는 일은 한국 근현대 불교사를 이해하는데 필요한 일이다. 『봉선본말사지』의 찬술은 일본의 한국불교 점령을 위한 기초자료로 이용되었지만, 유구한 한국불교의 역사와 문화를 재확인하고 근대 불교의 기초를 마련하기 위한 시발점이 되기도 하였다.[35]

이 글은 우선 사지 찬술의 배경을 살피고 봉선사와 23개 말사(末寺) 기록의 구성과 내용을 검토하고자 한다. 찬자 안진호는 봉선사와 경기도 북부 일대에 산재한 말사를 답사하며 각 사찰의 연혁과 유물, 재산

사론』 32, 한국중앙사학회, 2010)
34 조선시대 찬술된 사지에 대해서는 오경후의 연구가 참고된다.(오경후, 『사지와 승전을 통해본 조선후기 불교사학사』, 문현, 2018)
35 일제강점기를 중심으로 한 근대 한국불교학과 불교사에 대한 연구는 아직 본격적으로 진행되지 않았다. 이능화·권상로·안진호·장도환 등의 근대 지성은 오랜 기간 수집과 조사를 통해 한국불교사를 연구하고 찬술하기도 하였다.(오경후, 「일제강점기 지성들의 불교사 인식과 그 가치」, 『원불교사상과종교문화』 65, 원광대학교 원불교사상연구원, 2015)

상황 등을 살피고, 당시 사세(寺勢)까지도 빠짐없이 기록하였다.『봉선사지』는 1927년 봉선사가 간행하였다.[36] 책의 서문은 석전사문 박한영(石顚沙門 朴漢永), 사불산인 권상로(四佛山人 權相老), 무능거사 이능화(無能居士 李能和), 그리고 찬자인 안진호가 썼다.

절이 구백년이나 되어 짧지 않지만 절의 역사가 여기저기 흩어지고 어지러워 작은 것도 살피기 어렵다. 佛徒가 아니라도 本寺의 사정을 심히 부끄러울 뿐이다. 소백산의 震湖上人이 본사 方丈의 청으로 (강사로) 부임하여 수십 년 敎徒를 가르쳤다. 진호 스님이 (본사와 말사를) 끊임없이 살피고 조사하여 본사와 말사지를 편찬하여 그 영고성쇠를 헤아렸다.[37]

박한영은 서문에서 봉선사가 고려 광종(光宗) 대 창건된 이후 절의 기록이 흩어지고 없어진 채 일제강점기까지 그 역사를 알 수 없었다는 것이다. 권상로 역시 "여기저기 흩어지고 보지 못한 단편적인 기록을 수습하여 지금 이루어진 것이 다행스러운 일이다. 이후 사찰의 흥망성쇠를 알고자 하면 그 근거가 될 것이다."라고[38] 하였다. 이능화 또한 "각 사찰의 개산, 홍법, 종파, 문맥 등을 두루 구하지만, 남아 있는 것

---

36 이 글은 봉선사에서 간행한『奉先本末寺誌』(1927, 동국대 중앙도서관소장본(218.61 홍67ㅂ//D31536))을 저본으로 활용하였다. 이하『봉선사지』로 약칭한다.
37 石顚沙門 鼎鎬,「奉先寺誌編纂弁言」,『奉先本末寺誌』, 봉선사, 1927.(동국대 중앙도서관소장본 https://kabc.dongguk.edu/viewer/view?dataId=ABC_NC_07406)
38 四佛山人 退耕相老,「序」,『봉선본말사지』, 봉선사, 1927.

은 백에 한 둘이다. 각 사찰의 사료는 없고 뜻있는 사람도 드물다. 지금 진호 스님이 쓴 것을 보니 봉선본말사이다. 시작은 조선불교이며 그 역사이고 뒷사람은 이 책을 읽는 자이니 반드시 느끼는 바가 있어 興起할 것이다."라고[39] 『봉선사지』가 지닌 가치를 평가하였다. 봉선사의 역사적 사정을 알 수 없었던 처지에서 사지의 찬술은 단편적으로 사찰의 사정을 소개하는 것 이상의 의미 있는 일이었다.

1500년 이래의 조선사는 정치 법제, 교학 문예라는 어떤 방면으로든지 불교와 불교도의 관련을 제외하고는 해석하고 밝게 판단할 수 없으므로 연래로 많고 적은 주의를 이번에 더하여 3가지 느끼는 것이 더욱 들어 깨달으니 제1은 조선의 사회와 문물에 대한 불교의 영향이 극심하고 커서 거의 無事不染, 無物不被의 觀이 있으며 더욱 上中世紀에 있어서는 새로운 안건, 새로운 제목을 봉착하는 족족 그 이면에 투철하고 핵심을 바로잡자면 반드시 불교사부터 시작하여야겠음을 매 순간 절감함이요, 제2는 나에게 因緣傳이 없으며, 高僧傳이 없으며 三寶記가 없으며 西域記가 없으며, 傳燈錄이 없으며, 歷代通載가 없어 천년의 위대한 흔적이 10에 1도 존재치 못하고 善慧의 光焰이 어둠 속에 소멸했다. 설령 한 조각의 자료가 사방에 흩어져있더라도 한 사람이 한때의 힘으로 도저히 좌우에 이르지 못할 것이니 옛 정성이 아무리 독실하여도 매번 재료를 얻기가 어려우면 소망을 잃어버리는 것이요. 제3은 일연의 삼국유사, 각훈의 海東高僧傳 이후로 의천의 수집과 교정에는 守其의 錄이 있으며, 최근에는 大東禪敎攷, 佛祖源流, 東師列傳 등 다소의 찬술이 있것만, 이러한 중요한 책도 전해지고 있는 책

---

39 無能居士 李能和, 「序」, 『봉선본말사지』, 봉선사, 1927.

이 이미 귀하고 아는 자가 역시 적어 이 방면의 역사적 관념이 희박하고 소홀하여 비록 유명한 지식인이라도 조선불교에 대해서는 蘊蓄이 없으며, 느끼고 생각하는 바가 없어 쌓인 의심이 산과 같으나 就質에 사람이 없다.[40]

인용문은 최남선이 이능화의 『조선불교통사(朝鮮佛敎通史)』 간행을 두고 그 의미와 가치를 정리한 글이다. 즉 한국불교는 역사적 전개 속에서 한국의 문화적 지위를 향상시켰다고 지적하였다. 그러나 한국 역사와 문화의 이정표와 핵심은 반드시 불교사에서 찾아야 함에도 불구하고 불교사가 지닌 위대한 흔적은 사라지고 없다는 것이다. 『삼국유사』·『해동고승전』·『대동선교고』 등 한국불교사를 이해할 수 있는 중요한 자료에 대한 이해가 희박하고 소홀하며, 느끼고 생각하는 바가 없다는 것이다.

이능화·권상로와 같은 일제강점기 불교계의 지성들 역시 한국불교사에 대한 소극적인 관심에 대해 지적하고 10여 년 동안 고승 비문과 사지(寺誌)를 비롯하여 한국불교 자료를 수집하였다. 총독부 내무부장관과 학무국장은 『조선불교통사』가 간행된 이후 이능화의 노고를 축하하고 "조선의 正史 野乘과 金石文 등은 물론이요 널리 중국의 事蹟을 통람하고 신문잡지 官報類에 이르기까지 섭렵하여 빼놓은 것이 없고, 과거의 사실을 상세하게 했을 뿐만 아니라 현대까지 분명히 하였으니 실로 완전한 일대 불교사로 일찍이 조선에는 그 유례가 없는 저작입니

---

40 六堂學人, 「朝鮮佛敎의 大觀으로부터 「朝鮮佛敎通史」에 及함」, 『朝鮮佛敎叢報』12, 三十本山聯合事務所, 1918, 41-42쪽.

다."라고⁴¹ 하였다. 권상로 역시 200여 명의 승려 전기를 수집하여 『조선고승시순고(朝鮮高僧時順考)』를 『불교(佛敎)』지에 소개하였다.⁴² 박봉석 역시 『청구승전보람(靑丘僧傳寶覽)』을 연재하면서 "우리나라 고승의 전기를 내가 밤낮으로 근심하여 널리 구하기를 10년이 지났다."고⁴³ 하였다. 요컨대 이들의 자료수집과 조사는 단순한 학술적 측면에 국한된 것이 아니었고, 10여 년 동안의 자료수집과 조사를 통해 한국불교 역사와 문화를 체계화시켜 그 연구와 함께 문화적 우월성을 소개하고자 하였다.⁴⁴

오호라 우리 불교는 옛날 신라 고려시대에는 여염집에까지 많이 퍼져있었고, 종소리가 서로 들리고, 당간지주가 서로 마주 보았으며, 勝地이자 名山이다.··· 그러나 지금은 어떠한가 3500의 禪補 땅은 황폐한 땅과 들풀처럼 곤궁해졌다. 16宗은 바람 앞의 등불과 물거품처럼 흩어졌고 그 사적은 큰 불속에 들어가 버렸다. 뜻이 있는 자는 어찌 한심하지 않겠는가. 내가 봉선사에 온 이래 이것에 느낀 바가 있어 비록 비석조각과 종이 쪼가리라 할지라도 널리 찾아 복원하고자 하여 지금에 이르렀다. 내가 雲岳山의 강의해달라는 요청이 있어 8~9개월 동안을 가르쳤는데, 마침 해당 군에서 향토사료를 수집하고 소개하라 하여 실로 외롭고 고단한 일이었다. 見聞 若記 序文 碑 浮屠 傳

---

41 宇佐美騰夫·關屋貞三郎, 「李能和 殿」, 『朝鮮佛敎叢報』 10호, 三十本山聯合事務所, 1918, 65-66쪽.
42 권상로, 「朝鮮高僧時順考」, 『佛敎』(新), 불교사, 1942, 32-43쪽.
43 박봉석, 「靑丘僧傳寶覽」, 『불교』(신) 부록, 불교사, 1940, 부록1~12.
44 오경후, 『한국근대불교사론』, 문현, 2020, 241-264쪽.

說 舊蹟 名勝 現況 등을 남김없이 포괄하여 1책으로 엮었다.[45]

인용문은 『봉선사지』를 찬술한 안진호의 자서(自序) 가운데 일부분이다. 그는 1925년부터 1927년까지 봉선사에서 학인을 가르쳤는데, 1926년 양주군청이 "奉先本末寺에 對한 鄕土史料의 件을 詳細調査하야 九月 末日限으로 回報하라"는 지시가 있어 봉선사는 각 말사로 향토사료 조사를 요구하였지만, 진전이 없었다.[46]

一日은 住持 洪月初猊下께서「鄕土史料라함은 寺院에 在하야 卽 本末沿革에 關한 歷史라 官廳要求가업다할지라도 우리가 率先하야 本末史料를 精査한後 一冊을 編成하야 寺刹에 藏置할것인데 余가 就職 十餘星霜에 因循未遑한바이라 今般機會를 利用하야 完全을 보랴하엿스나 末寺의 手續이 汗漫하니 君이 幾週間 停講을 할지라도 末寺의 一回往返을 앗기지말고 本末沿革을 叅考하여보라」한다.[47]

당시 봉선사 주지 홍월초(洪月初)는 안진호를 불러 강의를 얼마간 쉬더라도 본말사의 연혁을 살펴볼 것을 부탁하였다. 홍월초는 비록 관청의 지시가 아니더라도 봉선본말사의 유서 깊은 사료는 조사하여 절에 보관되어야 한다는 입장이다. 홍월초의 봉선사 역사와 문화를 파악할 수 있는 사료 조사와 수집의 자세는 앞에서 설명한 이능화·권상로·박봉석과 같은 불교계 지성들의 의도와 다른 것이 아니었다. 조선시대

---

45 안진호, 「自序」, 『奉先本末寺誌』, 봉선사, 1927.
46 만오생, 「楊州各寺巡禮記」, 『불교』 29, 불교사, 1926, 16쪽.
47 만오생, 앞의 글, 16쪽.

부터 500여 년 이상 진행된 불교 탄압과 수탈은 사료와 고귀한 유물이 훼손되고 산일(散逸)된 원인이었다. 한국불교가 지닌 역사적 정체성과 가치는 흙먼지와 바람 속에 사라져 갔고, 그 사료 역시 더이상 주목의 대상이 아니었다. 홍월초는 봉선사의 역사와 문화 역시 사라져가는 것을 안타깝게 생각한 것이다.

  該寺(奉先寺)는 自來로 森林一節에 대하야 片土尺地가 없음으로 柴燒木에 困難도 莫甚하거니와 有時乎固有林 又는 李王職山監守등의 侮辱이 如干아니였다. 適楊州郡廳으로 鄕土史料蒐集하라는 公文이 倒着됨에 필자는 時節因緣이 到來함을 自覺하고 時住持洪月初 猊下에게 下와 같이 懇請하엿다. 森林을 幾町步라도 回復하자면 今般機會를 일치말고 本末寺誌를 編輯하면서 特히 本寺欄에 歷史의 久遠이며 王室로 붙어 賜牌하여 준 文句를 記入한 後 當局에 運動하야 봅시다하여 快諾을 얻은 그 즉시로 봉선본말사지라는 책자를 최초로 수집간행하였다.[48]

한편 봉선사지 찬술은 현실적인 문제도 반영되어 있었다. 일제강점기 봉선사는 소유하고 있는 땅과 땔감이 없었다. 본래 소유하고 있었던 땅은 일제강점기 왕실 재산을 관리하고 있었던 기구인 이왕직(李王職) 통제하에 있어서 사용은커녕 모욕과 수탈만 당하고 있었다. 더욱이 이 시기 봉선사는 1926년에 종각을 옮기는 등 전각을 새로 짓고 중수하였으며, 기와를 교체하고 단청을 새로 하는 등 절을 일신시켰다.

---

48 만오생, 「甚矣라 歷史에 無關心이여」, 『금강산』 2, 금강산표훈사. 1935, 14-15쪽.

이 때문에 절의 채무는 막대했다.[49] 안진호는 국유화된 봉선사의 원래 토지를 일부분이라도 회복하려면 『봉선사지』를 간행하면서 그 역사와 왕실에서 하사한 토지를 조사하고 기록하여 되찾자고 하였던 것이다.

요컨대 『봉선사지』 찬술은 일제강점기 불교계가 직면한 총체적인 문제와 그 극복을 위한 방안이 모두 반영되어 있었다. 첫째, 조선총독부의 한국불교 장악을 위한 기초조사, 둘째, 한국불교사의 정체성을 규명하기 위한 사료 수집과 조사, 셋째, 궁핍한 사원경제 회복을 위한 노력 등이다.

2. 구성과 내용

『봉선사지』는 봉선사와 말사 가운데 수반지 3사, 방등지 20사를 수록하였다.

---

[49] 만오생,「楊州各寺巡禮記」,『불교』29, 불교사, 1926, 18쪽.
"特히今年度에限하야重修新建하고釀瓦丹艧하며鍾閣을移轉하고道場을完築하야居人過客으로噴噴稱道케됨은모다現住持洪月初和尙의竭誠劃策한功績이라實로未來幾千載에잇지못할偉業이다。그러나功績이偉大함을따라憂慮도적지안는듯하다最初寄附認可가六千四百六十五圓인데訖工後決算에依하면九千五百餘圓에達하엿다한다寄附總額이全部收納되엿다할지라도三千餘圓은債務가될터인데況近千圓의未收가잇다한즉四千餘圓의先進排는事實이다그러나此를寺中債務가아니되게하기에盡力한다하니그苦心이적다하랴아즉急先務로企待하는것은未支拂하신寄附者僉彦의게發心畢竟이二不別이라한다。"

本寺	首班地(3)	方等地(20)
奉先寺誌	檜巖寺誌·興國寺誌· 佛巖寺誌	內院庵誌·彌勒庵誌·奉永寺誌·見聖庵誌· 浮圖庵誌·妙寂寺誌·鶴到庵誌·鶴林庵誌· 石林寺誌·雙巖寺誌·石窟庵誌·自在庵誌· 懸燈寺誌·興龍寺誌·五峯寺誌·鳳巖寺誌· 彌陀寺誌·守國寺誌·寶光寺誌·白華庵誌

그러나 1913년에 간행된 『봉선사본말사법(奉先寺本末寺法)』에 의하면 사지에 수록되지 않은 봉인사·안심사·신륵사를[50] 포함하여 26사가 남양주·파주·포천·연천 등 경기 북부지역에 위치하고 있었다.

『봉선사지』는 위치와 교통, 산악(山岳), 사액(寺額), 연혁(開山, 再創, 三創, 四創), 사격종파급사통(寺格宗派及寺統), 당우(堂宇), 불상과 그 위치, 회화, 열성조위패(列聖朝位牌), 귀중품, 명소와 제영(題詠), 재산, 전설, 말사, 고문서 등 비교적 상세하게 그 역사와 문화를 수록하였다. 반면 각 말사의 사지는 대체로 위치·연혁·보물·고적·전설 등을 기록하였다. 이와 같은 종합적인 사찰 기록은 일찍이 없었다.

필자가 이에 느낀 바가 있어 어찌하면 조선 현재 사원에 記·序文·碑·浮屠·傳說·古蹟·名勝·現況 등을 일일이 수집 편찬하여 역시 불완전한 일부분의 사료나마 世人에게 소개하였다.···대정 14년(1925) 여름 고 이회광(李晦光) 선사의 소개로 일본 각 종파의 사찰 참배의 길을 밟게 되었다. 오사까, 교토, 나라 등을 돌아보는 동시에 무엇보다도 가장 느꼈던 것은 가는 곳마다 사지 1책을 얻어보게 되는 것이었다. 일본불교가 조선으로부터 유통되었거늘 모든 문화가 찬란한 중

---

50 奉先寺, 『奉先寺本末寺法』, 봉선사, 1913, 4-5쪽.

에도 더욱이 역사는 조선보다 뛰어났구나. 나도 지금부터 이 일에 종사하리라 願을 세웠다.[51]

인용문은 안진호가 사지 찬술을 시작하게 된 계기를 설명한 내용이다. 그는 이능화와 권상로가 사료를 수집하고 조사하여 한국불교사를 내용으로 하는 책을 찬술하였지만, 완벽하지 않았으며, 약술(略述)한 수준이었다고 지적하였다. 더욱이 그는 1925년 일본의 여러 사찰을 답사하면서 받은 사지(寺誌)는 불교를 전해 준 조선의 역사보다 뛰어났다고 생각하게 하는 계기가 되었다. 그러므로 그가 찬술한 사지의 구성은 한국불교사에 대한 미흡한 찬술과 일본의 사지가 구체적이고 정확한 찬술이라는 점이 계기가 되었다. 안진호가 염두한 사지는 단편적인 소개에 그치지 않고 한국불교사를 구체적이고 정확하게 이해하는 기초가 되어야 했다. 때문에 그의 사지 찬술은 단편적인 사찰사적기의 범위와 수준을 넘어섰다.

이와 같이 안진호는 사찰의 역사와 문화를 종합적이고 체계화시키고자 진력하였다. 그는 우선 사찰의 창건·중건과 같은 연혁뿐만 아니라 비와 부도, 고적과 명승, 그리고 전설 등을 통해 봉선사와 그 말사의 역사와 문화를 충분히 기록하고 소개하고자 하였다.

朗慧의 三創은 傳說에 의함 龍蛇之變에 僧徒는 四散하고 獨住持 朗慧大師가 伽藍을 守護하였다는 文獻이 尙在한즉 其時形便을 推定하면 朗慧가 아니고는 主務者가 無하리라 認하노라.[52]

---

51 만오생, 「甚矣라 歷史에 無關心이여」, 『금강산』 2, 금강산표훈사. 1935, 14쪽.
52 奉先寺, 「沿革」, 『奉先本末寺誌』, 봉선사, 1927, 5쪽.

안진호는 우선 사실(史實)에 대한 증험(證驗)을 시도하였다. 예컨대 봉선사의 세 번째 중창이 1592년 임진왜란 이듬해에 이루어졌다는 소문은 그때의 상황을 기초로 살핀다면 전설일 뿐 사실이 아니라고 하였다. '봉선사'라는 사명(寺名) 역시 본래 이름이 아닌 것을 사지가 찬술될 당시 사료 조사를 통해 규명하였다.

距今九百五十八年前麗朝光宗王二十年己巳에 法印國師가 初創하고 雲岳寺라 命名하엿다. 그러나 當寺의 前身이 雲岳이오 初創主가 法印인 것은 今日까지 茫然하엿다.[53]

안진호는 "운악사가 창건된지 100여 년 이후에 睿宗대 貞憙王后가 세조를 추모하여 절을 중창하고 숭봉했기 때문에 그 전신을 망각한 듯하다."고 하였다. 그는 『광릉지(光陵誌)』를 조사하다가 의심을 갖게 되었고, 1926년 봄 절의 각 전각과 요사를 중수할 때 대웅전의 고량(古樑)에서 전신(前身)이었던 '운악사와' 고려의 자복사 명단에 문구가 발견되어 확신했다고[54] 하였다. 이밖에 "명심당(明心堂)·서별당(西別堂)·만월당(滿月堂)·묘적암(妙寂庵)의 요사(寮舍)는 정조 5년까지 보존됨을 고기(古記)가 증명하지만, 그후 점차 폐지된 것은 날짜의 기사(記事)가 없어 이를 생략한다고"[55] 하였다. 그는 봉선사에 봉안된 회화 가운데 "팔상탱, 십육나한탱, 지장탱, 신중탱, 감로탱, 시왕탱은 경성 창신동에 있었던 元興寺를 1906년 혁파하는 동시에 당시 주지 월초화상이 內山

---

53 만오생, 「楊州各寺巡禮記」, 『불교』 29, 불교사, 1926, 16쪽.
54 만오생, 「楊州各寺巡禮記」, 『불교』 29, 1926, 17쪽.
55 奉先寺, 「沿革」, 『奉先本末寺誌』, 봉선사, 1927, 16쪽.

攝理에 재직 중이어서 중론(衆論)에 의하여 봉선사로 이안(移安)하였다."고[56] 하였다. 월초 거연(1858~1934)은 남한총섭과 내산섭리를 역임했고, 1906년 불교진흥회를 설립하여 근대 교육을 장려하기도 하였다.

안진호의 이와 같은 봉선사 연혁과 유물에 대한 사정은 다음과 같은 사료를 기초로 이루어졌다.

●● 안진호가 사지 찬술에 활용한 봉선사 사료

奉先寺法堂重修記(6), 奉先寺重修記(7), 大雄殿重修記(8~9), 奉先寺法堂重修上樑文(9~10), 奉先寺三聖閣上樑文(10~12), 奉先寺靑風樓重修記(12~13), 奉先寺別館新建記(13~14), 奉先寺靑風樓重修記(14~16), 奉先寺大雄殿佛像重修改金願文(18~20), 奉先寺大雄殿藥師如來改金重修發願文(20), 觀音銅佛記(20~21), 大鐘銘(23~24), 光陵誌(28)

( )는 사지 쪽수

안진호는 「흥국사지」에서도 대응전과[57] 만세루방중건기(萬歲樓房重建記)를[58] 살피고 기문에 "天啓6년은 宣祖..."라고 했지만, 인조대왕(仁祖大王) 4년으로 바로잡았다. 절 이름 역시 "墓號를 절 이름으로 삼고자 했지만 절 이름을 다시 고쳐 興國이라 했다"는 점은 오기(誤記)라고 지적하였다. 예컨대 그는 1568년(선조 1) '흥덕(興德)'이라 사액(賜額)했던 것을 묘호(廟號)에 저촉된다 하여 1626년(인조 4) '흥국(興國)'으로 재수

---

56 奉先寺, 「佛像及位置」, 『奉先本末寺誌』, 봉선사, 1927, 21쪽.
57 暎虛 善影, 「興國寺大雄殿重建及弗像改金記文」, 『奉先本末寺誌』, 봉선사, 1927, 58-59쪽.
58 翠隱 奉宣, 「興國寺萬歲樓房重建記功文」, 『奉先本末寺誌』, 봉선사, 1927, 61-63쪽.

정했을 것으로 추정하였다.[59]

　　當寺記文을叅考하건대端宗王后願刹이요初創年代는不知라하엿스니前事는渺茫에付할다름이나더욱이遺憾되는것은記文末에乙丑癸酉乙亥等의干支만付하엿스니端宗三年乙亥以後로七回甲이지내간今日에坐하야何代의乙丑等임을未詳이라古人의歷史上생각이업섯든것은寃望을아니할수업시되엿다旣徃歷史의말이낫스니말이지年代의糢糊함은어찌이절에만限할뿐이랴발바온十八個寺가一律雷同이되여잇다例를들면約四種으로分할수잇다

　一、上之十五年己丑暢月上澣 蘭史 書

　二、黃猿流火月

　三、閼逢攝提格三月日

　四、崇禎紀元後再甲午五月日

　이와가튼奇奇怪怪한文字를記入하여두엇스니叅考者의心理는如干複雜이아니엿다 假令上之十五年己丑이라하엿스니麗鮮어느人君의登極十五年이己丑이든가 또黃猿은戊申이라하겟스나어느人君의戊申이든가 또閼逢攝提格은甲寅의古甲이라하겟스나亦是어느時代甲寅이든가 崇禎紀元도明史를보와아라내겟스나亦是時間虛費가如干이아니엿다 더욱기맥히는것은記文만버려노코年月까지업는것도或有한즉그네의心腸은참으로알수업다.[60]

　　인용문은 안진호가 1928년 봉선사의 말사 석굴암(石窟庵)을 조사하

59　奉先寺,「佛像及位置」,『奉先本末寺誌』, 봉선사, 1927, 63쪽.
60　만오생,「楊州各寺巡禮記」, 1928, 47쪽.

는 과정에서 사료가 지닌 문제점을 지적한 부분이다. 예컨대 간지(干支)만 명시되어 있어 구체적인 왕대와 시기를 파악할 수 없다는 것이다. 그는 이와 같은 문제는 석굴암만의 문제는 아니고 그동안 조사해 온 사찰의 기록에서 어렵지 않게 볼 수 있다는 것이다. 시대와 인군(人君)의 정체를 알 수 없는 사료가 대부분이며, 연월(年月)까지 없는 것도 적지 않아 조사자의 입장에서 파악하기 어렵다는 것이다.

사실 이와 같은 기록의 오류는 비일비재하게 나타났다. 특히 왜란과 호란 이후 팔도의 사찰이 대규모로 중창되면서 생산된 사찰사적기(寺刹事蹟記)나 기문(記文)은 창건이나 중건, 그리고 인물들에 대한 사실이 정확하지 않다. 중건 이후 연혁을 앞당기거나 사격(寺格)의 가치를 올리기 위해 머물지 않았던 걸출한 인물들을 기록하기까지 하였다. 때문에 안진호와 같이 근대학문에 영향을 받았거나 고거주의(考據主義)에 입각하여 역사적 사실을 파악하고 기록하고자 했던 입장에서는 분석이 매우 어려웠던 것도 사실이다.

● ● 봉선본말사의 왕실과의 관계

사찰	발원자	봉안대상
봉선사	정희왕후	세조
	숙종, 인원(仁元), 인현(仁顯), 인경왕후(仁敬王后), 영빈김씨(寧嬪金氏)	선왕선후(先王先后)
흥국사	선조	덕흥대원군
회암사	선조	명종(선왕선후)
봉인사	광해군	왕자·왕녀
	영빈이씨(暎嬪李氏)	자신과 왕실
불암사	세조	왕실 원당

내원암	숙종·정조	세자
봉영사	영조	인빈(仁嬪, 선조의 후궁)
학도암	명성황후	마애관음보살좌상 조성
학림암	미상	흥국사·내원암과 함께 덕흥대원군 춘추제향 때 제수용품 준비
석굴암	미상	단종왕후 원찰
현등사	平原大君 靖德公 琳(세종 7남), 江寧府夫人 洪氏	위실각
	齊安大君 靈孝公 琄(예종 2남), 象山府夫人 金氏, 昇平府夫人 朴氏	
수국사	月初 巨淵	호국

〈표〉는 봉선사를 비롯한 말사가 역대 왕실과 관련된 내용을 정리한 것이다. 이른바 원당(願堂)은 왕실의 기복불사(祈福佛事)를 통해 왕실의 안녕을 기원하고 왕실로부터 사회적 경제적 보호를 받는다. 원당은 원주(願主)를 위해 죽은 사람의 화상(畫像)이나 위패(位牌)를 모시고 명복을 빌며 원주의 다복장수(多福長壽)를 기원하는 법당이기도 하다.[61] 원당은 대체로 능침원당(陵寢願堂)·축원원당(祝願願堂)·호국원당(護國願堂)으로 구분한다.[62] 봉선사가 위치한 경기도는 충청도와 함께 조선 전후기 동안 원당이 활발하게 설치되었는데, 불교가 이단으로 인식되어 도성과는 일정한 거리를 두는 것이 일차적인 것이었고, 신료와 사대부의 관심이 멀어질 수 있었기 때문이었다.

안진호는 사지를 찬술하면서 봉선본말사가 왕과 왕실의 원당이었

---

61 고교형, 『李朝佛教』, 749쪽(박병선, 『조선후기 원당연구』, 영남대학교 박사학위논문, 2010, 4쪽에서 재인용)
62 박병선, 앞의 책, 2010, 100-117쪽.

음을 강조했고, 원당 설치 이후 일제강점기까지 유지 실태를 사지에 반영하였다. 우선 봉선사는 일찍이 1469년(예종 1) 세조의 비 정희왕후(貞熹王后) 윤씨(尹氏)가 세조를 추모하여 능침을 보호하기 위해 89칸의 규모로 중창한 사실은 널리 알려진 사실이다. 봉선사 말사인 내원암 또한 1693년 숙종이 파계사의 영원(靈源)을 불러 수락산에서 백일기도를 올리게 한 뒤에 영조를 얻었고, 그 뒤 순정왕후(純貞王后)가 왕손을 얻고자 용파(龍坡)를 시켜 이 절에서 300일 기도를 올린 뒤, 1790년(정조 14)에 순조를 출산하였으므로 1794년에 칠성각을 짓고 광응전(光膺殿)이라고 쓴 어필을 내렸다.[63] 또한 1795년에는 이 절을 성사(聖寺)라고 칭호하였는데, 지금까지 이 절의 이명(異名)으로 불리고 있다. 1796년 사성전(四聖殿)을 지었고[64] 1825년(순조 25)에는 왕실의 자금인 내탕금으로 지족루(知足樓)를 지었다.[65] 그리고 1831년에는 상궁 최씨와 하경호(河敬鎬)가 순원왕후(純元王后)에게 청하여 건물을 모두 중창하고 '극락보전(極樂寶殿)'이라는 넉자를 하사받았다.[66] 내원암은 1880년(고종 17)에도 내탕금을 받아 모든 당우를 중수하였는데, 조선 후기 왕실과 긴밀한 연관성을 지니고 있었음을 의미한다.

순조 21년 경산 각 절의 승려들이 회합하여 현재 절을 새로 짓고 이름을 회암사의 옛날 이름을 사용하였다고 한다. 李膺俊이 術士 趙大鎭의 유혹을 믿고 삼화상의 부도를 훼손하여 아버지의 유골을 매장하는

63　奉先寺,「內院庵誌」,『奉先本末寺誌』, 봉선사, 1927, 87-88쪽.
64　奉先寺,「內院庵四聖殿記」, 봉선사, 1927, 88쪽.
65　奉先寺,「新建知足樓記」, 봉선사, 1927, 89-90쪽.
66　奉先寺,「國寶扁額」,『奉先本末寺誌』, 1927, 95쪽.

일이 일어났다. 봉선사판사부터 각 사찰에 이 사실을 통지하여 승려들이 산밑에 모여 그 시체를 파버리고 이와 조 두 사람을 섬으로 유배 보내며 부도를 다시 방비하고 비를 고쳐 세우고 비와 부도를 수호하기 위해 그 근처에 절을 새로 짓고 옛날 회암대찰의 후신임을 표명하기 위해 옛 절 이름을 사용하였다.[67]

회암사는 봉선사의 수반말사(首班末寺)이다. 1328년(충숙왕 15) 인도에서 원나라를 거쳐 고려에 들어온 지공(指空)이 인도의 나란타사(羅爛陀寺)를 본떠서 266칸의 대규모 사찰로 중창하였다. 1378년(우왕 4) 나옹(懶翁)이 중건하였으며 무학 역시 주석하였다. 고려 말 전국 사찰의 총본산이었던 이 절의 승려 수는 3,000명에 이르렀으며, 조선 초기까지만 해도 전국에서 규모가 가장 컸던 절로, 조선의 태조가 왕위를 물려주고 수도생활을 했을 뿐 아니라 효령대군(孝寧大君)도 머물렀던 적이 있었다. 인용문은 1821년(순조 21) 불교 탄압으로 폐허가 된 절터에 중건하였지만, 지공·나옹·무학의 부도와 탑비가 고의적으로 훼손된 일이 벌어진 것이다. 삼화상의 부도를 훼손하고 일반인의 묘를 쓴 것이다. 이에 봉선사판사, 남북한양진, 그리고 경산 각 사찰에 이를 통지하고 승려들이 산 밑에 모여 매장된 시신을 파헤치고 부도를 복원하고 삼화상부도를 수호하기 위해 현재의 회암사를 창건했다는 것이다. 이것은 일제강점기 불교계에 있었던 상징적인 사건이기도 하다. 고려말 조선초 불교의 위상을 회복하고자 진력한 흔적이기도 하다.

---

67 奉先寺,「檜巖寺誌」,『奉先本末寺誌』, 1927, 33쪽.

明治 41年경 절 소유토지 전부가 壽進宮의 소유토지라는 명칭하에 전부 국유로 전환되고, 소작료까지 2년간 관청으로 납부되었고, 산림도 일부는 墓主이름으로 점유되어 측량하여 관청증명까지 마쳤다. 더욱이 광주 사는 승지 李奎承은 平原齊安大君의 직계자손이라는 구실로 토지를 자기 명의로 등록하겠다고 하며, 산림도 선조의 賜牌라 하여 조사하는 갖가지로 위협하고, 가평에 파견된 長高野永治는 位室閣에 있는 황금병풍 역시 내지의 국보인데 벽지의 외로운 절에 둔다는 것은 위험하여 가져가겠다고 하여 절이 위기에 있었다. 이때 주지 錦明 화상이 기도와 함께 5~6년 동안을 노력하여 토지는 전부 환속시키고, 산림 역시 절 소유로 돌렸다.[68]

현등사는 조선 태종과 세종대의 고승 함허 득통이 중건하고 대군들의 원당으로 삼았던 사찰이었다. 일제강점기까지만 해도 절에는 임진왜란 전 도요토미가 국교 교섭에 대한 선물로 보낸 금병풍(金屛風) 1점, 함허화상과 서경덕의 부도 등 귀중한 유물이 있었다고 한다. 그러나 대군들의 후손인 이규승이란 자가 절의 토지를 본인과 자식들의 명의로 등록하겠다고 했으며, 가평에 파견된 일본인 소장은 금병풍을 가져가겠다고 하는 등 총체적인 약탈의 위기를 겪기도 했다. 안진호는 당시 주지였던 금명이 내부대신에게 보낸 신청서와 그 결과를 「현등사지」에 수록하기도 하였다.[69]

各法堂을拜觀할적에海藏殿에到着할時는未安한생각이적지안엇네

---

68 奉先寺, 「懸燈寺誌」, 『奉先本末寺誌』, 1927, 185쪽.
69 봉선사, 앞의 책, 1927, 186-189쪽.

그곳에는 彌陀經塔·彌陀經·蓮宗寶鑑等淨土事業에關係經板을모서두 지안엇든가 또그-塔板由緖를詳考하면蘗庵和尙께서指血을가저글짜 마다三圍繞三禮拜하고쓴것일셰所重이自別함도不拘하고한칸이될낙 말낙한法堂안에各種經板을混同雜置할뿐더러煤塵이重疊되고各法堂 燃燈器具卽石油桶과람포等物을거게다드려노코甚至於門돌저구까지 째저잇는것을보왓스니아마四生慈父이신佛陀만아르시고「一切諸佛 從此經出」은들생각한모양이데 또大房前面橫閣에闕內에서賜送하엿 다는屛風을보지안엇나 마치日本말을모르는사람이아니다 곤잇지만 듯드래도그사람은日語를썩잘하는줄아는세음으로御筆이라는觀念이 잇서그러한지는모르거니와우리眼目에는그筆法이龍蛇飛騰이라할수 잇데그러한寶物이조각조각으로아모데나노여잇는것을보니넘어나寒 心하데 梵華스님이數年以來로大雄殿佛粮까지自擔하여가면서그만흔 建物을獨力으로看護하느라니餘暇도업지마는海藏殿을監督하거나御 屛을保管함에그다지큰힘들지안흘것일세[70]

　인용문은 안진호가 1927년 흥국사를 답사할 당시의 감회를 소개한 글이다. 이 절은 선조의 생부인 덕흥대원군(德興大院君)의 묘소를 모신 이래 왕가에서 편액을 내리고 중수·중건을 몇 차례 실시하는 등 각별한 관심을 보였던 특별한 사찰이다. 인용문의 해장전(海藏殿)에 보관되어 오던 미타경족자판(彌陀經簇子板) 1부, 연종보감판(蓮宗寶鑑板) 1부, 미타경판(彌陀經板) 1부, 십육관경판(十六觀經板) 1부 등은 현재도 남아 있다. 이 밖에 어필병풍(御筆屛風) 1권 및 십장생화병풍(十長生畵屛風) 1좌가 있다. 안진호는 귀중한 경판이 정리되지 않은 채 먼지가 두껍게

70　晩悟生,「楊州各寺巡禮記」, 1928. 34-35쪽.

쌓인 것은 물론 화재 위험이 있는 석유와 같이 두었으며, 심지어 문이 망가져 허술하기 그지없다고 지적한 것이다. 궁궐에서 하사한 병풍 역시 온전한 상태가 아닌 채로 여기저기 흩어져 있다고 지적하였다. 그는 당시 흥국사가 대대적인 중건 작업에 치중하였지만, 불교사와 그 문화인 법보와 보물이 나뒹굴고 있는 것을 안타까워 한 것이다.

> 瀑布,泉石,林相,樓觀의四美는具하엿스나特히事蹟碑에碑閣쪼는外欄의施設은못하엿슬지라도周圍의雜草나刈取하고保護를嚴重히하여왓스면碑面에字劃을任意로鑿破하는弊가업섯슬ㅅ걸 쏘法堂後面에十餘種의經板을積置하엿는대就中釋氏源流가튼것은稀貴한寶物이라할수잇는것을咸陽靈覺寺藏經殿과如히部秩을차자順序잇게奉安하지못하고 마치燃料長斫을패여아모데나석거둠과가튼佛子의所見으로寒心함을免치못하겟다 然則四美가俱함보다二亂을並한것이深刻한感想이다.[71]

안진호가 불암사의 사적비와 경판의 관리 실태를 지적한 내용이다. 그는 절의 사적비가 온전히 보호받지 못해 비면의 글자가 깨진 채 방치된 것을 보고 한탄했다. 사적비는 1731년 이덕수(李德壽)가 찬한 것이다.[72] 뿐만 아니라 법당 뒤에 10여 종의 경판(經板)이 쌓여있고, 심지어 『석씨원류(釋氏源流)』와 같은 보물이 장작더미와 함께 있는 것을 한심하게 여겼다.[73]

---

71 晩悟生,「楊州各寺巡禮記」, 1927, 28쪽.
72 奉先寺,「佛巖寺誌」,『奉先本末寺誌』, 1927, 76-78쪽.
73 「불암사지」편의 보물조는 경판과 보물을 수록해 놓았다. 이 가운데 경판은

한편 안진호는 사지 찬술을 위해 조사하는 과정에서 사원경제가 피폐한 지경에 이르러 겨우 명맥을 유지하고 있었음을 살폈다.

> 森林은 立錐의 地를 볼 수 없이 되었다. 當寺가 開山이래 四五百年間은 四山全局을 寺有로 保管하여오다가 世廟朝入陵으로 위시하여 王家所有로 歸하였다가 甲午更張 이후로 寺院 附近은 다시 國有保安林으로 編入되었나니라.[74]

인용문은 봉선사의 재산 가운데 산림의 변화를 언급한 내용이다. 봉선사 소유의 산림이 광릉(光陵)의 조성과 함께 왕가 소유로 전환되었다가 갑오경장 이후에는 급기야 국유림이 되었다는 것이다. 오랜 기간 불교 탄압과 수탈로 사원경제가 피폐된 상황에서 사원경제의 근간인 산림을 포함한 소유 토지를 회복하지 못해 당시 사찰과 불교계는 곤궁할 수 밖에 없었다. 안진호가 고문헌을 근거로 봉선사 소유의 땅을 찾자고 월초에게 건의한 것 역시 이 때문이었다.[75]

한편 『봉선본말사지』는 지역 유지와 지배층이 사찰 훼손과 소유토지를 빼앗는 다양한 만행들이 소개되어 있다.

地藏經板(1부), 釋氏源流板(1부), 金剛經板(1부), 同國文板(1부), 眞言要集板(1부), 靈驗傳板(1부), 藥師經板(1부), 長壽經板(1부) 외 8부(奉先寺,「佛巖寺誌」, 『奉先本末寺誌』, 1927, 84쪽.) 훼손이나 망실을 우려한 안진호의 세심한 관심의 결과로 해석할 수 있다.
74 奉先寺,「奉先寺誌」,『奉先本末寺誌』, 1927, 27쪽.
75 만오생,「楊州各寺巡禮記」, 1935, 14-15쪽.

●● 봉선본말사와 지배층과의 관계

사찰	관련 인물
견성암	조맹(趙孟)
보광사	이유원(李裕元)
회암사	이응준(李應俊)
부도암(봉인사)	이천응(李天應)
	이호영(李琥榮)

당사 소유 토지는 趙氏門中에서 약간 기부가 있었으나 수백 년 동안 절 소유로 취급되던 것이 토지령이 반포된 후 官公私有를 모두 다 官廳帳簿에 등록됨에 따라 당사 소유는 法人住持名義로 기입함이 상당하거늘 그때 주지 李漢河가 원래 沒分曉인 天癡로 조씨의 위협 혹은 무마에 蹂躪되어 절 소유 전부를 일일이 조씨소유로 등록케 하여 천년고찰로 위기일발에 付케함은 승속을 勿問하고 痛惜不已云也[76]

견성암은 고려의 개국 공신인 시중 조맹(趙孟)이 은거하여 도를 닦다가 약사여래를 친견하였다고 하여, 고려 중기에 후손들이 선조의 유적을 추모하기 위해서 창건한 것으로 알려졌다. 때문에 절은 조씨가문이 여러 대를 거듭해오면서 가문 토지의 일부분을 기부하는 등 가문의 원당 역할을 한 것이다. 그런데 조선총독부가 1912년 8월 토지조사령을 공포하고 토지소유권과 그 가격을 조사하여 적지 않은 토지를 국유지로 편입시켰다. 당시 견성암은 소유 토지 전부를 조씨가문의 위협에 조씨 소유로 등록케 하였던 것이다.[77] 사지는 이후 상황에 대해서는 수

76　奉先寺, 「見聖庵誌」, 『奉先本末寺誌』, 1927, 28-30쪽.
77　奉先寺, 「見聖庵誌」, 『奉先本末寺誌』, 1927, 118-120쪽.

록하지 않았다.

    a. 隆熙年中에 朝家로서 金谷 洪陵을 봉안하고 전각을 건설하는 동시에 當寺洞下에 거주하는 李天應이란 자가 원래 土豪惡習으로 僧殘寺敗를 기화로 看做하고 남은 寺宇를 毁撤하여 洪陵殿閣所用으로 매각하고 점차 寺院基地와 山林 전부까지 자기 소유로 橫占하였다.

    b. 距今 20년전에 양주군 화도면 가곡리에 거주하는 前 領議政 李裕元의 차남 李琥榮이 그때 견성암에 머물던 승려 喚松과 공모하고 浮圖塔을 毁撤하여 舍利藏置한 金屬等品을 金200원에 팔았으므로 기소되어 각 몇 년간 징역을 산 후 환송은 서울 서대문밖 봉원사에 현재 머물고 있다.[78]

    인용문은 「부도암지(浮圖庵誌)」에 수록된 봉인사와 그 속암 부도암의 부도탑이 수탈된 경위를 소개한 내용이다. a는 1887년(고종 24) 왕실에서 하사한 향촉(香燭)을 하사하였는데, 대웅전 안에 설치한 황촉등(黃燭燈)에서 불이 나 대법당과 응진전·시왕전 등이 타 없어졌다. 1907년 이후 인근 금곡(金谷)에 홍릉(洪陵)이 들어서자, 절 아래 동네에 사는 이천응(李天應)이라는 사람이 절 건물을 헐어서 건축 자재로 팔고 절터와 임야를 모두 자신의 소유로 만들었다고 한다. 1925년에 주지 동파(東坡)가 절터를 되찾고 중수하였으나 다시 폐사가 되었으며, 1979년 한길로가 복원하였다. b는 고종대 영의정을 역임했던 이유원의 차남인 이호영이 환송이라는 승려와 공모하여 부도탑의 사리장치

---

78 奉先寺, 「浮圖庵誌」, 『奉先本末寺誌』, 1927, 126-127쪽.

를 팔아 처벌 받았다는 내용이다. 이유원은 화담선사(華潭禪師)를 위해 보광사를 창건한 인물이기도 하다.[79]

한편 수국사 역시 1908년(융희 2) 가을에는 신흥사(神興寺) 적조암(寂照庵)의 암주인 인담(印潭)이 궁내부대신(宮內部大臣) 민병석(閔丙奭)·내부대신(內部大臣) 송병준(宋秉畯)·경무부감(警務部監) 구연수(具然壽)와 공모하여 수국사의 곡식 40여 석을 빼앗았으며[80] 1910년(명치 43) 수국사에 근무하고 있던 황태선(黃泰善)이 절의 재산 전부를 자기 소유로 되돌린 사건이 있었다.[81] 모두 홍월초의 노력으로 회복이 되긴 했지만, 당시 불교계의 위상을 살필 수 있는 대목이다. 수국사는 1899년 월초의 100일 기도로 순종의 병이 치료되면서 월초의 선영이 있던 곳에 1900년 창건한 절이다.[82]

3. 찬술의 가치

『봉선본말사지』는 일제강점기라는 시대 상황과 조선시대를 중심으로 한 한국불교의 역사적 경험을 반영하고 있다. 이것은 한국불교의 전통과 근대의 전환을 상징하기도 한다. 사지가 지닌 가치를 몇 가지로 정리하면 다음과 같다.

79　奉先寺,「寶光寺誌」,『奉先本末寺誌』, 1927, 133쪽.
80　奉先寺,「守國寺誌」,『奉先本末寺誌』, 1927, 235-236쪽.
81　奉先寺,「守國寺誌」,『奉先本末寺誌』, 1927, 238-246쪽.
82　「수국사지」는 당시 왕의 하사금과 단월들의 동참금 26만 8천냥으로 창건되었다고 하였다.(봉선사, 앞의 책, 1927, 217-220쪽.)

첫째, 『봉선사지』는 종합적 성격을 지닌 사지이다. 조선시대까지의 사찰 기록은 각종 기문이나 승려의 비문이 전부라고 해도 과언이 아니다. 이와 같은 기록은 전각과 불화 등의 연기(緣起)여서 사찰의 역사와 문화를 종합적으로 살피기에는 뚜렷한 한계를 지니고 있다. 조선왕조에서 편찬된 『신증동국여지승람』이나 『범우고』와 같은 관찬 지리지와 팔도의 사찰 기록은 통치의 수단이 일차적인 목적이어서 단편적인 기록만을 정리했을 뿐이다. 일제강점기 근대 학문이 유입되고 자의반 타의반으로 시작된 한국불교학과 불교사를 연구하고 체계화할 필요성이 요구되었을 때 불교계의 지성들은 편린을 찾아 산천을 떠돌아야 했다. 반면 1927년에 찬술된 『봉선사지』는 본격적인 최초의 본말사지이다.[83] 안진호가 경기도 북부지역을 답사해야 하는 수고로움이 있었지만, 여기저기 흩어진 채 사라질 위기에 있었던 사찰과 불교사의 흔적이 보존될 수 있었던 것이다. 안진호는 절의 연혁을 통해 영고성쇠(榮枯盛衰)를 살피고, 고적과 보물을 기록하여 절이 지닌 가치를 소개하고, 불교문화의 우수성을 드러내기도 했다. 그는 석유와 장작 옆에 분리된 채 방치되어 있는 왕실에서 하사한 병풍을 기록했고, 석씨원류와 같은 희귀한 경판이 법당 뒤에서 썩어가고 있는 것을 보고 한탄했다. 아울러 사원경제에 대한 사정도 기록하여 회복에 대비하기도 했다. 사실에 대한 검증을 통해 명확하지 않은 것을 바로 잡기도 했다. 요컨대 안진호의 『봉선사지』는 일제강점기뿐만 아니라 현대 불교계의 사지 찬술에 전형이 되었다.

---

[83] 한동민, 「일제강점기 寺誌 편찬과 그 의의-安震湖를 중심으로」, 『중앙사론』32, 한국중앙사학회, 2010, 244쪽.

둘째, 일제강점기 불교계의 상황과 사찰이 직면한 과제를 제시해 주고 있다. 일제강점기를 중심으로 한 근대 한국불교계의 상황에 대한 그 시절이나 지금의 관심은 여전히 조선총독부의 사찰령 반포와 사법(寺法) 제정에 의한 불교정책, 대처식육의 불교계의 동향, 그리고 불교계 전반에 걸친 일본불교의 침투와 그 영향에 관심을 가질 뿐이다. 안진호는 비석조각과 종이쪼가리라도 복원하고자 다짐하여 견문(見聞)·약기(若記)·서문(序文)·비(碑)·부도(浮屠)·전설(傳說)·구적(舊蹟)·명승(名勝)과 함께 현황(現況)을 소개하여 수록하였다. 그에게 사찰의 현황은 중요한 것이었다. 조선왕조 동안 사찰은 탄압과 수탈의 진원지가 되어 전각과 불상 및 불화, 그리고 비석이 소실되고 훼손을 거듭하기에 이르렀다. 특히 안진호는 왕실이 하사하고 지배층이 기증한 재물과 토지에 대해 적극적인 관심을 지니고 있었다. 사찰이 유지될 수 있었던 중요한 재산이었기 때문이었다.

안진호는 봉선사를 비롯한 수국사·견성암·부도암 등의 사암(寺庵)에서 자행되고 있었던 관료와 지배층의 경제적 횡포를 살펴서 사지에 수록하였다. 사원경제가 회복되지 않고서는 그동안의 탄압과 수탈에서 벗어나기 어려웠기 때문이었다. 그는 당시 봉선사의 주지였던 홍월초에게도 건의하여 사지에 봉선사가 그동안 왕실로부터 하사받은 기록의 흔적을 바탕으로 약간의 토지라도 되찾을 수 있도록 진력하였다. 그는 현등사의 황금 병풍을 일본인 관리가 빼앗고자 위협한 사실까지도 기록하였다. 이것은 사지가 단순히 사찰의 과거만을 소개하는 기록이 아니라 동시대의 약탈상을 고발하고 사중의 토지와 보물을 위시한 재산을 지키고자 의도로 해석할 수 있다. 이와 같은 사례는 『봉선사지』 전체에 걸쳐 어렵지 않게 살필 수 있다.

셋째, 『봉선사지』는 단편적인 사지라기보다는 한국불교사의 축소판이다. 『봉선사지』는 고대부터 조선시대에 이르기까지 존재했던 역사와 인물 전각뿐만 아니라 사찰에 남아 전해오는 전설까지도 정리하였다. 사찰의 단편적인 기록은 오류를 바로잡고 계통을 세워 집성하면 불교사상과 신앙 등의 면모를 살필 수 있는 불교사가 된다. 안진호가 절의 각종 기문을 분석하여 그 오류를 바로잡는데 적극적이었던 것은 단순한 안내 책자가 아닌 사료이자 불교사서 찬술을 의도했기 때문이었다. 일본 시찰을 통해 일본불교의 발전과 체계화된 불교사 기록을 본 그에게 사지의 찬술은 불교사 찬술 이상이었을 것으로 해석할 수 있다.

1927년 『봉선본말사지』 간행은 일제강점기 한국불교가 지닌 가치를 선양했다는 점에서 불교사적 의미를 지니고 있다. 안진호는 1911년 조선총독부가 반포한 사찰령에 의거하여 봉선사가 제정한 사법(寺法)에 수록된 봉선본말사 23개 사찰을 답사하고 조사하였다. 그는 봉선사 주지 홍월초의 의뢰로 사찰의 연혁, 인물, 전각, 보물, 재산 등 종합적 조사를 통해 사지를 찬술했다. 그는 우선 사실(史實)이 지닌 오류를 지적하고 복원하고자 노력했다. 근대 학문의 영향과 일본불교와 사찰 순례의 결과였다. 안진호가 시도한 사지 찬술의 경향은 이전의 사찰사적기와는 달리 근대기의 불교사 찬술과 연구의 근간이 되기도 했다. 한국불교사가 지닌 정체성을 살필 수 있는 기회가 없었던 불교계의 지성들은 근대기에 접어들자 광범위한 불교사 자료를 기초로 한국불교사를 체계화시켜 나갔다. 비록 일본의 점령과 한국 통치 의도에서 비롯된 것도 사실이지만, 불교계의 자각 역시 큰 것이었다. 사지에 수록된 사찰의 연혁, 인물과 함께 보물 재산 등은 불교문화가 지닌 우수성을 선양하기에 충분했다. 경전과 경판(經板)을 비롯한 불화·불상 등은 그동안 불교 탄압과 소외로 알려지지 않았던 문화적 가치를 소개하는 기회였다.

한편 봉선본말사는 조선시대 왕실과 지배층의 원당과 속사(屬寺) 기능을 통해 종교적 기능과 가치를 지속시켜 나갔다. 사찰의 토지와 산림은 왕실에서 하사하고 지배층에서 보시한 사찰의 중요한 경제적 기반이었다. 안진호는 일제강점기 왕가와 국유화된 사찰의 전답과 산림의 실태를 사지에 수록하였다. 사실을 빼놓지 않고 기록하겠다는 자세와 함께 향후 사원경제의 자구책을 염두한 결과이기도 했다. 실제로 봉선사와 적지 않은 말사의 재산과 산림은 왕가의 재산을 관리했던 이왕직(李王職)이 빼앗았고, 곤궁한 상황에도 불구하고 왕실 제사를 전담하는 속사(屬寺) 기능을 유지할 수 밖에 없었다. 지배층의 횡포는 특히 심하여 사찰의 토지소유권을 가문 앞으로 이전하기도 하고, 사찰의 전각을 헐어 왕릉 조성에 사용하기도 했다. 봉선사와 수국사 등은 소송을 통해 재산을 회복하기도 했지만 승잔사패(僧殘寺敗)의 실상을 보여주는 대목이기도 하다.

요컨대 일점강점기에 간행된 『봉선사지』는 과거와 현재의 기록일 뿐만 아니라 한국불교의 정체성을 바탕으로 미래 불교를 대비하기 위한 청사진이기도 하였다.

3장

『조계산송광사사고(曹溪山松廣寺史庫)』 찬술의 의미와 가치

1. 찬술 배경

만해 한용운은 "송광사는 18국사가 대를 이어 배출되어 불법을 널리 홍포했다고 해서 승보(僧寶)"라고 했고, 이능화는 "예부터 이름난 고승들이 송광사에 주석하여 번영하였으므로 송광사만이 오로지 승보종찰(僧寶宗刹)이라는 아름다운 이름을 얻었다."라고 하였다. 송광사는 이와 같이 고금을 초월하여 통도사·해인사와 함께 한국불교를 상징하는 삼보사찰(三寶)이다.

『조계산송광사사고(曹溪山松廣寺史庫)』는[84] 송광사의 역사와 문화를 집대성한 자료집이기도 하다. 일제강점기인 1928년부터 1934년까지 「건물부」·「인물부」·「산림부」·「잡부」로 나뉘어 순차적으로 편찬되었다. 『사고』가 편찬된 이 시기는 불교계에서 사지(寺誌)를 집중적으로

---

[84] 『조계산송광사사고』는 이하 『사고』로 약칭한다.

편찬한 시기이기도 하다. 한국불교가 지닌 가치를 모르고 살았던 그동안의 무지에 대한 반성과 함께 그 정체성과 역사성을 확립하고 선양하고자 했던 배경 속에서 나타난 현상이다. 한편으로는 한국불교를 지배하고자 했던 조선총독부의 사찰령 시행과 함께 탄압과 수탈이라는 교묘한 의도가 실질적으로 작용한 결과이기도 했다.

1800년대 초 『대흥사지』와 『만덕사지』가 편찬되기 이전의 사지(寺誌)는 단순한 사적기(事蹟記)나 전각(殿閣)의 창건과 중건에 관한 단편적인 기록에 불과한 것이어서 사찰의 역사와 인물, 사상과 신앙 등 사찰을 중심으로 한 종합적인 사정을 이해하기에는 분명한 한계를 지니고 있었다. 반면 『대흥사지』와 『만덕사지』는 이전 기록에 대한 면밀한 고증은 기본이고, 사찰의 시말, 인물의 사상과 같은 사찰의 정체성이 선명하게 드러나 있다. 그 구성과 체계 역시 근대 학문의 영향을 받은 일제강점기의 사지와 비교했을 때 거의 차이가 드러나지 않는다.[85]

『사고』는 일차적으로 전통시대의 송광사 자료를 집대성한 의미를 지니고 있다. 사적기·상량문·고승비문·불상과 불화와 같은 문화재의 각종 기문, 그리고 사원경제 문서와 다양한 완문(完文) 등도 수록하고 있다. 이와 같은 자료는 송광사의 영고성쇠와 스승이 제자에게 전승한 송광사 가풍이 선명하게 드러나 있다. 1977년 한국학문헌연구소에서 편집해서 내놓은 『조계산송광사사고』는 1098쪽이나 된다.[86] 이전의 사적기나 동시대 편찬된 단일 사찰에 대한 사지로서는 수적, 질적 측면에서 최고로 꼽힌다. 각부의 마지막에 수록된 「동고록(同苦

---

85 오경후, 『寺誌와 僧傳으로 본 조선후기 불교사학사』, 문현, 2018.
86 한국학문헌연구소편, 『조계산송광사사고』, 아세아문화사, 1977.

錄)」은 편집·교열·서사·고문·제책원(製冊員) 등 사지 편찬에 참여한 인물의 역할과 소임명단이다. 대표적인 참여자는 금명 보정(錦溟寶鼎, 1861~1930)·용은 완섭(龍隱完燮, 1899~1975)·기산 석진(綺山錫珍, 1892~1968)이다. 금명 보정을 중심으로 한 편찬자들은 신라 말 송광사가 창건된 이후 고려의 보조 지눌과 정혜결사, 조선의 부휴 선수와 제자들의 수행상과 불교계의 개혁과 가풍을 중흥시키고자 했던 흔적을 보존하고자 했다.

『사고』에 대한 연구는 일천하다. 한국불교사와 선종사 연구에 한 획을 그은 고려 보조국사 지눌과 수선결사에 대한 연구라든가 조선 후기 부휴 선수와 벽암 각성을 중심으로 한 지눌의 후예들이 보조 가풍을 수호하고 중흥시키기 위한 노력을 검토한 나머지 『사고』가 지닌 불교사적 가치는 소홀히 했다. 다행히 일제강점기 『사고』 편찬에 참여했던 기산 석진이 1965년 『사고』를 요약하여 국한문 혼용으로 『송광사지』를 간행했다.[87] 이 책은 1998년 임석진의 『기산문집』에 수록되기도 했으며, 2001년에는 당시 주지 현봉(玄峰)이 주도하여 박물관장 고경(古鏡)이 개정 편집하여 『송광사지』를[88] 간행하기도 하였다. 2005년에는 조명제·조용헌·이상섭 등이 한국연구재단의 지원을 받아 역주(譯註)를 시작했고, 이후 역주본으로 「인물부」와[89] 「산림부」가 간행되기도 했다.[90]

---

87 임석진, 『大乘禪宗曹溪山松廣寺誌』, 송광사, 1965.
88 玄峰, 『松廣寺誌』, 도서출판 송광사, 2001.
89 조명제·김탁·정용범·원경, 『(역주) 조계산송광사사고 : 인물부』, 혜안, 2007.
90 조명제·김탁·정용범·정미숙, (역주)조계산송광사사고 : 산림부』, 혜안,

『사고』는 송광사의 역사와 인물만큼이나 중요한 가치를 지니고 있다. 동시대 한국불교사 기록에 대해서 단편적인 자료수집과 편집이 가치가 떨어진다는 부정적인 평가도 있지만, 편린(片鱗)만 남은 채 무관심 속에서 방치되어 있던 것을 고려한다면 자료 집성이 차지하는 의미는 적지 않을 것이다. 때문에 『사고』는 한국불교사가 잊혀진 채로 방치되고만 있었던 일제강점기뿐만 아니라 한국 현대불교와 문화사적 측면에서도 현재와 미래 가치 역시 지니고 있는 것이다.

『사고』의 편찬 배경은 한국불교사가 지닌 정체성과 우월성을 확립하기 위한 노력의 결과였다. 그러나 일제강점기 조선총독부의 한국불교 통제와 탄압, 그리고 문화재 수탈이라는 근본적 배경 또한 뿌리 깊게 자리 잡고 있었다. 1902년 1월 창설된 원흥사에 설치된 사사관리서(寺社管理署) 역시 직접적이고 합법적인 배경이 되기도 했다. 예컨대 사사관리서는 전국 사찰과 승려, 산림과 성보(城堡)를 관리 감독하게 된 것이다.

모든 승도 무리들에 대해서 일찍이 규제하는 규칙이 없었다. 우리 國朝 오백여 년에 미쳐 성인의 감화와 다스림이 크게 행해졌음에도 불구하고 佛家의 舊道는 그 혜택을 바랄 수 없었다. 승도의 百廢가 생겨나고 승려들이 어리석어 불도를 돌아보지 아니하고 산을 팔고 땅을 엿보아 절은 쇠잔해지고 암자는 폐해졌으니 민망한 일이 아니겠는가···이에 관리서를 세워 諸道의 각 寺를 총괄하게 하고 피폐해진

2009. 조명제와 정용범은 『사고』에 대한 자료를 소개하기도 했다.(조명제·정용범, 「『松廣寺史庫』의 편찬과정과 자료 가치」, 『지역과 역사』 19, 부경역사연구소, 2006.

사찰을 조사하여 보존하고 승려의 무리를 바로잡아 감화시키고자 하니 성인의 은택이 진실로 깊지 않은가[91]

인용문은 궁내부가 사사관리서를 설치하고 공포한 「국내사찰현행세칙」 36개 조의 제정 취지가 담긴 연의(演義)의 일부분이다. 일찍이 조선 정부는 불교계를 통제하는 규칙이 없었지만, 관리서를 세워 사찰을 총괄하고 승려를 바로잡아 산과 땅을 온전히 보전하여 피폐해진 절과 암자를 보호한다는 취지를 담고 있다. 36개 조항은 대체로 승려의 법계(法階)와 이에 따른 법의(法衣) 색깔의 등급, 사원의 등급, 각 사찰 임원의 등급과 임무 및 사사사관리서에 의한 지휘, 도첩의 발급, 사찰 재산의 관리, 승려에 대한 징계와 포상, 학교의 설립, 제반 잡역 및 내왕인에 대한 공수(供需)의 혁파, 승려의 행장(行裝) 등에 관한 사찰행정의 전반적인 사항을 규정하였다. 특히 25조는 사찰은 관리 대상인 전답·산림·사우(寺宇) 등의 자산과 불상·탑·부도·범종 등 유물 목록 3부를 만들어 사사관리서, 본도 수사(首寺), 본사에 1부씩 제출 보관하게 하였다. 「세칙」은 국가 차원에서 불교를 통제하려는 의도를 강하게 드러내고 있으며, 한편으로는 개화기 이전에 비하여 훨씬 완화된 분위기 속에서 불교계의 자주적 발전을 보장하고자 했음을 알 수 있다.

조선은 4천년이나 된 오랜 나라이다. 官의 소유와 사찰에 전래하던 건축물, 서화, 석물 기타 각종 古物 중에 귀중품이 많은 즉 不可不 內地의 國寶와 같이 취급함이 지당하다 하여 目下 內務部와 營繕課에서

---

91 삼보학회, 『한국근세불교백년사』 제4권 「각종법령」, 민족사, 1965, 2쪽.

保存方法을 立案中이라고 하니 이것은 朝鮮 古物界에 一大 幸運이 돌아온 것이다. 大抵 民族이 있은 然後에는 반드시 歷史가 있어야 古人의 事業과 名譽와 性情을 서로 전하여 千百年後라도 往往 起感하거늘 하물며 古物은 文字에 그칠 뿐 아니라 古人의 手澤이 此에 存在호니 可히 活歷史라 謂홀지라. 歷史를 사랑하는 마음을 받들면 어찌 活歷史를 사랑하지 않으리오. 故로 文明列邦은 古物을 사랑하는 癖이 특히 심하여 古物에 속한 것은 비록 쓸모없는 것이라도 귀중한 보배와 같이 保存하며 다른 나라의 歷史로 전하던 古物이라도 千金万金을 아끼지 않고 이것을 買入하여 自己寶러 삼으니 만약 자기 나라에서 傳來하던 古物을 遺失 或 廢棄하여 幾千百年의 靄然遺跡으로 하여금 水流雲空으로 돌아가게 하면 어찌 自愧의 마음이 없으리오. ···· 한기의 石塔을 볼지라도 各種 古物이 無物不然홀지니 當局 立案의 이유가 여기에서 나온 것이다. 吾儕가 古物保存의 必要를 앞으로도 說明할 기회가 있거니와 今回 國寶調査에 對하여 다시 同胞에게 警告하노니 我洞 我郡에 固有한 古物을 何必 當局의 力을 기다려 保存하리오. 各其古物을 사랑하는 觀念을 發하여 郡 혹은 洞에 存在하는 古物을 共同愛之하며 共同護之하는 同時에 諸君家中에 私有한 古物도 亦爲 愛護할지어다.[92]

일제는 1902년부터 세키노 다다시[關野貞]를 중심으로 조사단을 구성하여 불교문화재 등 각종 문화재 조사를 진행하였다. 조선의 우수한 고건축과 고미술품의 존재와 그 예술성을 보존한다는 취지였지만, 단순한 조사에 그쳤고 보존을 위한 조사는 아니었다. 학술조사라는 이름을 빌어 일본 정부의 한국 침략에 대한 예비 행동의 일환이자 한국

---

92 「古物保存의 必要」, 『每日申報』1912. 02. 25, 1면.

문화재 수탈의 기초자료를 확보하고자 한 것이다. 이와 같은 조사는 1909년부터 1915년까지 계속되었는데, 고건축 외에 고미술 및 예술성이 있는 가치물은 모두 조사 대상이 되었다. 1911년 『매일신보』는 "사찰·관청 등 고건축물 중에는 상당한 연대를 지닌 것도 적지 않을 뿐만 아니라 그 구조 설계 등이 금세(今世)의 모범을 지닐 공예가 많아 고대의 미술을 연구할 것이 많음으로써 연전에 탁지부에서는 제국대학(帝國大學)의 관야박사(關野博士)를 초빙하여 조선 내지의 고적건축물 등의 조사를 촉탁함은 이미 널리 알려진 바"[93]라고 보도했지만, 이후에는 고건축뿐만 아니라 문화재 전반으로 확대한 것이다.

한편 조선총독부는 사찰령 시행 이전 시기인 1911년 2월 14일 내무부장관이 각도 장관에게 관통첩 제6호 「사찰보물목록첩 조제의 건(寺刹寶物目錄牒調製ノ件)」을 시달하였다. 시달 내용은 "전국의 모든 사암(寺庵)은 소장하고 있는 고문서·고서화·고기물 등으로 역사의 고증이 되거나 문예·학술·미술의 진보 발달에 도움을 줄 만한 자료는 산일(散逸)을 방지하기 위해 감수를 엄정히 해서 각 사찰에서 영구히 보존할 방법을 설정하도록 한다."이다. 각 사찰은 보물목록첩을 작성하여 제출토록 하고 조사 목적에 대해서는 간곡히 각 사찰에 오해가 없도록 시달한 것이다. 때문에 조선총독부의 조사 의도가 매우 의심스러웠다. 결국 일한병합과 1911년 6월 3일 사찰령 공포는 이전의 고건축 조사와 문화재 조사가 한국의 고유한 역사와 문화를 보존하기 위한 것이 아닌 더욱 교묘한 수탈과 지배를 위한 것이었음을 알 수 있다. 예컨대 1909년 한국통감이었던 소네 아라스케[曾禰荒助]는 한국의 옛 책들을

---

93 「古建築物의 保存」, 『每日新報』 1911. 04. 22, 2면.

다량으로 수집하여 일본 왕실에 헌상했으며, 한국의 명문가와 사찰에서 갈취한 귀중한 서적들을 무더기로 반출해 갔다. 그 일부는 1965년까지 일본 궁내청 서릉료에서 '소네 아라스케 헌상본'이라 하여 은밀하게 보관되다가 한일 국교정상화 후 반환 문화재의 일부로 돌아와 현재 국립중앙도서관에 소장되어 있다.[94]

한편 조선총독부가 제시한 본말사법(本末寺法)은 전부 13장 100조로 구성되었다. 조선불교와 승가를 통제하는 구체적인 규정인 셈이다. 그 각 장의 내용은 다음과 같다.

> 1장 總則. 2장 寺格. 3장 住持. 4장 職司. 5장 會計. 6장 財産. 7장 法式. 8장 僧規(分限, 行解, 法階, 衣制). 9장 布敎. 10장 褒賞. 11장 懲戒. 12장 攝衆. 13장 雜則.

13장은 법통, 주지, 조선불교의 전통 유지, 그리고 일본식 법식 강요와 같이 네 가지 유형으로 구분될 수 있다. 본사뿐만 아니라 소속 말사에 관한 전반적인 사항을 지배할 수 있도록 만들었기 때문에 사찰의 문화재도 예외는 아니었다.

94　이구열, 『한국문화재 수난사』, 돌베개, 1996;김진원, 『조선총독부의 불교문화재 정책 연구』, 중앙대학교 박사학위논문, 2012, 125-126쪽에서 재인용.

●● 일제강점기 사지 간행 현황[95]

사찰	사지명	편찬자	시기
각황사	各地의 僧史, 寺跡을 조사하여 편찬 발간할 계획	徐海曇·李晦明·金玄菴	1910
통도사	通度寺의 歷史와 同寺僧의 履歷을 發刊	徐海曇	1910
화엄사	海東湖南道智異山大華嚴寺事蹟	鄭秉憲	1924
신흥사	新興寺誌	崔觀洙	1926
봉선사	奉先本末寺誌	安震湖	1927
고운사	孤雲寺本末寺誌	安震湖	1927
백양사	白羊寺本末寺誌	安震湖	미상
해인사	海印寺本末寺誌	李古鏡·金映遂	1927
건봉사	乾鳳寺及乾鳳寺末寺事蹟	韓龍雲	1928
석왕사	雪峰山釋王寺略誌	安震湖	1932
김용사	金龍寺本末寺誌	安震湖	1935
유점사	楡岾寺本末寺誌	安震湖	1935
동화사·은해사·고운사·김룡사·기림사	慶北五本山古今記要	姜裕文	1937
전등사	傳燈本末寺誌	安震湖	1941
봉은사	奉恩本末寺誌	安震湖	

〈표〉는 일제강점기 불교계의 사지 간행 현황이다. 당시 불교계는 사지 간행이 유행하였다. 편찬되지 못한 사지도 있었지만, 약사(略史)·약지(略誌)의 소책자를 간행한 사찰도 적지 않았다.

---

95 〈표〉는 한동민의 논문을 기초로 작성하였다.(한동민,「일제강점기 寺誌 편찬과 그 의의-安震湖를 중심으로-」,『불교연구』제32집, 한국불교 연구원, 2010, 233~263쪽.)

금명 보정화상은 30년 동안이나 開山이래 그 사이에 묻히거나 산재해 있던 소중한 사료들을 찾아 모았고, 그것을 綺山 스님이 건물·인물·잡부·산림의 네 책으로 일목요연하게 잘 엮어 짰으며, 이를 龍隱 스님이 깨끗이 정서하여 1928년에 저 유명한「송광사 史庫」를 이룩하였으니 이 위업은 그 유례가 드문 일이었습니다.[96]

인용문은 현봉이 기산 석진의『송광사지』를 중간(重刊)하면서 쓴 서문의 일부분이다. 금명화상이 산일된 채 묻혀진 송광사 사료를 수집했고, 이것을 기산이 네 부분으로 편집하여『사고』가 만들어졌다는 것이다. 1965년 방대한『사고』를 재편집해서 편찬한 기산 역시 "사고 4책을 편찬하여 용은 완섭(龍隱完燮) 사(師)로 하여금 이것을 한지(韓紙)에 써서 그 수(壽)를 오래가게 하고, 사의 법은사 금명(錦溟) 노(老)의 친서(親序)를 얻어 붙였다."고[97] 하였다. 금명은『사고』편찬에 중심을 차지하고 있었던 인물이다. 그는 조계산의 고승전인『조계고승전(曹溪高僧傳)』, 해동불교의 경전·논서 등을 조사하여 간행한『저역총보(著譯叢譜)』의 편집자이기도 하다. 금명 보정이 한국불교와 송광사가 지닌 역사와 문화를 현창하기 위해 진력한 것을 생각하면『사고』편찬을 위한 30여 년의 노력에서도 그 편찬 배경을 짐작할 수 있는 것이다.

1500년 이래의 조선사는 정치 법제, 교학 문예라는 어떤 방면으로든지 불교와 불교도의 관련을 제외하고는 해석하고 밝게 판단할 수 없으므로 연래로 많고 적은 주의를 이번에 더하여 3가지 느끼는 것이

---

96 현봉,「송광사지 중간서」,『송광사지』, 송광사, 2001.
97 綺山,「서」,『송광사지』, 송광사, 1965(2001년 중간에 수록)

더욱 들어 깨달으니 제1은 조선의 사회와 문물에 대한 불교의 영향이 극심하고 커서 거의 無事不染, 無物不被의 觀이 있으며 더욱 上中世紀에 있어서는 새로운 안건, 새로운 제목을 봉착하는 족족 그 이면에 투철하고 핵심을 바로잡자면 반드시 불교사부터 시작하여야겠음을 매순간 절감함이요, 제2는 나에게 因緣傳이 없으며, 高僧傳이 없으며 三寶記가 없으며 西域記가 없으며, 傳燈錄이 없으며, 歷代通載가 없어 천년의 위대한 흔적이 10에 1도 존재치 못하고 善慧의 光焰이 어둠 속에 소멸했다. 설령 한 조각의 자료가 사방에 흩어져있더라도 한 사람이 한때의 힘으로 도저히 좌우에 이르지 못할 것이니 옛 정성이 아무리 독실하여도 매번 재료를 얻기가 어려우면 소망을 잃어버리는 것이요. 제3은 일연의 삼국유사, 각훈의 海東高僧傳 이후로 의천의 수집과 교정에는 守其의 錄이 있으며, 최근에는 大東禪敎攷, 佛祖源流, 東師列傳 등 다소의 찬술이 있것만, 이러한 중요한 책도 전해지고 있는 책이 이미 귀하고 아는 자가 역시 적어 이 방면의 역사적 관념이 희박하고 소홀하여 비록 유명한 지식인이라도 조선불교에 대해서는 蘊蓄이 없으며, 느끼고 생각하는 바가 없어 쌓인 의심이 산과 같으나 就質에 사람이 없다.[98]

최남선은 이능화의 『조선불교통사(朝鮮佛敎通史)』 간행의 의미와 가치를 피력하였다. 한국역사는 불교사에서 그 문화적 정체성을 향상시켰다고 지적하였다. 그러나 한국 역사와 문화의 이정표인 불교사의 위대한 흔적은 사라지고 없다는 것이다. 한국불교사를 이해할 수 있

---

98 六堂學人, 「朝鮮佛敎의 大觀으로부터 「朝鮮佛敎通史」에 及함」, 『朝鮮佛敎叢報』 12, 三十本山聯合事務所, 1918, 41-42쪽.

는 중요한 자료 역시 일천할 뿐만 아니라 유명한 지식이라도 그 이해가 희박하고 소홀하며, 느끼고 생각하는 바가 없다는 것이다. 당시 불교계에서 진행된 사지 편찬은 이와 같은 문제의식 속에서 출발하였다. 박한영은 『봉선사지』 서문에서 "봉선사가 고려 광종(光宗) 대 창건된 이후 절의 기록이 흩어지고 없어진 채 일제강점기까지 그 역사를 알 수 없다."고[99] 하였다. 권상로 또한 "여기저기 흩어지고 보지 못한 단편적인 기록을 수습하여 지금 이루어진 것이 다행스러운 일이다. 이후 사찰의 흥망성쇠를 알고자 하면 그 근거가 될 것이다."라고까지 하였다.[100]

요컨대 『사고』의 편찬은 일제강점기 조선총독부의 한국불교 지배와 수탈을 위한 야욕 속에서 진행된 문화재 조사, 그리고 당시 불교계의 한국불교사 가치를 재확인하기 위한 노력 속에서 진행되었다. 당시 불교계의 자료수집과 조사는 사지 편찬에만 국한되지 않았고, 잃어버린 한국불교사를 체계화시키는 노력이기도 했다.

2. 주요 편찬자

『사고』 각 부 편찬에 참여한 주요소임자는 다음과 같다.

99　石顚沙門鼎鎬,「奉先寺誌編纂弁言」,『奉先本末寺誌』, 봉선사, 1927, 1쪽.(동국대중앙도서관소장본)
100　四佛山人退耕相老(1927),「序」,『봉선본말사지』, 봉선사, 2쪽.

●●『사고』각 부의 동고록(同苦錄)

각 부 역 할	建物部	人物部	雜部	山林部[101]
顧問	栗庵贊儀 海隱裁善	栗庵贊儀 海隱裁善	綺山錫珍	雪月龍燮
校閱	錦溟寶鼎	錦溟寶鼎	海隱裁善	海隱裁善
編輯	綺山錫珍	綺山錫珍	綺山錫珍	綺山錫珍
書寫	龍隱完燮	龍隱完燮	龍隱完燮	龍隱完燮
外護	淸隱淳弘 丘山三俊	錫虎炯珣 龍波相哲 丘山三俊	藤谷丙烈 翠峰昌燮	錦堂在順

이 가운데 금명 보정·용은 완섭·기산 석진은 자료 수집과 편집, 그리고 서사를 통해 『사고』의 완성도를 높이고 체계화시키는데 절대적으로 기여한 인물들이다.

금명 보정은 부휴(浮休) 종파의 14세 문파(門派)이다. 15세에 송광사 금련(金蓮)에게 출가하고 18세 때에는 경붕(景鵬)·구련(九蓮)·혼해(混海)·원화(圓華) 등에게 경전과 논서를 수학하였다. 사서(四書)와 육경(六經)으로부터 노자(老子)와 장자(莊子) 등 여러 사상가들에 이르기까지 모두 섭렵하였다.[102] 특히 1886년에는 범해 각안(梵海覺岸)에게 대흥사에서 고문(古文)과 사산비명(四山碑銘) 등을 배우고 구족계를 받기도 하였다. 범해는 1896년 입적할 때 취운 혜오(翠雲慧悟)와 서해 묘언

---

101 산림부는 한국학문헌연구소본에는 수록되지 않아 조명제·정용범의 글(「『松廣寺史庫』의 편찬과정과 자료 가치」, 『지역과 역사』 19, 부경역사연구소, 2006, 271쪽)의 표를 인용하였다. 「산림부」는 1965년 기산 석진이 편찬한 『송광사지』에 요약 수록되었다.
102 송태회, 「錦溟禪師碑銘幷序」, 『茶松文稿』2(『한불전』12, 782a)

(犀海妙彦)·금명 보정(錦溟寶鼎)·율암 찬의(栗庵讚儀)에게 선과 교를 전하면서 "그대들은 오직 선을 전하기에 힘쓰라."고[103] 하였다. 1909년에 함명(函溟)에게 선암사 대승암에서 『선문염송(禪門拈頌)』을 배우고 허주(虛舟)선사를 참학하고, 금련(金蓮)에게 고인의 진면목을 추구해 심법(心法)을 완성시켜 나갔다.[104] 1894년에는 동학 난리 때는 사찰과 승려를 지켰다. 그후 1897년에는 보조 지눌이 결사(結社)했던 광원실(廣遠室)에서 대중을 제접했고, 보조암에서 문하 제자 눌봉(訥峯)에게 전강(傳講)하였다. 그후 1899년 1월에는 해인사의 대장경을 인간(印刊)하는 불사 모임에 들어가 교정과 편집의 책임을 맡았고, 일부 경전을 본사에 봉안하기도 하였다. 1902년 10월에는 기로사(耆社) 원당(願堂)의 일로 대내(大內)에서 공문을 보내 해당 승려를 부르자, 자원하여 상경하였다. 마침 대내가 편치 않아서 화엄회를 동대문 바깥 원흥사에 마련하니 13도의 고승들이 모여들었다. 금명은 그 모임에 참여하여 현요(玄要)를 이야기하였다. 그는 송광사를 중심으로 호남불교계에서 선교학으로 후학을 제접하였다. 초빙을 받아 전경(轉經)하였는데, 송광사의 보조암이나 광원암(廣遠菴), 그리고 지방의 학림(學林)과 방장산의 화엄사·천은사, 해남의 대흥사, 곡성의 태안사 등 이르는 곳마다 다투어 맞이하니, 안거하며 참구(叅究)하기도 하였다. 선원 계단(戒壇)에 빈자리 없이 강마(講劘)하여 훈도(薰陶)하지 않음이 없었다고 하니 영남과 호남의 재주 있는 이들이 문하에서 많이 배출되었다.[105] 요컨대 그

---

103 금명 보정, 「梵海禪師行狀」, 『茶松文稿』 1(『한불전』 12, 706c)
104 錦溟 寶鼎, 「行錄草」, 『茶松文稿』 2(『한불전』 12, 771b-c)
105 宋泰會, 「錦溟禪師碑銘幷序」, 『茶松文稿』 2(『한불전』 12, 782b)

의 스승인 범해 각안과 금명 보정은 근현대 불교계에서 선교학을 중심으로 한 사상과 수행, 그리고 후학 양성에 진력한 대표적인 인물이기도 하다.

그는 저술로는 시고(詩稿) 3권·문고(文稿) 2권·『불조찬영(佛祖贊詠)』 1권·『정토백영(淨土百詠)』 1권이 있고, 편록(編錄)으로는 『조계고승전(曹溪高僧傳)』 1권·『저역총보(著譯叢譜)』 1권·『석보약록(釋譜略錄)』 1권·『삼장법수(三藏法數)』 1권·『염불요해(念佛要解)』 1권·『속명수집(續名數集)』 1권·『십지경과(十地經科)』·『능엄경과도(楞嚴經科圖)』·『대동영선(大東詠選)』·『질의록(質疑錄)』·『수미산도(須彌山圖)』가 있다. 그가 "개당(開堂)하여 설회(設會)한 것이 모두 8처(處) 10회(會)였다고[106] 한다. 이와 같이 다양한 그의 저술은 『사고』 편찬에 많은 영향을 끼치기도 하였다.

오직 이 『조계고승전』은 다만 조계산의 고승들에 관한 기록이다. 어찌하여 그런가. 즉 우리 開山祖 보조국사께서 구산의 장벽을 열어젖혀 선교의 종찰로 삼고 여러 유파들을 융합하여 조계종을 세우니 이로부터 구산이 변하여 하나의 도가 되고 선과 교 兩家가 합하여 하나의 종이 되었다. 조계종의 취지가 넓고 크도다. 이로 말미암아 本宗의 창업주에서 시작하여 본종의 유파에 마치기까지 하나하나 여러 책들을 열람하여, 어느 산 어느 문중을 막론하고 이 宗에 관계되면 병입하여 수록하였다. 銘과 행장(狀)이 있으면 원본에 따라 대략 기록하고 고찰할 것이 없으면 다만 차례대로 기록하였다. 현재 가히 명승이

---

106 錦溟 寶鼎, 「行錄草」, 『茶松文稿』 2(『한불전』 12, 773b)

라 할 만한 분에 대해서는 개인적으로 고찰하여 행장을 이루고 가외(可畏)를 기다린다. 그러나 다만 이와 같은 것으로 어찌 당나라와 송나라, 신라와 고려의 문장 사업을 도모했겠는가. 그저 종주께서 장애를 열어젖혀 종지를 세우신 것의 만분의 일이나 은혜를 갚고자 한 것이요, 다만 조사들의 고명한 도덕이 사라지지 않기를 바람이다. 오직 통달한 이들은 같이 증명해 주시라. 뒤를 이어 등불을 전하여 결국 원질(原帙)을 완성하기를 정축(頂祝)할 따름이다.[107]

인용문은 금명이 조계 고승의 전기를 수집하여 그 비명과 행장을 원본에 따라 정리한 『조계고승전』의 서문이다. 『사고』의 인물부는 크게 '고려조'와 '이조(李朝)'로 구분하여 비문과 행장·제문·윤음(綸音) 등 다양한 자료를 수록하고 있다. 『조계고승전』은 '조계산의 고승들에 관한 기록'이라고 한 만큼 『사고』와 동일하게 「대조계종주불일보조국사전(大曹溪宗主佛日普照國師傳)」부터 시작하고 있다.[108] 금명이 『조계고승전』의 서문을 쓴 것이 1920년이고 『사고』 인물부가 1929년에 완결되었으니 금명의 광범위한 조계 고승의 자료 수집의 결과로 해석할 수 있다.

해동에 이르러서도 또한 震旦(중국)보다 덜하지 않은데 간혹 경전과 논서의 같고 다름이나 疏記의 구별, 저자와 역자의 이름들을 분변할 수 없고, 강의하는 즈음에 매번 빠뜨리고 잊어버리는 근심이 없지 않았다. 그래서 열람하는 대로 그때마다 합쳐서 글을 주고받을 때 자

---

107 錦溟 寶鼎, 「曹溪高僧傳序」, 『茶松文稿』 2(『한불전』 12, 744b-c)
108 금명 보정, 『曹溪高僧傳』 1(『한불전』 12, 381c)

료로 삼게 하였는데 거의 한 권이 되었기에, 이름을 '著譯叢譜'라 하여 책상머리에 두고 항상 볼 수 있도록 하였다. 한번 펼치면 고금의 저술가들을 편하게 볼 수 있다.[109]

금명이 엮은 『저역총보』의 서문이다. 해동의 경전과 논소가 중국의 수준과 다르지 않지만 온전하게 정리되지 않음을 안타깝게 여겨 저자와 역자를 구분하고 분류하고, 불교경론과 고승비문뿐만 아니라 유가(儒家)의 문집과 동시대 도서 목록까지 수록하였다. 이 책 역시 1920년에 편록한 것으로 보아 『사고』 편찬에 적지않은 영향을 끼친 것으로 보인다. 이밖에 금명이 조선 후기 승속에 구분없이 서(書)·찬(贊)·송(頌)·서(序)·기(記)·제문(祭文)·선문답(禪問答)·모연문(募緣文)·축(祝)·소(䟽)·논(論)·명(銘)·해(解) 등의 문(文)과 칠언의 절구와 율시 등의 시문을 편록(編錄)한 『백열록』[110] 삼국시대부터 구한말까지의 시인 226명의 시 443수를 수록한 『대동영선(大東詠選)』은 전후 상황으로 보아 『사고』의 「인물부」와 「잡부(雜部)」에 걸쳐 광범위하게 인용된 것으로 보인다.

한편 『사고』의 각 부 편집을 맡은 기산 석진은 14세(1905)에 송광사 천자암에 몸을 의탁하여 취월 장로(翠月長老)를 은사로 출가하였다. 호붕대사(浩鵬大師)에게서 사미계를 받고 이름을 석진(錫珍)이라 하였다. 16세(1907)에는 『사고』 편찬에 참여했던 금명에게 참문하여 사집(四集)과 초등 과정을 수료하였다. 1915년 봄에 경성의 중앙학림 중학 과정

---

109 금명 보정, 「著譯叢譜序」, 『茶松文稿』 2(『한불전』 12, 744c-745a)
110 금명 보정, 『栢悅錄』(『한불전』 12)

을 졸업하였고, 1919년 독립만세운동에 참여한 이후에는 송광사에 돌아와서 지방학림과 전문강원에서 교원 및 학감을 겸하며 후진 양성에 진력하였다. 그후 13년 동안 주지 소임을 맡아서 응접실과 해청당(海淸堂), 옹벽 공사 등을 마무리하였고, 보조국사의 감로탑을 개축하였으며, 비석을 새로 건립하는 등 사우(寺宇)의 수선과 개산 이래 송광사의 인물·건물·석물·산림 등의 산일된 역대 자료를 수집하여 영세(永世)의 사보(寺寶)가 될 수 있는 송광사사고 4책과 「주지계보」 1책을 만들어 송광사박물관에 보관하기도 하였다.

1929년 봄에는 송광사 전문강원의 강사로 취임하여 내규를 혁신하여 신·구의 편제에서 공부해야 할 교과서를 연구하고 교수하였다.[111] 기산은 이밖에도 전라남도 도사(道史) 편찬에도 참여하였으며, 정광(淨光)고등학교도 설립하여 교육사업에도 진력하였다. 그후 1954년에는 대한불교조계종 총무원장 겸 동국대학교 이사장 소임을 맡기도 하였다.[112]

> 『사고』편찬 뒤 제2착으로 正史를 뽑아 적기 시작하여 筆하고 削하고 磨琢한 것이 그 부피가 여기에 이르고, 그 연대가 이에 이르러 겨우 완성을 보게 되었다. 그러나 國師 其他 不知名數의 史料湮滅로 말미암은 不完全, 體裁의 不備, 文章의 未熟 등등 不足한 바 많다.[113]

---

111 금명 보정, 「曹溪宗綺山禪師傳」, 『曹溪宗綺山禪師傳』(『한불전』 12, 425b-c)
112 한국불교금강선원, 『綺山大宗師碑銘幷序』, 『綺山文集』, 1998, 불교통신교육원, 859-861쪽.
113 林錫珍, 「序」, 『大乘禪宗曹溪山松廣寺誌』, 송광사, 1965.

기산 석진이 1965년 『송광사지』를 편찬하고 쓴 서문의 일부분이다. 『사고』가 1928년부터 1934년까지 보조국사 지눌부터 고려와 조선의 송광사 역사와 인물, 그 문화를 중심으로 체계있게 편찬되었지만, 기산은 『사고』를 요약하여 핵심적인 내용을 간추려 재편찬하였다. 『사고』가 국사를 비롯한 인물 관련 자료가 불완전하고 체재가 온전하게 갖추어지지 않았으며, 문장이 미숙했다는 것이다. 기존의 『사고』가 순한문으로 편찬되었다면, 기산의 『송광사지』는 국한문 혼용으로 가독성을 높인 장점이 있다. 더욱이 일제강점기에 편찬된 『사고』가 「산림부」가 수록되지 않은 한계를 극복하고 「산림부」를 추가하여 『사고』의 불완전함을 보완하였다.

『사고』의 각 부(部)를 서사(書寫)한 인물은 용은 완섭이다. 용은은 14세(1911) 여름에 송광사 금명(錦溟)에게 득도하였고, 그해 7월 15일에 영월(映月) 대사에게 계를 받았다. 1914년에는 금명의 강원을 참문하여 불교전문과의 초·중등 과정과 대교 과정을 졸업하였는데, 5~6년 동안 스승과 숙식을 같이하였다. 그후 1920년에는 금명당(錦溟堂)에게서 법인을 받고 자를 용은(龍隱)이라 하였는데, 곧 선조(先祖)인 응암 낭윤 조사의 제7세손이다. 그해 4월에 일본 학교에 들어가서 1923년 봄에 이르러 일본대학의 종교학과를 졸업하고 곧 고향으로 돌아왔다. 그는 사립학교 교원으로 임용되기도 하였다. 용은은 태안사 주지로 취임하기도 했지만, 병을 얻어 거의 죽음 지경까지 갔다가 죽음을 모면하였다. 그후 1928년에는 송광사의 사무원이 되어 달라는 요청을 받고 송광사 『사고』 1질 3권에 대하여 서사(書寫)하는 임무를 마쳤다. 그는 이미 1917년 스승인 금명의 명으로 범해 각안의 『범해선사시집』 4편 2

권을 서사한 경험이 있었다.[114] 그후 1929년 정월 15일에 송광사 불교강원의 교사로 선발되어 교과목을 신식 교과목과 구식 교과목을 합하여 교수하였다. 그의 『화엄강요(華嚴綱要)』 1권과 철집(綴集) 등이 세간에 유행하였는데 거의 초학자들의 안목을 열어 주는 것들이었다.[115] 일찍이 금명 보정의 비문을 쓴 염재거사(念齋居士) 송태회(宋泰會)는 "용은이 자신에게 유학을 배웠으며, 청출어람의 명예를 자부하고 오랜 기간 교분을 가졌다."고[116] 하였다.

『사고』 편찬에서 고문 소임을 맡은 율암은 송광사 주지를 맡기도 했다. 그는 "기상이 특별하게 뛰어났고, 호랑이 이마에 제비턱을 가졌으며, 눈썹이 빼어나고 눈은 늘어졌으며, 코는 오똑하고 뺨은 풍부하며, 언변이 능란하여 강물과 같고 눈동자는 번개처럼 반짝였으니, 원래부터 용렬한 무리의 국량이 아니었다."고 한다.[117] 15세 무렵에는 경전과 불교 전적을 두루 열람하였고, 배운 것은 반드시 가르쳤으며 들은 것은 결코 잊지 않았다. 1882년(고종 19) 선암산에서 월주 대사(月宙大師)에게 머리를 깎았다. 그리고 호운 선사(浩雲禪師)에게 계를 받고 경운 강헌(擎雲講軒)을 참방하여 경전을 배우기도 했다. 이후 남쪽으로 유향하여 두륜산에서 범해 각안(梵海覺岸)에게 참례하여 향을 사르고 구족계를 받았다. 범해 각안은 1896년 취운 혜오(翠雲慧悟), 서해 묘언(犀海妙彦), 금명 보정과 함께 율암 찬의(栗庵讚儀)에게 선교를 전했다.[118]

---

114 금명 보정, 「梵海禪師詩集跋」, 『茶松文稿』 1(『한불전』 12, 707c)
115 금명 보정, 「曹溪宗龍隱禪師傳」, 『曹溪宗綺山禪師傳』(『한불전』 12, 426a-b)
116 宋泰會, 「錦溟禪師碑銘幷序」, 『茶松文稿』 2(『한불전』 12, 782a)
117 금명 보정, 「曹溪宗師栗庵禪師傳」, 『曹溪高僧傳』(『한불전』 12, 419c)
118 율암 찬의, 「梵海禪師行狀」, 『梵海禪師文集』(『한불전』 10, 1098b)

율암은 그 후 조계산으로 들어가서 원해 법사(圓海法師)에게 참문하여 불교의 교의를 갈고 닦았다. 남쪽으로 유행하다가 갑자기 돌이켜서 북쪽으로 유행하면서 10년의 세월을 보냈는데, 진제에 들어갔다 세속에 나왔다 하면서 1만 두(斗)의 구준(衢樽)의 술에 만취한 것처럼 수많은 인망(人望)을 얻었다. 27세인 1892년(고종 29)에는 조계산의 비전(碑殿)에서 법당(法幢)을 세우고, 원해 법부(法父)의 가풍(家風)에서 신의를 걸쳤는데, 곧 임제종의 적손으로 부휴파의 제10세이다. 보조암의 조실에 주석하면서 사방에 가풍을 드날리니 이름이 더욱더 현창하였다. 이후 수도암에 주석하니 수많은 대중이 운집하였는데, 손가락으로 꼽을 만한 사람만 해도 50명이었다. 1912년에는 행해당(行解堂)의 강의 교수(講授)로 주석하였다. 그 밖에 가람을 수호하는 임무를 맡아서 선사(先師)인 월주 대사가 지어 놓은 가람을 보수하려 하자 처음에는 모든 것이 여의치 않았지만, 건물과 사람과 자량이 점차 충족되어 갔다. 선암사 주지를 맡기도 했었고, 보조암 국사탑을 보수하였다.[119]

3. 『조계산송광사사고』의 성격과 불교사적 가치

『사고』는 각 네 부로 구성되었다.[120] 「건물부」는 대체로 송광사강역도·건물 위치와 평면도가 수록되었고, 조선 숙종 대에 찬한 「송광사

---

119 금명 보정, 「曹溪宗師栗庵禪師傳」, 『曹溪高僧傳』(『한불전』12, 420a)
120 사고의 구성에 대해서는 조명제·정용범의 글(「『松廣寺史庫』의 편찬 과정과 자료 가치」, 『지역과 역사』19, 부경역사연구소, 2006.)에서 상세히 다루고 있어 이 글에서는 대체적인 개요만을 적는다. 참고 바란다.

사원사적비문(松廣寺嗣院事蹟碑文)」을 비롯하여 사적류(事蹟類)와 사찰과 각 암자, 그리고 전(殿)·당(堂)·료(寮)·각(閣)·교(橋) 등의 권화문(勸化文), 상량문·초창중건중수기문(初創重建重修記文)·단확문(丹艧文)을 수집하여 수록하였다.「인물부」는 크게 고려와 조선으로 구분하였다. 보조국사 지눌을 비롯한 수선사 16국사의 비문과 행장(行狀), 윤음(綸音), 관고(官誥) 등을 수록하였다. 조선의 인물은 지눌과 나옹의 법맥을 계승한 무학부터 통허 치성(洞虛致性)까지 수록하였는데 조선 후기 송광사 중흥에 기여한 인물들이 중심이 되었다.[121] 그리고「잡부」는 소상(塑像)류·탱화·간판(刊板)·장경(藏經)·석물, 행록(行錄)·선생안·계안(稧案)의 서발(序跋)·등장(等狀)·절목(節目)·완문(完文)·전령(傳令), 그리고 건물·불량(佛粮)·법재(法齋)·관문(官文)·주지(住持)·계보(系譜) 등 다양한 문헌 기록이 수록되었다. 사찰령 시행 규칙이나 사법인가서와 같이 일제강점기를 반영하는 문건들도 수록하였다.

한편 1931년 편록한「산림부」는『사고』에 수록되지 않았다. 기산 석진의『송광사지』를 기초로 그 구성을 살펴보면 지리·소유 산, 봉산(封山), 역대 벌채(伐採)와 분쟁(紛爭)과 특별연고림 시업안(施業案) 등을 수록하였다.

『사고』의 성격과 불교사적 가치는 다음과 같이 설명할 수 있다. 첫째,『사고』는 송광사 역대 자료의 집대성이다. 송광사는 신라 말 혜린(慧璘)의 개산 이후 고려 중후기 보조국사 지눌이 불교계의 중흥을 위해 결성한 정혜결사를 시작으로 최고 전성기를 맞이하였다. 법통과 법

---

[121] 기산 석진이 1965년 편록한『송광사지』는 통허 이후 栗庵→錦溟→雪月까지 수록하였다.

맥의 전승은 송광사에 국한된 것이 아닌 한국불교사의 융성을 가져왔다. 불교가 탄압 받았던 조선시대 역시 지눌의 후예들은 보조가풍을 계승하고 발전시키기 위해 진력했고, 쇠락한 사우(寺宇)를 쇄신시키기 위해 진력하였다. 불교가 소외와 수탈의 시기를 견디고 승려들이 도성 출입을 할 수 있고, 그 지위가 향상되어갈 무렵 불교계는 자신들의 정체성을 확인하기 위해 적극적이었다. 그러나 찬란한 불교사를 복원하고 그 우수성을 확인할 수 있는 흔적을 찾기란 지극히 어려운 일이었다. 『조선불교통사』를 찬술한 이능화는 "도를 얻은 禪僧과 法侶들이 삼대같이 많았고, 불법을 지키는 국왕과 대신들이 숲처럼 빽빽했다. 그러나 12종파의 연혁과 9백 사찰의 由緖가 조각조각 난 채 파묻혀 있고, 먼지 더미 속에 버려져 있었으므로, 귀가 있어도 들을 수 없고 눈이 있어도 볼 수 없었다."고[122] 하였다. 권상로 역시 "조선불교의 역사를 가지고 재료를 얻어 모아보려고 한지는 벌써 3~40년이라는 비록 짧지 않은 세월을 쌓아왔었다. 그러므로 비록 片言隻字일지라도 나의 눈에 비치는 것이라면 하나도 무심히 간과한 것은 없었다."라고[123] 하였다. 1910년대부터 지속적으로 시작된 사지를 비롯한 불교사 찬술의 노력은 최소 10여 년 이상의 자료수집에서부터 시작되었다.

송광사의 역대 자료는 절의 역사부터 각 전각에 관련된 작은 기록, 그리고 승가의 비문과 같은 흔적 역시 송광사의 영고성쇠를 알려주는 것이다. 때문에 금명 보정의 자료 수집을 위한 30여 년간의 노력은 송광사의 불교사적 정체성과 중흥을 위한 절대적인 기초라고 해석할 수

---

122 이능화, 「自序」, 『조선불교통사』 상, 신문관, 1918, 1-2쪽.
123 退耕, 「古祖派의 新發見」, 新『불교』 31, 1956, 13쪽.

있다. 『사고』를 구성하고 있는 방대한 자료의 조사와 수집을 위한 노력이 이루어지지 않았다면 오늘날도 송광사의 역사는 그 편린으로 존재하고 있을 것이다.

둘째, 송광사의 역사적 정체성 확립이다. 보조국사 지눌의 정혜결사를 중심으로 한 새로운 수행 풍토가 기성 교단의 타락과 현실에 대한 비판, 그리고 새로운 신앙의 혁신이었다는 것은 널리 알려진 사실이다. 특히 남종선(南宗禪) 6조 혜능(慧能)의 『육조단경(六祖壇經)』과 당나라 화엄사상가인 이통현(李通玄)의 『신화엄경론(新華嚴經論)』, 그리고 선교통합을 주장한 규봉 종밀(圭峰 宗密)의 영향을 받아 돈오점수(頓悟漸修)와 정혜쌍수(定慧雙修)의 새로운 불교사상을 세우게 되었다. 인간 스스로가 부처인 것을 깨닫고 끊임없이 정(定)과 혜(慧)를 아울러 닦음으로써 깨침을 이룰 수가 있다는 것이다.

지눌은 여기서 다시 중국 남송대 대혜선사(大慧禪師)의 『어록(語錄)』을 읽고 크게 깨달아 간화선을 선 수행의 최고 방법으로 삼기도 하였다. 돈오점수에 관한 한 선과 교의 조화를 주장한 지눌도 간화선에 있어서는 선과 교의 질적 차이를 주장하는 것으로 보면 역시 지눌에 있어서도 선의 우월성을 엿보게 된다. 지눌은 이러한 사상체계를 세우면서 추진해 오던 신앙결사를 송광산에 수선사(修禪社)를 조직하여 대중에게 새로운 불교수행을 널리 확산하려고 하였다. 지눌 이후 수선사를 바탕으로 하여 조계종이 성립되어, 의천에 의해 시도되었던 선·교조화의 노력이 그의 진지한 구도(求道)와 사상의 구축으로 선을 주로 하여 교의 융화를 이룩함으로써 한국불교의 독특한 이론과 경지를 마련하였다. 지눌의 뒤를 이은 진각국사(眞覺國師) 혜심(慧諶)은 스승의 선사상을 대체로 계승하였다. 지눌의 정혜결사문(定慧結社文)이 반포된 지 90년쯤 지난 후, 안향(安珦)에 의해 성리학이 소개되고 왕조가 교체되고 불교가 쇠락하면서 그 운명이 엇갈렸지만, 지눌과 수선사는 한국 선불교의 상징이자 정체성을 대변해 주었다.

근래에는 법을 만드는 규정이 모두 중국 승려를 받들어 본받고 그 단독의 결정을 얻지 못하게 되니, 이른바 '범을 그리려다가 되지 않으매 도리어 강아지를 그리게 된다.'는 것입니다. 신이 삼가 살펴보건대, 송광사의 祖師인 普照의 남긴 제도를 講하여 이를 시행하고 기록하여 일정한 범으로 삼고, 또한 승려의 무리들로 하여금 朝夕으로 감화 수련하게 한다면, 위로는 전하께서 佛道를 널리 펴게 한 은혜를 보답할 것이오니, 삼가 바라옵건대 중앙과 지방에 반포하여 영구한 세대에 전하게 한다면 어찌 대단히 국가에 이롭지 않겠습니까.[124]

조선 건국 초기 흥천사 감주(監主) 상총(尙聰)이 선도(禪道)의 현양과 승가의 기강에 대해 올린 상소문이다. 상총은 고려 말 나옹과 태고의 문도 명단에 동시에 수록된 인물이기도 하다. 상총은 당시 불교계가 중국불교와 승가를 본받고자 하여 조선불교 고유의 정체성을 상실해가고 있다고 지적하였다. 그는 서울과 지방의 사찰이 송광사의 수행 전통을 본받고, 보조 지눌의 수행과 유풍(遺風)을 후학들이 아침저녁으로 감화 수련한다면 나라에 이롭고 불도(佛道)가 널리 펴게 될 것이라고 하였다.

---

[124] 『태조실록』 권14, 태조 7년 5월 13일조.

오직 牧牛와 江月만이 홀로 五祖인 黃梅宗旨를 전해 받아 울창하게 禪門의 으뜸이 되어 鉗鎚를 한번 휘두르면 만인이 모두 폐하였다. 그리하여 涅槃妙心과 正法眼藏인 부처님의 법통을 靑丘의 지역에 密傳하였으니 이 어찌 감탄할 일이 아니겠는가 普濟尊者 懶翁의 5대 법손이 芙蓉 靈觀선사이시고 청허스님은 그의 入室제자이다.[125]

인용문은 1612년 허균이 주장했던 나옹법통설이다. 허균은 이 기록과 『청허집』 서문을 기초로 목우자(牧牛子)→강월헌(江月軒)→남봉 수능(南峯修能)→정심 등계(正心登階)→부용 영관(芙蓉靈觀)→청허 휴정(淸虛休靜)→사명 유정(四溟惟政)으로 이어지는 조선불교의 법통을 확인했다.[126] 그러나 이 법통설은 철저하게 부정당했고, 1625년 청허 휴정의 제자 편양 언기가 태고법통설을 확립하면서 이후 불교계에 거의 정설화되다시피 하였다. 예컨대 1640년 중관 해안은 "보조 지눌을 별종(別種)으로, 나옹을 평산 처림으로부터 분파(分派)된 것"이라고[127] 하며 사명당이 임제로부터 전해지는 순서가 잘못되었다고 했다. 그러나 1660년 이후부터 유통된 불교계의 의식문(儀式文)에 수록된 역대 조사 가운데 보조 지눌부터 무학 자초까지 정리해 넣은 것으로 보아[128] 태고법통설이 정설화되었지만, 이후에도 보조 지눌과 나옹 혜근에 대한 법통설은 엄연히 존재하고 있었음을 볼 수 있다.

---

125 許筠, 「四溟松雲大師石藏碑」, 『四溟堂大師集』 권7(『한불전』 8, 75b)
126 오경후, 「여말선초 臨濟禪의 법통형성과 조선후기 논쟁」, 『신라문화』 45, 동국대학교 신라문화연구소, 2015, 373-374쪽.
127 해안, 「四溟堂松雲大師行蹟」, 『四溟堂大師集』 권7(『한불전』 8, 75a-b)
128 종범, 「조선시대 선문법통설에 대한 고찰」, 『논문집』 1, 중앙승가대학, 1992, 30쪽의 「禪門祖師禮懺儀文」(1660)에서 재인용

1755년(영조 31)에 獅巖采永이 海東佛祖源流를 간행하였는데, 치우치고 잘못된 부분이 있었기 때문에 사암 채영에게 찾아가서 뜨락에서 그것을 따지고는 거듭하여 그 판본을 불구덩이에 던져서 태워 버렸다. 사람들이 德山宣鑑과 紫栢眞可의 유풍이 살아 있다고 말하였다.[129]

인용문은 송광사의 벽담 행인(碧潭幸仁)이 사암 채영(獅巖采永)이 집록한 『서역중화해동불조원류(西域中華海東佛祖源流)』가 치우치고 잘못되었다고 해서 전주 송광사 판목을 불태운 사실을 지적한 것이다. 채영은 해동원류(海東源流)를 나옹과 태고로부터 적시하였지만, 나옹 혜근의 법통에 대해서는 무학 자초와 함허 기화·지천(智泉)·고봉 법장(高峯法藏)만을 수록하고는 '나옹파종(懶翁派終)'으로 끝을 맺었다. 반면 태고 보우에 대해서는 '임제종십팔대적전석옥청공법사해동정맥제일조태고보우화상(臨濟宗十八代嫡傳石屋淸珙法嗣海東正脉第一祖太古普愚和尙)'이라고[130] 전제하고는 이어지는 계보를 상세히 수록하였다. 이것은 '나옹혜근사(懶翁惠勤嗣)'라는 수식어와는 달리 '임제종(臨濟宗)'과 '해동정맥(海東正脈)'이 임제종의 적통으로 한국불교의 대표성을 지니고 있음을 천명한 것이다. 벽담 행인이 판목을 불태운 것은 보조 지눌과 나옹 혜근의 존재와 그 법류(法流)에 대한 소외에서 비롯된 것이다. 이밖에 1930~40년대 불교계가 한국불교의 근간을 재정립시키는 과정에서 보조 지눌을 별종으로 취급했던 법통설에 대한 논란이 재점

---

129 금명 보정, 「曹溪宗師碧潭禪師傳」, 『曹溪高僧傳』(『한불전』 12, 405b)
130 채영, 『西域中華海東佛祖源流』(『한불전』 10, 101b-c)

화되기도 했다.

이와 같이 보조 지눌과 송광사의 정체성은 임진왜란을 전후로 한 조선불교계의 변화로 왜곡 혹은 변질되어 갔다.『사고』의 편찬자들은 조선불교사에서 평가절하된 치욕적인 사건을 회복하고자 한 것이다. 때문에『사고』편찬은 한국불교사에서 송광사가 차지하는 정체성을 회복하기 위한 의도 역시 담겨 있었던 것으로 해석할 수 있다.

셋째,『사고』의「인물부」는 고려의 보조 지눌과 16국사의 행적을 수록한 것에 머물지 않고 조선의 보조 가풍을 계승한 인물들의 행적 역시 정리하였다. 임진왜란 이후의 송광사 중흥 사실을 선양한 것으로 해석할 수 있다. 송광사는 고려 말과 조선 전기의 침체를 딛고 재도약하는 전기를 마련하였다. 비록 조선 후기 불교계가 임제종지를 선언하면서 보조 지눌과 나옹계의 법맥이 단절되다시피 했지만, 기사회생의 기회를 맞이하였다. 부휴 선수와 벽암 각성과 같은 걸출한 고승들은 보조 가풍의 명맥을 잇는데 손색이 없었다.

호남지방 아래로 크고 아름답다고 꼽히는 절은 다섯 손가락을 넘지 않는다. 그중에 조계산 송광사는 동방에서 제일가는 도량으로 인도의 雙林이나 중국의 廬阜(廬山)와 같은 곳이다. 그러므로 16國師는 말할 것도 없고 이 절에 살지 않고 이름난 스님이 된 자가 없다. … 왕사, 국사라고 불리는 이들은 반드시 이 절에서 주석한다. 懶翁·無學 때부터 법을 전한 흔적이 남아있어서, 그때도 이 절을 중시했음을 알 수 있다. 다른 산의 절들은 감히 명성을 견줄 수 없었다. 牧牛子와 禪覺(懶翁慧勤)의 碑銘과 여러 스님들에 관한 기록을 통해 대강 알 수 있을 것이다.…보조국사가 돌아가시고 眞覺, 淸眞, 眞明, 晦堂, 慈精, 圓

鑑, 湛堂, 妙明, 慈圓, 慈覺, 覺儼, 淨慧, 弘眞, 高峰, 弘眞에게 법을 전했는데, 이들은 모두 국사가 되어 16세 동안 법을 이어 嗣院이 끊기지 않았다. 이는 실로 총림에서 보기드문 성한 자취라하겠다…절 동쪽에 16조사를 모신 影堂이 있다고 했는데, 이는 東林十八賢을 모신 당을 본떠 만든 것인가 한다. 그리고 보조국사는 불교 문중의 散聖이라 일컬어진다. 근세에 浮休 善修가 법을 이어서 이 절에 살았고, 碧巖 覺性과 翠微 守初에게 법을 전했다. 세 분 모두 도법을 펼쳐 절을 넓히고 장엄하여 여러 국사들이 계셨던 때보다 더욱 융성하다. 그러나 宗脈은 달랐다. 臨濟로부터 18대를 내려와 石屋 淸珙에게 전해졌는데, 고려 때 太古 普愚가 청공의 법을 전해 받았다. 다시 6대를 내려와 浮休에게 전해졌으니, 그렇다면 이는 여래의 正眼이며 목우자에게서 직접 전해 받은 것은 아니다. 더욱이 나옹과 무학의 부도도 여기에 있다. 취미의 적통인 栢庵 性聰이 이 절을 관리하게 되었는데, 그는 깨달음과 학식이 근세의 조사들을 능가하여 멀리에서나마 목우 노인의 기풍을 이었다. 근원을 달리하는 물줄기가 바다로 들어가면 같아진다 하는 것이 바로 이런 경우가 아니겠는가. 이 절은 이때부터 더욱 빛났으니 영겁토록 바뀌지 않음을 예상할 수 있다.[131]

  1678년 조종저(趙宗著)가 백암 성총의 부탁으로 지은 보조 지눌과 그의 유풍을 계승한 조선시대 송광사의 사정을 기록한 사적(事蹟)의 일부분이다. 일찍이 부휴와 벽암은 임진왜란과 정유재란으로 폐사될 위기에 놓인 송광사를 중건하고 600여 명의 대중들이 부휴를 중심으로 보

---

131 조종저(1918), 「昇平府曹溪山松廣寺嗣院事跡」, 「普照後始設曹溪宗」, 『朝鮮佛教通史』下, 신문관, 350-351쪽.

조 유풍을 계승하였다. 부휴 선수가 임제종지를 계승했지만, 근원을 달리하는 물줄기가 바다로 들어가 같아졌을 뿐만 아니라 부휴와 문도들이 송광사에 머물면서 더욱 번성하였다고 하였다.

"지금 제방의 禪德들이 학인들을 제접할 때 "'放下教義'는 여실언교를 내려놓으라는 말이며, '參祥禪旨'는 낱낱의 화두를 참구하라는 말이다"라고 모두들 말한다. 이것을 『절요』의 가장 큰 요지[大旨]로 삼는 것은 목우자 스님의 깊은 은혜를 저버리는 것이다. 그러므로 지금 학식이 높은 사형들의 요청으로 『선문염송』의 글을 간략히 인용하여 본보기로 삼아 이 뜻을 판별하여 벽암당에 있는 여러 도반들에게도 보이는 것이다. 이 다음에 올 안목을 갖춘 자들은 논을 정함에 있어서 주제넘은 것은 물리치고 제대로 알아서 질문을 피해서는 안 된다. 이만 말을 마친다. 존경하는 사형이 "많은 말을 우리 본종에서는 병통으로 여기지만, 지금 아우의 말로 인해서 목우자 스님의 깊은 뜻이 철저히 드러났으니, 시자에게 그 내용을 기록하도록 해라"라고 말하였다."[132]

인용문은 1636년 벽암이 스승 부휴의 기일에 화엄사 벽암당에서 제사를 지내고 사형들의 부탁을 수락하여 답한 내용이다. 예컨대 '방하교의 참상선지(放下教義 參商禪旨)'에 대한 학인들의 의견이 각각 달라 혼란스러우니 바르게 가르쳐달라는 주문이었다. 벽암은 "깨달음을 비

---

[132] 벽암 각성, 「參祥禪旨說」(서수정, 「새로 발견한 벽암 각성의 『禪源圖中決疑』 간행 배경과 그 내용」, 『불교학연구』 55, 불교학연구회, 2018, 210쪽에서 재인용)

록 교(敎)로 설명하지만, 그 뜻은 선지(禪旨)"라는 취지로 설명하고는 지눌의 은혜를 저버리지 말라고 당부하였다. 당시 불교계가 『도서』와 『절요』를 온전하게 이해하지 못하고 있어 선지(禪旨)의 안목에서 지도한 것이다. 벽암은 쇠퇴한 불교계의 선교학 활성화와 후학 양성을 위해 불서(佛書)를 간행하기도 하였다. 예컨대 송광·능인암·용장사, 그리고 화엄사에서 『부휴대사집』을 비롯한 다양한 불서를 간행하였다. 그가 주도하여 간행한 『발심수행장(發心修行章)』, 『고봉화상선요(高峯和尙禪要)』, 『대혜보각선사서(大慧普覺禪師書)』, 『법집별행록절요병입사기(法集別行錄節要幷入私記)』, 『선원제전집도서(禪源諸詮集都序)』 등은 대부분 동시대 후학 양성을 위한 강원의 필수적인 교육 교재라는 공통점이 있다.

조선 이후 보조의 법맥이 거의 끊어질 듯하다가 浮休 善修 선사가 그의 법손이 되어 본사에 주석하였다. 선수가 碧巖 覺性에게 전하고, 각성이 翠微 守初에게 전하고, 수초가 栢庵 性聰에게 전하고, 성총이 無用 秀演에게 전하고, 수연이 影海 若坦에게 전하고, 약탄이 楓巖 世察에게 전하였다. 세찰에게는 상수제자인 默庵 最訥, 應庵 朗允, 霽雲 海澄, 碧潭 幸仁이 있는데, 이 네 문파에서 종도들이 번성하였다.[133]

한편 부휴와 벽암의 문손인 백암 성총은 보조국사비를 중수하고[134]

---

133 이능화, 「普照後始設曹溪宗」, 『朝鮮佛敎通史』, 통문관, 1918, 376쪽.
134 栢庵 性聰, 「曹溪山松廣寺重竪普照國師碑慶懺䟽」, 『栢庵集下』(『한불전』 8, 467a-467c)

사리를 봉안하여[135] 목우가풍을 선양하고자 했다. 무용 수연(無用秀演), 영해 약탄(影海若坦), 풍암 세찰(楓巖世察), 묵암 최눌(默庵最訥) 등과 같은 백암의 문손 역시 선교학의 연찬과 송광사의 중흥을 도모하였다. 특히 풍암과 영해에게 경전을 배우고 불교의 현묘한 뜻을 깨달아 얻은 묵암 최눌은 풍암과 영해를 위해 강경대회를 개최하였고, 백암의 비를 세워[136] 보조 유풍의 선양에 공헌하였다.

> (송광사의) 16국사는 모두 佛門의 名賢宗師로 道法을 천양하고 당우를 중수하였으니 진실로 이는 동방의 제일도량이라. 가히 16국사는 총령의 달마, 진단의 주돈이에 버금가는 인물이라 하겠다. 양산의 통도사, 합천의 해인사, 승평의 송광사는 각각 불법승 삼보를 대표하는 종가이다. 즉 통도사는 석가여래의 정골사리를 탑에 안치하였기 때문에 불보라 하고, 해인사는 팔만경판을 소장한 곳이기 때문에 법보라고 한다. 송광사에서 松자는 18명의 宗師라고 破字가 되는데 16국사는 이미 출현하셨으니 나머지 2명의 종사가 나와 법을 전하기를 바란다는 뜻이다. 그런데 동방 삼천의 사찰 가운데 명현종사가 많이 출현하시어 널리 불법을 펴시고 백성과 임금을 위해 축원하였으나 그 나머지 삼천 사찰이 감히 송광사에 대항할 수는 없을 것이다.[137]

---

135 栢庵 性聰, 「奉安普照國師舍利䟽」, 『栢庵集』下(『한불전』 8, 470b)
136 이용원, 「傳佛心印扶宗樹教黙庵大禪師碑銘幷序」, 『역주조계산송광사사고』 인물부, 327-335쪽.
137 龍雲, 「庫松廣寺事蹟」, 『曹溪山松廣寺史』, 43-58(탁효정, 「19세기 불교계동향과 송광사의 위상-왕실원당 설치를 중심으로-」, 『보조사상』 45, 보조사상연구원, 2015, 158쪽에서 재인용)

19세기 송광사의 중창주 용운 경암(龍雲警菴)이 16국사와 송광사의 위상을 찬술한 내용이다. 송광사가 해인사·통도사와 함께 삼보(三寶)를 대표하는 종가(宗家)인 것은 보조 지눌을 비롯한 명현종사가 출현하여 불법을 전하고 백성과 임금을 위해 축원하는 승보종찰이기 때문이라는 것이다.[138] 1832년 홍석주(洪奭周)가 송광사는 16국사가 배출되었기 때문에 승보사찰이라고 칭한 이후 용악 혜견(龍岳慧堅, 1830~1908)도 송광사가 18국사 도량이라는 사실을 강조했다.[139]

요컨대 『사고』는 17·18세기 송광사 고승들의 행적을 수록하여 조선시대 송광사가 보조 가풍의 선양을 통해 그 중흥의 의지를 실현하고자 했음을 밝혔다.

넷째, 『사고』는 궁극적으로 한국불교사의 복원과 체계화에 기여하였다. 한국불교사 연구는 불교가 흥성했던 시대에서도 편찬되지 못했다. 『삼국유사』가 종합적인 성격을 지니고 있었지만, 고대불교사에서 마무리되었고, 『해동고승전』과 같은 고승전이 찬술되었지만 한국불교를 이해하기에는 지극히 제한적이었다. 이와 같은 상황은 1910년대까지만 해도 변함이 없었다. 비록 사찰령이 시행되고 난 이후 조선총독부의 한국 지배를 위한 의도에서 시작되었지만, 불교계의 지성들은

---

[138] 19세기 보조 지눌과 16국사 현창은 송광사의 위상과 가치뿐만 아니라 당시 불교계의 삼보사찰 지정과도 긴밀한 연관성을 지니고 있다. 이와 관련해서는 다음의 논고가 참고된다. 탁효정, 「19세기 불교계동향과 송광사의 위상-왕실원당 설치를 중심으로-」, 『보조사상』 45, 보조사상연구원, 2015.; 황인규, 「수선사 16국사의 위상과 추념-송광사의 승보종찰 설정과 관련하여 試攷함-」, 『보조사상』 34, 보조사상연구원, 2010.; 황인규, 「한국불교계 삼보사찰의 성립과 지정」, 『보조사상』 41, 보조사상연구원, 2013.

[139] 龍岳 慧堅, 「登說法殿十八國師道場」, 『龍岳堂私藁集』(『한불전』 11, 119)

승려의 전기(傳記)·불서·불교사·사찰관련 자료를 10여 년 이상 동안 수집하고 조사하여 통사를 찬술하고자 진력하였다. 이들은 한국역사에서 한국불교가 차지하는 역사적 가치뿐만 아니라 문화적 우수성, 동아시아불교에서 한국불교의 정체성을 규명하고자 하였다. 『사고』는 이와 같은 차원에서 한국 선불교 연구에 한 획을 그을만하다. 보조국사 지눌과 16국사의 사상과 행적, 조선 후기 임제종지 선언과 일반화 속에서 부휴 선수를 중심으로 한 그 문손들의 보조가풍 계승과 선양은 송광사를 초월한 한국불교가 지닌 정체성을 상징하는 것이었다. 때문에 『사고』는 동시대 편찬된 사지와 함께 한국불교사를 연구하고 편찬하는데 중요한 역할을 담당하였다.

　『사고』는 한국 근현대불교사의 영욕 속에서 편찬되었다. 왕조 교체에 따른 불교 탄압과 소외는 한국불교의 사상과 수행, 신앙의 발전을 후퇴시켰다. 불교에 대한 객관적인 역사인식 또한 희미해져 종합적인 불교사를 기록하는 일은 『삼국유사』 이후로 찾아보기 어려웠다. 『해동고승전』을 비롯한 몇몇 고승전이 있었을 뿐이고 불서 찬술이나 고승의 비문, 전각의 창건·중건에 관한 단편적인 기록이 동시대의 불교 사정을 알 수 있었던 유일한 수단이었다.

　『사고』는 일제강점기 조선총독부가 한국불교를 효율적으로 통제하기 위한 사찰령 시행과 한국 문화 말살과 문화재 수탈을 목적으로 한 불교 정책 속에서 진행되었다. 이 시기는 불교계가 정체성을 자각하는 시기이기도 했다. 불교계 지성들은 지나간 우리 불교의 흔적을 찾기 위해 10여년 이상 동안을 산과 들로 돌아다녔다. 이 시기 동안 진행된 각 사찰의 사지 편찬 또한 일제강점기의 대표적인 불교사 서술이라고 할 만하다. 비록 일개 사찰의 역사와 문화에 불과했지만, 역사와 인물 그리고 성보문화재 등을 기초로 불교사상, 수행과 신앙 전통을 정리한 것이다.

『사고』는 4부로 구성되었다. 동시대 편찬된 사지 가운데 가장 방대한 분량이며, 그 체계 또한 완성도가 높다. 『사고』는 송광사를 통해 고려 중후기부터 일제강점기까지의 우리 불교사를 이해할 수 있는 실마리를 제공해 주고 있다. 특히 보조국사 지눌과 16국사 비문은 한국 선불교의 가치와 개성을 살필 수 있고, 조선의 기록은 부휴 선수를 시작으로 한 그 후손들이 선교학 수행을 통해 보조가풍을 계승하기 위해 진력하고 있음을 살필 수 있다. 윤음(綸音)과 같은 왕과 공문서는 고려와 조선에서 송광사가 차지하는 위상, 그리고 사원경제, 분쟁, 변동까지도 살필 수 있어 연구자료로서의 가치 또한 높다. 전각과 불상·불화와 같은 성보문화재는 절의 영고성쇠를 말해 주고 있다.

주요 편찬자인 금명 보정·용은 완섭·기산 석진·율암 찬의는 한국 근현대불교사를 대표하는 인물이기도 하다. 이들은 고려와 조선의 스승들이 쌓아 올린 선교학 전통을 회복하기 위해 노력했으며, 쇠락한 전각을 쇄신시키고 승보사찰로서의 위상을 보전하기 위해 적극적이었다. 또한 30년 이상을 자료 조사와 수집을 통해 송광사 역사 자료를 보존하고자 하였으며, 이 기록들은 『사고』를 편찬하는데 결정적인 역할을 하였다.

『사고』는 과거의 기록이지만, 현재와 미래 불교를 위해서도 그 가치를 지니고 있다. 종합적이고 객관적인 한국불교사가 편찬되지 않은 상황에서 일제강점기에 편찬된 사지, 그리고 단편적인 기록들은 그 집성을 통해 우리 불교사와 문화가 지닌 한계를 보완하여 완성도를 더해 줄 것이다.

참고문헌

1. 원전

사명 유정, 『四溟堂大師集』
栢庵 性聰, 『栢庵集』
사암, 채영, 『西域中華海東佛祖源流』
범해 각안, 『梵海禪師文集』
금명 보정, 『茶松文稿』
금명 보정, 『曹溪高僧傳』
금명 보정, 『栢悅錄』
蒙庵 箕穎, 『海雲碑銘註』, 동국대 소장본, 1783.
梵海 覺岸, 『覺岸註四山碑銘』, 김지견본, 1892.
石翁, 『桂苑遺香』 서울대文理大國史研究室 韓國史資料選叢 十, 최완수 소장본, 1972.
石顚 鼎鎬, 『精註四山碑銘』, 혜남 소장본, 1931.
蓮潭 有一, 『蓮潭大師林下錄』
淸虛 休靜, 『淸虛集』
이능화, 『조선불교통사』, 신문관, 1918.

2. 단행본

최남선, 『조선상식문답』 속편, 『육당최남선전집』 제3권, 현암사, 1974.
최영성, 『校註四山碑銘』, 이른아침, 2014.
오경후, 『한국근대불교사론』, 문현, 2020.
姜萬吉, 「申采浩의 英雄·國民·民衆主義」, 단재기념사업회, 『申采浩의 思想과 民族獨立運動』, 형설출판사, 1986.
이재헌, 『이능화와 근대불교학』, 지식산업사, 2007.
국사편찬위원회, 『한국사』 47, 탐구당, 2003.

김광식, 『한국근대불교사연구』, 민족사, 1996.
김경집, 『한국불교 개화기 교단사 연구』, 동국대학교 박사학위논문, 1997.
김순석, 『조선총독부의 불교정책과 불교계의 대응』, 고려대학교 박사학위논문, 2001.
박병선, 『조선후기 원당연구』, 영남대학교 박사학위논문, 2002.
이승윤, 『대한제국기 불교계의 동향과 국권회복운동』, 충남대학교 박사학위논문, 2019.
정광호, 「일제의 종교정책과 식민지불교」, 『근대한국불교사론』, 민족사, 1988.
오경후, 『사지와 승전을 통해본 조선후기 불교사학사』, 문현, 2018.
한동민, 『사찰령체제하 본산제도 연구』, 중앙대학교 박사학위논문, 2005.
삼보학회, 『한국근세불교백년사』 제4권 「각종법령」, 민족사, 1965,
안진호, 『奉先本末寺誌』, 봉선사, 1927
한국학문헌연구소편, 『조계산송광사사고』, 아세아문화사, 1977.
林錫診, 『大乘禪宗曹溪山松廣寺誌』, 송광사, 1965.
한국불교금강선원, 『綺山大宗師碑銘幷序』, 『綺山文集』, 불교통신교육원, 1998,
玄峰, 『松廣寺誌』, 도서출판 송광사, 2001.
조명제·김탁·정용범·원경, 『(역주) 조계산송광사사고 : 인물부』, 혜안, 2007.
조명제·김탁·정용범·정미숙, (역주)조계산송광사사고 : 산림부』, 혜안, 2009.
이구열, 『한국문화재 수난사』, 돌베개, 1996.
김진원, 『조선총독부의 불교문화재 정책 연구』, 중앙대학교 박사학위논문, 2012.

3. 논문류

김문기, 「최치원의 사산비명연구-實態調査와 內容 및 文體分析을 中心으로-」, 『퇴계학과유교문화』 15, 경북대퇴계학연구소, 1987.

金知見, 「精註四山碑銘發掘記」, 『四山碑銘集註를 위한 硏究』, 한국정신문화연구원, 1994.

유영봉, 「四山碑銘연구서설 : 碑銘을 통해 본 崔致遠의 新羅觀과 當時의 文風」, 『한국한문학연구』14, 한국한문학회, 1991.

최경애, 「유학자로서의 崔致遠의 위상과 면모 - 『조선왕조실록』과 '四山碑銘'을 중심으로」, 『동서철학연구』101, 한국동서철학회, 2021.

황의열, 「四山碑名의 文學性에 대한 一考察 : 글갈래적 특성에 주안하여」, 『태동고전연구』10, 한림대학교 태동고전연구소, 1993.

권인환, 「古代 韓國漢字音의 硏究(Ⅲ) - 崔致遠의 四山碑銘 夾註 및 碑銘詩 - 押韻 분석을 중심으로 -」, 『구결연구』44, 구결학회, 2020.

김시황, 「四山碑銘에 나타난 孤雲선생의 동방 사상」, 『고문연구』10, 한국고문연구회, 1997.

곽승훈, 「崔致遠의 中國史 探究와 그의 사상 動向 : 四山碑銘에 인용된 中國歷史事例의 내용을 중심으로」, 『한국사상사학』17, 한국사상사학회, 2001.

황의열, 「崔致遠의〈眞監禪師碑銘〉小攷」, 『논문집』31, 경상대학교, 1992.

장일규, 「崔致遠의 儒佛認識과 그 의미」, 『한국사상사학』19, 2002.

정연수, 「유교와 불교에 관한 최치원의 인식 변화」, 『유학연구』53, 충남대유학연구소, 2020.

최영성, 「崔致遠 연구의 史的 계통과 호남 지방」, 『한국철학논집』18, 한국철학사연구회, 2006.

김복순, 「최치원의 「지증대사적조탑비문」 비교 연구」, 『신라문화』35, 동국대학교신라문화연구소, 2010.

이구의, 「崔致遠의 '鳳巖寺智證大師碑文' 攷」, 『한민족어문학』42, 한민족어문학회, 2003.

남동신, 「校勘 鳳巖寺智證大師寂照塔碑文」, 『한국사론』63, 서울대학교 국사학과, 2017.

유영봉, 「西山大師가 조선 중기의 불교계에 불러일으킨 "崔致遠 바람"」, 『한문학보』12, 우리한문학회, 2005.

노용필, 「韓國 古代의 『文選』受容과 그 歷史的 意義」, 『역사학연구』58, 호남

사학회, 2015.

朴漢永, 「朝鮮佛敎와 史蹟 尋究」, 『해동불보』 8호, 해동불보사, 1914.

김상일, 「석전스님의 '정주사산비명' 첫공개」, 〈불교신문〉(2009.8.15.).

姜裕文, 「朝鮮佛敎年表」, 『불교』(신)34·35·36·37, 1942.

高橋亨, 「僧兵과 李朝佛敎의 盛衰」, 『불교』 4, 1924.

權相老, 「朝鮮高僧時順考」, 『佛敎』(新)32~43, 1942.

고영섭, 「한국불교사기술의 사관과 주체」, 『한국불교사연구』 2012년 봄·여름 / 제1호, 2012.

김광식, 「근대 불교사 연구의 성찰-회고와 전망」, 『민족문화연구』 제45, 2006.

김경집, 「일제하 불교계 혁신운동의 연구현황과 과제」, 『선문화연구』 창간호, 한국불교선리연구원, 2006.

오경후, 「일제하 선원지의 창간과 그 성격」, 『한국사상과 문화』 44, 한국사상문화학회, 2008.

한상길, 「조선시대 불교사 연구와 『조선불교통사』」, 『불교학보』 40, 동국대불교문화연구원, 2003.

조성택, 「근대한국불교사 기술의 문제 : 민족주의적 역사기술에 관한 비판」, 『민족문화연구』 53호, 고려대민족문화연구원, 2010.

이재헌, 「일제하 불교학자들의 역사인식과 학문적 입장에 관한 연구」, 『한국학대학원논문집』 10, 한국정신문화연구원, 1995.

최남선, 「조선불교-동방문화사상에 잇는 그 지위」, 『불교』 74, 불교사, 소화 5년(1930)

장도빈, 「고대불교」, 『조선불교총보』 21, 30본산연합사무소, 대정 9년(1920)

조명기, 「원효종사의 십문화쟁론연구」, 『금강저』 22, 조선불교동경유학생회, 1937.

김효탄, 「이능화의 불교사 인식」(『불교학보』 40, 동국대불교문화연구원, 2003)

高橋亨, 「僧兵과 李朝佛敎의 盛衰」(『불교』 4·5·6·7·8·9·10, 불교사, 1924~1925)

노권용,「석전 박한영의 불교사상과 개혁운동」(『선문화연구』제8집, 한국불교선리연구원, 2010)

無能居士,『李朝佛敎史』1~16(『佛敎』창간호~15, 불교사, 1924~1925)

朴奉石,「海東叢林紙魚譚」(『佛敎』(신)59, 불교사, 1944)

박상란,「1930년대 불교잡지 동화의 성격과 '전시동화(戰時童話)'의 문제」(『선문화연구』제12집, 한국불교선리연구원, 2012)

尙玄,「李朝抑佛史」其一~六(『불교진흥회월보』1권 4~9호, 불교진흥회본부, 1915)

이종은,『이능화연구 : 한국종교사학을 중심으로』(집문당, 1994)

이재헌,「일제하 불교학자들의 역사인식과 학문적 입장에 관한 연구」(『한국학대학원논문집』10, 한국정신문화연구원, 1995)

六堂學人,「朝鮮佛敎의 大觀으로부터『朝鮮佛敎通史』에 及함」(『조선불교총보』12, 30본산연합사무소, 1918)

張道煥,「麗末과 李初의 儒佛의 關係」1~6,『불교』(신)47·48·52·53·54·56, 불교사, 1943.

조선불교통사역주편찬위원회,『역주조선불교통사』, 동국대학교출판부, 2010.

한상길,「조선시대 불교사 연구와『조선불교통사』」,『불교학보』40, 동국대 불교문화연구원, 2003.

韓龍雲,「國寶的 한글經板의 發見經路」(『불교』87, 불교사, 1934)

「道視學會議槪項」,『朝鮮』135호, 1926. 8,

晩悟生,「楊州各寺巡禮記」,『佛敎』第29~49號, 1927.

晩悟生,「甚矣라 歷史에 無關心이여」,『금강산』2, 금강산표훈사, 1935,

奉先寺,『奉先本末寺誌』, 1927(동국대중앙도서관 소장본(218.61 홍67ㅂ// D31536),

「佛敎宗務局趣旨書」,『皇城新聞』1908. 3. 17;『大韓每日申報』1908. 3.

金度亨,「近代改革期의 歷史敍述과 變法論」,『韓國文化硏究』3, 2003.

김상현,「한국근대의 전개와 불교」,『불교학보』60, 2011.

김순석,「한국불교사 기술의 사관과 주체」,『한국불교사연구』2012년 봄·여름 / 제1호, 2012.

金映遂, 「朝鮮佛敎의 特色」, 『佛敎』 100, 1932.

김용태, 한국불교사 기술에 나타난 주제와 쟁점」, 『한국불교사연구』 2012년 봄·여름 / 제1호, 2012.

朴奉石, 「靑丘僧傳寶覽」, 『불교』(신), 1940, 附錄.

송현주, 「근대 한국불교의 종교정체성 인식」, 『불교학연구』 제7호, 2013.

李萬烈, 「丹齋史學에 있어서의 歷史主義 認識의 문제」, 단재기념사업회, 『丹齋 申采浩의 民族史觀』, 형설출판사, 1980.

조성택, 「근대불교학과 한국 근대불교」, 『민족문화연구』 45, 고려대민족문화연구소, 2006.

조성택, 「근대한국불교사 기술의 문제 : 민족주의적 역사기술에 관한 비판」. 『민족문화연구』 53, 고려대민족문화연구소, 2010.

崔南善, 「朝鮮佛敎-東方文化史上에 잇는 그 地位」, 『佛敎』 74, 1930.

황인규, 「한국 근현대 한국불교사의 서술과 고승」, 『한국불교사연구』 2012년 봄·여름 / 제1호, 2012.

晩悟生, 「楊州各寺巡禮記」, 『불교』 29, 불교사, 1926.

양주군청, 「楊州庶 第1755號「봉선본말사에 대한 '鄕土史料'의 건」」

봉선사, 『奉先本末寺誌』, 동국대중앙도서관 소장본(218.61 홍67ㅂ//D31536), 1927.

六堂學人, 「朝鮮佛敎의 大觀으로부터 「朝鮮佛敎通史」에 及함」, 『朝鮮佛敎叢報』 12, 三十本山聯合事務所, 1918.

宇佐美騰夫·關屋貞三郎, 「李能和 殿」, 『朝鮮佛敎叢報』 10호, 三十本山聯合事務所, 1918.

晩悟生, 「甚矣라 歷史에 無關心이여」, 『금강산』 2, 금강산표훈사, 1935.

한동민, 「근대 불교계의 변화와 奉先寺 주지 洪月初」, 『중앙사론』 18, 한국중앙사학회, 2003.

六堂學人, 「朝鮮佛敎의 大觀으로부터 「朝鮮佛敎通史」에 及함」, 『朝鮮佛敎叢報』 12, 三十本山聯合事務所, 1918.

退耕, 「古祖派의 新發見」, 新『불교』 31, 불교사, 1956.

종범, 「조선시대 선문법통설에 대한 고찰」, 『논문집』 1, 중앙승가대학, 1992.
조명제·정용범, 「『松廣寺史庫』의 편찬과정과 자료 가치」, 『지역과 역사』 19, 부경역사연구소, 2006.
한동민, 「일제강점기 寺誌 편찬과 그 의의 - 安震湖를 중심으로 -」, 『불교연구』 제32집, 한국불교연구원, 2010.
탁효정, 「19세기 불교계동향과 송광사의 위상-왕실원당 설치를 중심으로-」, 『보조사상』 45, 보조사상연구원, 2015.
황인규, 「수선사 16국사의 위상과 추념 - 송광사의 승보종찰 설정과 관련하여 試攷함 -」, 『보조사상』 34, 보조사상연구원, 2010.
황인규, 「한국불교계 삼보사찰의 성립과 지정」, 『보조사상』 41, 보조사상연구원, 2013.

부록

일제강점기 불교사 연구 목록

필자	제목	간행지(호수)	출판사	간행연도	쪽
許永鎬	元曉佛敎의 再吟味 (서론)	불교(신) 29 불교(신) 30 불교(신) 31 불교(신) 32 불교(신) 34 불교(신) 35	불교사	소화 16년(1941) 소화 16년 9월 소화 16년(1941) 소화 16년(1941) 1942. 3 1942. 4	12~13 12~13 22~24 16~19 6~9 8~11
四佛山人 (朴勝周)	朝鮮佛敎와 日本文化의 關係	불교 30	불교사	1930	2~6
方寒巖	海東初祖에 對하야	불교 70	불교사	1930. 4	7~11
金泰洽	東洋佛敎의 槪說 (四. 朝鮮의 佛敎, 起源과 三國)	불교 35	불교사	소화 2년	14~19
金泰洽	義相大師와 화엄철학	불교 55	불교사	소화 4년 (1929)	2~11
徐京保	慈藏律師(1~4)	불교(신) 48 불교(신) 50 불교(신) 51 불교(신) 52	불교사	소화 18년	33~36 24~28 15~20 11~16
松谷室 法雲	異次頓의 殉敎와 栢栗寺石幢刻文의 片貌	불교(신) 53	불교사	소화 18년	14~22
無無居士	德山會下에 新羅僧	조선불교총보 1	30본산연합 사무소	대정 6년	13~16
無無居士	雲門會下에 新羅僧	조선불교총보 3	30본산연합 사무소	대정 6년	7~10
姜在鎬	高句麗時代古墳壁畵에서 본 佛敎思想	불교 54	불교사	소화 3년	33~39
釋法淨	海東佛法의 傳來小考	신불교 31	불교사	1941. 12	26~42

필자	제목	간행지(호수)	출판사	간행연도	쪽
張道斌	古代朝鮮佛敎	조선불교총보 21	30본산연합사무소	대정 9년	16~22
朴昌斗	新羅佛敎의 大觀	불교 73 불교 75 불교 76 불교 77 불교 78 불교 80 불교 81 불교 82	불교사	소화 5년(73) 소화 5년(75) 소화 5년(76) 소화 5년(77) 소화 5년(78) 소화 6년(80) 소화 6년(81) 소화	10~14(73) 27~31(75) 12~16(76) 23~29(77) 32~39(78) 33~37(80) 36~39(81) 24~27(82)
獅吼生	新羅佛敎界의 法會儀式	조선불교총보 19	30본산연합사무소	대정 8년	47~54
獅吼生	海東大旅行家慧超三藏	조선불교총보 18	30본산연합사무소	대정 8년	22~34
金瑛周	諸書에 現한 元曉華嚴疏教義	조선불교총보 12·13	30본산연합사무소	대정 7년	9~14 26~30
和幢	元曉의 女性觀	불교(신) 28	불교사	1940	14~33
未詳	祭元曉聖師文	불교 60	불교사	소화 4년(1929)	35~36
瓊林居士	元曉大聖(上·中·下)	조선불교 27 조선불교 28 조선불교 32	조선불교사	대정 15년(1926.7) 대정 15년(1926.8) 소화 1년	37~40(상) 28~31(중) 28~31(하)
小田省吾	檀君傳說에 대하여 (일문, 1~4)	조선불교 22 조선불교 23 조선불교 24 조선불교 25	조선불교사	대정 15년 2월 대정 15년 3월 대정 15년 4월 대정 15년 5월	17~20 12~14 16~18 20~21
大谷政平	王和尙의 神兵과 土甁	불교(신) 41	불교사	소화 17년	27~30
雲山頭陀	法空和尙傳	조선불교월보 6	조선불교월보사	명치 45년 7월	35~36

필자	제목	간행지(호수)	출판사	간행연도	쪽
雲陽沙門	교사(3장조선사)	조선불교월보 3	조선불교월보사	명치 45년 7월	28~31
	교사(5장삼국사)	조선불교월보 5		명치 45년 7월	35~38
	제5장 삼국사	조선불교월보 6		명치 45년 7월	30~33
	제5장 삼국사	조선불교월보 7		대정원년 8월	17~24
	제5장 삼국사	조선불교월보 8		대정원년 9월	33~39
	제5장 삼국사	조선불교월보 9		대정원년 10월	22~33
	제6장 신라사	조선불교월보 10		대정원년 11월	22~28
	제6장 新羅史	조선불교월보 11		대정원년 12월	19~24
	제7장 高麗史	조선불교월보 12		대정 2년 1월	39~41
	제7장 高麗史	조선불교월보 13		대정 2년 2월	50~51
雲山頭陀	義淵禪師傳	조선불교월보 3	조선불교월보사	명치 45년 7월	32~33
雲山頭陀	阿道和尙傳	조선불교월보 2	조선불교월보사	명치 45년 3월	32~34
雲山頭陀	順道和尙傳	조선불교월보 1	조선불교월보사	명치 45년 3월	36~37
雲山頭陀	圓光法師傳	조선불교월보 8	조선불교월보사	대정원년 9월	39~44
徐海曇	原法興始	조선불교월보 3 조선불교월보 3	조선불교월보사	명치 45년 4월 명치 45년 4월	14~16 16~20
尙 玄	佛家十三宗의 來歷	불교진흥회월보 1권 2호	불교진흥회본부	대정 4년 4월	34~42
尙 玄	慶州石窟佛像	불교진흥회월보 1권 3호	불교진흥회본부	대정 4년 4월	30~34
稻田春水	智異山大華嚴寺新羅時代華嚴石壁經考	불교진흥회월보 1권 4호	불교진흥회본부	대정 4년 6월	29~32
尙玄居士	海東佛界에 梵唄源流	불교진흥회월보 1권 5호	불교진흥회본부	대정 4년 5월	44~45
尙玄居士	臨濟家風과 新羅智異山和尙	조선불교계1		대정 5년 4월	29~40

필자	제목	간행지(호수)	출판사	간행연도	쪽
尙玄居士	佛祖遺骨東來史	조선불교계 1 조선불교계 2 조선불교계 3		대정 5년 4월 대정 5년 6월 대정 5년 6월	39~40 43~50 41~44
金映遂	通度寺之戒壇에 就하야	一光 4	중앙불전교우회	소화 8년 12월	27~35
河村道器	眞表律師와 長安寺의 開創	一光 3	중앙불전교우회	소화 6년 3월	41~43
金映遂	通度寺의 舍利와 袈裟	一光 7	중앙불전교우회	소화 11년 10월	23~30
權退耕	祇林寺의 光有聖人	一光 8	중앙불전교우회	소화 12년 11월	43~51
權相老	阿度에 대한 小考	一光 9	중앙불전교우회	소화 14년 3월	7~11
趙明基	義湘의 傳記와 著書	一光 9	중앙불전교우회	소화 14년 3월	18~33
趙明基	太賢法師의 著書와 思想	一光 10	중앙불전교우회	소화 15년 1월	31~39
許永鎬	高句麗의 原音推定에 대해서	金剛杵 20	조선불교동경학우회	1932년 12월	7~21
趙明基	元曉宗師의 十門和諍論研究	金剛杵 22	조선불교동경학우회	1937년 1월	18~36
鄭斗石	日本佛敎傳來와 百濟佛敎와의 關係	金剛杵 25	조선불교동경학우회	1941년 12월	32~41
豊山映眞	新羅時代의 禪宗小考	金剛杵 26	조선불교동경학우회	1943년 1월	16~20
蕨蔾園人	法起菩薩과 普德閣氏 兩緣起를 읽고서	金剛山 2	금강산사	소화 10년 10월	1~3
張道煥	佛敎傳播의 平面相	新生 3	신생사	1946년 7월	36~40
許永鎬	「樂浪」語義考	신생 창간호 신생 2	신생사	1946년 3월 1946년 4월	32~37 15~32

필자	제목	간행지(호수)	출판사	간행연도	쪽
李外潤	三國時代佛敎의 信仰特色小考	鹿苑 1	조선불교 학생동맹	1947년 9월	26~35
金鍾安	寺院經濟의 史的考察 (貴族佛敎時代를 中心으로)	鹿苑 2	조선불교 학생회 문화부	1947년 9월	33~37
李夏雨	新羅文化의 小考察	鹿苑 2	조선불교 학생회 문화부	1947년 9월	44~50
문화재 및 미술·설화·자료					
關野貞	朝鮮最古의 木造建築(1~3) 浮石寺 無量壽殿과 祖師堂	조선불교 52 조선불교 53 조선불교 54	조선불교사	소화 3년 9월 소화 3년 10월 소화 3년 11월	28~31(1) 18~21(2) 39~41(3)
牛場眞玄	新羅時代의 不可殺爾 (상·하)	조선불교 15 조선불교 16	조선불교사	대정 14년(1925)	27~29(상) 29~30(하)
未詳	新羅의 傳說	조선불교 75	조선불교사	소화 5년 8월	23
元曉 撰	佛說阿彌陀經序 (8종의 서문)	조선불교총보 20	30본산연합 사무소	대정 9년	35~42
狠雲 撰	眞表律師傳簡	조선불교총보 10	30본산연합 사무소	대정 7년	59~63
元曉 遺著	法華經宗要序	조선불교총보 6	30본산연합 사무소	대정 6년	53~54
崔彦撝	眞澈國師塔碑銘	조선불교총보 3	30본산연합 사무소	대정 6년	21~25
鄭晄震	佛敎史學硏究 海東瑜伽正宗初祖憬興國師	조선불교총보 14	30본산연합 사무소	대정 8년 (1919)	26~32
	寄紫閣無名新羅頭陀僧	조선불교월보 16	조선불교월 보사		44~46
	中國의 新羅僧 詩	조선불교월보 17	조선불교 월보사		40~42

필자	제목	간행지(호수)	출판사	간행연도	쪽
記者 選	大朗慧和尙白月葆光之塔碑銘幷序	해동불보 4 6 7 해동불보 8	해동불보사	대정 3년 2월 대정 3년 4월 대정 3년 5월 대정 3년 6월	41~56 누락 25~35 35~45 23~28
稻田春水	江原道江陵地藏禪院朗圓大師悟眞塔碑銘	조선진흥회월보 1권 6호	불교진흥회 본부	대정 4년 8월	32~35
	寶林寺普照禪師靈塔碑銘幷序	조선불교 1	조선불교사	대정 5년 4월	40~43
	眞鏡大師塔碑銘幷序	불교진흥회월보 1권 9호	불교진흥회 본부	대정 4년 11월	44~45
金包光	金山寺의 石鐘	녹원 2	녹원사	1957년 7월	41~43

근현대 시기 고려불교 찬술 및 연구

필자	제목	간행지(호수)	출판사	간행연도	쪽
渡邊彰	恩津의 彌勒에 관한 硏究	조선불교총보 17·18		대정 8년	(17)37~41 (18)59~62
김태흡	東洋佛敎의 槪說 (고려시대의 불교)	불교 38	불교사	소화 2년 (1927)	고려6~8
張道煥	麗末의 佛敎와 政治와의 關係	불교(신) 1	불교사	1937년	17~23
河世明	海印寺의 大藏經板	조선불교 70	조선불교사	소화 5년	14~17
小野玄妙	高麗時代の文化と其の古刻書に就て	조선불교 17 18 19 20	조선불교사	대정 14년 9월 대정 14년 11월 1925년	7~12(17) 9~12(18) 9~12(19) 8~12(20)
김태흡	太古國師의 聖德과 그의 禪學	불교 56	불교사	소화 14년 (1929)	14~25

필자	제목	간행지(호수)	출판사	간행연도	쪽
無涯居士	(講說)『高麗國普照禪師修心訣附說』(第1回)	조선불교 96	조선불교사	소화 9년 1월	15~21
尙玄	蒙古 喇嘛僧과 宗派의 來亦	조선불교총보 9	30본산연합 사무소	대정 7년	3~5
張道煥	麗末과 李初의 儒佛의 關係 : 法制考에 의한 政治的 側面	불교(신) 47 불교(신) 48 불교(신) 52 불교(신) 53 불교(신) 54 불교(신) 56 불교(신) 58	불교사	소화 18년 4월 소화 18년 5월 소화 18년 9월 소화 18년 10월 소화 18년 11월 소화 19년 1월 소화 19년 3월	14~21(47) 11~18(48) 8~10(52) 8~13(53) 4~9(54) 32~36(56) 17~20
江田俊雄	高麗版白雲和尙語錄と其の著者	조선불교 93 조선불교 94	조선불교사	소화 8년 10월 소화 8년 11월	15~19 10~15
김태흡	大藏經에 就하야	불교39	불교사	소화 2년(1927)	11~16
金芿石	佛日普照師	불교(신) 31 불교(신) 33 불교(신) 35 불교(신) 50	불교사	1941년 1942년 1942년 1943년	43~47(31) 10~16(33) 19~25 2~13
林錫珍	普照國師硏究 1 普照國師硏究 2	불교101~102합집 불교103호	불교사	1932년 1933년	15~23(1) 41~48(2)
徐京保	懶翁王師의 眞蹟, 上 懶翁王師의 眞蹟, 2	불교(신) 44 불교(신) 45	불교사	1943년	47~55(44) 24~32(45)
大谷生	古異祖跡 (三) : 三和尙과 僧魚	불교(신) 44	불교사	1943년	56~58
包光映遂	太古和尙의 宗風에 對하야, 1	불교(신) 39 불교(신) 40	불교사	1942년	4~11(39) 4~9(40)
姜裕文	辛旽考	불교(신) 13 불교(신) 14 불교(신) 15 불교(신) 16 불교(신) 17	불교사	1938년	11~16(13) 13~20(14) 9~15(15) 4~11(16) 13~17(17)

필자	제목	간행지(호수)	출판사	간행연도	쪽
鄭晄震	高麗의 大覺國師	조선불교총보 8	30본산연합사무소	대정 7년	7~26
梁建植	高麗 大覺國師에 關한 研究, 1	불교 52 불교 53 불교 54 불교 55 불교 56	불교사	1928년 소화 4년 1월 1929년	44~53(52) 23~32(53) 17~22(54) 39~47(55) 26~27(56)
松谷軒 法淨	普照國師의 所錄인 '華嚴論節要'의 新發見	불교(신) 36	불교사	1942년	26~32
岡敎邃	朝鮮華藏寺의 梵협과 印度指空三藏	불교 38 불교 39	불교사	1927년	2~5(38) 6~10(39) 13~16(40)
李丙燾	高麗太祖と開泰寺	조선불교 97	조선불교사	소화 9년	14~18
雲陽沙門	제7장 高麗史	조선불교월보 12 조선불교월보 14 조선불교월보 15 조선불교월보 16 조선불교월보 17 조선불교월보 19	조선불교월보사	대정 2년 1월 대정 2년 3월 대정 2년 4월	39~41 37~40 38~41 29~33 28~31
尙玄	海印寺大藏經板來歷	불교진흥회월보 1권 2호	불교진흥회본부	대정 4년 4월	43~48
尙玄居士	海東佛界에 梵唄源流	불교진흥회월보 1권 5호	불교진흥회본부	대정 4년 5월	44~45
稻田春水	淸平山文殊院記碑에 就하야	조선불교월보 15	조선불교월보사		43~44
無無居士	懶翁의 一劒	조선불교계 3		대정 5년 6월	32~37
비친못	高麗舊都松岳의 古蹟을 찾어서	一光 4	중앙불전교우회	소화 8년 12월	51~55·62
姜裕文	『大爲國』妙淸論	금강저 20	동경동맹	1932년 12월	23~29
文珠善	均如聖師著述에 對하여	금강저 23	동경동맹	1939년 1월	12~28

필자	제목	간행지(호수)	출판사	간행연도	쪽
吳松齋	支那宋朝의 天台宗과 高麗諦觀禪師에 대한 고찰	금강저 23	동경동맹	1939년 1월	70~72
金德秀	天台四敎儀의 著者 高麗沙門 諦觀法師에 就하야	금강저 24	동경동맹	1940년 7월	13~17
江田俊雄	太古의 法脈의 錯亂을 論ず	金剛山 창간호	금강산사	소화 10년 9월	22~27
退耕相老	了悟禪師의 四對八相法門	禪苑 3	선학원	소화 7년 8월	22~26
李殷相	淸平居士李資玄	鹿苑 3	녹원사	1957년 11월	31~35

기타(자료·문화재·미술)

필자	제목	간행지(호수)	출판사	간행연도	쪽
渡邊彰	浮石寺所藏三種華嚴經高麗版의 가치	조선불교총보 4	30본산연합사무소	대정 6년	31~34
仙巖寺寄本	高麗國大覺國師殿記	조선불교총보 9	30본산연합사무소	대정 7년	51~52
閔漬	高麗國義興華山曹溪宗麟角寺迦智山下普覺國尊碑銘	조선불교총보 8	30본산연합사무소	대정 7년	43~46
李東旿禪師寄本	부석사원융사비	조선불교총보 6	30본산연합사무소	대정 6년	55~57
李穡	西天提納薄陀尊者浮屠銘	조선불교총보 5	30본산연합사무소	대정 6년	19~24
林存	海東天台始祖大覺國師之碑銘	조선불교총보 4	30본산연합사무소	대정 6년	25~30
李之茂	坦然禪師碑	조선불교총보 2	30본산연합사무소	대정 6년	37~40
崔南善	海東高僧傳解題	불교 37	불교사	소화 2년(1927)	1~6
安震浩	三國遺事의 出現을 보고	불교 36	불교사	소화 2년(1927)	8~10

필자	제목	간행지(호수)	출판사	간행연도	쪽
高裕燮	佛敎가 高麗藝術意慾에 끼친 影響의 一考察	불교(신) 25	불교사	1940년	4~18
稻田春水	淸平山文殊院記에 就하야	조선불교월보 15	조선불교월보사		43~44
	眞樂公重修淸平山文殊院記	조선불교월보 15	조선불교월보사		44~45
雙荷子 選	大鏡大師碑	조선불교월보 17	조선불교월보사		37~39
記者 選	禪宗初試選佛場榜	조선불교월보 19	조선불교월보사		31~32
記者 選	普照國師碑銘	조선불교월보 19	조선불교월보사		33~36
記者 選	昇州曹溪勤禪師上堂云三界萬法惟是識心	조선불교월보 19	조선불교월보사		36
記者 輯	太古上石室和尙書 (妙香山寄本)	조선불교월보 19	조선불교월보사		36~37
金君綏 撰	昇平府曹溪山松廣寺佛日普照國師碑銘幷序	불교진흥회월보 1권 3호	불교진흥회본부	대정 4년 4월	34~38
逸素 選	曹溪山第二世故斷俗寺住持修禪社主贈諡眞覺國師碑銘幷序	불교진흥회월보 1권 4호	불교진흥회본부	대정 4년 6월	26~31
記者 選	普照國師碑銘	조선불교월보 19	조선불교월보사		33~
	眞樂公重修淸平山文殊院記	조선불교월보 15	조선불교월보사		44~45
雙荷子 選	大鏡大師碑	조선불교월보 17	조선불교월보사		35~39
桐華寺寄本	高麗國大瑜珂桐華寺住持五敎都僧統普慈國尊增諡弘眞碑銘(조선, 이조억불사 其四에 첨부)	불교진흥월보 1권 7호	불교진흥회본부	대정 4년 9월	38~39

필자	제목	간행지(호수)	출판사	간행연도	쪽
기자 選	曹溪山松廣寺嗣院事蹟碑	해동불보 3	해동불보사	대정 2년 12월	61~62
解波 選	懶翁和尙參禪曲	불일 1	불일사	1924년 7월	18~22

근현대시기 조선시대 불교 찬술 및 연구

필자	제목	간행지(호수)	출판사	간행연도	쪽
李能和	李朝佛敎史 第1編	불교 제1호			18~24
今村鞆	李朝と日本佛敎界との 관계	조선불교 60	조선불교사	소화 4년	19~21
白象生	無學禪師에 대하여(日文)	영인본 31			37~38
미상 (一記者로 표기됨)	韓末의 佛敎界(日文)	조선불교 72	조선불교사	소화 5년	37~39
金泰洽	松雲大師의 信仰과 그 學德(上·中·下)(日文)	조선불교 63(상) 조선불교 64(중) 조선불교 66(하)	조선불교사	소화 4년	(상) 38~42 (중) 26~28 (하) 32~34
徐京保	涵虛和尙의 行狀	불교(신) 53	불교사	소화 18년	23~28
金泰洽	東洋佛敎의 槪說 (조선의 불교)	불교 38	불교사	소화 2년 (1927)	8~10
金泰洽	東洋佛敎의 槪說 (조선의 불교)	불교 40	불교사	소화 2년 (1927)	17~20
退耕	鞭羊禪師의 一生	불교 79	불교사	소화 6년	69~78
金泰洽	世宗大王의 信佛과 月印千江之曲	불교 69	불교사	소화 5년	8~18
金泰洽	松雲大師의 信仰과 그 學德	불교 54	불교사	소화 3년 (1928)	25~32

필자	제목	간행지(호수)	출판사	간행연도	쪽
金泰洽	西山大師의 信仰과 그 學德	불교 58	불교사	소화 4년 (1929)	42~47
素荷	壬辰兵亂과 朝鮮僧兵의 活躍	불교 35(1~6) 불교 38(7~9) 불교 39(10~14)	불교사	소화 2년 소화 2년 소화 2년	2~9 18~21(누락) 28~32
洪奭鉉	僧將處英(雷默)의 略傳	佛敎 19	불교사	대정 15년 (1926)	19~22
高橋亨	僧兵과 李朝佛敎의 盛衰	불교 4~11	불교사	대정 13~14년 (1924~1925)	
無能居士 李能和	李朝佛敎史 1장 太祖의 불교	불교창간호~3	불교사	대정 13년	19~24 17~23 23~29
無能居士	李朝佛敎史 2장 高麗大藏經과 日本의 請求	불교 4~5	불교사	대정 13년	17~25 21~30
無能居士	李朝佛敎史 3장 이조이래 해인장경인출사실	불교 6	불교사	대정 13년	27~36
無能居士	李朝佛敎史 4장 高麗以來의 大藏經에 관한 事蹟	불교 7	불교사	대정 13년	40~49
無能居士	李朝佛敎史 5장 高麗雕造大藏經板의 考證	불교 8	불교사	대정 14년	33~42
無能居士	李朝佛敎史 6장 佛敎의 宗派와 五敎兩宗	불교 9	불교사	대정 14년	27~32
無能居士	李朝佛敎史 7장 五敎兩宗이 禪敎兩宗으로됨	불교 10	불교사	대정 14년	25~28
無能居士	李朝佛敎史 8장 僧錄司로부터 禪敎兩宗都會所	불교 11	불교사	대정 14년	22~24
無能居士	李朝佛敎史 9장 禪敎兩宗의 中廢~11장 禪敎兩宗의 又廢	불교 12	불교사	대정 14년	19~22

필자	제목	간행지(호수)	출판사	간행연도	쪽
無能居士	李朝佛敎史 12선교양종의 부흥~13장 禪敎兩宗과 禪科의 始終	불교 13	불교사	대정 14년	22~27
無能居士	李朝佛敎史 14장 燕中兩王朝의 僧選狀態~16장 宣祖時에 戰功을 立한 僧徒에게 禪科를 特授	불교 15	불교사	대정 14년	10~15
無能居士	李朝佛敎史 17장 寺刹의 財産(1~3)	불교 16	불교사	대정 14년	11~16
無能居士	李朝佛敎史 17장 寺刹의 財産(4)	불교 18	불교사	대정 14년	8~11
無能居士	李朝佛敎史 17장 寺刹의 財産	불교 20	불교사	대정 15년	15~18
無能居士	李朝佛敎史 18장 사찰의 재산	불교 22	불교사	대정 15년	17~22
無能居士	李朝佛敎史 18장 사찰의 재산	불교 27	불교사	대정 15년	16~18
無能居士	李朝佛敎史 18장 사찰의 재산	불교 28	불교사	대정 15년	11~13
逸素 選	遊于禪宗甲刹大本山奉恩寺之記	불교진흥회월보 1권 3호	불교진흥회 본부	대정 4년 4월	43~46
尙玄居士	李朝抑佛史 其一 李朝抑佛史 其二	불교진흥회월보 1권 4호 불교진흥회월보 1권 5호	불교진흥회 본부	대정 4년 5월 대정 4년 6월	45~46 31~32
記者 選	朝鮮敎史遺考	해동불보 6 해동불보 8	해동불보사	대정 3년 4월 대정 3년 6월	20~24 19~22
상현	逍遙山記 長春洞雜詠	조선불교계 3		대정 5년 6월	49~51
상현	虛白大師碑銘 東方禪宗訥庵大和尙傳	조선불교계 3		대정 5년 6월	44~48

필자	제목	간행지(호수)	출판사	간행연도	쪽
상현	禪門永嘉集과 金剛經說義	조선진흥회월보 1권 8호	불교진흥회 본부	대정 4년 12월	39~40
李丙燾	李朝太祖의 開國과 當時의 圖讖說	一光 8	중앙불전 교우회	소화 12년 11월	20~32
退耕	李朝時代佛敎諸歌曲과 名稱歌曲의 關係	一光 7	중앙불전 교우회	소화 11년 11월	31~41
江田俊雄	釋譜詳節と月印千江之曲と月印釋譜	一光 7	중앙불전 교우회	소화 11년 10월	15~22
退耕相老	梅月堂에 대한 小考	一光 6	중앙불전 교우회	소화 11년 11월	29~38
江田俊雄	朝鮮語譯佛典に就いて	一光 4	중앙불전 교우회	소화 8년 12월	36~50
河村道器	王師無學及び釋王寺の創建に就て	一光 2	중앙불전 교우회	소화 4년 9월	29~36
朴漢永	蓮潭과 仁岳과의 關係	금강저 20	동경동맹	1932년 12월	34
朴允進	印度阿育王과 朝鮮世祖大王에 對하야	금강저 20	동경동맹	1932년 12월	35~38
張道煥	淨業院과 婦人運動과의 歷史的 意義	금강저 20	동경동맹	1932년 12월	30~33
釋天輪	四溟堂松雲大師와 景徹玄蘇의 一面	금강저 22	동경동맹	1937년 1월	39~40
之一 譯	金秋史가 白坡和尙에게 보낸 辨妄證十五條	선원 2	선학원	소화 7년 2월	36~46
趙明基	無學大師의 逸話	鹿苑 창간호	녹원사	1957년 3월	102~104
禹貞相	西山大師의 出家動機 (상·하)	녹원 4 녹원 5	녹원사	1958년 4월 1958년 8월	29~32 25~27
자료(비문)					
趙性憙 저	鐵鏡大師實跡記(비문)	조선불교총보 10	30본산연합 사무소	대정 7년	65~66

필자	제목	간행지(호수)	출판사	간행연도	쪽
朝鮮總督府	李能和 殿(서간문)	조선불교총보 10	30본산연합사무소	대정 7년	66~누락됨
大谷政平	佛後身인 震默和尙(4)	불교(신) 47	불교사	소화 8년	23~26
蓮潭 遺稿	安義靈覺寺華嚴閣新建記	조선불교총보 5	30본산연합사무소	대정 6년	31~32
四佛山人	五臺山에 留鎭한 御牒에 對하야	불교 59	불교사	소화 4년	28~30
崔南善	影印臺山御牒叙	불교 59	불교사	소화 4년	30~35
尹喜求 撰	碧波大禪師碑銘	조선불교총보 18	30본산연합사무소	대정 8년	68~69
應雲 燈寤	霜月大師碑銘	조선불교총보 10	30본산연합사무소	대정 7년	53~54
權近 撰	有明朝鮮國彌智山龍門寺諡正智國師碑銘幷序	조선불교월보 15	조선불교월보사		42~43
雙荷子 選	普濟都大禪師碑	조선불교월보 16	조선불교월보사		
記者 輯	敎諭書	조선불교월보 17	조선불교월보사		39~40
記者 選	賜報恩闡驕國一都大禪師碧巖碑銘	조선불교월보 18	조선불교월보사		35~37
華嚴寺 寄本	帖旨書類	조선불교월보 18	조선불교월보사		37~38
華嚴寺 寄本	孝宗大王降札	조선불교월보 18	조선불교월보사		38
李能和 尙玄	大圓覺寺(今塔公園經像鐘塔事蹟一括)	불교진흥회월보 1권 1호	불교진흥회본부	대정 4년 3월	14~20
陽村權近 撰	朝鮮普覺國師(幻菴混修)碑銘幷序	불교진흥회월보 1권 1호	불교진흥회본부	대정 4년 3월	20~24
猊雲散人 撰	東土第一禪院七佛菴中創主大律師大隱和尙行狀	불교진흥회월보 1권 2호	불교진흥회본부	대정 4년 4월	49~50

필자	제목	간행지(호수)	출판사	간행연도	쪽
雙荷子 選	華潭碑銘	조선불교월보 14	조선불교월보사		41~43
		조선불교월보 17			
記者 選	大東禪敎考	해동불보 1(1913) 해동불보 2 해동불보 3 해동불보 5	해동불보사	대정 2년 10월 11월 12월 대정 3년 1월	30~36 32~27 31~44
記者 選	雪坡大師碑銘幷序	해동불보 1	해동불보사	대정 2년 10월	39~40
碑在通度寺	사바교주석가여래영공사리부도비	해동불보 2	해동불보사	대정 2년 11월	39~40
洪啓禧 撰	有明朝鮮國喚醒堂大禪師碑銘幷序	해동불보 2	해동불보사	대정 2년 11월	41~43
李明漢 撰	朝鮮江原道金剛山鞭羊堂大禪師碑銘幷序	해동불보 3	해동불보사	대정 2년 12월	62~63
李端相 撰	朝鮮金剛山楓潭堂大禪師碑銘幷序	해동불보 3	해동불보사	대정 2년 12월	64~65
記者 選	西山大師禪敎釋	해동불보 4 해동불보 5	해동불보사	대정 3년 2월 대정 3년 1월	25~29 27~30
猊雲散人	海東華嚴宗函溟堂大師行狀	해동불보 4	해동불보사	대정 3년 2월	56~58
猊雲 惠勤	枕溟堂行狀	해동불보 8	해동불보사	대정 3년 6월	28~31
記者 選	智異山實相寺重興事蹟詩序	해동불보 1	해동불보사	대정 2년 10월	37~38
尙玄居士	大圓覺寺碑陰記	조선불교 2	조선불교사	대정 5년 6월 1916년	40~43
尙玄居士 選	慶南河東郡智異山雙溪寺七佛庵上樑文	조선불교계 2		대정 5년 6월	51~52
梵海 覺岸撰	芙蓉大師傳	불교진흥회월보 1권 9호	불교진흥회본부	대정 4년 11월	37~39

필자	제목	간행지(호수)	출판사	간행연도	쪽
猊雲散人	故自下禪師舍利塔銘幷序·四山碑銘序	불교진흥회월보 1권 9호	불교진흥회 본부	대정 4년 11월	53~55
芝山居士 選	碧松堂埜老行錄·五臺山月精寺事蹟	불교진흥회월보 1권 8호	불교진흥회 본부	대정 4년 12월	43~49
尙玄	道峰山回龍寺遊覽의 栞·楊州道峰山回龍寺重修記 江原道襄陽郡洛山寺의 梵鐘에 就하야	불교진흥회월보 1권 7호	불교진흥회 본부	대정 4년 9월	49~52
惠庵玖藏 撰	全羅南道求禮郡智異山泉坧寺龍潭大禪師行狀 金剛山楡岾寺事蹟記	불교진흥회월보 1권 7호	불교진흥회 본부	대정 4년 9월	40~44
藕堂	金剛山楡岾寺重刱大化主愚隱大師行蹟	불교진흥회월보 1권 6호	불교진흥회 본부	대정 4년 8월	35~36

동국대학교 저서출판 지원사업 선정도서

이 저서는 2023년도 동국대학교 연구비지원을 받아 수행된 연구결과물임.
(S-2023-G0001-00088)
This work was supported by the Dongguk University Research Fund of 2023.
(S-2023-G0001-00088)

일제강점기의 한국불교 연구

2025년 4월 21일 초판 1쇄 인쇄
2025년 4월 28일 초판 1쇄 발행

지은이　오경후
발행인　박기련
발행처　동국대학교출판부

출판등록　제1973-000004호 1973.6.28
주소　04626 서울시 중구 퇴계로36길2 신관1층 105호
전화　02-2264-4714
팩스　02-2268-7851
Homepage　http://dgpress.dongguk.edu
E-mail　abook@jeongjincorp.com

디자인　성지EDP
인쇄처　신도인쇄

ISBN 978-89-7801-799-2　93220

값 25,000원